经济应用数学辅导

王海敏 主编

浙江工商大学出版社

图书在版编目(CIP)数据

经济应用数学辅导 / 王海敏主编. —杭州：浙江工商大学出版社，2011.2(2023.9 重印)

ISBN 978-7-81140-274-2

Ⅰ. ①经… Ⅱ. ①王… Ⅲ. ①经济数学—高等学校—教学参考资料 Ⅳ. ①F224.0

中国版本图书馆 CIP 数据核字(2011)第 020957 号

经济应用数学辅导

王海敏 主编

责任编辑 吴岳婷
责任校对 张振华
封面设计 流　云
责任印制 包建辉
出版发行 浙江工商大学出版社
(杭州市教工路 198 号　邮政编码 310012)
(E-mail:zjgsupress@163.com)
(网址:http://www.zjgsupress.com)
电话:0571-88904980,88831806(传真)
排　　版 杭州朝曦图文设计有限公司
印　　刷 广东虎彩云印刷有限公司绍兴分公司
开　　本 880mm×1230mm　1/32
印　　张 10
字　　数 277 千
版 印 次 2011 年 2 月第 1 版　2023 年 9 月第 9 次印刷
书　　号 ISBN 978-7-81140-274-2
定　　价 28.00 元

前　言

本书是与《经济应用数学》(浙江工商大学出版社 2011 年出版)相配套的学习辅导书。

本书共分七章,涵盖函数、极限与连续、导数与微分、中值定理与导数应用、不定积分、定积分、多元函数微分学。每章含四个部分:内容提要、概念析疑、习题详解、自测题。第一部分“内容提要”是该章的主要概念和结果的简单叙述。第二部分“概念析疑”是针对读者在学习本章内容时常常问及的一些带有共性又有较大意义的问题,选出若干个给予分析、解答,帮助读者正确理解基本概念、深入掌握基本理论。第三部分“习题详解”包括各节的习题与复习题的解答。第四部分是自测题,主要是为了读者检查对所学内容的掌握程度,巩固学习效果。最后是自测题解答,读者可以将自己做完自测题后所得的结果与本书的结果作一比较,看哪些自己做对了,哪些自己做错了,为什么会做错?

本书编写的具体分工为:第一章由董桂云执笔;第二章由顾丽亚执笔;第三章、自测题解答由韩兆秀执笔;第四、七章由裘渔洋执笔,第五、六章由王海敏执笔。全书最后由王海敏统稿、定稿。

由于时间仓促,书中难免存在差错和缺欠,敬请读者批评指正。

编　者

2010 年 12 月于浙江工商大学

目　　录

第一章 函数

一、内容提要

1. 集合

(1) 集合

集合是具有某种特定性质的事物的总体.

含有有限多个元素的集合称为有限集,含有无限多个元素的集合称为无限集.事物 a 是集合 A 的元素,记作 $a\in A$,读作"a 属于 A".否则记作 $a\notin A$,读作"a 不属于 A".

如果集合 A 的元素都是集合 B 的元素,即若 $a\in A$,则必有 $a\in B$,就称 A 是 B 的子集,记作 $A\subset B$(读作 A 包含于 B)或 $B\supset A$(读作 B 包含 A).

不含任何元素的集合称为空集,记作 $\varnothing$.

若两集合 A 和 B 有 $A\subset B$,同时 $B\subset A$,则称集合 A 与集合 B 相等,记作 $A=B$.

既属于集合 A 又属于集合 B 的所有元素组成的集合称作集合 A 和集合 B 的交集,记为 $A\cap B$.

所有属于 A 或属于 B 的元素组成的集合称为集合 A 与集合 B 的并集,记为 $A\cup B$.

所有属于 A 但不属于 B 的元素组成的集合称为集合 A 与集合 B 的差集,记为 $A-B$ 或 $A\backslash B$.

(2) 区间

区间是数轴上的一部分.四种有限区间:

$[a,b]$ 表示$\{x|a\leqslant x\leqslant b\}$，叫闭区间；

(a,b) 表示$\{x|a<x<b\}$，叫开区间；

$(a,b]$ 表示$\{x|a<x\leqslant b\}$，叫左开右闭区间；

$[a,b)$ 表示$\{x|a\leqslant x<b\}$，叫左闭右开区间.

(3) 邻域

设δ是一正数，则称开区间$(a-\delta, a+\delta)$为点a的δ邻域，记作$U(a,\delta)$，即$U(a,\delta)=\{x|a-\delta<x<a+\delta\}=\{x|\ |x-a|<\delta\}$，其中点$a$称为邻域的中心，$\delta$称为邻域的半径.

特别地，$\mathring{U}(a,\delta)=\{x|\ 0<|x-a|<\delta\}$称为去心邻域.

把开区间$(a-\delta,a)$称为点a的左δ邻域，把开区间$(a,a+\delta)$称为点a的右δ邻域.

2. 函数

(1) 函数的概念

设x和y是两个变量，x的变域是数集D. 如果对每一个$x\in D$，变量y按照一定的法则f有唯一确定的数值与之对应，则称y是x的函数，记作$y=f(x)$. 数集D叫做这个函数的定义域，x叫做自变量，y又叫做因变量.

当x在D内取一固定值x_0时，与x_0对应的y的数值称为函数$y=f(x)$在点x_0处的函数值，记作$f(x_0)$，或$y|_{x=x_0}$. 当x遍取D中的一切数值时，对应的函数值全体组成的数集称为这个函数的值域，记为R_f或$f(D)$.

函数的表示法主要有三种，即解析法(或称公式法)、列表法和图象法.

(2) 具有某种特性的函数

有界函数　设函数$y=f(x)$的定义域为D，若存在正数M，使得对任意的$x\in D$，恒有

$$|f(x)|\leqslant M,$$

则称$f(x)$在D上有界，或称$f(x)$为D上的有界函数.

单调函数　设函数$f(x)$的定义域为D，区间$I\subseteq D$. 如果函数f

(x)对于区间 I 上任意两点 x_1 及 x_2，当 $x_1<x_2$ 时，总有

$$f(x_1)<f(x_2)\ \ (f(x_1)>f(x_2)),$$

则称函数 $f(x)$在区间 I 上是单调增加(单调减少)的.

在整个定义域上单调增加(或单调减少)的函数称为单调函数.

奇(偶)函数　设函数 $f(x)$的定义域 D 关于原点对称，如果对于任意的 $x\in D$，都有

$$f(-x)=f(x)\ \ (f(-x)=-f(x)),$$

则称 $y=f(x)$为偶函数(奇函数).

偶函数的图形关于 y 轴对称；奇函数的图形关于原点对称.

周期函数　设函数 $f(x)$的定义域为 D，如果存在一个正数 T，使得对于任意的 $x\in D$，有$(x\pm T)\in D$，并且恒有

$$f(x+T)=f(x),$$

则称 $y=f(x)$为周期函数，称 T 为 $f(x)$的周期. 通常所说的周期是指最小正周期.

(3) 反函数和复合函数

反函数设函数 $y=f(x)$，$x\in D$. 若对任意 $y\in f(D)$，有唯一一个 $x\in D$ 与之对应，使 $f(x)=y$，则在 $f(D)$上定义了一个函数，记为

$$x=f^{-1}(y),\quad y\in f(D),$$

称为函数 $y=f(x)$的反函数. 如果仍然以 x 为自变量，则 $y=f(x)$的反函数记为 $y=f^{-1}(x)$，$x\in f(D)$.

单调的函数必有反函数，且反函数也是单调的.

复合函数　设函数 $y=f(u)$的定义域为 D_f，函数 $u=g(x)$的定义域为 D_g，且其值域 $R_g\subseteq D_f$，则由下式确定的函数

$$y=f[g(x)],$$

称为由函数 $u=g(x)$和函数 $y=f(u)$构成的复合函数. u 称为中间变量.

(4) 初等函数

幂函数，指数函数，对数函数，三角函数和反三角函数这五类函数称为基本初等函数.

由常数和基本初等函数经过有限次四则运算和有限次的函数复

合步骤所构成并可由一个式子表示的函数，称为初等函数.

(5) 分段函数

在自变量的不同变化范围中，对应法则用不同式子来表示的函数，称为分段函数.

(6) 常见的经济函数模型

总成本函数模型，收益函数模型，利润函数模型，需求函数模型，库存函数模型等.

二、概念析疑

问 1 如果 $f(x)$ 与 $g(x)$ 在数集 X 上都无界，那么 $f(x)g(x)$ 在 X 上也一定无界吗?

答 不一定. 例如，$f(x)=\tan x$，$g(x)=\cot x$ 在 $X=(0,\frac{\pi}{2})$ 内都无界，但 $f(x)g(x)\equiv 1$，$x\in X$. 因而 $f(x)g(x)$ 在 $X=(0,\frac{\pi}{2})$ 上是有界的.

问 2 为什么说"并不是每个周期函数都有周期"?

答 例如，常值函数 $f(x)=C$ 是以任何正常数为周期的周期函数，而正数无最小，所以常值函数 $f(x)=C$ 没有(最小正)周期.

问 3 既是奇函数，又是偶函数的函数是否存在?

答 存在的. 例如常值函数 $y=0$，又如 $f(x)=\sqrt{4-x^2}\cdot\sqrt{x^2-4}$. 后一函数既是奇函数，又是偶函数的理由如下：

因为此时定义域 $D(f)=\{-2,2\}$，是关于原点对称的，并且对任意自变量取值 $x\in D(f)$(其实只有两种可能取值 $x_1=-2$ 和 $x_2=2$)，总有：$f(-x)=0=f(x)$，故该函数是偶函数. 另一方面，还总有：$-f(-x)=0=f(x)$，故该函数也是奇函数.

问 4 函数 $y=x^x$，$x\in(0,+\infty)$是指数函数还是幂函数? 它是不是基本初等函数? 是不是初等函数?

答 $y=x^x$，$x\in(0,+\infty)$既非指数函数又非幂函数，通常我们称

它为“幂指函数”. 它不是基本初等函数，但它是一个初等函数，因为

$$y=x^x=2^{\log_2(x^x)}=2^{x\cdot\log_2 x},$$

这表明它是基本初等函数 $y=x$ 与 $y=\log_2 x$ 的乘积，再与基本初等函数 $y=2^x$ 复合的结果.

三、习题详解

习题 1.1

1. 下列各组函数是否相同，为什么？

(1) $y=\dfrac{\sqrt{x-1}}{\sqrt{x+1}}$ 与 $y=\sqrt{\dfrac{x-1}{x+1}}$；

(2) $y=x$ 与 $y=\sqrt{x^2}$；

(3) $y=\lg(x^2)$ 与 $y=2\lg x$；

(4) $y=x$ 与 $y=2^{\log_2 x}$；

(5) $y=1$ 与 $y=\sin^2 x+\cos^2 x$.

解 (1) $y=\dfrac{\sqrt{x-1}}{\sqrt{x+1}}$ 的定义域是 $\{x|x\geqslant 1\}$，$y=\sqrt{\dfrac{x-1}{x+1}}$ 的定义域是 $\{x|x\geqslant 1$ 或 $x\leqslant -1\}$，两个函数的定义域不同，所以是不同的函数.

(2) 两个函数的值域不同，所以是不同的函数.

(3) $y=\lg(x^2)$ 的定义域是 $\{x|x\neq 0\}$，$y=2\lg x$ 的定义域是 $\{x|x>0\}$，两个函数的定义域不同，所以是不同的函数.

(4) $y=x$ 的定义域是 $\mathbf{R}$，$y=2^{\log_2 x}$ 的定义域是 $\{x|x>0\}$，两个函数的定义域不同，所以是不同的函数.

(5) $y=1$ 的定义域是 $\mathbf{R}$，$y=\sin^2 x+\cos^2 x$ 的定义域是 $\mathbf{R}$，两个函数的定义域和对应法则都相同，所以是相同的函数.

2. 求下列函数的（自然）定义域.

(1) $y=\dfrac{x-2}{x^2-4x}$；

(2) $y=\lg(5-x)+\lg(x-3)$;

(3) $y=\sqrt{\dfrac{1+x}{1-x}}$;

(4) $y=\sqrt{x^2-4x+3}$.

解 (1) 要使函数有意义,则须有 $x^2-4x\neq0$,即 $x\neq0$ 且 $x\neq4$,所以函数的定义域为

$$(-\infty,0)\cup(0,4)\cup(4,+\infty).$$

(2) 要使函数有意义,则须有 $\begin{cases}5-x>0\\x-3>0\end{cases}$,解得 $3<x<5$,所以函数的定义域为 $\{x\,|\,3<x<5\}$.

(3) 要使函数有意义,则须有 $\dfrac{1+x}{1-x}\geqslant0$,解得 $-1\leqslant x<1$,所以函数的定义域为 $\{x\,|\,-1\leqslant x<1\}$.

(4) 要使函数有意义,则须有 $x^2-4x+3\geqslant0$,解得 $x\leqslant1$ 或 $x\geqslant3$,所以函数的定义域为 $\{x\,|\,x\leqslant1$ 或 $x\geqslant3\}$.

3. 求下列分段函数的定义域.

(1) $y=\begin{cases}\sqrt{9-x^2}, & |x|\leqslant3\\ x^2-1, & 3\leqslant|x|<4\end{cases}$;

(2) $y=\begin{cases}\dfrac{1}{x}, & x<0\\ x-3, & 0\leqslant x\leqslant1\\ -2x+1, & 1<x<+\infty\end{cases}$.

解 (1) 定义域应为 $[-3,3]\cup(-4,-3]\cup[3,4)=(-4,4)$.

(2) 定义域应为 $(-\infty,0)\cup[0,1]\cup(1,+\infty)=(-\infty,+\infty)$.

4. 设函数 $f(x)=\begin{cases}x^2, & x<-1\\ 1+x^2, & -1\leqslant x<2\\ \sin x, & x\geqslant2\end{cases}$,求 $f(-2)$,$f(-1)$,$f(\sqrt[3]{3})$,$f(\pi)$,$f(a-1)$.

解 由于 $-2\in(-\infty,-1)$,所以 $f(-2)=(-2)^2=4$;

由于 $-1\in[-1,2)$,所以 $f(-1)=1+(-1)^2=2$;

由于$\sqrt[3]{3}\in[-1,2)$，所以$f(\sqrt[3]{3})=1+(\sqrt[3]{3})^2=1+\sqrt[3]{9}$；

由于$\pi\in(2,+\infty)$，所以$f(\pi)=\sin\pi=0$.

由$f(a-1)=\begin{cases}(a-1)^2, & a-1<-1\\ 1+(a-1)^2, & -1\leqslant a-1<2\\ \sin(a-1), & a-1\geqslant 2\end{cases}$，可得

$$f(a-1)=\begin{cases}(a-1)^2, & a<0\\ 1+(a-1)^2, & 0\leqslant a<3.\\ \sin(a-1), & a\geqslant 3\end{cases}$$

5.设$f(x)=\lg 3$，求$f(x+1)-f(x-2)$.

解 由$f(x)=\lg 3$是一个常值函数，可得

$$f(x+1)=3,\qquad f(x-2)=3,$$

所以，$f(x+1)-f(x-2)=0$.

习题 1.2

1.指出下列函数在指定区间内的增减性：

(1) $y=-2x-6$，$x\in\mathbf{R}$；

(2) $y=|x+1|$，$-5\leqslant x\leqslant 1$；

(3) $y=\cos x+3$，$x\in(0,2\pi)$；

(4) $y=x+\log_2 x$，$x\in(0,+\infty)$.

解 (1) 函数$y=-2x-6$的图形是一条直线，它在其定义域$\mathbf{R}$上是单调减少的.

(2) 函数在$y=|x+1|$在$[-5,-1)$上单调减少，在$[-1,1]$上单调增加.

(3) 函数$y=\cos x+3$在$(0,\pi)$上单调减少，在$[\pi,2\pi)$上单调增加.

(4) 函数x与$\log_2 x$在区间$(0,+\infty)$内均为单调增加的，其和$y=x+\log_2 x$在$(0,+\infty)$内也单调增加.

2.指出下列函数中哪些是奇函数，哪些是偶函数，哪些是非奇非偶函数：

(1) $y=x\sin 4x$；　　(2) $y=x\sqrt{x^4-1}+\tan x$；

(3) $y=\lg\frac{1-x}{1+x}$；　　(4) $y=\cos\lg x$；

(5) $y=xf(x^2)$；　　(6) $y=\begin{cases}1-x, & x<0\\ 1+x, & x\geqslant 0\end{cases}$.

解　(1) 因为 $f(-x)=(-x)\sin(-4x)=x\sin 4x=f(x)$，所以函数是偶函数.

(2) 因为 $f(-x)=(-x)\sqrt{(-x)^4-1}+\tan(-x)$

$$=-x\sqrt{x^4-1}-\tan x=-f(x),$$

所以函数是奇函数.

(3) 因为 $f(-x)=\lg\frac{1-(-x)}{1+(-x)}=\lg\frac{1+x}{1-x}=-\lg\frac{1-x}{1+x}=-f(x)$，

所以函数是奇函数.

(4) 定义域为$(0,+\infty)$，所以函数非奇非偶.

(5) 因为 $f(-x)=(-x)f[(-x)^2]=-xf(x^2)=-f(x)$，所以函数是奇函数.

(6) $f(-x)=\begin{cases}1-(-x), -x<0\\ 1+(-x), -x\geqslant 0\end{cases}=\begin{cases}1+x, x>0\\ 1-x, x\leqslant 0\end{cases}$

$$=\begin{cases}1-x, x<0\\ 1+x, x\geqslant 0\end{cases}=f(x),$$

所以函数是偶函数.

3. 根据定义判断下列函数是否有界：

(1) $y=3\sin\frac{1}{x}$；

(2) $y=-\frac{1+3x^2}{1+x^2}$.

解　(1)因为$\left|3\sin\frac{1}{x}\right|\leqslant 3$，所以函数是有界函数.

(2) 因为

$$\left|-\frac{1+3x^2}{1+x^2}\right|=\left|-3+\frac{2}{1+x^2}\right|\leqslant 3+\frac{2}{1+x^2}\leqslant 3+2=5,$$

所以函数为有界函数.

4. 指出下列函数中哪些是周期函数，哪些不是；若是周期函数，指出其最小正周期.

(1) $y=\sin ax \quad (a>0)$；　　(2) $y=4$；

(3) $y=\sin x+\cos x$.

解 (1) $y=\sin ax$ 是周期函数，其最小正周期为 $\frac{2\pi}{a}$.

(2) $y=4$ 是周期函数，它没有最小正周期.

(3) $y=\sin x+\cos x=\sqrt{2}\sin(x+\frac{\pi}{4})$ 是周期函数，其最小正周期为 2π.

习题 1.3

1. 求下列函数的反函数及反函数的定义域.

(1) $y=\sqrt{1-x^2}, x\in[-1,0]$；

(2) $y=e^{3x-1}, x\in[0,+\infty)$；

(3) $y=2\tan x, x\in\left[\frac{\pi}{2},\frac{3\pi}{2}\right]$；

(4) $y=\begin{cases}1+e^{-x}, & x\leqslant 0\\ 2-2x, & 0<x<1.\\ 2x-(1+x^2), & x\geqslant 1\end{cases}$

解 (1) 由 $y=\sqrt{1-x^2}, x\in[-1,0]$ 可得 $x=-\sqrt{1-y^2}, y\in[0,1]$，即所求反函数为 $y=-\sqrt{1-x^2}, x\in[0,1]$.

(2) 由 $y=e^{3x-1}, x\in[0,+\infty)$ 可得 $x=\frac{1}{3}(1+\ln y), y\in[\frac{1}{e},+\infty)$，即所求反函数为 $y=\frac{1}{3}(1+\ln x), x\in[\frac{1}{e},+\infty)$.

(3) 由 $\tan x$ 的周期为 π 可知

$$y=2\tan x=2\tan(x-\pi),\quad x-\pi\in\left[-\frac{\pi}{2},\frac{\pi}{2}\right],$$

故 $x=\pi+\arctan\frac{y}{2}, y\in(-\infty,+\infty)$，即所求反函数为

$$y=\pi+\arctan\frac{x}{2},\quad x\in(-\infty,+\infty).$$

(4) 当 $x\leqslant 0$ 时，由 $y=1+e^{-x}$ 可得 $x=-\ln(y-1),y\in[2,+\infty)$；

当 $0<x<1$ 时，由 $y=2-2x$ 可得 $x=1-\frac{1}{2}y,y\in[0,2]$；

当 $x\geqslant 1$ 时，由 $y=2x-(1+x^2)$ 可得 $x=1+\sqrt{|y|},y\in(-\infty,0]$.

综上所述，所求的反函数为

$$y=f(x)=\begin{cases}-\ln(x-1), & x\in[2,+\infty)\\ 1-\frac{1}{2}x, & x\in[0,2]\\ 1+\sqrt{|x|}, & x\in(-\infty,0]\end{cases}.$$

2. 求由下列函数复合而成的复合函数：

(1) $y=u^3,u=\cos x$； (2) $y=\sqrt{u},u=3^x$，

(3) $y=\lg u,u=v^2+1,v=\sec x$； (4) $y=\sin u,u=\sqrt{v},v=2x+1$.

解 (1) $y=(\cos x)^3$.

(2) $y=\sqrt{3^x}$.

(3) $y=\lg[(\sec x)^2+1]=\lg(\sec^2 x+1)$.

(4) $y=\sin\sqrt{2x+1}$.

3. 设 $f(x)=3x^2-2x,\varphi(x)=\lg(1+2t)$，求 $f(\varphi(t))$ 和 $\varphi(f(x))$.

解
$$\begin{aligned}f(\varphi(t))&=3[\lg(1+2t)]^2-2[\lg(1+2t)]\\&=3\lg^2(1+2t)-2\lg(1+2t),\end{aligned}$$

$\varphi(f(x))=\lg[1+2(3x^2-2x)]=\lg(6x^2-4x+1)$.

4. 已知 $f(x^2-1)=\ln\frac{x^2+1}{x^2-3}$，且 $f(\varphi(x))=x^2$，求 $\varphi(x)$ 及其定义域.

解 由 $f(x^2-1)=\ln\frac{x^2-1+2}{x^2-1-2}$，知 $f(x)=\ln\frac{x+2}{x-2}$，从而

$$f(\varphi(x))=\ln\frac{\varphi(x)+2}{\varphi(x)-2}=x^2,$$

解得 $\varphi(x)=\frac{2(e^{x^2}+1)}{e^{x^2}-1}$，且 $\varphi(x)$ 的定义域为 $\{x\,|\,x\neq 0,x\in\mathbf{R}\}$.

5. 设 $f(x)=\begin{cases}1, & 0\leqslant x\leqslant 1\\ 2, & 1<x\leqslant 2\end{cases}$，求 $f(2x)+f(x-2)$ 的定义域.

解 由 $f(x)$ 的定义域为 $[0,2]$ 可得，$f(2x)$ 的定义域为 $0\leqslant 2x\leqslant 2$，即 $x\in[0,1]$；$f(x-2)$ 的定义域为 $0\leqslant x-2\leqslant 2$，即 $x\in[2,4]$. 显然 $f(2x)$ 与 $f(x-2)$ 的定义域没有公共部分，所以 $f(2x)+f(x-2)$ 的定义域为 $\varnothing$.

6. 设 $f(x)=\begin{cases}x^2-1, & x\geqslant 0\\ 1-x^2, & x<0\end{cases}$，求 $f(x)+f(-x)$.

解 由 $f(-x)=\begin{cases}(-x)^2-1, & -x\geqslant 0\\ 1-(-x)^2, & -x<0\end{cases}=\begin{cases}x^2-1, & x\leqslant 0\\ 1-x^2, & x>0\end{cases}$ 可得

$$f(x)+f(-x)=\begin{cases}-2, & x=0\\ 0, & x\neq 0\end{cases}.$$

7. 设 $f(x+1)=\begin{cases}x^2, & 0\leqslant x\leqslant 1\\ 2x, & 1<x\leqslant 2\end{cases}$，求 $f(x)$.

解 令 $x+1=t$，则 $x=t-1$，故

$$f(x+1)=f(t)=\begin{cases}(t-1)^2, & 0\leqslant t-1\leqslant 1\\ 2(t-1), & 1<t-1\leqslant 2\end{cases}=\begin{cases}(t-1)^2, & 1\leqslant t\leqslant 2\\ 2t-2, & 2<t\leqslant 3\end{cases},$$

即 $f(x)=\begin{cases}(x-1)^2, & 1\leqslant x\leqslant 2\\ 2x-2, & 2<x\leqslant 3\end{cases}$.

习题 1.4

1. 确定下列初等函数的定义域：

(1) $y=\lg(\arcsin x)$；　　(2) $y=\dfrac{\arcsin\dfrac{2x-1}{7}}{\sqrt{x^2-x-6}}$；

(3) $y=\arcsin(\lg\dfrac{x}{10})$；　　(4) $\lg(\lg x)$.

解 (1) 根据题意可得 $\begin{cases}\arcsin x>0\\ |x|\leqslant 1\end{cases}$，解得 $0<x\leqslant 1$，所以函数的定义域为 $\{x\,|\,0<x\leqslant 1\}$.

(2) 根据题意可得$\begin{cases}-1\leqslant\dfrac{2x-1}{7}\leqslant 1\\ x^2-x-6>0\end{cases}\Leftrightarrow\begin{cases}-3\leqslant x\leqslant 4\\ x<-2\text{ 或 }x>3\end{cases}$,解得$-3\leqslant x<-2$ 或 $4\geqslant x>3$,所以函数的定义域为$\{x\mid -3\leqslant x<-2$ 或 $4\geqslant x>3\}$.

(3) 根据题意可得$\begin{cases}x>0\\ -1\leqslant \lg\dfrac{x}{10}\leqslant 1\end{cases}\Leftrightarrow\begin{cases}x>0\\ 1\leqslant x\leqslant 100\end{cases}$,解得 $1\leqslant x\leqslant 100$,所以函数的定义域为$\{x\mid 1\leqslant x\leqslant 100\}$.

(4) 根据题意可得$\begin{cases}x>0\\ \lg x>0\end{cases}\Leftrightarrow\begin{cases}x>0\\ x>1\end{cases}$,解得 $x>1$,所以函数的定义域为$\{x\mid x>1\}$.

2. 将下列函数分解成初等函数的复合:

(1) $y=(1+x)^{20}$; (2) $y=(\arcsin x^2)^2$;

(3) $y=\lg(1+\sqrt{1+x^2})$; (4) $y=2^{\sin^2 x}$.

解 (1) $y=u^{20}, u=1+x$.

(2) $y=u^2, u=\arcsin v, v=x^2$.

(3) $y=\lg u, u=1+v, v=\sqrt{w}, w=1+x^2$.

(4) $y=2^u, u=v^2, v=\sin x$.

3. 在下列函数 $y=f(u), u=g(x)$ 中,哪些复合函数 $f[g(x)]$ 有意义,其定义域如何?

(1) $f(u)=\arccos(2+u), g(x)=x^4$;

(2) $f(u)=\arcsin u, g(x)=\lg x$;

(3) $f(u)=\arcsin u, g(x)=\dfrac{x}{1+x^2}$.

解 (1) 不能复合成函数 $f[g(x)]$,因为 $2+x^4\geqslant 2$ 不在 $\arccos x$ 的定义域内.

(2) 当 $-1\leqslant \lg x\leqslant 1$ 即 $\dfrac{1}{10}\leqslant x\leqslant 10$ 时,复合函数 $f[g(x)]$ 有意义.

(3) 因为 $-1\leqslant\dfrac{x}{1+x^2}\leqslant 1$ 恒成立,所以当 $x\in\mathbf{R}$ 时复合函数 $f[g(x)]$

有意义.

习题 1.5

1. 某工厂生产某种产品的产量为 Q,固定成本为 12.5 万元,可变成本为 $15Q-0.1Q^2$ 万元,试写出总成本函数.

解 因为总成本=固定成本+可变成本,故总成本函数

$$C(Q)=12.5+15Q-0.1Q^2.$$

2. 某产品总成本 C 为月产量 Q 的函数 $C(Q)=\frac{1}{5}Q^2+4Q+20$,产品销售价格为 P,需求函数为 $Q(P)=160-5P$,试将:

(1) 平均单位成本 $\overline{C}$ 表示为月产量 Q 的函数;

(2) 每月产品全部销售后获得的总收益 R 表示为销售价格 P 的函数.

解 (1) 由题意可知,平均单位成本为

$$\overline{C}(Q)=\frac{C(Q)}{Q}=\frac{1}{5}Q+4+Q,\quad Q>0.$$

(2) 总收益为

$$R(P)=P\times Q(P)=P(160-5P)=160P-5P^2.$$

由于销售价格 $P>0$,又由于需求量 $Q=160-5P>0$,从而得到收益函数的定义域为 $0<P<32$.

3. 某厂生产一种产品,单位售价为 200 元,若月产量为 400 件,则当月能全部售出;若月产量超过 400 件,可以通过宣传多售出 150 件,超出部分的平均宣传费用为 25 元/件;若生产再多将无法售出.试写出月销售收入 R 与月产量的函数关系式.

解 由题设有

当月产量在 400 件以下,即 $x\leqslant 400$ 时,月销售收入 $R(x)=200x$ (元);

当月产量超过 400 件,即 $400<x\leqslant 550$ 时,月销售收入 $R(x)=400\times 200+(200-25)\times(x-400)$(元).所以,月销售收入 $R(x)$ 是日销售量 x 的分段函数

$$R(x)=\begin{cases}200x, & x\leqslant 400,\\ 175x+10000, & 400<x\leqslant 550.\end{cases}$$

4. 某企业对某产品制订了如下的销售策略：购买不超过20公斤，每公斤10元；购买不超过200公斤，其中超过20公斤的部分，每公斤7元；购买超过200公斤的部分，每公斤5元. 试写出购买量为x公斤的费用函数$C(x)$.

解
$$C(x)=\begin{cases}10x, & x\leqslant 20\\ 200+7(x-20), & 20<x\leqslant 200\\ 200+7\times 180+5(x-200), & x>200\end{cases}$$
$$=\begin{cases}10x, & x\leqslant 20\\ 7x+60, & 20<x\leqslant 200,\\ 5x+460, & x>200\end{cases}$$

5. 某厂生产一种产品，固定成本为6元，单位产品的可变成本为25元，若该产品的单价为35元，求总利润函数.

解 因为利润函数＝收益函数－成本函数，成本函数$C(Q)=6+25Q$，收益函数$R(Q)=35Q$，则总利润为

$$L(Q)=R(Q)-C(Q)=35Q-(6+25Q)=10Q-6.$$

6. 已知某商品的需求函数为$Q=24-\dfrac{P}{3}$，求销售该商品10个单位时的总收入是多少？

解 因为总收入＝销售价格×销售量，故总收入为$R(Q)=PQ$. 又由$Q=24-\dfrac{P}{3}$，得$P=72-3Q$，则

$$R(Q)=PQ=(72-3Q)Q=72Q-3Q^2,$$

因而可得$R(10)=420$.

复习题一

一、单项选择题

1. 设$A=\{x\,|\,-3\leqslant x\leqslant 3\}$，$B=\{x\,|\,0\leqslant x\leqslant 5\}$，则有（ D ）.

A. $A \supset B$　　B. $A \subset B$

C. $(A \cap B) \supset B$　　D. $(A \cap B) \subset B$

解　$A \cap B = \{x \mid 0 \leqslant x \leqslant 3\} \subset B$,故应选 D.

2.下列集合中为空集的是(　D　).

A. $\{x \mid e^x = 1\}$　　B. $\{0\}$

C. $\{(x,y) \mid x^2 + y^2 = 0\}$　　D. $\{x \mid x^2 + 1 = 0, x \in \mathbf{R}\}$

3. 函数 $y = \sqrt{5-x} + \ln(x-1)$ 的定义域是(　B　).

A. $(0,5]$　　B. $(1,5]$　　C. $(1,5)$　　D. $(1,+\infty)$

解　由题意知 $5-x \geqslant 0$ 且 $x-1>0$,即 $x \in (1,5]$.

4.函数 $f(x) = \sqrt{x^2}$ 与 $g(x) = x$ 表示同一函数,则它们的定义域是(　B　).

A. $(-\infty,0]$　　B. $[0,+\infty)$

C. $(-\infty,+\infty)$　　D. $(0,+\infty)$

解　同一函数的对应法则相同,故 $x \in [0,+\infty)$.

5.已知 $f(x)$ 的定义域是 $[0,3a]$,则 $f(x+a)+f(x-a)$ 的定义域是(　B　).

A. $[a,3a]$　　B. $[a,2a]$　　C. $[-a,4a]$　　D. $[0,2a]$

解　由题意 $x+a \in [0,3a]$ 且 $x-a \in [0,3a]$,故应选 B.

6.下列函数中,函数的图象关于原点对称的是(　D　).

A. $y = \sin|x|$　　B. $y = 3\sin 2x + 1$

C. $y = -x^3 \sin x$　　D. $y = x^2 \sin x$

解　由于奇函数的图像关于原点对称,而 A,C 为偶函数,B 为非奇非偶函数,D 为奇函数. 故应选 D.

7.函数 $y = \frac{1}{2}(e^x - e^{-x})$ 是(　B　).

A. 偶函数　　B. 奇函数

C. 非奇非偶函数　　D. 奇偶性不能判定的函数

解　由 $\frac{1}{2}(e^{-x} - e^x) = -\frac{1}{2}(e^x - e^{-x})$ 知应选 B.

8.设函数 $f(x)$ 在 $[-a,a]$ $(a>0)$ 上是偶函数,则 $f(-x)$ 在

$[-a,a](a>0)$上是（　B　）.

A. 奇函数

B. 偶函数

C. 非奇非偶函数

D. 可能是奇函数，也可能是偶函数

解　由已知函数 $f(x)$ 是偶函数，即 $f(-x)=f(x)$ 可知 $f[-(-x)]=f(x)=f(-x)$，故 $f(-x)$ 为偶函数.

9. 下列函数为偶函数的是（　A　）.

A. $f(x)=\frac{\sin x}{x}$　　B. $f(x)=\arccos x$

C. $f(x)=\sin x+\cos x$　　D. $f(x)=\frac{1}{2}(e^{x}-e^{-x})$

解　通过验证可知 B，C 为非奇非偶函数，D 为奇函数，A 为偶函数.

10. 设 $f(\sin x)=3-\cos 2x$，则 $f(\cos x)=$（　D　）.

A. $3-\sin 2x$　　B. $3+\sin 2x$

C. $2-2\cos^2 x$　　D. $2+2\cos^2 x$

解　由 $f(\sin x)=3-\cos 2x=3-(1-2\sin^2 x)=2+2\sin^2 x$ 可得 $f(t)=2+2t^2$，故 $f(\cos x)=2+2\cos^2 x$.

11. 在实数范围内，下列函数中为有界函数的是（　B　）.

A. e^x　　B. $1+\sin x$　　C. $\ln x$　　D. $\tan x$

解　由基本初等函数的性质可知 A、C、D 均为无界函数，而 B 的值域是$[0,2]$.

12. 下列区间中，函数 $f(x)=\ln(5x+1)$ 为有界的区间是（　C　）.

A. $\left(-1,-\frac{1}{5}\right)$　B. $\left(-\frac{1}{5},5\right)$　C. $\left(0,\frac{1}{5}\right)$　D. $\left(\frac{1}{5},+\infty\right)$

解　由基本初等函数的性质可知 $\ln 0=-\infty$，$\ln(+\infty)=+\infty$，故函数 $f(x)=\ln(5x+1)$ 在 $x=-\frac{1}{5}$ 和 $x=+\infty$ 处均无界，即应选 C.

13. 函数 $f(x)=\begin{cases}|\sin x|, & |x|<1 \\ 0, & |x|\geqslant 1\end{cases}$,则 $f(-\frac{\pi}{3})=($ A $)$.

A. 0　　B. 1　　C. $\frac{\sqrt{3}}{2}$　　D. $-\frac{\sqrt{3}}{2}$

解　由 $-\frac{\pi}{3}<-1$ 知 $f\left(-\frac{\pi}{3}\right)=0$,故 $f(-\frac{\pi}{3})=0$,故应选 A.

14. 已知 $f(x)=\ln x+1, g(x)=\sqrt{x}+1$,则 $f(g(x))=($ C $)$.

A. $\ln\sqrt{x}+1$　　B. $\ln\sqrt{x}+2$

C. $\ln(\sqrt{x}+1)+1$　　D. $\sqrt{\ln(x+1)}+1$

15. 设 $\varphi(x)=\begin{cases}1, & |x|\leqslant 1 \\ 0, & |x|>1\end{cases}$, 那么 $\varphi(\varphi(x))=($ D $)$.

A. $0, x\in(-\infty,+\infty)$　　B. $\varphi(x), x\in(-\infty,+\infty)$

C. 不存在　　D. $1, x\in(-\infty,+\infty)$

解　由题意 $\varphi(x)\leqslant 1$,故 $\varphi(\varphi(x))=1$.

二、填空题

1. 设 $f(x-1)=x^2-x$, 则 $f(x)=$ $\underline{x^2+x}$.

解　由 $f(x-1)=x^2-x=(x-1+1)(x-1)$ 可得 $f(x)=(x+1)x$.

2. 设 $f(x)=x^2, g(x)=\sin x$,则 $f[g(x)]=$ $\underline{\sin^2 x}$.

3. 函数 $y=\sqrt{\frac{1+x^2}{1-x^2}}$ 的定义域是 $\underline{(-1,1)}$.

解　由题意可知 $\frac{1+x^2}{1-x^2}\geqslant 0$,而 $1+x^2\geqslant 1$,故只需 $1-x^2>0$,即 $x\in(-1,1)$.

4. 函数 $f(x)=\lg(2-x), x\leqslant 0$ 的值域是 $\underline{[\lg 2,+\infty)}$.

解　由 $f(x)=\lg(2-x)$ 为单调递增函数可知 $x\leqslant 0$ 时, $f(x)=\lg(2-x)\geqslant\lg 2$.

5. 已知 $f(3x)=\lg^2(9x^2-6x+5)$,则 $f(1)=$ $\underline{\lg^2 4}$.

解　令 $x=\frac{1}{3}$ 代入即可得 $f(1)=\lg^2 4$.

6. 函数 $y=\arccos(x^2-2x-3)$ 的单调减区间为 $\underline{[1+\sqrt{3},1+\sqrt{5}]}$.

解 $y=\arccos u$ 是单减函数，从而知 $y=\arccos(x^2-2x-3)$ 的单调减区间即为 $u=x^2-2x-3$ 的单调增区间. 而 $|u|\leqslant 1$，因此，求解方程 $x^2-2x-3=1$，$x^2-2x-3=-1$，得 $x=1\pm\sqrt{5}$，$x=1\pm\sqrt{3}$，从而得 $[1+\sqrt{3},1+\sqrt{5}]$.

7. 设 $f(x)=\sqrt{\dfrac{4x+3}{x-3}}$，则 $f(x)$ 的值域为 $\underline{(-\infty,-2)\cup(-2,2)\cup(2,+\infty)}$.

解 在函数 $f(x)$ 的反函数存在的条件下，函数 $f(x)$ 的值域即为其反函数 $f^{-1}(x)$ 的定义域. 本题中 $f^{-1}(x)=\dfrac{3(x^2+1)}{x^2-4}$，从而知 $f(x)$ 的值域为 $y\neq\pm 2$.

8. 设 $f(x)=\dfrac{1}{x}$，则 $f[f(x)]=\underline{x}$.

解 $f[f(x)]=\dfrac{1}{\frac{1}{x}}=x$.

9. $y=f(\lg x)$ 的定义域为 $[\dfrac{1}{2},2]$，则 $y=f(x)$ 的定义域为 $\underline{[-\lg 2,\lg 2]}$.

解 由 $\dfrac{1}{2}\leqslant x\leqslant 2$，可知 $\lg\dfrac{1}{2}\leqslant \lg x\leqslant \lg 2$，即 $y=f(x)$ 的定义域为 $[-\lg 2,\lg 2]$.

10. 设 $f(x)=\begin{cases}2^x, & -1\leqslant x<0\\ 2, & 0\leqslant x<1\\ x-1, & 1\leqslant x<3\end{cases}$，则 $f(x)$ 的定义域为 $\underline{[-1,3)}$，值域为 $\underline{[0,2]}$.

解 由题意可知 $f(x)$ 的定义域为 $[-1,0)\cup[0,1)\cup[1,3)=[-1,3)$

当 $-1\leqslant x<0$ 时，$f(x)=2^x\in[\dfrac{1}{2},1)$；

当 $0\leqslant x<1$ 时，$f(x)=2$；

当 $1\leqslant x<3$ 时，$f(x)=x-1\in[0,2)$，

故 $f(x)$ 的值域为 $[0,2]$

三、计算题

1. 求下列函数的定义域：

(1) $y=\sqrt{x-2}+\dfrac{1}{x-3}+\lg(5-x)$；

(2) $y=1-\dfrac{1}{1-\dfrac{1}{\sqrt{1-x}}}$.

解　(1) 根据题意可得 $\begin{cases}x-2\geqslant 0\\ x-3\neq 0\\ 5-x>0\end{cases}\Leftrightarrow\begin{cases}x\geqslant 2\\ x\neq 3\\ x<5\end{cases}$，所以函数的定义域为 $\{x\mid 2\leqslant x<3$ 或 $3<x<5\}$.

(2) 根据题意可得 $\begin{cases}1-x>0\\ \sqrt{1-x}-1\neq 0\end{cases}$，所以函数的定义域为 $\{x\mid x<1$ 且 $x\neq 0\}$.

2. 复合函数的计算：

(1) 设 $g(x+1)=\begin{cases}x^2 & 0\leqslant x\leqslant 1\\ 2x & 1<x\leqslant 2\end{cases}$，求 $g(x)$；

(2) $f(x-\dfrac{1}{x})=\dfrac{x^2}{1+x^4}$，求 $f(x)$.

解　令 $x+1=u$，则 $x=u+1$，由

$$g(x+1)=g(u)=\begin{cases}(u-1)^2, & 0\leqslant u-1\leqslant 1\\ 2(u-1), & 1<u-1\leqslant 2\end{cases}$$

$$=\begin{cases}(u-1)^2, & 1\leqslant u\leqslant 2\\ 2(u-1), & 2<u\leqslant 3\end{cases}$$

可知 $g(x)=\begin{cases}(x-1)^2, & 1\leqslant x\leqslant 2\\ 2(x-1). & 2<x\leqslant 3\end{cases}$

(2) 由 $f(x-\dfrac{1}{x})=\dfrac{1}{\dfrac{1}{x^2}+x^2}=\dfrac{1}{(x-\dfrac{1}{x})^2+2}$，可得 $f(x)=\dfrac{1}{x^2+2}$.

3. 设函数 $f(x)=\begin{cases}2+x, & x\leqslant 0\\ 2^x, & x>0\end{cases}$，求：

(1) $f(-3)$，$f(0)$，$f(1)$；

(2) $f(\Delta x)-f(0)$，$f(-\Delta x)-f(0)(\Delta x>0)$.

解 (1) $f(-3)=2+(-3)=-1$，$f(0)=2+0=2$，$f(1)=2^1=2$；

(2) 由于 $\Delta x>0$，故

$$f(\Delta x)-f(0)=2^{\Delta x}-(2+0)=2^{\Delta x}-2,$$

$$f(-\Delta x)-f(0)=2+(-\Delta x)-(2+0)=-\Delta x.$$

4. 设函数 $f(x)=\dfrac{1-x}{1+x}$，求 $f(-x)$，$f(x+1)$，$f(x)+1$，$f(\dfrac{1}{x})$，$\dfrac{1}{f(x)}$，$f(x^2)$，$f(f(x))$.

解 $f(-x)=\dfrac{1+x}{1-x}$，　　$f(x+1)=\dfrac{-x}{2+x}$，

$f(x)+1=\dfrac{1-x}{1+x}+1=\dfrac{2}{1+x}$，　　$f(\dfrac{1}{x})=\dfrac{1-\dfrac{1}{x}}{1+\dfrac{1}{x}}=\dfrac{x-1}{x+1}$，

$\dfrac{1}{f(x)}=\dfrac{1+x}{1-x}$，　　$f(x^2)=\dfrac{1-x^2}{1+x^2}$，

$$f(f(x))=\frac{1-\dfrac{1-x}{1+x}}{1+\dfrac{1-x}{1+x}}=\frac{2x}{2}=x.$$

5. 判别下列函数的奇偶性：

(1) $f(x)=\dfrac{1}{2}x^4+x^2-1$；　　(2) $f(x)=x+\sin x$；

(3) $f(x)=x^2\mathrm{e}^{-x^2}$.

解 (1) 对任意 $x\in(-\infty,+\infty)$，由于

$$f(-x)=\frac{1}{2}(-x)^4+(-x)^2-1=\frac{1}{2}x^4+x^2-1=f(x),$$

可知 $f(x)=\dfrac{1}{2}x^4+x^2-1$ 是偶函数.

（2）对任意 $x\in(-\infty,+\infty)$，有

$$f(-x)=(-x)+\sin(-x)=-x-\sin x=-(x+\sin x)=-f(x),$$

故 $f(x)=x+\sin x$ 为 $(-\infty,+\infty)$ 内的奇函数.

（3）对任意 $x\in(-\infty,+\infty)$ 有

$$f(-x)=(-x)^2\mathrm{e}^{-(-x)^2}=x^2\mathrm{e}^{-x^2}=f(x),$$

故 $f(x)=x^2\mathrm{e}^{-x^2}$ 为 $(-\infty,+\infty)$ 内的偶函数.

6. 设函数 f 定义在 $[-a,a]$ 上，证明：

（1）$F(x)=f(x)+f(-x)$，$x\in[-a,a]$ 为偶函数；

（2）$G(x)=f(x)-f(-x)$，$x\in[-a,a]$ 为奇函数；

（3）$f(x)$ 可表示为某个奇函数与某个偶函数之和.

证明　（1）由题意可知 $F(x)$ 在 $[-a,a]$ 上有定义，且对每一个 $x\in[-a,a]$ 有

$$F(-x)=f(-x)+f(x)=f(x)+f(-x)=F(x),$$

故 $F(x)$ 为 $[-a,a]$ 上的偶函数.

（2）由题意可知 $G(x)$ 在 $[-a,a]$ 上有定义，且对每一个 $x\in[-a,a]$ 有

$$G(-x)=f(-x)-f(x)=-[f(x)-f(-x)]=-G(x),$$

故 $G(x)$ 为 $[-a,a]$ 上的奇函数.

（3）由（1）、（2）得 $F(x)+G(x)=2f(x)$，从而有

$$f(x)=\frac{F(x)+G(x)}{2}=\frac{1}{2}F(x)+\frac{1}{2}G(x),$$

而 $\frac{1}{2}F(x)$ 是偶函数，$\frac{1}{2}G(x)$ 是奇函数. 故 $f(x)$ 可表示为一个奇函数 $\frac{1}{2}G(x)$ 与一个偶函数 $\frac{1}{2}F(x)$ 之和.

7. 某厂生产某种商品的最高日产量为 100t，固定成本为 130 万元，每生产 1t，成本增加 6 万元. 试求该厂日产量的总成本函数和平均成本函数.

解　设日产量为 x（单位：t），总成本函数为 $C(x)$（单位：万元），则依题设有

$$C(x)=130+6x,\quad x\in[0,100],$$

而平均成本函数为

$$\overline{C}(x)=\frac{C(x)}{x}=6+\frac{130}{x},\quad x\in(0,100].$$

8. 某厂生产某种产品，销售量在100件以内时，每件价格为150元；超过100件到200件的部分按九折出售；超过200件的部分按八五折出售. 试求该产品的总收入函数.

解 设 q 表示销售量(单位：件)，则依题设可知，总收入函数为

$$R(q)=\begin{cases}150q, & 0\leqslant q\leqslant 100\\ 150\times 100+0.9(q-100), & 100<q\leqslant 200.\\ 150\times 100+150\times 0.9\times 100+150\times 0.85(q-200), & 200<q\end{cases}$$

四、自测题

一、单项选择题(每小题2分，共20分)

1. 下列函数为同一函数的是(　　).

A. $f(x)=\sqrt{x^2}$ 与 $\varphi(x)=(\sqrt{x})^2$

B. $f(x)=\dfrac{x^2-1}{x-1}$ 与 $\varphi(x)=x+1$

C. $f(x)=x$ 与 $\varphi(x)=x(\sin^2x+\cos^2x)$

D. $f(x)=\lg x^2$ 与 $\varphi(x)=2\lg x$

2. 函数 $y=\dfrac{\ln(x+1)}{\sqrt{x-1}}$ 的定义域是(　　).

A. $(-1,+\infty)$　　B. $[-1,+\infty)$

C. $(1,+\infty)$　　D. $[1,+\infty)$

3. 设 $f(x)$ 为奇函数，且 $F(x)=f(x)\cdot\left(\dfrac{1}{a^x+1}-\dfrac{1}{2}\right)$，其中 a 为不等于1的正常数，则函数 $F(x)$ 是(　　).

A. 偶函数　　B. 奇函数

C. 非奇非偶函数　　D. 奇偶性与 a 有关的函数

4. 函数 $f(x)=2^{x-1}$ 的反函数 $f^{-1}(x)$ 是(　　)

A. $\log_2(x+1)$　　B. $1+\log_2 x$

C. $\frac{1}{2}\log_2 x$　　D. $2\log_2 x$

5. 设函数 $f(\frac{1}{x})=\frac{x}{x-1}$，则 $f(2x)=($　　$)$.

A. $\frac{1}{1-2x}$　　B. $\frac{2}{1-x}$　　C. $\frac{2(x-1)}{2x}$　　D. $\frac{2(x-1)}{x}$

6. 设 $f(x)=\frac{1-x}{x}$，$g(x)=1-x$，则 $f(g(x))=($　　$)$.

A. $\frac{x}{1-x}$　　B. $\frac{1}{x}$　　C. $\frac{2x-1}{1-x}$　　D. $2+x$

7. 下列函数中为奇函数的是(　　).

A. $y=\cos^3 x$　　B. $y=x^2+\sin x$

C. $y=\ln(x^2+x^4)$　　D. $y=\frac{e^x-1}{e^x+1}$

8. 设 $f(x+2)=x^2=2x+3$，则 $f[f(2)]=($　　$)$.

A. 3　　B. 0　　C. 1　　D. 2

9. 设函数 $f(x)=\begin{cases} e^x, & x<-1 \\ x^2-1, & x\geqslant -1 \end{cases}$，则 $f(0)$ 等于(　　).

A. -1　　B. 0　　C. 1　　D. 2

10. 函数 $f(x)=\cos x^3$ 在 xoy 平面上的图形(　　).

A. 关于 x 轴对称　　B. 关于 y 轴对称

C. 关于坐标原点对称　　D. 以上结论都不对

二、填空题(每小题 3 分，共 18 分)

1. 已知 $f(\frac{1}{x})=x(-\frac{x}{x+1})^2$，则 $f(x)=$________.

2. 函数 $y=\ln\ln x$ 的定义域是________.

3. 函数 $f(x)=\ln(1-x)$，$x\leqslant 0$ 的值域是________.

4. 若 $f(x^2+1)=x^4+3x^2+2$，则 $f(x)=$________.

5. 设 $f(x)=3x+5$，则 $f[f(x)-2]=$________.

6. 设 $y=3^u$，$u=v^2$，$v=\tan x$，则 $y=f(x)=$________.

三、计算题(每小题 9 分，共 45 分)

1. 若 $\varphi(x)=\begin{cases} |\sin x|, & |x|<1 \\ 0, & |x|\geqslant 1 \end{cases}$，求 $\varphi(1)$，$\varphi(\frac{\pi}{4})$，$\varphi(-\frac{\pi}{4})$.

2. 设 $f(x)=\begin{cases}(x+1)^2, & x\leqslant 0\\ x+4, & x>0\end{cases}$，$g(x)=x^2-4$，求 $f[g(x)]$.

3. 求与函数 $y=\dfrac{2^x-2^{-x}}{2^x+2^{-x}}$ 关于直线 $y=x$ 对称的函数 $y=g(x)$.

4. 设 $f(x)=\dfrac{1}{x}$，若 $f(x)+f(y)=f(z)$，求 z.

5. 设 $f(x^2-1)=\lg\dfrac{x^2}{x^2-2}$，且 $f[\varphi(x)]=\lg x$，求 $\varphi(x)$.

四、应用题(12 分)

某产品每件售价 60 元，成本为 30 元. 厂家为鼓励销售商大量采购，决定凡是订购量超过 200 件以上的，超过部分每件按 54 元的优惠价销售.

(1)试将利润 L 表示成订购量 x 的函数；

(2)当某商场订购 2000 件这种产品时，厂家可获的利润是多少.

五、证明题(5 分)

设函数 $f(x)=x^4+x^3+x^2+x+1$，证明：$x^4f(\dfrac{1}{x})=f(x)$.

第二章　函数与极限

一、内容提要

1. 数列的极限

(1) 数列极限的定义

对于数列$\{x_n\}$，当项数n无限增大时，数列的一般项x_n无限趋近于常数a，则称数列$\{x_n\}$以a为极限，或称$\{x_n\}$收敛于a，记作$\lim\limits_{n\to\infty}x_n=a$或$x_n\to a(n\to\infty)$. 若$\{x_n\}$的极限不存在，则称数列$\{x_n\}$发散.

(2) 数列极限的有关性质

1)唯一性　若数列$\{x_n\}$收敛，即$\lim\limits_{n\to\infty}x_n=a$，则极限唯一.

2)有界性　若$\lim\limits_{n\to\infty}x_n=a$，则数列$\{x_n\}$有界，即存在$M>0$，使得对任意$n$均有$|x_n|\leqslant M$.

3)保号性　①若$\lim\limits_{n\to\infty}x_n=a$，且$a>0$(或$a<0$)，则$\exists N$，当$n>N$时，$x_n>0$(或$x_n<0$). ②若数列$\{x_n\}$从某项起有$x_n\geqslant 0$且$\lim\limits_{n\to\infty}x_n=a$，则$a\geqslant 0$.

4)单调有界准则　单调增加有上界或单调减少有下界的数列必有极限.

5)夹逼准则　对于数列$\{x_n\}$、$\{y_n\}$、$\{z_n\}$，若$\exists N$，当$n>N$时满足$y_n\leqslant x_n\leqslant z_n$，且$\lim\limits_{n\to\infty}y_n=\lim\limits_{n\to\infty}z_n=a$，则$\lim\limits_{n\to\infty}x_n=a$.

2. 函数的极限

(1)当自变量趋于无穷时函数极限的定义

1）如果对 $\forall \varepsilon>0$，$\exists X>0$，当 $|x|>X$ 时，恒有 $|f(x)-A|<\varepsilon$，则称常数 A 是 $f(x)$ 的当 x 趋于无穷时的极限，记为

$$\lim_{x\to\infty} f(x)=A,\text{或 } f(x)\to A(x\to\infty).$$

2）如果对 $\forall \varepsilon>0$，$\exists X>0$，当 $x>X$ 时，恒有 $|f(x)-A|<\varepsilon$，则称常数 A 是 $f(x)$ 的当 x 趋于正无穷时的极限，记为

$$\lim_{x\to+\infty} f(x)=A,\text{或 } f(x)\to A(x\to+\infty).$$

3）如果对 $\forall \varepsilon>0$，$\exists X>0$，当 $x<-X$ 时，恒有 $|f(x)-A|<\varepsilon$，则称常数 A 是 $f(x)$ 的当 x 趋于负无穷时的极限，记为

$$\lim_{x\to-\infty} f(x)=A,\text{或 } f(x)\to A(x\to-\infty).$$

（2）当自变量趋于某定点时函数极限的定义

1）如果对 $\forall \varepsilon>0$，$\exists \delta>0$，当 $0<|x-x_0|<\delta$ 时，恒有 $|f(x)-A|<\varepsilon$，则称常数 A 是 $f(x)$ 的当 x 趋于 x_0 时的极限，记为

$$\lim_{x\to x_0} f(x)=A,\text{或 } f(x)\to A(x\to x_0).$$

2）如果对 $\forall \varepsilon>0$，$\exists \delta>0$，当 $x_0-\delta<x<x_0$ 时，恒有 $|f(x)-A|<\varepsilon$，则称常数 A 是 $f(x)$ 的当 x 趋于 x_0 时的左极限，记为

$$\lim_{x\to x_0^-} f(x)=A,\text{或 } f(x)\to A(x\to x_0^-),\text{或 } f(x_0-0).$$

3）如果对 $\forall \varepsilon>0$，$\exists \delta>0$，当 $x_0<x<x_0+\delta$ 时，恒有 $|f(x)-A|<\varepsilon$，则称常数 A 是 $f(x)$ 的当 x 趋于 x_0 时的右极限，记为

$$\lim_{x\to x_0^+} f(x)=A,\text{或 } f(x)\to A(x\to x_0^+),\text{或 } f(x_0+0).$$

（3）无穷小量的定义

如果 $\lim\limits_{x\to x_0} f(x)=0$，则称 $f(x)$ 为当 $x\to x_0$ 时的无穷小量.

如果 $\lim\limits_{n\to\infty} x_n=0$，则称数列 $\{x_n\}$ 为当 $n\to\infty$ 时的无穷小量.

类似地，可定义当 $x\to\infty$ 时的无穷小量.

（4）无穷大量的定义

如果对于 $\forall M>0$，$\exists \delta>0$，当 $0<|x-x_0|<\delta$ 时，恒有 $|f(x)|>M$，则称 $f(x)$ 是当 x 趋于 x_0 时的无穷大量，记 $\lim\limits_{x\to x_0} f(x)=\infty$.

类似地，可定义 $\lim\limits_{x\to x_0} f(x)=+\infty$，$\lim\limits_{x\to x_0} f(x)=-\infty$. 还可定义当 x

$\to\infty$与$n\to\infty$时的无穷大量.

(5)无穷小量阶的定义

设$\lim\limits_{x\to x_0}\alpha=0$,$\lim\limits_{x\to x_0}\beta=0$.

1)如果$\lim\limits_{x\to x_0}\dfrac{\alpha}{\beta}=0$,则称当$x\to x_0$时,$\alpha$是比$\beta$高阶的无穷小量,记为$\alpha=o(\beta)$.

2)如果$\lim\limits_{x\to x_0}\dfrac{\alpha}{\beta}=C\neq 0$,则称当$x\to x_0$时,$\alpha$是与$\beta$同阶的无穷小量,记为$\alpha=O(\beta)$.特别地,当$C=1$时,则称当$x\to x_0$时,$\alpha$是与$\beta$等价的无穷小量,记为$\alpha\sim\beta$.

3)如果$\lim\limits_{x\to x_0}\dfrac{\alpha}{\beta}=\infty$,则称当$x\to x_0$时,$\alpha$是比$\beta$低阶的无穷小量.

类似地,可定义当$x\to\infty$与$n\to\infty$时的情形下的无穷小量的阶.

(6)函数极限的有关性质

1)唯一性　若$\lim\limits_{x\to x_0}f(x)$存在,则极限唯一.

2)局部有界性　若$\lim\limits_{x\to x_0}f(x)$存在,则存在$x_0$的某去心邻域$\mathring{U}(x_0,\delta)$,使得$f(x)$在此邻域内有界.

3)局部保号性　①若$\lim\limits_{x\to x_0}f(x)=A$,且$A>0$(或$A<0$),则$\exists\,\delta>0$,使当$0<|x-x_0|<\delta$时,$f(x)>0$(或$f(x)<0$).②若$f(x)\geqslant 0$,且$\lim\limits_{x\to x_0}f(x)=A$,则$A\geqslant 0$.

4)极限与左、右极限的关系　$\lim\limits_{x\to x_0}f(x)=A$的充分必要条件是$\lim\limits_{x\to x_0^-}f(x)=\lim\limits_{x\to x_0^+}f(x)=A$.

5)夹逼准则　若在x_0的某去心邻域内有$g(x)\leqslant f(x)\leqslant h(x)$且$\lim\limits_{x\to x_0}g(x)=\lim\limits_{x\to x_0}h(x)=A$,则$\lim\limits_{x\to x_0}f(x)=A$.

以上有关函数极限的性质当$x\to\infty$,$x\to+\infty$,$x\to-\infty$时也有相应的形式.

(7)两个重要极限

1) $\lim\limits_{x\to 0}\dfrac{\sin x}{x}=1$；　　2) $\lim\limits_{x\to 0}(1+x)^{\frac{1}{x}}=\mathrm{e}, \lim\limits_{n\to\infty}\left(1+\dfrac{1}{n}\right)^{n}=\mathrm{e}$.

通过变量替换，这两个公式可写成更加一般的形式：设 $\lim\limits_{x\to x_0} f(x)=0$，且 $f(x)\neq 0$，则有

$$\lim_{x\to x_0}\frac{\sin f(x)}{f(x)}=1,\quad \lim_{x\to x_0}[1+f(x)]^{\frac{1}{f(x)}}=\mathrm{e}.$$

(8)极限的运算法则

设 $\lim\limits_{x\to x_0} f(x)=A, \lim\limits_{x\to x_0} g(x)=B$，则

1) $\lim\limits_{x\to x_0}[f(x)\pm g(x)]=A\pm B$.

2) $\lim\limits_{x\to x_0}[f(x)\cdot g(x)]=AB$.

3)若 $B\neq 0$，则 $\lim\limits_{x\to x_0}\dfrac{f(x)}{g(x)}=\dfrac{A}{B}$.

上述性质当 $x\to\infty$ 时也成立. 在数列极限的运算中也有完全类似的法则.

(9)无穷小量的有关性质

1) 有限个无穷小量的代数和是无穷小量.

2)有限个无穷小量的乘积是无穷小量.

3)有界变量与无穷小量的乘积是无穷小量.

4)若 $f(x)$ 是当 $x\to x_0$ 时的无穷小量，且 $f(x)\neq 0$，则 $\dfrac{1}{f(x)}$ 是当 $x\to x_0$ 时的无穷大量；反之，若 $f(x)$ 是当 $x\to x_0$ 时的无穷大量，则 $\dfrac{1}{f(x)}$ 是当 $x\to x_0$ 时的无穷小量.

5)等价无穷小替换　设 $\lim\alpha=0, \lim\beta=0$，且 $\alpha\sim\beta', \beta\sim\beta'$，则 $\lim\dfrac{\alpha}{\beta}=\lim\dfrac{\alpha'}{\beta'}$.

3. 连续性

(1) 函数连续的定义

1)设 $y=f(x)$ 在 $x=x_0$ 的某邻域内有定义，如果

$\lim\limits_{\Delta x\to 0}\Delta y=\lim\limits_{\Delta x\to 0}[f(x_0+\Delta x)-f(x_0)]=0$ 即 $\lim\limits_{x\to x_0}f(x)=f(x_0)$，则称 $f(x)$ 在 $x=x_0$ 点连续.

2)若 $\lim\limits_{x\to x_0^+}f(x)=f(x_0)$，则称 $f(x)$ 在 $x=x_0$ 点右连续.

3)若 $\lim\limits_{x\to x_0^-}f(x)=f(x_0)$，则称 $f(x)$ 在 $x=x_0$ 点左连续.

4)若 $f(x)$ 在 (a,b) 内每一点都连续，则称 $f(x)$ 在 (a,b) 内连续. 若 $f(x)$ 在 (a,b) 内连续，还在 $x=a$ 处右连续，在 $x=b$ 处左连续，则称 $f(x)$ 在 $[a,b]$ 内连续.

(2) 函数间断点的定义及分类

1)若在 x_0 处，$f(x_0)$ 无定义或 $\lim\limits_{x\to x_0}f(x)$ 不存在或 $\lim\limits_{x\to x_0}f(x)\neq f(x_0)$，则称 $f(x)$ 在 $x=x_0$ 点间断，$x=x_0$ 称为 $f(x)$ 的间断点.

2)若 $x=x_0$ 是 $f(x)$ 的间断点，则有

①若 $\lim\limits_{x\to x_0}f(x)$ 存在，则称 $x=x_0$ 是可去间断点.

②若 $\lim\limits_{x\to x_0^-}f(x)$，$\lim\limits_{x\to x_0^+}f(x)$ 都存在，但不相等，则称 $x=x_0$ 是跳跃间断点.

③若 $\lim\limits_{x\to x_0}f(x)=\infty$ 或 $\lim\limits_{x\to x_0^-}f(x)=\infty$ 或 $\lim\limits_{x\to x_0^+}f(x)=\infty$，则称 $x=x_0$ 是无穷间断点.

④若 $\lim\limits_{x\to x_0}f(x)$ 不存在，且当 $x\to x_0$ 时，函数值摆动，则称 $x=x_0$ 是振荡间断点.

上述间断点中，①、②两类称为第一类间断点，③、④两类称为第二类间断点.

(3)连续函数的运算性质

1)若 $f(x)$，$g(x)$ 均在 x_0 处连续，则 $f(x)\pm g(x)$，$f(x)g(x)$，$\dfrac{f(x)}{g(x)}(g(x_0)\neq 0)$ 也在 x_0 处连续.

2)若 $u=\varphi(x)$ 在 x_0 处连续，$y=f(u)$ 在 $u_0=\varphi(x_0)$ 处连续，则复合函数 $f[\varphi(x)]$ 在 x_0 处连续.

3)若 $\lim\limits_{x\to x_0}\varphi(x)=a$，$f(u)$ 在 $u=a$ 处连续，则

$$\lim_{x\to x_0} f[\varphi(x)]=f[\lim_{x\to x_0}\varphi(x)]=f(a).$$

4)若函数 $y=f(x)$ 在区间 I_x 上单调且连续，则它的反函数 $y=f^{-1}(x)$ 在相应的区间 $I_y=\{x|x=f(y),\ y\in I_y\}$ 上单调且连续.

5)基本初等函数在其定义域内连续.

6)初等函数在其定义区间内连续.

(4)闭区间上连续函数的性质

1)有界性　若 $f(x)$ 在 $[a,\ b]$ 上连续，则 $f(x)$ 在 $[a,\ b]$ 上有界.

2)最值性　若 $f(x)$ 在 $[a,\ b]$ 上连续，则 $f(x)$ 在 $[a,\ b]$ 上必有最大值和最小值.

3)介值性　若 $f(x)$ 在 $[a,\ b]$ 上连续，则 $f(x)$ 在 $[a,\ b]$ 上可取到介于 $f(x)$ 在 $[a,\ b]$ 上最大值与最小值之间的一切值.

4)零点定理　若 $f(x)$ 在 $[a,\ b]$ 上连续，且 $f(a)f(b)<0$，则 $\exists\xi\in(a,\ b)$，使得 $f(\xi)=0$.

二、概念析疑

问 1　有人说，数列极限 $\lim\limits_{n\to\infty}x_n=a$ 表示当 n 充分大后，x_n 越来越接近于 a，这种说法对吗？

答　这种说法不妥. 因为“x_n 越来越接近于 a”一般理解为“$|x_n-a|$ 单调减少”，而 $\lim\limits_{n\to\infty}x_n=a$ 则表示当 n 无限增大时，$|x_n-a|$ 趋于零. $|x_n-a|$ 单调减少不见得趋于零，而趋于零也不见得单调减少. 例如，当 n 充分大后，数列 $x_n=1+\dfrac{1}{n}$ 越来越接近于 0，但 $x_n\not\to 0(n\to\infty)$，又如，数列 $y_n=\dfrac{2+(-1)^n}{n}\to 0(n\to\infty)$，但 $|y_n-0|$ 并非单调减少，不能说“y_n 越来越接近于 0”.

问 2　如果数列 $\{x_n\}$ 收敛，$\{y_n\}$ 发散，那么数列 $\{x_ny_n\}$ 是否一定发散？

答　数列 $\{x_ny_n\}$ 的收敛性不能肯定.

若$\lim\limits_{n\to\infty}x_n\neq 0$，则数列$\{x_ny_n\}$必定发散. 这是因为若$\{x_ny_n\}$收敛，且$\lim\limits_{n\to\infty}x_n\neq 0$，则由$y_n=\dfrac{x_ny_n}{x_n}$及商的极限运算法则立即可知数列$\{y_n\}$收敛，与假设矛盾.

若$\lim\limits_{n\to\infty}x_n=0$，则数列$\{x_ny_n\}$可能收敛，也可能发散. 例如

(1)$x_n=\dfrac{1}{n}$，$y_n=n$，$x_ny_n=1$，于是数列$\{x_ny_n\}$收敛.

(2)$x_n=\dfrac{1}{n}$，$y_n=(-1)^n n$，$x_ny_n=(-1)^n$，于是数列$\{x_ny_n\}$发散.

问3　讨论函数极限时，在什么情况下要考虑左、右极限？

答　一般说，讨论函数$f(x)$在点x_0处的极限，都应先看一看单侧极限的情况. 如果当$x\to x_0$时，$f(x)$在x_0两侧的变化趋势一致，那么就不必分开研究；如果$f(x)$在x_0两侧的变化趋势可能有差别，就应分别讨论左、右极限. 例如，求分段函数在分段点处的极限时，必须讨论左、右极限；有些反三角函数、指数函数也有类似的情形，例如，$\arctan\dfrac{1}{x}$，$e^{\frac{1}{x}}$在$x=0$处的左、右极限就不一样.

问4　是否任何两个无穷小都是可以比较的？

答　不是的. 例如，当$x\to 0$时，$\alpha(x)=x\sin\dfrac{1}{x}$，$\beta(x)=x$都是无穷小，但是$\lim\limits_{x\to 0}\dfrac{\alpha(x)}{\beta(x)}=\lim\limits_{x\to 0}\dfrac{x\sin\dfrac{1}{x}}{x}=\lim\limits_{x\to 0}\sin\dfrac{1}{x}$却不存在.

问5　关于初等函数的连续性的结论，为什么表述成"初等函数在其定义区间内都是连续的"，而不说成是"初等函数在其定义域内都是连续的"？

答　这是因为初等函数在其定义域的某些点上不一定能定义连续性，因为定义函数在一点连续的前提条件是函数在该点的某个邻域内有定义. 例如，初等函数$f(x)=\sqrt{\sin x}+\sqrt{16-x^2}+\sqrt{-x}$，它的定义域$D=[-4,-\pi]\cup\{0\}$，$f(x)$在$x=0$处就无法定义其连续性，不能说$f(x)$在其定义域$D$上连续，只能说$f(x)$在其定义区间

$[-4,-\pi]$上连续.

一般地,由初等函数的运算法则可知,如果初等函数 $f(x)$的定义域 D 内的某点存在某个邻域包含在 D 内,即点属于 $f(x)$的某个定义区间,那么 $f(x)$在该点必定连续.因此,初等函数在其定义区间内是连续的.

三、习题详解

习题 2.1

1.从极限的直观定义出发,求下列数列的极限:

(1) $x_n=(-1)^{n-1}\dfrac{1}{n-3}$; (2) $x_n=3^{(-1)^n}$;

(3) $x_n=\lg\dfrac{1}{n}$; (4) $x_n=\dfrac{n-1}{n+2}$;

(5) $x_n=\dfrac{1-(-1)^n}{2^n}$; (6) $0,\dfrac{1}{2},0,\dfrac{1}{4},0,\dfrac{1}{6},\cdots$;

(7) $-\dfrac{1}{3},\dfrac{3}{5},-\dfrac{5}{7},\dfrac{7}{9},-\dfrac{9}{11},\cdots$.

解 (1) $x_n=(-1)^{n-1}\dfrac{1}{n-3}$,当 $n\to\infty$时数列一般项无限接近于0,故$\{x_n\}$的极限为0.

(2) $x_n=3^{(-1)^n}$,数列一般项无限次的在$\dfrac{1}{3}$,3 中来回取值,故$\{x_n\}$是发散的.

(3) $x_n=\lg\dfrac{1}{n}=-\lg n$,当 $n\to\infty$时数列一般项无限趋向负无穷大,故$\{x_n\}$是发散的.

(4) $x_n=\dfrac{n-1}{n+2}=1-\dfrac{3}{n}$,当 $n\to\infty$时数列一般项无限接近于1,故$\{x_n\}$的极限为1.

(5) $x_n=\dfrac{1-(-1)^n}{2^n}$,当 $n\to\infty$时数列一般项无限接近于0,故

$\{x_n\}$的极限为 0.

(6) $x_n=\dfrac{1+(-1)^n}{2n}$，当 $n\to\infty$ 时数列一般项无限接近于 0，故$\{x_n\}$的极限为 0.

(7) $x_n=(-1)^n\cdot\dfrac{2n-1}{2n+1}$，当 $n\to\infty$ 时数列一般项无限次的在-1，1 中来回取值，故$\{x_n\}$是发散的.

2. 用数列极限的定义证明：

(1) $\lim\limits_{n\to\infty}\dfrac{n}{n^2+1}=0$；　　(2) $\lim\limits_{n\to\infty}\dfrac{3n+2}{2n+3}=\dfrac{3}{2}$.

证明　(1) 对于任意给定的 $\varepsilon>0$，要使

$$\left|\frac{n}{n^2+1}-0\right|<\frac{1}{n}<\varepsilon,$$

只要取 $n>\dfrac{1}{\varepsilon}$就可以了. 因此，对于任意给定的 $\varepsilon>0$，取正整数 $N=\left[\dfrac{1}{\varepsilon}\right]+1$，则当 $n>N$ 时，$\left|\dfrac{n}{n^2+1}-0\right|<\varepsilon$ 恒成立，所以$\lim\limits_{n\to\infty}\dfrac{n}{n^2+1}=0$.

(2) 对于任意给定的 $\varepsilon>0$，要使

$$\left|\frac{3n+2}{2n+3}-\frac{3}{2}\right|=\frac{5}{4n+6}<\frac{5}{4n}<\varepsilon,$$

只要取 $n>\dfrac{5}{4\varepsilon}$就可以了. 因此，对于任意给定的 $\varepsilon>0$，取正整数 $N=\left[\dfrac{5}{4\varepsilon}\right]+1$，则当 $n>N$ 时，$\left|\dfrac{3n+2}{2n+3}-\dfrac{3}{2}\right|<\varepsilon$ 恒成立，所以$\lim\limits_{n\to\infty}\dfrac{3n+2}{2n+3}=\dfrac{3}{2}$.

习题 2.2

1. 已知 $\lim\limits_{x\to3}\dfrac{x-3}{x}=0$，问当 x 满足什么条件时，才能使$\left|\dfrac{x-3}{x}\right|<0.001$？

解 由 $\left|\frac{x-3}{x}\right|<0.001$ 可知 $-0.001<1-\frac{3}{x}<0.001$，解之得 $\frac{3000}{1001}<x<\frac{1000}{333}$.

2. 观察下列函数在指定点处的变化趋势，并判断函数在该点的极限是否存在.

(1) $f(x)=3^{\frac{1}{x}}, x=0$；

(2) $f(x)=\left(\frac{1}{2}\right)^{-\frac{1}{x^2}}, x=0$；

(3) $f(x)=\frac{x^2-9}{x+3}, x=-3$；

(4) $f(x)=\begin{cases}2^x, & x\leqslant 0\\ \cos x+1, & x>0\end{cases}, x=0$.

解 (1)因为

$$\lim_{x\to 0^+} f(x)=\lim_{x\to 0^+} 3^{\frac{1}{x}}=+\infty, \qquad \lim_{x\to 0^-} f(x)=\lim_{x\to 0^-} 3^{\frac{1}{x}}=0,$$

所以函数在 $x=0$ 的极限不存在.

(2) 因为 $\lim\limits_{x\to 0}\left(\frac{1}{2}\right)^{-\frac{1}{x^2}}=+\infty$，所以函数在 $x=0$ 的极限不存在.

(3) 因为 $\lim\limits_{x\to -3}\frac{x^2-9}{x+3}=\lim\limits_{x\to -3}(x-3)=-6$，所以函数在 $x=-3$ 极限存在，且 $\lim\limits_{x\to -3} f(x)=-6$.

(4) 因为

$$\lim_{x\to 0^+} f(x)=\lim_{x\to 0^+}(\cos x+1)=2, \qquad \lim_{x\to 0^-} f(x)=\lim_{x\to 0^-} 2^x=1,$$

所以函数在 $x=0$ 的极限不存在.

3. 设 $f(x)=\begin{cases}e^{\frac{1}{x}}, & x<0\\ x^2+a, & x\geqslant 0\end{cases}$，问当 a 为何值时，$\lim\limits_{x\to 0} f(x)$ 存在.

解 $\lim\limits_{x\to 0^+} f(x)=\lim\limits_{x\to 0^+}(x^2+a)=a$，$\lim\limits_{x\to 0^-} f(x)=\lim\limits_{x\to 0^-} e^{\frac{1}{x}}=0$，故要使 $\lim\limits_{x\to 0} f(x)$ 存在，须有 $\lim\limits_{x\to 0^+} f(x)=\lim\limits_{x\to 0^-} f(x)$，即 $a=0$.

4. 根据极限定义，验证下列极限：

(1) $\lim\limits_{x\to-\infty} 3^x=0$； (2) $\lim\limits_{x\to 2}(5x-2)=8$.

证明 (1) 对于任意的 $\varepsilon>0$，欲使 $|3^x-0|<\varepsilon$，即 $x<\log_3\varepsilon$，(不妨设 $\varepsilon<1$)，只需取 $X=-\log_3\varepsilon$，当 $x<-X$ 时，必有 $|3^x-0|<\varepsilon$，即按定义得 $\lim\limits_{x\to-\infty} 3^x=0$.

(2) 对于任意的 $\varepsilon>0$，欲使 $|(5x-2)-8|<\varepsilon$，即 $5|x-2|<\varepsilon$，取 $\delta=\dfrac{\varepsilon}{5}$，当 $|x-2|<\delta$ 时，必有 $|(5x-2)-8|<\varepsilon$，即按定义得 $\lim\limits_{x\to 2}(5x-2)=8$.

习题 2.3

1. 求下列函数的极限：

(1) $\lim\limits_{x\to\sqrt{2}}\dfrac{x^2-2}{x^4+2x}$； (2) $\lim\limits_{x\to+\infty}(\arctan x+2^{\frac{1}{x}})$；

(3) $\lim\limits_{x\to 1}\dfrac{x^3-3x+2}{x^3-x-2}$； (4) $\lim\limits_{x\to 1}\dfrac{x^3-2x^2+1}{x-x^3}$；

(5) $\lim\limits_{h\to 0}\dfrac{(a+h)^2-a^2}{h}$； (6) $\lim\limits_{x\to 1}\left(\dfrac{x}{x-1}-\dfrac{1}{x^2-x}\right)$；

(7) $\lim\limits_{x\to 1}\dfrac{x^n-1}{x-1}$； (8) $\lim\limits_{x\to 0}\dfrac{\sqrt{1+x}-\sqrt{1-x}}{x}$

(9) $\lim\limits_{n\to\infty}\dfrac{5^n-4^{n-1}}{5^{n+1}+3^{n+2}}$； (10) $\lim\limits_{n\to\infty}\dfrac{(2n+1)^2-(n-2)^2}{n^2+2n+3}$.

解 (1) $\lim\limits_{x\to\sqrt{2}}\dfrac{x^2-2}{x^4+2x}=\dfrac{\lim\limits_{x\to\sqrt{2}}x^2-2}{\lim\limits_{x\to\sqrt{2}}x^4+\lim\limits_{x\to\sqrt{2}}2x}=0$.

(2) $\lim\limits_{x\to+\infty}(\arctan x+2^{\frac{1}{x}})=\lim\limits_{x\to+\infty}\arctan x+\lim\limits_{x\to+\infty}2^{\frac{1}{x}}=\dfrac{\pi}{2}+1$.

(3) $\lim\limits_{x\to 1}\dfrac{x^3-3x+2}{x^3-x-2}=\dfrac{0}{-2}=0$.

(4) $\lim\limits_{x\to 1}\dfrac{x^3-2x^2+1}{x-x^3}$

$=\lim\limits_{x\to 1}\dfrac{(x^2-x-1)(x-1)}{x(1-x)(1+x)}=\lim\limits_{x\to 1}\dfrac{1+x-x^2}{x(1+x)}=\dfrac{1}{2}$.

(5) $\lim\limits_{h\to 0}\dfrac{(a+h)^2-a^2}{h}=\lim\limits_{h\to 0}\dfrac{2ah+h^2}{h}=\lim\limits_{h\to 0}(2a+h)=2a.$

(6) $\lim\limits_{x\to 1}\left(\dfrac{x}{x-1}-\dfrac{1}{x^2-x}\right)=\lim\limits_{x\to 1}\dfrac{x^2-1}{x(x-1)}=\lim\limits_{x\to 1}\dfrac{x+1}{x}=2.$

(7) $\lim\limits_{x\to 1}\dfrac{x^n-1}{x-1}=\lim\limits_{x\to 1}\dfrac{(x-1)(x^{n-1}+x^{n-2}+\cdots+1)}{x-1}$

$=\lim\limits_{x\to 1}(x^{n-1}+x^{n-2}+\cdots+1)=n.$

(8) $\lim\limits_{x\to 0}\dfrac{\sqrt{1+x}-\sqrt{1-x}}{x}=\lim\limits_{x\to 0}\dfrac{2x}{x(\sqrt{1+x}+\sqrt{1-x})}$

$=\lim\limits_{x\to 0}\dfrac{2}{\sqrt{1+x}+\sqrt{1-x}}=1.$

(9) $\lim\limits_{n\to\infty}\dfrac{5^n-4^{n-1}}{5^{n+1}+3^{n+2}}=\lim\limits_{n\to\infty}\dfrac{1-\dfrac{1}{5}\cdot\left(\dfrac{4}{5}\right)^{n-1}}{5+3\cdot\left(\dfrac{3}{5}\right)^n}=\dfrac{1-\dfrac{1}{5}\cdot 0}{5+3\cdot 0}=\dfrac{1}{5}.$

(10) $\lim\limits_{n\to\infty}\dfrac{(2n+1)^2-(n-2)^2}{n^2+2n+3}=\lim\limits_{n\to\infty}\dfrac{(2+\dfrac{1}{n})^2-(1-\dfrac{2}{n})^2}{1+\dfrac{2}{n}+\dfrac{3}{n^2}}$

$=\lim\limits_{n\to\infty}\dfrac{4-1}{1}=3.$

2. 已知极限 $\lim\limits_{x\to 2}\dfrac{2x^2-ax-2}{x^2-4}=k$ 存在，求常数 a 与 k 之值.

解 由于 $\lim\limits_{x\to 2}(2x^2-ax-2)=\lim\limits_{x\to 2}\dfrac{2x^2-ax-2}{x^2-4}\cdot(x^2-4)=0$，所以 $8-2a-2=0$，即 $a=3$.

$k=\lim\limits_{x\to 2}\dfrac{2x^2-3x-2}{x^2-4}=\lim\limits_{x\to 2}\dfrac{(x-2)(2x+1)}{(x-2)(x+2)}=\lim\limits_{x\to 2}\dfrac{2x+1}{x+2}=\dfrac{5}{4}.$

习题 2.4

1. 求下列极限：

(1) $\lim\limits_{n\to\infty}(n\sin\dfrac{\pi}{n})$；　　(2) $\lim\limits_{x\to 0}\dfrac{x-\sin x}{x+\sin x}$；

(3) $\lim\limits_{x\to 0}\dfrac{2\arctan x}{5x}$；　　(4) $\lim\limits_{x\to 0^+}\dfrac{x}{\sqrt{1-\cos x}}$；

(5) $\lim\limits_{x\to \pi}\dfrac{\sin x}{x-\pi}$；　　(6) $\lim\limits_{x\to 1}\dfrac{\sin(x-1)}{x^2+5x-6}$.

解 (1) $\lim\limits_{n\to\infty}\left(n\sin\dfrac{\pi}{n}\right)=\lim\limits_{n\to\infty}\dfrac{\sin\dfrac{\pi}{n}}{\dfrac{\pi}{n}}\cdot\pi=\pi$.

(2) $\lim\limits_{x\to 0}\dfrac{x-\sin x}{x+\sin x}=\lim\limits_{x\to 0}\dfrac{1-\dfrac{\sin x}{x}}{1+\dfrac{\sin x}{x}}=\dfrac{1-1}{1+1}=0$.

(3) 设 $\arctan x=t$，$x=\tan t$，当 $x\to 0$ 时 $t\to 0$，于是

$$\lim_{x\to 0}\frac{2\arctan x}{5x}=\lim_{t\to 0}\frac{2t}{5\tan t}=\frac{2}{5}.$$

(4) $\lim\limits_{x\to 0^+}\dfrac{x}{\sqrt{1-\cos x}}=\lim\limits_{x\to 0^+}\dfrac{x}{\sqrt{2}\cdot\sin\dfrac{x}{2}}=\dfrac{\sqrt{2}}{\lim\limits_{x\to 0^+}\dfrac{\sin\dfrac{x}{2}}{\dfrac{x}{2}}}=\sqrt{2}$.

(5) $\lim\limits_{x\to \pi}\dfrac{\sin x}{x-\pi}=\lim\limits_{x\to \pi}\dfrac{-\sin(x-\pi)}{x-\pi}=-1$.

(6) $\lim\limits_{x\to 1}\dfrac{\sin(x-1)}{x^2+5x-6}=\lim\limits_{x\to 1}\dfrac{\sin(x-1)}{(x-1)(x+6)}$

$$=\lim_{x\to 1}\frac{\sin(x-1)}{(x-1)}\cdot\lim_{x\to 1}\frac{1}{x+6}=\frac{1}{7}.$$

2. 求下列极限：

(1) $\lim\limits_{n\to\infty}\left(1+\dfrac{1}{n}\right)^{-2n}$；　　(2) $\lim\limits_{n\to\infty}\left(1+\dfrac{1}{n+2}\right)^{n}$；

(3) $\lim\limits_{x\to\infty}\left(1-\dfrac{2}{x}\right)^{\frac{x}{3}+1}$；　　(4) $\lim\limits_{x\to 0}\left(\dfrac{2x-1}{3x-1}\right)^{\frac{1}{x}}$；

(5) $\lim\limits_{x\to\infty}\left(\dfrac{x-4}{x+3}\right)^{x}$；　　(6) $\lim\limits_{x\to\frac{\pi}{2}}(1+\cos x)^{4\sec x}$.

解 (1) $\lim\limits_{n\to\infty}\left(1+\dfrac{1}{n}\right)^{-2n}=\left(\lim\limits_{n\to\infty}\left(1+\dfrac{1}{n}\right)^{n}\right)^{-2}=e^{-2}$.

(2) $\lim\limits_{n\to\infty}\left(1+\dfrac{1}{n+2}\right)^{n}=\lim\limits_{n\to\infty}\left(1+\dfrac{1}{n+2}\right)^{n+2}\cdot\left(1+\dfrac{1}{n+2}\right)^{-2}=\mathrm{e}.$

(3) $\lim\limits_{x\to\infty}(1-\dfrac{2}{x})^{\frac{x}{3}+1}=\lim\limits_{x\to\infty}(1-\dfrac{2}{x})^{\frac{x}{3}}\cdot\lim\limits_{x\to\infty}(1-\dfrac{2}{x})$

$=\lim\limits_{x\to\infty}(1-\dfrac{2}{x})^{-\frac{x}{2}\cdot(-\frac{2}{3})}=\mathrm{e}^{-\frac{2}{3}}.$

(4) $\lim\limits_{x\to 0}\left(\dfrac{2x-1}{3x-1}\right)^{\frac{1}{x}}=\lim\limits_{x\to 0}\left(1-\dfrac{x}{3x-1}\right)^{\frac{1}{x}}$

$=\lim\limits_{x\to 0}\left(1-\dfrac{x}{3x-1}\right)^{-\frac{3x-1}{x}\cdot(-\frac{x}{3x-1})\frac{1}{x}}$

$=\mathrm{e}^{\lim\limits_{x\to 0}-\frac{x}{3x-1}\cdot\frac{1}{x}}=\mathrm{e}.$

(5) $\lim\limits_{x\to\infty}\left(\dfrac{x-4}{x+3}\right)^{x}=\lim\limits_{x\to\infty}\left(1-\dfrac{7}{x+3}\right)^{x}=\lim\limits_{x\to\infty}\left(1-\dfrac{7}{x+3}\right)^{-\frac{x+3}{7}\cdot(-\frac{7x}{x+3})}$

$=\mathrm{e}^{\lim\limits_{x\to\infty}\frac{-7x}{x+3}}=\mathrm{e}^{-7}.$

(6) $\lim\limits_{x\to\frac{\pi}{2}}(1+\cos x)^{4\sec x}=\lim\limits_{x\to\frac{\pi}{2}}[(1+\cos x)^{\frac{1}{\cos x}}]^{4}=\mathrm{e}^{4}.$

3. 设$\lim\limits_{x\to\infty}\left(\dfrac{x+a}{x-a}\right)^{x}=4$，求 a.

解 由$\lim\limits_{x\to\infty}\left(\dfrac{x+a}{x-a}\right)^{x}=\lim\limits_{x\to\infty}\left(1+\dfrac{2a}{x-a}\right)^{x}=\lim\limits_{x\to\infty}\left[\left(1+\dfrac{2a}{x-a}\right)^{\frac{x-a}{2a}}\right]^{\frac{2a}{x-a}\cdot x}$

$=\mathrm{e}^{\lim\limits_{x\to\infty}\frac{2ax}{x-a}}=\mathrm{e}^{2a}=4,$

得 $a=\ln 2$.

4. 设 $f(x-2)=\left(1-\dfrac{3}{x}\right)^{x}$，求$\lim\limits_{x\to\infty}f(x)$.

解 令 $x-2=t$，则 $x=t+2$，$f(x-2)=f(t)=\left(1-\dfrac{3}{t+2}\right)^{t+2}$，

于是

$$\lim_{x\to\infty}f(x)=\left(1-\frac{3}{x+2}\right)^{x+2}=\left(1-\frac{3}{x+2}\right)^{-\frac{x+2}{3}\cdot(-3)}=\mathrm{e}^{-3}.$$

习题 2.5

1. 变量 $f(x)=\frac{x^2-1}{x^2(x-1)}$ 当 x 在什么变化过程中是无穷小量？在什么变化过程中是无穷大量？

解 当 $x\to\infty, x\to-1$ 时，$f(x)=\frac{x^2-1}{x^2(x-1)}$ 是无穷小量；

当 $x\to-1, x\to0$ 时，$f(x)=\frac{x^2-1}{x^2(x-1)}$ 是无穷大量.

2. 当 $x\to0$ 时下列变量哪些是无穷小量？哪些是无穷大量？

(1) $y=x^4$；　　(2) $y=1-\cos x$；

(3) $y=\ln(1+x)$；　　(4) $y=\cot 5x$；

(5) $y=\sec(\frac{\pi}{2}-x)$；　　(6) $y=\frac{1}{x}\sin\frac{1}{x}$.

解 当 $x\to0$ 时无穷小量是 $y=x^4, y=1-\cos x, y=\ln(1+x)$；无穷大量是 $y=\cot 5x, y=\sec(\frac{\pi}{2}-x)$；$y=\frac{1}{x}\sin\frac{1}{x}$ 既不是无穷小量也不是无穷大量.

3. 当 $x\to\infty$ 时，变量 $y=\frac{ax^3+(b+1)x^2+3}{x^2-2}$ 何时是无穷小量？何时是无穷大量？

解 $\lim\limits_{x\to\infty}\frac{ax^3+(b+1)x^2+3}{x^2-2}=\lim\limits_{x\to\infty}\frac{ax+(b+1)+\frac{3}{x^2}}{1-\frac{2}{x^2}}$.

当 $a\neq0$ 时，$\lim\limits_{x\to\infty}\frac{ax+(b+1)+\frac{3}{x^2}}{1-\frac{2}{x^2}}=\infty$，是无穷大量；

当 $a=0$ 时，$\lim\limits_{x\to\infty}y=\lim\limits_{x\to\infty}\frac{ax+(b+1)+\frac{3}{x^2}}{1-\frac{2}{x^2}}=b+1$，故当 $a=0, b=$

-1 时，$\lim\limits_{x\to\infty}y=b+1=0$，是无穷小量.

4. 求下列极限：

(1) $\lim\limits_{x\to+\infty}\dfrac{\sin x^3}{\sqrt{x}}$；　(2) $\lim\limits_{x\to\infty}\dfrac{x^2+x}{x^3-7}\cos(5x^2+1)$；

(3) $\lim\limits_{x\to\infty}\dfrac{\operatorname{arccot}x}{x}$；　(4) $\lim\limits_{x\to\infty}\dfrac{3x^2-2x+1}{2x^2-x}$；

(5) $\lim\limits_{x\to\infty}\dfrac{4x^4+2x^2-1}{3x^3+1}$；　(6) $\lim\limits_{n\to\infty}\left(\dfrac{1}{n^2}+\dfrac{2}{n^2}+\cdots+\dfrac{n}{n^2}\right)$；

(7) $\lim\limits_{x\to\infty}\dfrac{(3x+1)^{30}(x-9)^{20}}{(2x+5)^{50}}$；　(8) $\lim\limits_{x\to0}\dfrac{1-\cos2x}{x^2}$；

(9) $\lim\limits_{x\to0}\dfrac{\ln(1+x)}{\tan2x}$；　(10) $\lim\limits_{x\to0}\dfrac{e^{2x}-1}{\ln(1+x)}$.

解　(1) 因 $\lim\limits_{x\to+\infty}\dfrac{1}{\sqrt{x}}=0$，而 $|\sin x^3|\leqslant1$，故原式$=0$.

(2) 因 $\lim\limits_{x\to\infty}\dfrac{x^2+x}{x^3-7}=\lim\limits_{x\to\infty}\dfrac{\dfrac{1}{x}+\dfrac{1}{x^2}}{1-\dfrac{7}{x^3}}=0$，而 $|\cos(5x^2+1)|\leqslant1$，故原式$=0$.

(3) 因 $\lim\limits_{x\to\infty}\dfrac{1}{x}=0$，而 $0<|\operatorname{arccot}x|<\pi$，故原式$=0$.

(4) 原式$=\lim\limits_{x\to\infty}\dfrac{3-\dfrac{2}{x}+\dfrac{1}{x^2}}{2-\dfrac{1}{x}}=\dfrac{3}{2}$.

(5) 由于 $\lim\limits_{x\to\infty}\dfrac{4x^3+2x^2-1}{3x^4+1}=\lim\limits_{x\to\infty}\dfrac{\dfrac{4}{x}+\dfrac{2}{x^2}-\dfrac{1}{x^4}}{3+\dfrac{1}{x^4}}=\dfrac{0}{3}=0$，故原式$=\infty$.

(6) 原式$=\lim\limits_{n\to\infty}\dfrac{1+2+\cdots\cdots+n}{n^2}=\lim\limits_{n\to\infty}\dfrac{\dfrac{1}{2}n(n+1)}{n^2}=\dfrac{1}{2}$.

(7) 原式$=\lim\limits_{x\to\infty}\dfrac{\left(3+\dfrac{1}{x}\right)^{30}\left(1-\dfrac{9}{x}\right)^{20}}{\left(2+\dfrac{5}{x}\right)^{50}}=\dfrac{3^{30}}{2^{50}}$.

(8) 当 $x\to 0$ 时，$1-\cos x\sim\dfrac{1}{2}x^2$，由等价无穷小的替换原理，有

原式$=\lim\limits_{x\to 0}\dfrac{\dfrac{1}{2}\cdot(2x)^2}{x^2}=2$.

(9) 原式$=\lim\limits_{x\to 0}\dfrac{x}{2x}=\dfrac{1}{2}$.

(10) 原式$=\lim\limits_{x\to 0}\dfrac{2x}{x}=2$.

5. 验证当 $x\to 1$ 时，x^2-1 与 x^3-1 是同阶无穷小.

证明　因为

$$\lim_{x\to 1}\frac{x^2-1}{x^3-1}=\lim_{x\to 1}\frac{(x-1)(x+1)}{(x-1)(x^2+x+1)}=\lim_{x\to 1}\frac{x+1}{x^2+x+1}=\frac{2}{3},$$

所以当 $x\to 1$ 时，x^2-1 与 x^3-1 是同阶无穷小.

6. 验证当 $x\to 0$ 时，$(1-\cos x)^2$ 是 x^2 的高阶无穷小.

证明　因为

$$\lim_{x\to 0}\frac{(1-\cos x)^2}{x^2}=\lim_{x\to 0}\frac{\left(\dfrac{1}{2}x^2\right)^2}{x^2}=\lim_{x\to 0}\frac{1}{4}x^2=0,$$

所以当 $x\to 0$ 时，$(1-\cos x)^2$ 是 x^2 的高阶无穷小.

习题 2.6

1. 研究下列函数的连续性，并画出函数的图形：

(1) $f(x)=\begin{cases}x^2, & 0\leqslant x\leqslant 1\\ 2-x, & 1<x\leqslant 2\end{cases}$;

(2) $f(x)=\begin{cases}x, & -1\leqslant x\leqslant 1\\ 1, & |x|>1\end{cases}$.

解　(1) 由于多项式函数是连续函数，所以函数 $f(x)$ 在 $[0,1)$ 和 $(1,2]$ 内是连续的.

在 $x=1$ 处，$f(1)=1$，且

$$\lim_{x\to1^-}f(x)=\lim_{x\to1^-}x^2=1,\quad \lim_{x\to1^+}f(x)=\lim_{x\to1^+}(2-x)=1,$$

所以 $\lim\limits_{x\to1}f(x)=1$，从而函数 $f(x)$ 在 $x=1$ 处是连续的.

综上所述，函数 $f(x)$ 在 $[0,2]$ 上是连续函数.

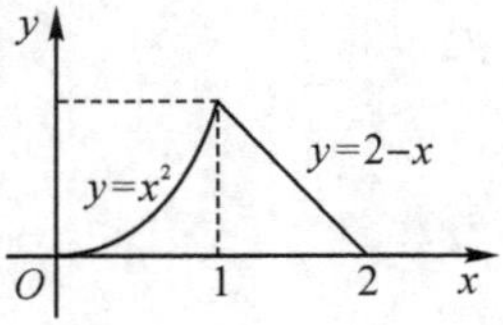

第 1(1) 题图

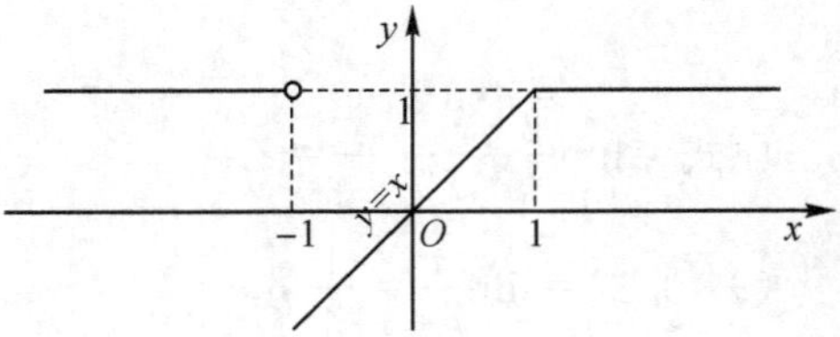

第 1(2) 题图

(2) 只需考察函数在 $x=-1$ 和 $x=1$ 处的连续性.

在 $x=-1$ 处，因为 $f(-1)=-1$，

$$\lim_{x\to-1^-}f(x)=\lim_{x\to-1^-}1=1\neq f(-1),\quad \lim_{x\to-1^+}f(x)=\lim_{x\to-1^+}x=-1=f(-1),$$

所以函数在 $x=-1$ 处间断，但右连续.

在 $x=1$ 处，因为 $f(1)=1$，且

$$\lim_{x\to1^-}f(x)=\lim_{x\to1^-}x=1=f(1),\ \lim_{x\to1^+}f(x)=\lim_{x\to1^+}1=1=f(1),$$

所以函数在 $x=1$ 处连续.

综合上述讨论，函数 $f(x)$ 在 $(-\infty,-1)$ 和 $(-1,+\infty)$ 内连续，在 $x=-1$ 处间断，但右连续.

2. 下列函数在指出的点处间断，说明这些间断点属于哪一类，如果是可去间断点，则补充或改变函数的定义使它连续：

(1) $f(x)=\dfrac{x^2-1}{x^2-3x+2}$，$x=1$，$x=2$；

(2) $f(x)=\cos^2\dfrac{1}{x}$，$x=0$；

(3) $f(x)=\begin{cases}x, & x\neq1\\ \dfrac{1}{2}, & x=1\end{cases}$，$x=1$；

(4) $f(x)=\begin{cases}x-1, & x\leqslant1\\ 3-x, & x>1\end{cases}$，$x=1$.

解　(1) $f(x)=\dfrac{(x+1)(x-1)}{(x-2)(x-1)}$. 由于函数在 $x=1$ 和 $x=2$ 处无定义,故 $x=1$ 和 $x=2$ 是函数的间断点.

因为$\lim\limits_{x\to1}f(x)=\lim\limits_{x\to1}\dfrac{(x+1)}{(x-2)}=-2$,所以 $x=1$ 是函数的第一类间断点,并且是可去间断点. 在 $x=1$ 处,令 $f(1)=-2$,则函数在 $x=1$ 处连续.

因为$\lim\limits_{x\to2}f(x)=\lim\limits_{x\to2}\dfrac{x^2-1}{x^2-3x+2}=\infty$,所以 $x=2$ 是函数的第二类间断点,并且为无穷间断点.

(2) 因为函数 $f(x)=\cos^2\dfrac{1}{x}$在 $x=0$ 处无定义,所以 $x=0$ 是函数 $f(x)$的间断点. 又因为$\lim\limits_{x\to0}\cos^2\dfrac{1}{x}$不存在,所以 $x=0$ 是函数的第二类间断点,且为振荡间断点.

(3) 因为

$$\lim_{x\to1}f(x)=\lim_{x\to1}x=1\neq\frac{1}{2}=f(1),$$

所以 $x=1$ 是函数的第一类可去间断点. 此时,令 $f(1)=1$,则函数在 $x=1$ 处连续.

(4) 因为

$$\lim_{x\to1^-}f(x)=\lim_{x\to1^-}(x-1)=0,\ \lim_{x\to1^+}f(x)=\lim_{x\to1^+}(3-x)=2,$$

所以 $x=1$ 是函数的第一类跳跃间断点.

3. 求函数 $f(x)=\dfrac{x^3+3x^2-x-3}{x^2+x-6}$ 的连续区间,并求极限 $\lim\limits_{x\to0}f(x)$,$\lim\limits_{x\to-3}f(x)$及$\lim\limits_{x\to2}f(x)$.

解　$f(x)=\dfrac{x^3+3x^2-x-3}{x^2+x-6}=\dfrac{(x+3)(x-1)(x+1)}{(x+3)(x-2)}$,

函数在$(-\infty,+\infty)$内除点 $x=2$ 和 $x=-3$ 外是连续的,所以函数 $f(x)$的连续区间为$(-\infty,-3)$,$(-3,\ 2)$,$(2,+\infty)$. 在函数的连续点 $x=0$ 处,

$$\lim_{x\to 0}f(x)=f(0)=\frac{1}{2}.$$

在函数的间断点 $x=2$ 和 $x=-3$ 处，

$$\lim_{x\to 2}f(x)=\lim_{x\to 2}\frac{(x+3)(x-1)(x+1)}{(x+3)(x-2)}=\infty,$$

$$\lim_{x\to -3}f(x)=\lim_{x\to -3}\frac{(x-1)(x+1)}{x-2}=-\frac{8}{5}.$$

4. 设 $f(x)=\begin{cases}\dfrac{\sin x^2}{x}, & x<0\\ a, & x=0\\ e^{-x}-1, & x>0\end{cases}$，问 a 为何值时 $f(x)$ 在其定义域内连续？

分析 当 $x<0$ 或 $x>0$ 时，函数均为初等函数，在各自区间上都是连续的. 故只需考虑当 a 为何值时，函数在 $x=0$ 处连续即可.

解 $\lim\limits_{x\to 0^-}\dfrac{\sin x^2}{x}=\lim\limits_{x\to 0^-}\dfrac{x^2}{x}=0=\lim\limits_{x\to 0^+}(e^{-x}-1)$，故由连续的定义知 $a=f(0)=\lim\limits_{x\to 0}f(x)=0$.

5. 利用函数的连续性求下列极限：

(1) $\lim\limits_{x\to 2}(3x^2-2x+1)$； (2) $\lim\limits_{x\to 0}\ln\dfrac{\sin x}{x}$；

(3) $\lim\limits_{x\to 0}\dfrac{e^{x^2}\cos x}{\arcsin(x+1)}$； (4) $\lim\limits_{x\to 0}\left[\dfrac{\lg(100+x)}{a^x+\arcsin x}\right]^{\frac{1}{2}}$；

(5) $\lim\limits_{x\to 4}\dfrac{\sqrt{1+2x}-3}{\sqrt{x}-2}$； (6) $\lim\limits_{x\to 0}(1+3\tan^2 x)^{\cot^2 x}$.

解 (1) 原式 $=3\cdot 2^2-2\cdot 2+1=9$.

(2) 原式 $=\ln\left(\lim\limits_{x\to 0}\dfrac{\sin x}{x}\right)=\lim\limits_{x\to 0}\ln 1=0$.

(3) 原式 $=\dfrac{e^0\cos 0}{\arcsin(0+1)}=\dfrac{2}{\pi}$.

(4) 原式 $=\left[\dfrac{\lg 100}{a^0+\arcsin 0}\right]^{\frac{1}{2}}=\sqrt{2}$.

(5) 原式 $=\lim\limits_{x\to 4}\frac{(\sqrt{1+2x}-3)(\sqrt{1+2x}+3)(\sqrt{x}+2)}{(\sqrt{x}-2)(\sqrt{x}+2)(\sqrt{1+2x}+3)}$

$=\lim\limits_{x\to 4}\frac{(1+2x-9)(\sqrt{x}+2)}{(x-4)(\sqrt{1+2x}+3)}$

$=\lim\limits_{x\to 4}\frac{2(\sqrt{x}+2)}{\sqrt{1+2x}+3}=\frac{4}{3}$.

(6) 原式 $=\lim\limits_{x\to 0}\left[\left(1+3\tan^2 x\right)^{\frac{1}{3\tan^2 x}}\right]^3=e^3$.

习题 2.7

1. 证明下列方程在指定区间中必有根.

(1) x^3-x-1,在区间$(1,2)$;

(2) $x\cdot 3^x-1$,在区间$(0,1)$;

(3) $\sin x+x+1$,在区间$(-\infty,+\infty)$.

证明 (1) 令 $f(x)=x^3-x-1$,显然 $f(x)$在区间$[1,2]$上连续,且

$$f(1)=-1<0,\quad f(2)=2^3-2-1=5>0,$$

由零点定理可知:至少存在一个 $\xi\in(1,2)$使得 $f(\xi)=0$. ξ 即为原方程 $x^3-x-1=0$ 的一个根.

(2) 令 $f(x)=x\cdot 3^x-1$,显然 $f(x)$在区间$[0,1]$上连续,且

$$f(0)=-1<0,\quad f(1)=1\cdot 3^1-1=2>0,$$

由零点定理可知:至少存在一个 $\xi\in(0,1)$使 $f(\xi)=0$. ξ 即为原方程 $x\cdot 3^x=1$ 的一个根.

(3) 令 $f(x)=\sin x+x+1$,显然 $f(x)$在区间$(-\infty,+\infty)$内连续,那么 $f(x)$在区间$[-3,2]$上连续,且

$$f(-3)=\sin(-3)-3+1=-2-\sin 3<0,$$

$$f(2)=\sin 2+2+1=\sin 2+3>0,$$

由零点定理知,至少存在一个 $\xi\in(-3,2)\subset(-\infty,+\infty)$使得 $f(\xi)=0$. ξ 即为原方程 $\sin x+x+1=0$ 的一个根.

2. 设函数 $f(x)$和 $g(x)$在$[a,b]$上连续,且 $f(a)<g(a)$, $f(b)>$

$g(b)$,证明:在$[a,b]$内至少存在一点ξ,使$f(\xi)=g(\xi)$.

证明 设$F(x)=f(x)-g(x)$,即$F(x)$在$[a,b]$上连续,且

$$F(a)=f(a)-g(a)<0,\quad F(b)=f(b)-g(b)>0,$$

即$F(a)$与$F(b)$异号.由零点定理可知:至少存在一点$\xi\in(a,b)$,使$F(\xi)=0$,即$f(\xi)=g(\xi)$.

3.已知函数$f(x)$在$[0,2]$上连续,且有$f(0)=f(2)$,求证:必存在一点$\xi\in[0,2]$,使得$f(\xi)=f(\xi+1)$.

证明 设$g(x)=f(x)-f(x+1)$,则$g(x)$在$[0,1]$上连续,又

$g(0)=f(0)-f(1)$, $g(1)=f(1)-f(2)=f(1)-f(0)$,

若$f(0)=f(1)$,则取$\xi=0$或$\xi=1$;

若$f(0)\neq f(1)$,则$g(0)g(1)<0$,根据零点定理:$\exists\xi\in(0,1)$,使$g(\xi)=0$,即$f(\xi)=f(\xi+1)$.

综上,命题成立.

复习题二

一、单项选择题

1.函数$y=f(x)$在点$x=x_0$处有极限是它在该点附近有界的(B).

A. 必要条件　　B. 充分条件

C. 充分必要条件　　D. 无关条件

2.$\lim\limits_{x\to\infty}\dfrac{1}{1+e^x}=$(C).

A. 0　　B. 1

C. 不存在,且不是∞　　D. ∞

解 $\lim\limits_{x\to+\infty}\dfrac{1}{1+e^x}=0$,$\lim\limits_{x\to-\infty}\dfrac{1}{1+e^x}=1$,故$\lim\limits_{x\to\infty}\dfrac{1}{1+e^x}$不存在且不为$\infty$.

3.当$x\to0$时,下列函数为无穷小的是(B).

A. $\dfrac{\sin x}{x}$　　B. $x^2+\sin x$　　C. $\dfrac{1}{x}\ln(1+x)$　　D. $2x-1$

4. 下列变量在给定的变化过程中为无穷小量的是（ C ）.

A. $\sin\frac{1}{x}\ (x\to 0)$　　B. $e^{\frac{1}{x}}\ (x\to 0)$

C. $\ln(1+x^2)\ (x\to 0)$　　D. $\frac{x-3}{x^2-9}\ (x\to 3)$

5. 下列极限中，正确的是（ C ）.

A. $\lim\limits_{x\to\infty}\frac{\sin x}{x}=1$　　B. $\lim\limits_{x\to 0}\frac{\sin x}{2x}=1$

C. $\lim\limits_{x\to\infty}x\sin\frac{1}{x}=1$　　D. $\lim\limits_{x\to 0}\frac{\sin\frac{1}{x}}{\frac{1}{x}}=1$

6. $\lim\limits_{x\to 2}\frac{\sin(x-2)}{x^2-4}$等于（ B ）.

A. 0　　B. $\frac{1}{4}$　　C. $\frac{1}{2}$　　D. 1

解 $$\lim_{x\to 2}\frac{\sin(x-2)}{x^2-4}=\lim_{x\to 2}\frac{\sin(x-2)}{x-2}\cdot\frac{1}{x+2}$$
$$=\lim_{x\to 2}\frac{\sin(x-2)}{x-2}\cdot\lim_{x\to 2}\frac{1}{x+2}=1\times\frac{1}{4}=\frac{1}{4}.$$

7. 下列各式中，正确的是（ D ）.

A. $\lim\limits_{x\to\infty}(1-\frac{1}{x})^x=e$　　B. $\lim\limits_{x\to\infty}(1+\frac{1}{x})^{\frac{1}{x}}=e$

C. $\lim\limits_{x\to 0}(1+x)^{-\frac{1}{x}}=e$　　D. $\lim\limits_{x\to 0}(1+x)^{\frac{1}{x}}=e$

解 $$\lim_{x\to\infty}\left(1-\frac{1}{x}\right)^x=\lim_{x\to\infty}\left[\left(1-\frac{1}{x}\right)^{-x}\right]^{-1}=e^{-1},$$

$$\lim_{x\to\infty}\left(1+\frac{1}{x}\right)^{\frac{1}{x}}=1^0=1,$$

$$\lim_{x\to 0}(1+x)^{-\frac{1}{x}}=\lim_{x\to 0}\left[(1+x)^{\frac{1}{x}}\right]^{-1}=e^{-1}.$$

故选 D.

8. $\lim\limits_{x\to\infty}\left(1+\frac{a}{x}\right)^{bx+d}$ 等于（ C ）.

A. e　　B. e^b　　C. e^{ab}　　D. e^{ab+d}

解 $\lim\limits_{x\to\infty}\left(1+\dfrac{a}{x}\right)^{bx+d}=\lim\limits_{x\to\infty}\left[\left(1+\dfrac{a}{x}\right)^{\frac{x}{a}}\right]^{\frac{a(bx+d)}{x}}=\mathrm{e}^{\lim\limits_{x\to\infty}\frac{a(bx+d)}{x}}=\mathrm{e}^{ab}$.

9. 当 $x\to0$ 时，x^2 与 $\sin x$ 比较是（ A ）.

A. 较高阶的无穷小量　　B. 较低阶的无穷小量

C. 等价无穷小量　　D. 同阶但非等价的无穷小量

解 ∵ $\lim\limits_{x\to0}\dfrac{x^2}{\sin x}=\lim\limits_{x\to0}x\cdot\dfrac{x}{\sin x}=\lim\limits_{x\to0}x\cdot\lim\limits_{x\to0}\dfrac{x}{\sin x}=0\times1=0$,

∴当 $x\to0$ 时，x^2 是 $\sin x$ 的高阶的无穷小量.

10. 当 $x\to0$ 时，与 $3x^2+2x^3$ 等价的无穷小量是（ B ）.

A. $2x^3$　　B. $3x^2$　　C. x^2　　D. x^3

解 ∵ $\lim\limits_{x\to0}\dfrac{3x^2+2x^3}{3x^2}=\lim\limits_{x\to0}(1+\dfrac{2x}{3})=1$,

∴当 $x\to0$ 时，$3x^2+2x^3$ 与 $3x^2$ 是等价无穷小量.

11. 当 $x\to0$ 时，$\sin(2x+x^2)$ 与 x 比较是（ D ）.

A. 较高阶的无穷小量　　B. 较低阶的无穷小量

C. 等价无穷小量　　D. 同阶但非等价的无穷小量

解 ∵ $\lim\limits_{x\to0}\dfrac{\sin(2x+x^2)}{x}=\lim\limits_{x\to0}\dfrac{2x+x^2}{x}=\lim\limits_{x\to0}(2+x)=2$.

∴当 $x\to0$ 时，$\sin(2x+x^2)$ 是 x 的同阶但非等价的无穷小量.

12. 当 $x\to0$ 时，$x^2-\sin x$ 是 x 的（ C ）.

A. 高阶无穷小　　B. 等价无穷小

C. 同阶但非等价无穷小　　D. 低阶无穷小

解 ∵ $\lim\limits_{x\to0}\dfrac{x^2-\sin x}{x}=\lim\limits_{x\to0}(x-\dfrac{\sin x}{x})=0-1=-1$,

∴当 $x\to0$ 时，$x^2-\sin x$ 是 x 同阶但非等价无穷小.

13. 设 $f(x)=\begin{cases}x^2-1, & x<0\\ x, & 0\leqslant x\leqslant1\\ 2-x, & 1<x\leqslant2\end{cases}$，则 $f(x)$ 在（ C ）.

A. $x=0,x=1$ 处都间断　　B. $x=0,x=1$ 处都连续

C. $x=0$ 处间断，$x=1$ 连续　　D. $x=0$ 处连续，$x=1$ 处间断

解 ∵ $f(0-0)=\lim\limits_{x\to0^-}(x^2-1)=-1$，$f(0+0)=\lim\limits_{x\to0^+}x=0=f(0)$,

$\therefore$ $f(x)$在 $x=0$ 处间断.

$\because$ $f(1-0)=\lim\limits_{x\to 1^-}x=1=f(1)$， $f(1+0)=\lim\limits_{x\to 1^+}(2-x)=1$，

$\therefore$ $f(x)$在 $x=1$ 处连续.

14. 设 $f(x)=\dfrac{1-\cos^2 x}{x^2}$，当 $x\neq 0$ 时，$F(x)=f(x)$，若 $F(x)$在点 $x=0$ 处连续，则 $F(0)$等于（　C　）.

A. -1　　B. 0　　C. 1　　D. 2

解　$F(0)=\lim\limits_{x\to 0}F(x)=\lim\limits_{x\to 0}f(x)=\lim\limits_{x\to 0}\dfrac{1-\cos^2 x}{x^2}=\lim\limits_{x\to 0}\dfrac{\sin^2 x}{x^2}=1.$

15. 设 $y=\dfrac{\sqrt[3]{x}-1}{x-1}$，则 $x=1$ 是函数 y 的（　B　）.

A. 连续点　　B. 可去间断点

C. 跳跃间断点　　D. 无穷间断点

解　$\because$ 当 $x=1$ 时，函数 y 无定义，$\therefore x=1$ 是函数 y 的间断点.

$$\because \lim_{x\to 1}y=\lim_{x\to 1}\frac{\sqrt[3]{x}-1}{x-1}=\lim_{x\to 1}\frac{x-1}{(x-1)(\sqrt[3]{x^2}+\sqrt[3]{x}+1)}$$

$$=\lim_{x\to 1}\frac{1}{\sqrt[3]{x^2}+\sqrt[3]{x}+1}=\frac{1}{3}.$$

$\therefore$ $x=1$ 是函数 y 的第一类可去间断点.

二、填空题

1. $\lim\limits_{n\to\infty}\dfrac{1+2+\cdots+n}{n^2+3n}=\underline{\dfrac{1}{2}}$.

解　$\lim\limits_{n\to\infty}\dfrac{1+2+\cdots+n}{n^2+3n}=\lim\limits_{n\to\infty}\dfrac{\frac{1}{2}n(1+n)}{n^2+3n}=\dfrac{1}{2}.$

2. $\lim\limits_{x\to\infty}\dfrac{3x^3-2x^2+1}{(x+2)^3}=\underline{3}$.

解　$\lim\limits_{x\to\infty}\dfrac{3x^3-2x^2+1}{(x+2)^3}=\lim\limits_{x\to\infty}\dfrac{3-\frac{2}{x}+\frac{1}{x^3}}{\left(1+\frac{2}{x}\right)^3}=3.$

3. $\lim\limits_{x\to 1}\dfrac{\sqrt{x}-1}{x-1}=\underline{\dfrac{1}{2}}$.

解 $\lim\limits_{x\to 1}\dfrac{\sqrt{x}-1}{x-1}=\lim\limits_{x\to 1}\dfrac{x-1}{(x-1)(\sqrt{x}+1)}=\lim\limits_{x\to 1}\dfrac{1}{\sqrt{x}+1}=\dfrac{1}{2}$.

4. $\lim\limits_{x\to 2}\dfrac{x^2+x-6}{x^2-4}=\underline{\dfrac{5}{4}}$.

解 $\lim\limits_{x\to 2}\dfrac{x^2+x-6}{x^2-4}=\lim\limits_{x\to 2}\dfrac{(x-2)(x+3)}{(x-2)(x+2)}=\lim\limits_{x\to 2}\dfrac{x+3}{x+2}=\dfrac{5}{4}$.

5. 函数 $f(x)=\begin{cases}2x+1, & x<0\\ \ln(1+x), & x\geqslant 0\end{cases}$,则 $f(x)$ 在 $x=0$ 处的左极限 $\lim\limits_{x\to 0^-}f(x)=\underline{1}$.

解 $\lim\limits_{x\to 0^-}f(x)=\lim\limits_{x\to 0^-}(2x+1)=1$.

6. $\lim\limits_{x\to\infty}\left(1-\dfrac{1}{2x}\right)^x=\underline{e^{-\frac{1}{2}}}$.

解 $\lim\limits_{x\to\infty}\left(1-\dfrac{1}{2x}\right)^x=\lim\limits_{x\to\infty}\left[\left(1-\dfrac{1}{2x}\right)^{-2x}\right]^{-\frac{1}{2}}=e^{-\frac{1}{2}}$.

7. 设 $\lim\limits_{x\to\infty}(1+\dfrac{k}{x})^{2x}=e$,则 $k=\underline{\dfrac{1}{2}}$.

解 由 $\lim\limits_{x\to\infty}\left[(1+\dfrac{k}{x})^{\frac{x}{k}}\right]^{2k}=e^{2k}=e$, 得 $k=\dfrac{1}{2}$.

8. 当 $x\to\infty$ 时,函数 $f(x)$ 与 $\dfrac{1}{x}$ 是等价无穷小量,则 $\lim\limits_{x\to\infty}2xf(x)=\underline{2}$.

解 $\lim\limits_{x\to\infty}2xf(x)=\lim\limits_{x\to\infty}2x\cdot\dfrac{1}{x}=2$.

9. 设当 $x\to 0$ 时,ax^2 与 $\tan\dfrac{x^2}{4}$ 为等价无穷小,则 $a=\underline{\dfrac{1}{4}}$.

解 由 $\lim\limits_{x\to 0}\dfrac{ax^2}{\tan\dfrac{x^2}{4}}=\lim\limits_{x\to 0}\dfrac{ax^2}{\dfrac{x^2}{4}}=4a=1$, 得 $a=\dfrac{1}{4}$.

10. $\lim\limits_{x\to 1}\dfrac{\sin(x-1)}{x^2+5x-6}=\underline{\dfrac{1}{7}}$.

解　$\lim\limits_{x\to 1}\dfrac{\sin(x-1)}{x^2+5x-6}=\lim\limits_{x\to 1}\dfrac{x-1}{(x-1)(x+6)}=\lim\limits_{x\to 1}\dfrac{1}{x+6}=\dfrac{1}{7}$.

11. $\lim\limits_{x\to 0}\dfrac{\ln(1+\sin 2x)}{\arcsin(x+x^2)}=\underline{2}$.

解　$\lim\limits_{x\to 0}\dfrac{\ln(1+\sin 2x)}{\arcsin(x+x^2)}=\lim\limits_{x\to 0}\dfrac{\sin 2x}{x+x^2}=\lim\limits_{x\to 0}\dfrac{2x}{x+x^2}=2$.

12. 设 $f(x)=\begin{cases}3x, & -1<x<1\\ a, & x=1\\ 3x^2, & 1<x<2\end{cases}$ 在 $x=1$ 处连续，则常数 $a=\underline{3}$.

解　$f(1-0)=\lim\limits_{x\to 1^-}3x=3$，　$f(1+0)=\lim\limits_{x\to 1^+}3x^2=3$.

由 $f(1-0)=f(1+0)=f(1)$，得 $a=3$.

13. 设函数 $f(x)=\begin{cases}\dfrac{\sqrt{x+4}-2}{x}, & x\neq 0\\ k, & x=0\end{cases}$ 在点 $x=0$ 处连续，则 $k=\underline{\dfrac{1}{4}}$.

解　$k=\lim\limits_{x\to 0}\dfrac{\sqrt{x+4}-2}{x}=\lim\limits_{x\to 0}\dfrac{(x+4)-2^2}{x(\sqrt{x+4}+2)}$

$=\lim\limits_{x\to 0}\dfrac{1}{\sqrt{x+4}+2}=\dfrac{1}{4}$.

14. 函数 $f(x)=\dfrac{x}{\sqrt[3]{3-x}}$ 的间断点为 $\underline{x=3}$.

15. 设 $f(x)=\begin{cases}\dfrac{\sin x}{x}, & x>0\\ 0, & x\leqslant 0\end{cases}$，则 $x=0$ 是 $f(x)$ 的第$\underline{一}$类间断点.

解　$\because$ $\lim\limits_{x\to 0^+}f(x)=\lim\limits_{x\to 0}\dfrac{\sin x}{x}=1$，　$\lim\limits_{x\to 0^-}f(x)=\lim\limits_{x\to 0}0=0$，

$\therefore$ $x=0$ 是 $f(x)$ 的第一类跳跃间断点.

三、计算下列极限

1. $\lim\limits_{x\to 0}\dfrac{\ln(1+x^2)}{\sec x-\cos x}$.

解 $\lim\limits_{x\to 0}\frac{\ln(1+x^2)}{\sec x-\cos x}=\lim\limits_{x\to 0}\frac{x^2\cdot\cos x}{1-\cos^2 x}=\lim\limits_{x\to 0}\frac{x^2\cdot\cos x}{\sin^2 x}=1.$

2. $\lim\limits_{x\to 0}(1+x^2)^{\frac{1}{1-\cos x}}$.

解 $\lim\limits_{x\to 0}(1+x^2)^{\frac{1}{1-\cos x}}=\lim\limits_{x\to 0}\left[(1+x^2)^{\frac{1}{x^2}}\right]^{\frac{x^2}{1-\cos x}}=\mathrm{e}^{\lim\limits_{x\to 0}\frac{x^2}{1-\cos x}}$

$$=\mathrm{e}^{\lim\limits_{x\to 0}\frac{x^2}{\frac{1}{2}x^2}}=\mathrm{e}^2$$

3. $\lim\limits_{x\to 0}\frac{\sqrt{1+x}-1}{\sin x}$.

解 $\lim\limits_{x\to 0}\frac{\sqrt{1+x}-1}{\sin x}=\lim\limits_{x\to 0}\frac{(\sqrt{1+x}-1)\cdot(\sqrt{1+x}+1)}{\sin x\cdot(\sqrt{1+x}+1)}$

$$=\lim\limits_{x\to 0}\frac{x}{\sin x\cdot(\sqrt{1+x}+1)}=\frac{1}{2}.$$

4. $\lim\limits_{x\to +\infty}\frac{(3x+6)^{70}(8x-5)^{20}}{(5x-1)^{90}}$.

解 $\lim\limits_{x\to +\infty}\frac{(3x+6)^{70}(8x-5)^{20}}{(5x-1)^{90}}=\lim\limits_{x\to +\infty}\frac{(3+\frac{6}{x})^{70}(8-\frac{5}{x})^{20}}{(5-\frac{1}{x})^{90}}$

$$=\frac{3^{70}\cdot 8^{20}}{5^{90}}.$$

5. $\lim\limits_{x\to 1}(1-x)\tan\frac{\pi x}{2}$.

解 $\lim\limits_{x\to 1}(1-x)\tan\frac{\pi x}{2}=\lim\limits_{x\to 1}\frac{1-x}{\tan\frac{\pi}{2}(1-x)}=\lim\limits_{x\to 1}\frac{1-x}{\frac{\pi}{2}(1-x)}=\frac{2}{\pi}.$

6. $\lim\limits_{x\to 1}\left(\frac{2}{x^2-1}-\frac{3}{x^3-1}\right)$.

解 $\lim\limits_{x\to 1}\left(\frac{2}{x^2-1}-\frac{3}{x^3-1}\right)=\lim\limits_{x\to 1}\frac{2(x^2+x+1)-3(x+1)}{(x-1)(x+1)(x^2+x+1)}$

$$=\lim\limits_{x\to 1}\frac{(x-1)(2x+1)}{(x-1)(x+1)(x^2+x+1)}=\lim\limits_{x\to 1}\frac{(2x+1)}{(x+1)(x^2+x+1)}=\frac{1}{2}.$$

7. $\lim\limits_{x\to 0}\frac{\tan x-x}{x+\sin x}$.

解 $\lim\limits_{x\to 0}\dfrac{\tan x-x}{x+\sin x}=\lim\limits_{x\to 0}\dfrac{x(\dfrac{\tan x}{x}-1)}{x(1+\dfrac{\sin x}{x})}=\lim\limits_{x\to 0}\dfrac{\dfrac{\tan x}{x}-1}{1+\dfrac{\sin x}{x}}=\dfrac{1-1}{1+1}=0.$

8. $\lim\limits_{x\to 0}\dfrac{\sqrt{1-\cos x^2}}{1-\cos x}.$

解 $\lim\limits_{x\to 0}\dfrac{\sqrt{1-\cos x^2}}{1-\cos x}=\lim\limits_{x\to 0}\dfrac{\sqrt{2}\sin\dfrac{x^2}{2}}{1-\cos x}=\lim\limits_{x\to 0}\dfrac{\sqrt{2}\sin\dfrac{x^2}{2}}{\dfrac{x^2}{2}}=\sqrt{2}.$

四、计算题

1. 设 $\lim\limits_{x\to\infty}\left(\dfrac{x+a}{x-2a}\right)^x=8$，求常数 a.

解 $\lim\limits_{x\to\infty}\left(\dfrac{x+a}{x-2a}\right)^x=\lim\limits_{x\to\infty}\left[\left(1+\dfrac{3a}{x-2a}\right)^{\frac{x-2a}{3a}}\right]^{\frac{3ax}{x-2a}}=\mathrm{e}^{\lim\limits_{x\to\infty}\frac{3ax}{x-2a}}=\mathrm{e}^{3a}$，

由已知得 $\mathrm{e}^{3a}=8$，所以 $a=\ln 2$.

2. 设 $\lim\limits_{x\to\infty}\left(\dfrac{x^2+1}{x+1}-ax-b\right)=0$，求 a,b.

解 $\dfrac{x^2+1}{x+1}-ax-b=\dfrac{(1-a)x^2-(a+b)x-(b-1)}{x+1}$，

由题设得 $\begin{cases}1-a=0\\-(a+b)=0\end{cases}$，解得 $a=1,b=-1$.

3. 设 $f(x)=\begin{cases}\dfrac{1}{x}\sin x, & x<0\\ k, & x=0\\ x\sin\dfrac{1}{x}+1, & x>0\end{cases}$，求常数 k 的值，使 $f(x)$ 在其定义域内连续.

解 显然，当 $x\neq 0$ 时 $f(x)$ 是连续的，所以，只要取 k 的值使 $f(x)$ 在 $x=0$ 处连续即可.

$\because$ $f(0-0)=\lim\limits_{x\to 0^-}f(x)=\lim\limits_{x\to 0^-}\dfrac{1}{x}\sin x=1$，

$f(0+0)=\lim\limits_{x\to 0^+}f(x)=\lim\limits_{x\to 0^+}(x\sin\dfrac{1}{x}+1)=1.$

$\therefore\ k=f(0)=\lim\limits_{x\to 0}f(x)=1.$

4. 设 $\varphi(x)=1-e^{\frac{1}{1-x}}$,讨论它的间断点.

解　因为 $\lim\limits_{x\to 1^-}(1-e^{\frac{1}{1-x}})=\infty$, $\lim\limits_{x\to 1^+}(1-e^{\frac{1}{1-x}})=1$,所以 $x=1$ 是第二类无穷间断点.

五、证明题

1. 证明:方程 $x\cdot 2^x=1$ 至少有一个小于 1 的正根.

证明　令 $f(x)=x\cdot 2^x-1$,则 $f(x)$ 在 $[0,1]$ 上连续,且

$$f(0)=-1<0,f(1)=1>0,\text{即 } f(0)\cdot f(1)<0.$$

由零点定理可知 $f(x)$ 在 $(0,1)$ 内至少存在一点 ξ,使 $f(\xi)=0$,即方程 $x\cdot 2^x=1$ 至少有一个小于 1 的正根.

2. 证明:方程 $x=a\sin x+b(a>0,b>0)$ 至少有一个不超过 $a+b$ 的正根.

证明　令 $f(x)=x-a\sin x-b$,显然 $f(x)$ 在区间 $[0,a+b]$ 上连续,且

$$f(0)=-b<0,f(a+b)=a[1-\sin(a+b)]\geqslant 0$$

(1)若 $f(a+b)=0$,取 $\xi=a+b$.

(2)若 $f(a+b)<0$,则由零点定理;$\exists\,\xi\in(0,a+b]$,使 $f(\xi)=0$.

综上知,$\exists\,\xi\in(0,a+b]$,使 $f(\xi)=0$,即方程 $x=a\sin x+b$ 至少有一不超过 $a+b$ 的正根.

四、自测题

一、单项选择题(每小题 2 分,共 20 分)

1. 数列 $0,\frac{1}{3},\frac{2}{4},\frac{3}{5},\frac{4}{6},\cdots$ 的极限是(　　).

A. 0　　B. $\frac{n-2}{n}$　　C. 1　　D. 不存在

2. $\lim\limits_{x\to 0}\dfrac{x^2\sin\frac{1}{x}}{\sin x}=$(　　).

A. 1　　B. ∞　　C. 不存在　　D. 0

3. $\lim\limits_{x\to 0}(1-2x)^{\frac{1}{x}}=$(　　).

A. e^2　　B. e　　C. e^{-1}　　D. e^{-2}

4. 设函数在(a,b)内连续(a,b为有限数,$a<b$),则$f(x)$(　　).

A. 在(a,b)内有界

B. 在(a,b)内无界

C. 在(a,b)内的任一闭区间上有界

D. 在$[a,b]$上有界

5. 下列等式成立的是(　　).

A. $\lim\limits_{x\to 0}\frac{\sin x^2}{x}=1$　　B. $\lim\limits_{x\to 0}\frac{\tan x}{x}=1$

C. $\lim\limits_{x\to 0}\frac{\sin x}{x^2}=1$　　D. $\lim\limits_{x\to\infty}\frac{\sin x}{x}=1$

6. $\lim\limits_{x\to 1}\frac{|x|}{x}=$(　　).

A. 0　　B. 1　　C. -1　　D. 不存在

7. 设$f(x)=e^{-x^2}-1$,$g(x)=x^2$,当$x\to 0$时(　　).

A. $f(x)$是$g(x)$的高阶无穷小

B. $f(x)$是$g(x)$的低阶无穷小

C. $f(x)$与$g(x)$为同阶但非等价无穷小

D. $f(x)$与$g(x)$为等价无穷小

8. 下列函数中,当$x\to 0$时,极限$\lim\limits_{x\to 0}f(x)$存在的是(　　).

A. $f(x)=\begin{cases}\frac{1}{2-x}, & x<0\\ 0, & x=0\\ x+\frac{1}{2}, & x>0\end{cases}$　　B. $f(x)=\begin{cases}\frac{|x|}{x}, & x\neq 0\\ 0, & x=0\end{cases}$

C. $f(x)=\begin{cases}x^2+2, & x<0\\ 3, & x=0\\ 2^x, & x>0\end{cases}$　　D. $f(x)=\begin{cases}\frac{|x|}{\sin x}, & x\neq 0\\ 1, & x=0\end{cases}$

9. 下列函数中，在 $x=0$ 处不连续的是(　　).

A. $f(x)=\begin{cases}\dfrac{\sin x}{|x|}, x\neq 0\\ 1, x=0\end{cases}$　　B. $f(x)=\begin{cases}x^2\sin\dfrac{1}{x}, x\neq 0\\ 0, x=0\end{cases}$

C. $f(x)=\begin{cases}e^x, x\leqslant 0\\ \dfrac{\sin x}{x}, x>0\end{cases}$　　D. $f(x)=\begin{cases}e^{-\frac{1}{x^2}}, x\neq 0\\ 0, x=0\end{cases}$

10. 函数 $f(x)=\dfrac{x-3}{x^2-3x+2}$ 的间断点是(　　).

A. $x=1, x=2$　　B. $x=3$

C. $x=1, x=2, x=3$　　D. 无间断点

二、填空题(每小题 2 分,共 20 分)

1. $\lim\limits_{n\to\infty}\dfrac{\sqrt{3n^2+6n+5}}{3n-2}=$ ______.

2. $\lim\limits_{x\to\infty}\dfrac{(1-n)^3}{n^3+5n^2+1}=$ ______.

3. $\lim\limits_{x\to\infty}3x\sin\dfrac{1}{2x}=$ ______.

4. $\lim\limits_{x\to 2}\left(1+\dfrac{1}{x}\right)^x=$ ______.

5. $\lim\limits_{x\to 0}\dfrac{\log_a(1+ax)}{x}=$ ______ $(a>0, a\neq 1)$.

6. 设 $x_n=1+1+\dfrac{1}{3}+\dfrac{1}{3^2}+\cdots+\dfrac{1}{3^n}$，则 $\lim\limits_{n\to\infty}x_n=$ ______.

7. 极限 $\lim\limits_{h\to 0}\dfrac{(x+h)^3-x^3}{3h}=$ ______.

8. 极限 $\lim\limits_{x\to 0}\dfrac{1-\cos 2x}{x^2}=$ ______.

9. $\lim\limits_{x\to 2}\dfrac{x-2}{\sqrt{x}-\sqrt{2}}=$ ______.

10. $\lim\limits_{x\to\infty}\left(\dfrac{x+c}{x-c}\right)^x=4$，其中 $c=$ ______.

三、计算题(每小题 6 分,共 42 分)

1. 求极限$\lim\limits_{n\to\infty}\dfrac{(-2)^n+3^n}{(-2)^{n+1}+3^{n+1}}$.

2. 设 $x_n=1+\dfrac{1}{1\times2}+\dfrac{1}{2\times3}+\cdots+\dfrac{1}{n(n+1)}$,求$\lim\limits_{x\to\infty}x_n$.

3. 求 $\lim\limits_{x\to-2}\dfrac{x^3+3x^2+2x}{x^2-x-6}$.

4. 求$\lim\limits_{x\to4}\dfrac{\sqrt{2x+1}-3}{\sqrt{x-2}-\sqrt{2}}$.

5. 求$\lim\limits_{x\to0}\dfrac{\sin4x^2}{\sqrt{x^2+1}-1}$.

6. 求极限$\lim\limits_{x\to\frac{\pi}{2}}\dfrac{\cos x}{x-\dfrac{\pi}{2}}$.

7. 求极限$\lim\limits_{x\to\infty}\left(\sqrt{\cos\dfrac{1}{x}}\right)^{x^2}$.

四、计算题(每小题 7 分,共 14 分)

1. 设 $f(x)=\begin{cases}3x+a, & x\leqslant0\\ x^2+1, & 0<x<1\\ \dfrac{b}{x}, & x\geqslant1\end{cases}$在$(-\infty,+\infty)$上连续,求常数 a,b.

2. 求函数 $f(x)=\dfrac{x^2-2x}{|x|(x^2-4)}$的间断点,并确定其类型.

五、证明题(共 4 分)

设 $f(x)$在$[0,2a]$上连续,$f(0)=f(2a)$,证明:至少有一点 $\xi\in[0,a]$,使 $f(\xi)=f(\xi+a)$,其中$(a>0)$.

第三章　导数与微分

一、内容提要

1. 导数概念

（1）导数的定义

设函数 $y=f(x)$在 x_0 点的某个邻域内有定义，如果极限

$$\lim_{\Delta x\to 0}\frac{\Delta y}{\Delta x}=\lim_{\Delta x\to 0}\frac{f(x_0+\Delta x)-f(x_0)}{\Delta x}$$

存在，则称函数 $y=f(x)$在 x_0 处可导，并把此极限值称为函数 $y=f(x)$在 x_0 处的导数，记作 $f'(x_0)$，即

$$f'(x_0)=\lim_{\Delta x\to 0}\frac{\Delta y}{\Delta x}=\lim_{\Delta x\to 0}\frac{f(x_0+\Delta x)-f(x_0)}{\Delta x},$$

$f'(x_0)$也可记作 $y'|_{x=x_0}$，$\left.\frac{\mathrm{d}y}{\mathrm{d}x}\right|_{x=x_0}$，$\left.\frac{\mathrm{d}f(x)}{\mathrm{d}x}\right|_{x=x_0}$ 等.

如果极限$\lim\limits_{\Delta x\to 0}\frac{\Delta y}{\Delta x}$不存在，则称函数 $y=f(x)$在 x_0 处不可导.

导数的其他形式：

$$f'(x_0)=\lim_{h\to 0}\frac{f(x_0+h)-f(x_0)}{h};\quad f'(x_0)=\lim_{x\to x_0}\frac{f(x)-f(x_0)}{x-x_0}.$$

（2）单侧导数

若极限 $\lim\limits_{\Delta x\to 0^-}\frac{f(x_0+\Delta x)-f(x_0)}{\Delta x}$（或 $\lim\limits_{x\to x_0^-}\frac{f(x)-f(x_0)}{x-x_0}$）存在，则称此极限值为函数 $y=f(x)$在 x_0 点的左导数，记作 $f'_-(x_0)$.

若极限 $\lim\limits_{\Delta x\to 0^+}\frac{f(x_0+\Delta x)-f(x_0)}{\Delta x}$（或 $\lim\limits_{x\to x_0^+}\frac{f(x)-f(x_0)}{x-x_0}$）存在，则

称此极限值为函数 $y=f(x)$ 在 x_0 点的右导数，记作 $f'_+(x_0)$.

函数 $f(x)$ 在点 x_0 处可导的充分必要条件是左导数 $f'_-(x_0)$ 和右导数 $f'_+(x_0)$ 都存在且相等.

(3) 函数在区间可导

若 $y=f(x)$ 在开区间 (a, b) 内每一点都可导，则称函数 $y=f(x)$ 在开区间 (a, b) 可导. 这时，对于任一 $x\in(a, b)$，都对应着 $f(x)$ 的一个确定的导数值. 这样就构成了一个新的函数，这个函数叫做原来函数 $f(x)$ 的导函数，记作 y'，$f'(x)$，$\frac{dy}{dx}$ 或 $\frac{df(x)}{dx}$.

如果函数 $y=f(x)$ 在开区间 (a, b) 可导，并且在 $x=a$ 处右导数存在，在 $x=b$ 处的左导数存在，则称函数 $y=f(x)$ 在闭区间 $[a, b]$ 可导.

(4) 导数的几何意义

函数 $y=f(x)$ 在 x_0 点的导数 $f'(x_0)$ 在几何上表示为曲线 $y=f(x)$ 在点 $M(x_0, f(x_0))$ 处的切线斜率，即

$$f'(x_0)=\tan\alpha,$$

其中 α 是曲线 $y=f(x)$ 上点 $M(x_0, f(x_0))$ 的切线的倾角（见下图）. 曲线 $y=f(x)$ 在该点处的切线方程为 $y-f(x_0)=f'(x_0)(x-x_0)$.

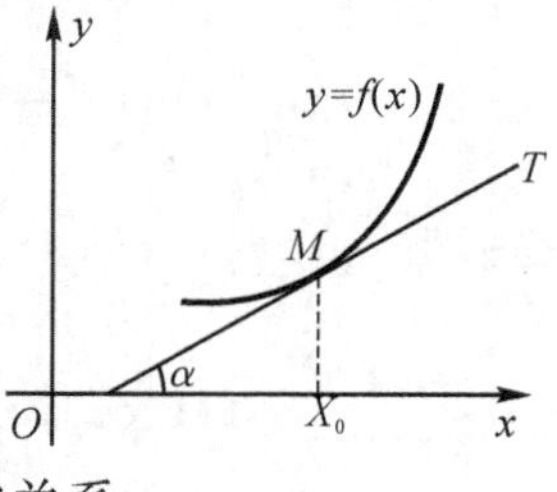

(5) 可导与连续的关系

可导一定连续，但连续不一定可导.

2. 函数的求导法则

(1) 和、差、积、商的求导法则

设 $u=u(x)$，$v=v(x)$ 在点 x 都可导，则

①$(u\pm v)'=u'\pm v'$；　②$(C\cdot u)'=C\cdot u'$（C 为任意常数）；

③$(uv)'=u'v+uv'$；　　④$\left(\frac{u}{v}\right)'=\frac{u'v-uv'}{v^2}(v(x)\neq 0)$.

(2) 反函数的求导法则

如果函数 $x=f(y)$ 在区间 I_y 内单调、可导且 $f'(y)\neq 0$，则它的反函数 $y=f^{-1}(x)$ 在区间 $I_x=\{x \mid x=f(y),\ y\in I_y\}$ 内也可导，且

$$[f^{-1}(x)]'=\frac{1}{f'(y)} \quad 或 \quad \frac{dy}{dx}=\frac{1}{\frac{dx}{dy}}.$$

(3) 复合函数的求导法则

如果 $u=\varphi(x)$ 在点 x 可导，$y=f(u)$ 在点 $u=\varphi(x)$ 可导，则复合函数 $y=f[\varphi(x)]$ 在点 x 可导，且其导函数为

$$\frac{dy}{dx}=(f[\varphi(x)])'=f'(u)\cdot\varphi'(x) \text{ 或 } y'_x=y'_u\cdot u'_x.$$

(4) 基本初等函数的导数公式

$C'=0$，　　$(x^\alpha)'=\alpha\cdot x^{\alpha-1}$，

$(\sin x)'=\cos x$，　　$(\cos x)'=-\sin x$，

$(\tan x)'=\sec^2 x$，　　$(\cot x)'=-\csc^2 x$，

$(\sec x)'=\sec x\tan x$，　　$(\csc x)'=-\csc x\cot x$，

$(a^x)'=a^x\ln a$，　　$(e^x)'=e^x$，

$(\log_a x)'=\frac{1}{x\ln a}$，　　$(\ln x)'=\frac{1}{x}$，

$(\arcsin x)'=\frac{1}{\sqrt{1-x^2}}$，　　$(\arccos x)'=-\frac{1}{\sqrt{1-x^2}}$，

$(\arctan x)'=\frac{1}{1+x^2}$，　　$(\text{arccot}\, x)'=-\frac{1}{1+x^2}$.

3. 高阶导数

(1)设在 x_0 的邻域内 $f'(x)$ 存在，若在 $x=x_0$ 处 $f'(x)$ 可导，则称 $f'(x)$ 在 $x=x_0$ 处的导数为函数 $f(x)$ 在 $x=x_0$ 处的二阶导数，记为 $\left.\frac{d^2y}{dx^2}\right|_{x=x_0}$ 或 $f''(x_0)$ 或 $y''|_{x_0}$.

类似地，可定义更高阶导数 $\left.\frac{d^3y}{dx^3}\right|_{x=x_0}$ 等.

(2)若 $f(x)$ 在开区间 (a, b) 内处处有二阶导数，则称 $f(x)$ 在 (a, b) 内二阶可导. 类似地，可定义 $f(x)$ 内 n 阶可导.

(3)简单函数的 n 阶导数公式

$(\sin x)^n=\sin(x+n\cdot\frac{\pi}{2})$；

$(\cos x)^n=\cos(x+n\cdot\frac{\pi}{2})$；

$(a^x)^{(n)}=a^x(\ln a)^n$；

$(x^\alpha)^{(n)}=\alpha(\alpha-1)\cdots(\alpha-n+1)x^{\alpha-n}$，

$\left(\frac{1}{ax+b}\right)^{(n)}=\frac{(-1)^n n!a^n}{(ax+b)^{n+1}}$.

(4)求高阶导数的莱布尼茨公式

设 $u(x)$，$v(x)$ 在 x 处有直到 n 阶的导数，则

$$(uv)^{(n)}=\sum_{k=0}^{n}C_n^k u^{(k)}v^{(n-k)}.$$

4. 隐函数的求导

设函数 $y=f(x)$ 是由方程 $F(x, y)=0$ 确定的函数，则在方程 $F(x, y)=0$ 两边对 x 求导，将 y 看成 x 的函数，然后解出 $\frac{dy}{dx}$ 即可.

5. 对数求导法

如果函数 y 的表达式由多个因式的乘积、乘幂构成，或是幂指函数的形式，则可先将函数取对数，化成隐函数形式再求导数.

6. 函数的微分

(1) 微分的定义

设函数 $y=f(x)$ 在某区间内有定义，x_0 及 $x_0+\Delta x$ 都在该区间内，如果函数的增量

$$\Delta y=f(x_0+\Delta x)-f(x_0)$$

可表示为

$$\Delta y = A\Delta x + o(\Delta x),$$

其中 A 是不依赖于 Δx 的常量，而 $o(\Delta x)$ 是 Δx 的高阶无穷小，那末称函数 $y=f(x)$ 在点 x_0 是可微的. 否则的话，称为不可微的. 在可微的情况下，$A\Delta x$ 称为函数 $y=f(x)$ 在点 x_0 相应于自变量增量 Δx 的微分，记作 $\mathrm{d}y$，即 $\mathrm{d}y=A\Delta x$.

(2) 微分的几何意义

函数 $y=f(x)$ 在 $x=x_0$ 处的微分 $\mathrm{d}y=f'(x_0)\Delta x$ 表示当自变量有改变量 Δx 时，曲线 $y=f(x)$ 在点 $(x_0, f(x_0))$ 处切线上纵坐标的改变量.

(3) 可微与可导的关系

可微与可导是等价的，即 $y=f(x)$ 在点 x 可微的充分必要条件是 $y=f(x)$ 在点 x 可导.

(4) 微分的计算公式

$$\mathrm{d}y = y'\Delta x = y'\mathrm{d}x.$$

7. 边际函数与边际分析

(1) 边际函数的有关概念

设 $y=f(x)$ 可导，则在经济学中称 $f'(x)$ 为边际函数，$f'(x_0)$ 称为 $f(x)$ 在 $x=x_0$ 处的边际值，$f'(x_0)$ 在经济学中的解释为：在 $x=x_0$ 点，当 x 改变一个单位时，函数 $f(x)$ 的近似改变量为 $f'(x_0)$（实际问题中，经常略去“近似”二字）.

(2) 经济学中常用的边际分析

1)边际成本

设成本函数为 $C=C(q)$（其中 q 是产量），则边际成本函数 $MC=C'(q)$，它的经济学解释是：当产量在 q 的基础上改变一个单位时，成本将改变 $C'(q)$ 单位.

2)边际收益

设收益函数为 $R=R(q)$（其中 q 是销售量），则边际收益函数 $MR=R'(q)$，它的经济学解释是：当销售量在 q 的基础上改变一个单位时，收益将改变 $R'(q)$ 个单位.

3)边际利润

设利润函数 $L=L(q)$(其中 q 是销售量),则边际利润函数 $ML=L'(q)$,它的经济学解释是:当销售量在 q 的基础上改变一个单位时,利润将改变 $L'(q)$个单位.

8. 弹性函数与弹性分析

(1) 弹性函数的概念

设 $y=f(x)$可导,则称$\dfrac{\Delta y/y}{\Delta x/x}$为函数 $f(x)$当 x 从 x 变到 $x+\Delta x$ 时的相对弹性,称

$$\eta=\lim_{\Delta x\to 0}\frac{\Delta y/y}{\Delta x/x}=f'(x)\cdot\frac{x}{y}=\frac{f'(x)}{f(x)}x$$

为函数 $f(x)$的弹性函数,记为$\dfrac{Ey}{Ex}$,即

$$\eta=\frac{Ey}{Ex}=f'(x)\cdot\frac{x}{f(x)}.$$

它在经济学上解释为函数 $f(x)$在 x 处的相对变化率.

(2) 经济学中常用的弹性分析

1)需求的价格弹性

设需求函数 $Q=\varphi(p)$(p 为价格),则需求对价格的弹性为

$$\eta_d=\frac{p}{\varphi(p)}\varphi'(p).$$

由于 $Q(p)$是单调减少函数,故 $\varphi'(p)<0$,从而 $\eta_d<0$. 其经济学中的解释为:当价格为 p 时,若提价(或降价)1%,则需求量将减少(或增加)$|\eta_d|$%.

2)供给的价格弹性

设供给函数 $Q=\psi(p)$(p 为价格),则供给对价格的弹性为

$$\eta_s=\frac{p}{\psi(p)}\psi'(p).$$

由于供给函数 $\psi(p)$单调增加,故 $\psi'(p)>0$,从而 $\eta_s>0$. 其经济学中的解释为:当价格为 p 时,若提价(或降价)1%,则供给量将增加(或减少)η_s%.

二、概念析疑

问 1 若函数 $y=f(x)$ 在 x_0 处的导数不存在，则曲线 $y=f(x)$ 在点 $(x_0,\ f(x_0))$ 处的切线就一定不存在，这种说法对吗？

答 这种说法不正确.

例如，设 $f(x)=\sqrt[3]{x}$，因为

$$f'(0)=\lim_{x\to 0}\frac{f(x)-f(0)}{x-0}=\lim_{x\to 0}\frac{\sqrt[3]{x}-0}{x-0}=\infty,$$

所以 $f(x)=\sqrt[3]{x}$ 在 $x=0$ 处不可导，但在 $(0,\ f(0))=(0,\ 0)$ 处曲线有垂直切线 $x=0$.

问 2 如果函数 $f(x)$，$g(x)$ 在点 x_0 处都不可导，那么函数 $f(x)\pm g(x)$ 或 $f(x)g(x)$ 在点 x_0 处是否一定不可导？

答 不一定. 就是说，如果函数 $f(x)$ 和 $g(x)$ 在点 x_0 处均不可导，但函数 $f(x)\pm g(x)$ 或 $f(x)g(x)$ 点 x_0 处仍有可能是可导的.

例如：取 $f(x)=|x|$，$g(x)=-|x|$，它们在 $x=0$ 处均不可导，但 $f(x)+g(x)=0$ 在 $x=0$ 处是可导的. 同样，$f(x)g(x)=-x^2$ 在 $x=0$ 处可导.

问 3 函数的微分与函数的导数之间有何联系与区别？

答 由函数可微的充要条件知：一个函数 $f(x)$ 在某一点 x_0 处可微，一定在此点可导，反之亦然，而且 $\mathrm{d}y=f'(x_0)\mathrm{d}x$. 因此，从理论分析的角度将求导数与求微分都称之为微分法或微分运算.

另一方面，函数的导数与微分又是两个内涵完全不同的概念. 函数的导数 $f'(x)$ 表示函数 $f(x)$ 在 x 处的变化率，它反映了函数相对于自变量变化时的快慢程度，所以又说它是函数的变化率，在经济学上也称之为边际函数. 而函数的微分 $\mathrm{d}y$ 则是函数增量 Δy 的线性主部，当自变量 x 从 x_0 变化到 $x_0+\Delta x$ 处时，它是函数值增量 Δy 的一个既简洁又较精确的近似值.

问 4 什么叫微商？

答 由于函数 $y=f(x)$ 的微分 $dy=f'(x)dx$，从而 $f'(x)=\frac{dy}{dx}$，即函数 $y=f(x)$ 的导数等于因变量的微分 dy 于自变量的微分 dx 之商，因此也称函数的导数为微商.

问 5 什么叫做一阶微分形式不变性？一阶微分形式不变性在微分中有何意义？

答 设 $y=f(u)$，无论 u 是自变量还是中间变量 $u=u(x)$，均有 $dy=f'(u)du$，这一性质称为一阶微分形式不变性.

应注意的是，这种不变性仅仅是形式上的，因为当 u 为自变量时有 $du=\Delta u$，而当 u 为中间变量时，通常 $du\neq\Delta u$，故实质意义是有区别的.

利用一阶微分形式不变性，对复合函数的微分运算按函数的复合关系从外到内逐层进行微分运算. 例如 $y=f[g(x)]$，$f(u)$，$g(x)$ 均可微，则

$$dy=f'[g(x)]d[g(x)]=f'[g(x)]g'(x)dx.$$

问 6 函数值的微分近似计算公式是什么？

答 若函数 $y=f(x)$ 在 x_0 处可微，则有近似公式：

$$f(x)\approx f(x_0)+f'(x_0)(x-x_0).$$

在应用上述公式进行计算时，要求 $|\Delta x|$ 充分小，或者 $|x-x_0|$ 充分小.

特别地，当 $x_0=0$ 时，且 x 充分小时，有

$$f(x)\approx f(0)+f'(0)x.$$

问 7 常用的近似公式有哪些？

答 常用的近似公式有(当 $|x|$ 充分小时)：

(1) $\sqrt[n]{1+x}\approx 1+\frac{1}{n}x$；

(2) $\sin x\approx x$(x 取弧度制单位)；

(3) $\tan x\approx x$(x 取弧度制单位)；

(4) $e^x\approx 1+x$；

(5) $\ln(1+x)\approx x$；

(6)$\arcsin x \approx x$(x 取弧度制单位)；

(7)$\arctan x \approx x$(x 取弧度制单位).

三、习题详解

习题 3.1

1.求下列函数的导数：

(1) $y=\frac{1}{x^2}$；　　(2) $y=\sqrt[3]{x^2}$；

(3) $y=2^x$；　　(4) $y=\log_{100}x$.

解 (1) $y'=-2x^{-3}=\frac{-2}{x^3}$.

(2) 函数可以改写成为 $y=x^{\frac{2}{3}}$,所以 $y'=\frac{2}{3}x^{\frac{2}{3}-1}=\frac{2}{3\sqrt[3]{x}}$.

(3) $y'=2^x\ln 2=\ln 2\cdot 2^x$.

(4) $y'=\frac{1}{x}\frac{1}{\ln 100}=\frac{1}{2\ln 10\cdot x}$.

2. 求 $y=x^2$ 在点 $x=1$ 处的切线和法线方程.

解 $y'|_{x=1}=2x|_{x=1}=2$,而当 $x=1$ 时,$y=1$,因此,切线为

$$y-1=2(x-1);$$

法线为

$$y-1=-\frac{1}{2}(x-1).$$

3.求 $f(x)=\begin{cases}\ln x, & x\geqslant 1\\ x-1, & x<1\end{cases}$ 在点 $x=1$ 处导数.

解 在分段点 $x=1$ 处左右边的函数表达式是不相同的,所以我们利用单侧导数求函数的导数.注意到

$$f'_{+}(1)=\lim_{x\to 1^+}\frac{\ln x-0}{x-1}\xlongequal{t=x-1}\lim_{t\to 0^+}\frac{\ln(1+t)}{t}=1,$$

$$f'_{-}(1)=\lim_{x\to 1^-}\frac{x-1}{x-1}=1.$$

因为 $f'_{+}(1)=f'_{-}(1)=1$，所以，$f'(1)=1$.

4. 讨论 $y=x|x|$ 在点 $x=0$ 处的可导性.

解　$y=f(x)=\begin{cases}x^2, x\geqslant 0\\ -x^2, x<0\end{cases}$.

$$f'_{+}(0)=\lim_{x\to 0^{+}}\frac{x^2-0}{x-0}=\lim_{x\to 0^{+}}\frac{x^2}{x}=0,$$

$$f'_{-}(0)=\lim_{x\to 0^{-}}\frac{-x^2-0}{x-0}=\lim_{x\to 0^{+}}-\frac{x^2}{x}=0,$$

因为 $f'_{+}(0)=f'_{-}(0)=0$，所以 $f'(0)=0$.

5. 设 $f(x)=\begin{cases}x^3+1, & x\geqslant 1\\ ax^2+b, & x<1\end{cases}$，试确定 a,b，使 $f(x)$ 在 $x=1$ 处可导.

解　首先 $f(x)$ 必须在 $x=1$ 处连续，即

$$\lim_{x\to 1^{+}}f(x)=\lim_{x\to 1^{-}}f(x),$$

因此 $a+b=2$，

又因为，函数在 $x=1$ 可导，所以

$$f'_{+}(1)=\lim_{x\to 1^{+}}\frac{f(x)-f(1)}{x-1}=\lim_{x\to 1}\frac{x^3+1-2}{x-1}=\lim_{x\to 1}x^2+x+1=3,$$

$$f'_{-}(1)=\lim_{x\to 1^{-}}\frac{f(x)-f(1)}{x-1}=\lim_{x\to 1^{-}}\frac{(ax^2+b)-2}{x-1}$$

$$=\lim_{x\to 1^{-}}\frac{ax^2-a}{x-1}=\lim_{x\to 1^{-}}a(x+1)=2a,$$

因为 $f'_{+}(1)=f'_{-}(1)=3$，所以 $a=\frac{3}{2}$，从而 $b=\frac{1}{2}$.

习题 3.2

1. 求下列函数的导数（a，b，c，n 常数）

（1）$y=3x^2+e^x-3^x-x+5$；　（2）$y=x^a+a^x+a^a$；

（3）$y=2\sqrt{x}-\frac{1}{x}+\frac{1}{\sqrt{x}}-\ln 2$；　（4）$y=e^x\cdot x^3$；

（5）$y=x^n\cdot\ln x$；　（6）$y=x\ln x+\frac{2}{x^2}$；

(7) $y=(x^2+1)\arctan x$；　　(8) $y=x\tan x-2\sec x$；

(9) $y=x^2\cos x\cdot\ln\sqrt{x}$；　　(10) $y=\dfrac{\arcsin x}{x^2}$；

(11) $y=\dfrac{1-\sin x}{1+\cos x}$；　　(12) $y=\dfrac{1-\ln x}{1+\ln x}$.

解　(1) $y'=6x+e^x-3^x\ln3-1$.

(2) $y'=\alpha x^{\alpha-1}+a^x\ln a$.

(3) $y'=\dfrac{2}{2\sqrt{x}}+\dfrac{1}{x^2}-\dfrac{1}{2\sqrt[3]{x^2}}$.

(4) $y'=e^x x^3+3e^x x^2=e^x(x^3+3x^2)$.

(5) $y'=nx^{n-1}\ln x+x^n\cdot\dfrac{1}{x}=x^{n-1}(n\ln x+1)$.

(6) $y'=\ln x+1-4\dfrac{1}{x^3}=\ln x+1-\dfrac{4}{x^3}$.

(7) $y'=2x\arctan x+(x^2+1)\dfrac{1}{x^2+1}=2x\arctan x+1$.

(8) $y'=\tan x+x\sec^2 x-2\sec x\tan x$.

(9) $$y'=2x\cos x\ln\sqrt{x}-x^2\sin x\ln\sqrt{x}+\frac{x^2\cos x}{2x}$$
$$=x\cos x\ln x-x^2\sin x\ln\sqrt{x}+\frac{x\cos x}{2}.$$

(10) $$y'=\frac{\dfrac{1}{\sqrt{1-x^2}}x^2-2x\arcsin x}{x^4}=\frac{x^2-2x\arcsin x\sqrt{1-x^2}}{x^4\sqrt{1-x^2}}.$$

(11) $$y'=\frac{-\cos x(1+\cos x)+(1-\sin x)\sin x}{(1+\cos x)^2}$$
$$=\frac{\sin x-\cos x-1}{(1+\cos x)^2}.$$

(12) $$y'=\frac{-\dfrac{1}{x}(1+\ln x)-(1-\ln x)\dfrac{1}{x}}{(1+\ln x)^2}=-\frac{2}{x(1+\ln x)^2}.$$

2. 求下列函数在给定点的导数：

(1) $y=t\sin t+\frac{1}{2}\cos t$，求 $\left.\frac{dy}{dt}\right|_{t=\frac{\pi}{4}}$；

(2) $f(t)=\frac{1-\sqrt{t}}{1+\sqrt{t}}$，求 $f'(4)$；

(3) $y=\frac{x^2}{x+1}+xe^x$，求 $y'|_{x=0}$.

解 (1) $y'=t\cos t+\sin t-\frac{1}{2}\sin t=t\cos t+\frac{1}{2}\sin t$，

$$\frac{dy}{dt}\Big|_{t=\frac{\pi}{4}}=\frac{\pi}{4}\frac{\sqrt{2}}{2}+\frac{1}{2}\frac{\sqrt{2}}{2}=\frac{\sqrt{2}(2+\pi)}{8}.$$

(2) $f'(t)=\frac{-\frac{1}{2\sqrt{t}}(1+\sqrt{t})-(1-\sqrt{t})\frac{1}{2\sqrt{t}}}{(1+\sqrt{t})^2}=-\frac{1}{\sqrt{t}(1+\sqrt{t})^2}$，

$$f'(4)=-\frac{1}{2\times 9}=-\frac{1}{18}.$$

(3) $y'=xe^x+e^x+\frac{2x(1+x)-x^2}{(1+x)^2}$，$y'|_{x=0}=e^0=1$.

习题 3.3

1. 求下列各下数的导数：

(1) $y=\ln\sqrt{a^2-x^2}$；

(2) $y=\ln\frac{1+x^2}{1-x^2}$；

(3) $y=(x^3+10)^4$；

(4) $y=(3-2\sin x)^5$；

(5) $y=e^{\tan\frac{1}{x}}$；

(6) $y=e^{-\sin^2\frac{1}{x}}$；

(7) $y=e^{-x}\cdot\sqrt{1-2x}$；

(8) $y=x^2\cdot e^{-2x}\cdot\sin 3x$；

(9) $y=(\operatorname{arccot}\frac{1}{x})^2$；

(10) $y=(\arcsin\frac{x}{2})^2$；

(11) $y=\ln\ln x$；

(12) $y=x\sqrt{1-x^2}+\arcsin x$；

(13) $y=\frac{\arccos x}{\sqrt{1-x^2}}$；

(14) $y=4\arcsin\frac{\sqrt{x}}{2}+\sqrt{4x-x^2}$；

(15) $y=\sec^2\frac{x}{a}+\csc^2\frac{x}{a}$；

(16) $y=\frac{x}{2}\sqrt{x^2+a^2}+\frac{a^2}{2}\ln(x+\sqrt{x^2+a^2})$.

解 (1) $y=\frac{1}{2}\ln(a^2-x^2)$,

$y'=\frac{1}{2}\cdot\frac{1}{a^2-x^2}\cdot(a^2-x^2)=\frac{1}{2}\cdot\frac{1}{a^2-x^2}\cdot(-2x)$

$=-\frac{x}{a^2-x^2}$.

(2) $y=\ln(1+x^2)-\ln(1-x^2)$,

$y'=\frac{2x}{1+x^2}-\frac{-2x}{1-x^2}=\frac{2x(1-x^2)+2x(1+x^2)}{1-x^4}=\frac{4x}{1-x^4}$.

(3) $y'=4(x^3+10)^3\cdot 3x^2=12x^2(x^3+10)^3$.

(4) $y'=5(3-2\sin x)^4\cdot(-2\cos x)=-10\cos x\cdot(3-2\sin x)^4$.

(5) $y'=e^{\tan\frac{1}{x}}\sec^2\frac{1}{x}\left(-\frac{1}{x^2}\right)=-\frac{1}{x^2}\sec^2\frac{1}{x}e^{\tan\frac{1}{x}}$.

(6) $y'=e^{-\sin^2\frac{1}{x}}\left(-2\sin\frac{1}{x}\right)\cos\frac{1}{x}\left(-\frac{1}{x^2}\right)=\frac{\sin\frac{2}{x}e^{-\sin^2\frac{1}{x}}}{x^2}$.

(7) $y'=-e^{-x}\sqrt{1-2x}+e^{-x}\frac{-2}{2\sqrt{1-2x}}=\frac{2xe^{-x}}{\sqrt{1-2x}}$.

(8) $y'=2xe^{-2x}\sin 3x-2x^2e^{-2x}\sin 3x+3x^2e^{-2x}\cos 3x$

$=(2x\sin 3x-2x^2\sin 3x+3x^2\cos 3x)e^{-2x}$.

(9) $y'=-\frac{1}{1+\frac{1}{x^2}}\left(-\frac{1}{x^2}\right)=\frac{1}{1+x^2}$.

(10) $y'=2\arcsin\frac{x}{2}\frac{1}{\sqrt{1-\frac{x^2}{4}}}\frac{1}{2}=\frac{2\arcsin\frac{x}{2}}{\sqrt{4-x^2}}$.

(11) $y'=\frac{1}{\ln x}\frac{1}{x}=\frac{1}{x\ln x}$.

(12) $y'=\sqrt{1-x^2}+x\dfrac{-2x}{2\sqrt{1-x^2}}+\dfrac{1}{\sqrt{1-x^2}}$

$=\sqrt{1-x^2}+\dfrac{1-x^2}{\sqrt{1-x^2}}=2\sqrt{1-x^2}$.

(13) $y'=\dfrac{-\dfrac{1}{\sqrt{1-x^2}}\sqrt{1-x^2}-\arccos x\cdot\dfrac{-2x}{2\sqrt{1-x^2}}}{1-x^2}$

$=\dfrac{-\sqrt{1-x^2}+x\arccos x}{(1-x^2)\sqrt{1-x^2}}$.

(14) $y'=4\dfrac{1}{\sqrt{1-\dfrac{x}{4}}}\dfrac{1}{2}\dfrac{1}{2\sqrt{x}}+\dfrac{1}{2\sqrt{4x-x^2}}\cdot(4-2x)$

$=\dfrac{2}{\sqrt{4x-x^2}}+\dfrac{2-x}{\sqrt{4x-x^2}}=\dfrac{4-x}{\sqrt{4x-x^2}}=\dfrac{\sqrt{4-x}}{\sqrt{x}}$.

(15) $y=\dfrac{1}{\cos^2\dfrac{x}{a}}+\dfrac{1}{\sin^2\dfrac{x}{a}}=\dfrac{1}{\cos^2\dfrac{x}{a}\sin^2\dfrac{x}{a}}=\dfrac{4}{(\sin\dfrac{2x}{a})^2}$

$=4\csc^2\dfrac{2x}{a}$,

$y'=8\csc\dfrac{2x}{a}(-\csc\dfrac{2x}{a}\cot\dfrac{2x}{a})\dfrac{2}{a}=-\dfrac{16}{a}\csc^2\dfrac{2x}{a}\cot\dfrac{2x}{a}$.

(16)

$y'=\dfrac{\sqrt{x^2+a^2}}{2}+\dfrac{x}{2}\dfrac{2x}{2\sqrt{x^2+a^2}}+\dfrac{a^2}{2}\dfrac{1}{x+\sqrt{x^2+a^2}}(1+\dfrac{2x}{2\sqrt{x^2+a^2}})$

$=\dfrac{x^2+a^2+x^2}{2\sqrt{x^2+a^2}}+\dfrac{a^2}{2\sqrt{x^2+a^2}}=\dfrac{x^2+a^2}{\sqrt{x^2+a^2}}=\sqrt{x^2+a^2}$.

2. 求下列抽象函数的导数：

(1) $y=f(\ln x)$；　　(2) $y=f(\arcsin x^2)$；

(3) $y=f(e^x+x^e)$；　　(4) $y=f(e^x)\cdot e^{f(x)}$.

解　(1) $y'=f'(\ln x)\cdot\dfrac{1}{x}=\dfrac{f'(\ln x)}{x}$.

(2) $y'=f'(\arcsin x^2)\cdot\frac{1}{\sqrt{1-x^4}}\cdot 2x=\frac{2x}{\sqrt{1-x^4}}f'(\arcsin x^2)$.

(3) $y'=f'(e^x+x^e)\cdot(e^x+ex^{e-1})=(e^x+ex^{e-1})f'(e^x+x^e)$.

(4) $y'=f'(e^x)e^x e^{f(x)}+f(e^x)\cdot e^{f(x)}\cdot f'(x)$
$=e^{f(x)}(e^x f'(e^x)+f(e^x)f'(x))$.

3. 证明

(1) 可导的奇函数的导数是偶函数;

(2) 可导的偶函数的导数是奇函数;

(3) 设 $f(x)$是偶函数且 $f'(0)$存在,则 $f'(0)=0$.

证明 (1) 若 $f(x)$是奇函数,即

$$f(-x)=-f(x),$$

上式两边关于 x 求导,得

$$-f'(-x)=-f'(x),$$

因此 $f'(-x)=f'(x)$,即 $f'(x)$是偶函数.

(2) 若 $f(x)$是偶函数,即

$$f(x)=f(-x),$$

上式两边关于 x 求导,因此 $f'(-x)=-f'(x)$,即 $f'(x)$是奇函数.

(3) $f'(0)=\lim\limits_{h\to 0}\frac{f(0+h)-f(0)}{h}=-\lim\limits_{h\to 0}\frac{f(0-h)-f(0)}{-h}=-f'(0)$,

所以 $f'(0)=0$.

习题 3.4

1. 求下列隐函数的导数(其中 a,b 为常数):

(1) $y^2-2axy+b=0$; (2) $y=1+xe^y$;

(3) $e^{x+y}-xy=0$; (4) $y=x\ln y$;

(5) $y\sin x-\cos(y-x)=0$;

(6) $\arctan\frac{x-y}{x+y}=\ln\sqrt{x^2+y^2}$;

(7) $x+e^{2y}=4-e^{xy}$,求$\left.\frac{dy}{dx}\right|_{x=2}$.

解 (1) 方程两边关于 x 求导,

$$2yy'-2a(y+xy')=0,$$

解得 $y'=\dfrac{ay}{y-ax}$.

(2) 方程两边关于 x 求导,

$$y'=e^y+xe^y y',$$

解得 $y'=\dfrac{e^y}{1-xe^y}$.

(3) 方程两边关于 x 求导,

$$e^{x+y}(1+y')-(y+xy')=0,$$

解得 $y'=\dfrac{y-e^{x+y}}{e^{x+y}-x}$.

(4) 方程两边关于 x 求导,

$$y'=\ln y+x\frac{y'}{y},$$

解得 $y'=\dfrac{y\ln y}{y-x}$;

(5) 方程两边关于 x 求导,

$$y'\sin x+y\cos x+\sin(y-x)\cdot(y'-1)=0,$$

解得 $y'=\dfrac{\sin(y-x)-y\cos x}{\sin x+\sin(y-x)}$.

(6) 方程两边关于 x 求导,

$$\frac{1}{1+\left(\dfrac{x-y}{x+y}\right)^2}\cdot\frac{(1-y')(x+y)-(x-y)(1+y')}{(x+y)^2}$$

$$=\frac{1}{2}\cdot\frac{1}{x^2+y^2}\cdot(2x+2yy'),$$

解得 $y'=\dfrac{y-x}{x+y}$.

(7) 方程两边关于 x 求导,

$$1+e^{2y}\cdot 2y'=4-e^{xy}(y+xy'),$$

将 $x=0$ 时,$y=0$,代入上式,得 $y'(2)=\dfrac{3}{4}$.

2.利用取对数求导法,求下列函数的导数

(1) $y=\dfrac{x^2}{1-x}\sqrt[3]{\dfrac{3-x}{(3+x)^2}}$;

(2) $y=(\sin x)^{\cos x}$;

(3) $y=\dfrac{e^{\sqrt{x}}}{\sqrt{(ax+b)(cx+d)}}$;

(4) $y=\left(\dfrac{a}{b}\right)^x\left(\dfrac{b}{x}\right)^a\left(\dfrac{x}{b}\right)^b(a>0,\ b>0)$.

解 (1) 两边取对数

$$\ln y=2\ln x-\ln(1-x)+\frac{1}{3}\ln(3-x)-\frac{2}{3}\ln(3+x),$$

上式两边对 x 求导，

$$\frac{y'}{y}=\frac{2}{x}+\frac{1}{1-x}-\frac{1}{3(3-x)}-\frac{2}{3(3+x)},$$

即

$$y'=y\left(\frac{2}{x}+\frac{1}{1-x}-\frac{1}{3(3-x)}-\frac{2}{3(3+x)}\right)$$
$$=\frac{x^2}{1-x}\sqrt[3]{\frac{3-x}{(3+x)^2}}\left(\frac{2}{x}+\frac{1}{1-x}-\frac{1}{3(3-x)}-\frac{2}{3(3+x)}\right).$$

(2) 两边取对数

$$\ln y=\cos x\ln\sin x,$$

两边关于 x 求导，

$$\frac{y'}{y}=-\sin x\ln\sin x+\frac{\cos x}{\sin x}\cos x,$$

因此

$$y'=(\sin x)^{\cos x}(\cot x\cos x-\sin x\ln\sin x).$$

(3) 两边取对数，

$$\ln y=\frac{1}{2}x-\frac{1}{2}\ln(ax+b)-\frac{1}{2}\ln(cx+d),$$

两边关于 x 求导，

$$\frac{y'}{y}=\frac{1}{2}-\frac{1}{2}\frac{a}{ax+b}-\frac{1}{2}\frac{c}{cx+d},$$

则

$$y'=y\left(\frac{1}{2}-\frac{1}{2}\frac{a}{ax+b}-\frac{1}{2}\frac{c}{cx+d}\right)$$
$$=\frac{e^{\sqrt{x}}}{\sqrt{(ax+b)(cy+d)}}\left(\frac{1}{2}-\frac{1}{2}\frac{a}{ax+b}-\frac{1}{2}\frac{c}{cx+d}\right).$$

(4) 两边取对数，

$$\ln y=x\ln\frac{a}{b}+a\ln b-a\ln x+b\ln x-b\ln b,$$

两边关于 x 求导，

$$\frac{y'}{y}=\ln\frac{a}{b}-\frac{a}{x}+\frac{b}{x},$$

所以

$$y'=\left(\frac{a}{b}\right)^x\left(\frac{b}{x}\right)^a\left(\frac{x}{b}\right)^b\left[\ln\frac{a}{b}-\frac{a}{x}+\frac{b}{x}\right].$$

3. 利用对数求导法，求下列反函数的导数

(1) $y=\arccos x$； (2) $y=\arctan x$.

解 (1) $y=\arccos x$，则 $x=\cos y$，两边关于 x 求导，

$$1=-y'\sin y,$$

解得 $y'=-\dfrac{1}{\sin y}=-\dfrac{1}{\sqrt{1-\cos^2 y}}=-\dfrac{1}{\sqrt{1-x^2}}$.

(2) $y=\arctan x$，则 $x=\tan y$，两边关于 x 求导，

$$1=y'\sec^2 y=(\tan^2 y+1)y',$$

解得 $y'=\dfrac{1}{\tan^2 y+1}=\dfrac{1}{1+x^2}$.

习题 3.5

1. 求下列各函数的二阶导数

(1) $y=(1+x^2)\arctan x$； (2) $y=\dfrac{x}{\sqrt{1+x^2}}$；

(3) $y=x^2\ln x$； (4) $y=e^{-x}\cdot\sin x$；

(5) $y=\ln(x+\sqrt{1+x^2})$.

解 (1) $y'=2x\arctan x+1$； $y''=2\arctan x+\dfrac{2x}{1+x^2}$.

(2) $y'=\dfrac{\sqrt{1+x^2}-\dfrac{2x\cdot x}{2\sqrt{1+x^2}}}{1+x^2}=\dfrac{1}{(1+x^2)^{\frac{3}{2}}}$;

$y''=-\dfrac{3}{2}(1+x^2)^{-\frac{5}{2}}\cdot 2x=-3x(1+x^2)^{-\frac{5}{2}}$.

(3) $y'=2x\ln x+x^2\cdot\dfrac{1}{x}=2x\ln x+x$;

$y''=2\ln x+2x\cdot\dfrac{1}{x}+1=2\ln x+3$.

(4) $y'=-\mathrm{e}^{-x}\sin x+\mathrm{e}^{-x}\cos x=\mathrm{e}^{-x}(\cos x-\sin x)$;

$$\begin{aligned}y''&=-\mathrm{e}^{-x}(\cos x-\sin x)+\mathrm{e}^{-x}(-\sin x-\cos x)\\&=\mathrm{e}^{-x}(-\cos x+\sin x-\sin x-\cos x)\\&=2\mathrm{e}^{-x}\cos x.\end{aligned}$$

(5) $y'=\dfrac{1}{x+\sqrt{1+x^2}}(1+\dfrac{2x}{2\sqrt{1+x^2}})=\dfrac{1}{\sqrt{1+x^2}}$;

$y''=-\dfrac{1}{1+x^2}\cdot(2x)=-\dfrac{2x}{1+x^2}$.

2. 求下列函数指定的导数值:

(1) $x^2+4y^2=25$,求 $y''\Big|_{\substack{x=3\\y=2}}$.

(2) $\mathrm{e}^y+xy=\mathrm{e}$,求 $y''(0)$.

(3) $y\sin x-\cos(x+y)=0$,$y\in[0,\pi]$所确定的隐函数 y 在 $x=0$ 处的二阶导数 $y''(0)$.

解 (1) 方程两边关于 x 求导,

$$2x+8yy'=0,$$

解得 $y'=-\dfrac{x}{4y}$,所以,

$$y''=-\frac{y-xy'}{4y^2}=-\frac{y+x\cdot\dfrac{x}{4y}}{4y^2}=-\frac{4y^2+x^2}{16y^3}=-\frac{25}{16y^3}.$$

因此,

$$y''\Big|_{\substack{x=3\\y=2}}=-\frac{25}{16y^3}\Big|_{\substack{x=3\\y=2}}=-\frac{25}{128}.$$

（2）两边关于 x 求导，

$$e^{y}y'+(y+xy')=0, \qquad ①$$

①式两边对 x 求导，得

$$e^{y}(y')^{2}+e^{y}y''+y'+y'+xy''=0; \qquad ②$$

将 $x=0$ 代入原方程得 $y=1$.

将 $x=0, y=1$ 代入①得 $y'(0)=-\frac{1}{e}$.

将 $x=0, y=1, y'(0)=-\frac{1}{e}$ 代入②得 $y''(0)=\frac{1}{e^{2}}$.

（3）方程两边关于 x 求导，

$$y'\sin x+y\cos x+\sin(x+y)\cdot(1+y')=0, \qquad ①$$

当 $x=0$ 时，$y=\frac{\pi}{2}$，代入①得 $y'(0)=-1-\frac{\pi}{2}$.

①两边关于 x 求导，

$$y''\sin x+2y'\cos x-y\sin x+\cos(x+y)(1+y')^{2}+\sin(x+y)y''=0, \qquad ②$$

将 $x=0, y=\frac{\pi}{2}, y'(0)=-1-\frac{\pi}{2}$ 代入②，得 $y''(0)=\pi+2$.

3. 求下列抽象函数的两阶导数

（1）$y=f(x^{2})$；　　（2）$y=\sqrt{f(x)}$；

（3）$y=\ln[f(x^{2})]$.

解　（1）$y'=f'(x^{2})\cdot 2x=2xf'(x^{2})$,

$$y''=2f'(x^{2})+2xf''(x^{2})2x=2f'(x^{2})+4x^{2}f''(x^{2}).$$

（2）$y'=\frac{1}{2\sqrt{f(x)}}\cdot f'(x)=\frac{f'(x)}{2\sqrt{f(x)}}$,

$$y''=\frac{2f''(x)\sqrt{f(x)}-2f'(x)\frac{f'(x)}{\sqrt{f(x)}}}{4f(x)},$$

$$=\frac{f''(x)f(x)-(f'(x))^{2}}{2f(x)}.$$

（3）$y'=\frac{2xf'(x^{2})}{f(x^{2})}$,

$$y''=\frac{(2f'(x^2)+2xf''(x^2)\cdot 2x)f(x^2)-2xf'(x^2)f'(x^2)\cdot 2x}{f^2(x^2)}$$

$$=\frac{2(f'(x^2)+2x^2f''(x^2))f(x^2)-4x^2(f'(x^2))^2}{f^2(x^2)}.$$

4. 求下列各函数的 n 阶导数：

(1) $y=e^{2x}$；　　(2) $y=(x+k)^{\alpha}$；

(3) $y=\frac{1}{x^2-3x+2}$；　　(4) $y=xe^{-x}$.

解　(1)　$y'=2e^{2x}$，

$y''=2^2e^{2x}$，

……

一般地，

$$y^{(n)}=2^ne^{2x}.$$

(2)　$y'=\alpha(x+k)^{\alpha-1}$；

$y''=\alpha(\alpha-1)(x+k)^{\alpha-2}$；

……

一般地，

$$y^{(n)}=\alpha(\alpha-1)\cdots(\alpha-n+1)(x+k)^{\alpha-n}.$$

(3) 先将函数化简，

$$y=\frac{1}{(x-1)(x-2)}=\frac{1}{x-2}-\frac{1}{x-1},$$

利用(2)，不难得到

$$\left(\frac{1}{x+k}\right)^{(n)}=\frac{(-1)^nn!}{(x+k)^{n+1}},$$

所以

$$y^{(n)}=(-1)^nn!\left[\frac{1}{(x-2)^{n+1}}-\frac{1}{(x-1)^{n+1}}\right],\text{其中 } n=1,2,\cdots.$$

(4)　$y'=e^{-x}-xe^{-x}=(1-x)e^{-x}$，

$y''=-e^{-x}-(1-x)e^{-x}=-(2-x)e^{-x}$，

……

一般地，

$$y^{(n)}=(-1)^n(x-n)\mathrm{e}^{-x}.$$

5. 证明：$y=\mathrm{e}^x\sin x$ 满足方程 $y''-2y'+2y=0$.

证明 $y'=\mathrm{e}^x\sin x+\mathrm{e}^x\cos x=\mathrm{e}^x(\sin x+\cos x)$,

$$y''=\mathrm{e}^x(\sin x+\cos x)+\mathrm{e}^x(\cos x-\sin x)=2\mathrm{e}^x\cos x,$$

所以

$$y''-2y'+2y=2\mathrm{e}^x\cos x-2\mathrm{e}^x(\sin x+\cos x)+2\mathrm{e}^x\sin x=0,$$

因此，结论成立.

习题 3.6

1. 求下列各函数的微分

(1) $y=\dfrac{x}{1-x^2}$；　　(2) $y=\ln\sqrt{1-x^3}$；

(3) $y=(\mathrm{e}^x+\mathrm{e}^{-x})^2$；　　(4) $y=\mathrm{e}^{1-3t}\cdot\cos t$；

(5) $y=x\arctan\sqrt{x}$；　　(6) $y=\arctan\dfrac{1-x^2}{1+x^2}$.

解 (1) 因为

$$y'=\frac{1-x^2+x\cdot 2x}{(1-x^2)^2}=\frac{1+x^2}{(1-x^2)^2},$$

所以 $\mathrm{d}y=y'\mathrm{d}x=\dfrac{1+x^2}{(1-x^2)^2}\mathrm{d}x$.

(2) 因为 $y=\dfrac{1}{2}\ln(1-x^3)$，所以

$$y'=\frac{1}{2}\frac{-3x^2}{1-x^3}=-\frac{3x^2}{2(1-x^2)}.$$

因此 $\mathrm{d}y=-\dfrac{3x^2}{2(1-x^2)}\mathrm{d}x$.

(3) 注意到

$$y=(\mathrm{e}^x+\mathrm{e}^{-x})^2=\mathrm{e}^{2x}+\mathrm{e}^{-2x}+2,$$

所以

$$y'=2\mathrm{e}^{2x}-2\mathrm{e}^{-2x}=2(\mathrm{e}^{2x}-\mathrm{e}^{-2x}),$$

因此 $\mathrm{d}y=2(\mathrm{e}^{2x}-\mathrm{e}^{-2x})\mathrm{d}x$.

(4) $y'=-3\mathrm{e}^{1-3t}\cos t-\mathrm{e}^{1-3t}\sin t=-\mathrm{e}^{1-3t}(\cos t+\sin t)$,

所以

$$dy=-e^{1-3t}(\cos t+\sin t)dx.$$

(5) 因为

$$y'=\arctan\sqrt{x}+\frac{x}{1+x}\cdot\frac{1}{2\sqrt{x}}=\arctan\sqrt{x}+\frac{\sqrt{x}}{2(1+x)},$$

所以

$$dy=(\arctan\sqrt{x}+\frac{\sqrt{x}}{2(1+x)})dx.$$

(6) 因为

$$y'=\frac{1}{1+(\frac{1-x^2}{1+x^2})^2}\frac{-2x(1+x^2)-(1-x^2)2x}{(1+x^2)^2}=\frac{-4x}{2x^4+2}=\frac{-2x}{x^4+1},$$

所以 $dy=\frac{-2x}{x^4+1}dx.$

2. 求下列方程所确定的隐函数 y 的微分 dy

(1) $y=1+xe^y$；　　(2) $x\cos y+\sin(y-x)=0.$

解　(1) 方程两边关于 x 求导

$$y'=0+e^y+xe^y y',$$

解得 $y'=\frac{e^y}{1-xe^y}$，所以

$$dy=\frac{e^y}{1-xe^y}dx.$$

(2) 方程两边关于 x 求导，

$$\cos y-x\sin y\cdot y'+\cos(y-x)\cdot(y'-1)=0,$$

解得

$$y'=\frac{\cos y-\cos(y-x)}{x\sin y-\cos(y-x)},$$

所以

$$dy=\frac{\cos y-\cos(y-x)}{x\sin y-\cos(y-x)}dx.$$

3. 求下列各式的近似值

(1) $\sqrt[5]{0.95}$；　　(2) $e^{0.05}$；

(3) $\ln 1.01$

解 当 x 和 x_0 比较接近时，有下列表达式

$$f(x)\approx f(x_0)+f'(x_0)(x-x_0).$$

(1) 设 $f(x)=\sqrt[5]{x}$，取 $x_0=1$，则

$$\sqrt[5]{0.95}\approx\sqrt[5]{1}+(\sqrt[5]{x})'|_{x=1}(0.95-1)$$

$$=1+\frac{1}{5}(-0.05)=0.99.$$

(2)设 $f(x)=e^x$，取 $x_0=0$，则

$$e^{0.05}\approx e^0+(e^x)'|_{x=0}(0.05-0)=1.05.$$

(3) 设 $f(x)=\ln x$，取 $x_0=1$，则

$$\ln 1.01\approx\ln 1+(\ln x)'|_{x=1}(1.01-1)=0.01.$$

习题 3.7

1. 设某产品的总成本函数和总收益函数分别为 $C(x)=3+2\sqrt{x}$，$R(x)=\dfrac{5x}{x+1}$，其中 x 是产品的销售量. 试求该产品的

(1) 平均成本 $\overline{C}(x)$ 及平均收益 $\overline{R}(x)$；

(2) 边际成本及边际收益.

解 (1) 平均成本

$$\overline{C}(x)=\frac{C(x)}{x}=\frac{3+2\sqrt{x}}{x},$$

平均收益

$$\overline{R}(x)=\frac{R(x)}{x}=\frac{5}{x+1}.$$

(2) 边际收益为

边际成本为 $C'(x)=2\,\dfrac{1}{2\sqrt{x}}=\dfrac{1}{\sqrt{x}}$,

边际收益为 $R'(x)=\dfrac{5(x+1)-5x}{(x+1)^2}=-\dfrac{5}{(x+1)^2}$,

2. 某厂每月产品的总成本 C(单位:万元)是月产量 x 的函数$C(x)=x^2+x+100$. 如果每单位产品的销售价为 3 万元，试写出利润函数并

求边际利润为零时的月产量.

解 利润函数

$$L(x)=3x-(x^2+x+100)=-x^2+2x-100,$$

边际利润

$$L'(x)=-2x+2,$$

边际利润为零,即 $L'(x)=0$,得 $x=1$.

3. 设需求函数 $Q=400-100P$,求 $P=1,2,3$ 时需求的价格弹性,并给以适当的经济解释.

解 需求的价格弹性为

$$\eta=\frac{EQ}{EP}=P\frac{Q'}{Q}=P\frac{-100}{400-100P}=\frac{-P}{4-P}.$$

当 $P=1,2,3$ 时,

$$\eta(1)=-\frac{1}{3},\quad \eta(2)=-1,\quad \eta(3)=-3.$$

当 $P=1$ 时,价格上涨 1%时,需求将减少 0.33%.

当 $P=2$ 时,价格上涨 1%时,需求将减少 1%.

当 $P=3$ 时,价格上涨 1%时,需求将减少 3%.

4. 某商品的需求函数为 $Q=75-P^2$,

(1) 求 $P=4$ 时的边际需求,并说明其经济意义.

(2) 求 $P=4$ 时的需求弹性,并说明其经济意义.

(3) 求 $P=4$ 时,若价格上涨 1%,总收益将变化百分之几?是增加还是减少?

(4) 求 $P=6$ 时,若价格上涨 1%,总收益将变化百分之几?是增加还是减少?

解 (1) $Q'|_{P=4}=-2P|_{P=4}=-8$,所以 $P=4$ 时的边际需求为 -8,经济意义是,在价格 $P=4$ 时,价格往上提高一个单位,则需求将减少 8 个单位.

(2) 需求弹性

$$\eta=\frac{EQ}{EP}=P\frac{Q'}{Q}=P\frac{-2P}{75-P^2}=-2\frac{P^2}{75-P^2},$$

当 $P=4$ 时,$\eta=-0.54$.

经济意义是，当 $P=4$ 时，价格上涨 1%，需求将减少 0.54%.

(3) 总收益为

$$R=P(75-P^2),$$

它对价格的弹性是

$$\tilde{\eta}=\frac{ER}{EP}=P\frac{R'}{R}=P\frac{75-3P^2}{P(75-P^2)}=\frac{75-3P^2}{75-P^2},$$

当 $P=4$，$\tilde{\eta}=\frac{27}{59}=0.458$.

经济意义是，当 $P=4$ 时，若价格上涨 1%，总收益将增加 0.458%.

(4) 当 $P=6$ 时，$\tilde{\eta}=\frac{-33}{39}=-0.846$，

经济意义是，若价格上涨 1%，总收益将减少 0.846%.

复习题三

一、单项选择题

1. 设 $f(x)=\ln\frac{1}{x}-\ln 2$，则 $f'(x)=$(D).

A. $x-\frac{1}{2}$　　B. $-\frac{1}{x}-\frac{1}{2}$　　C. x　　D. $-\frac{1}{x}$

解 $f'(x)=(-\ln x-\ln 2)'=-\frac{1}{x}$.

2. 设 $f(x)=\ln\cos x$，则 $f'(x)=$(D).

A. $\sec^2 x$　　B. $-\sec^2 x$　　C. $\cot x$　　D. $-\tan x$

解 $f'(x)=\frac{1}{\cos x}\cdot(-\sin x)=-\tan x$.

3. 由方程 $x\ln y+y\ln x=1$ 确定 y 是 x 的函数，则 y' 等于(A)

A. $-\frac{y(y+x\ln y)}{x(x+y\ln x)}$　　B. $\frac{x(y+x\ln y)}{y(x+y\ln x)}$

C. $\frac{y(y+x\ln y)}{x(x+y\ln x)}$　　D. $-\frac{x(y+x\ln y)}{y(x+y\ln x)}$

解 方程两边对 x 求导，得

$$\ln y + x\frac{y'}{y} + y'\ln x + \frac{y}{x} = 0,$$

解得 $y' = -\dfrac{\ln y + \dfrac{y}{x}}{\dfrac{x}{y} + \ln x} = -\dfrac{y(y + x\ln y)}{x(x + y\ln x)}$.

4. 由导数定义知 $\lim\limits_{x \to \frac{\pi}{4}} \dfrac{\arctan x - \arctan \frac{\pi}{4}}{x - \frac{\pi}{4}} =$ (C).

A. $(\arctan x)'$　　B. $(\arctan \frac{\pi}{4})'$

C. $\left.\dfrac{1}{1+x^2}\right|_{x=\frac{\pi}{4}}$　　D. $\left.\sec^2 x\right|_{x=\frac{\pi}{4}}$

解 $\lim\limits_{x \to \frac{\pi}{4}} \dfrac{\arctan x - \arctan \frac{\pi}{4}}{x - \frac{\pi}{4}} = \left.(\arctan x)'\right|_{x=\frac{\pi}{4}} = \left.\dfrac{1}{1+x^2}\right|_{x=\frac{\pi}{4}}$.

5. 设 $f(x)$ 可微，则 $\lim\limits_{x \to 1} \dfrac{f(2-x) - f(1)}{x-1} =$ (B).

A. $f'(1)$　　B. $-f'(1)$

C. $-f'(x-1)$　　D. $f'(-1)$

解 由导数定义，

$$\lim_{x \to 1} \frac{f(2-x) - f(1)}{x-1} = \lim_{x \to 1} -\frac{f(2-x) - f(1)}{1-x}$$

$$= \lim_{x \to 1} -\frac{f(2-x) - f(1)}{2-x-1} = -f'(1).$$

6. 若 $f(x)$ 在 x_0 处可导，则 $\lim\limits_{\Delta x \to 0} \dfrac{f(x_0 - 2\Delta x) - f(x_0)}{\Delta x} =$ (D).

A. $f'(x_0)$　　B. $-f'(x_0)$

C. $2f'(x_0)$　　D. $-2f'(x_0)$

解 $\lim\limits_{\Delta x \to 0} \dfrac{f(x_0 - 2\Delta x) - f(x_0)}{\Delta x}$

$$= -2\lim_{\Delta x \to 0} \frac{f(x_0 - 2\Delta x) - f(x_0)}{-2\Delta x} = -2f'(x_0).$$

7. 函数 $f(x)$ 在点 x_0 处连续是在该点可导的（　B　）.

A. 充分条件，但不是必要条件

B. 必要条件，但不是充分条件

C. 充分必要条件

D. 既非充分也非必要条件

解　如果 $f(x)$ 在点 x_0 处可导，则在该点必连续，反之，不成立.

8. 设函数 $y=f(e^{-x})$，则 $\frac{dy}{dx}$ 等于（　A　）

A. $-e^{-x}f'(e^{-x})$　　B. $e^{-x}f'(e^{-x})$

C. $-f'(e^{-x})$　　D. $f'(e^{-x})$

解　$y'=f'(e^{-x})\cdot(e^{-x})'=-e^{-x}f'(e^{-x})$.

9. 已知 $y=f(2x)$，且 $f'(4)=2$，则 $\left.\frac{dy}{dx}\right|_{x=2}=$（　B　）.

A. 8　　B. 4　　C. 2　　D. 1

解　$y'=f'(2x)\times 2=2f'(2x)$，所以

$$\left.\frac{dy}{dx}\right|_{x=2}=y'\Big|_{x=2}=2f'(2x)\Big|_{x=2}=2f'(4)=4.$$

10. 设 $y=e^{2x}$，则 $y^{(n)}(x)=$（　B　）.

A. e^{2x}　　B. $2^n e^{2x}$

C. $2^n e^x$　　D. $n\cdot e^{2x}$

解　$y'=2e^{2x}, y''=2^2e^{2x},\cdots$，一般地，$y^{(n)}=2^n e^{2x}$.

11. 设函数 $y=x^n+e^{-x}$，则 $y^{(n)}(0)$ 等于（　A　）

A. $n!+(-1)^n$　　B. $n!$

C. $n!+(-1)^{n-1}$　　D. $n!-1$

解　利用归纳法求 y 的 n 阶导数，

$$y'=nx^{n-1}+(-1)e^{-x};$$

$$y''=n(n-1)x^{n-2}+(-1)^2e^{-x}$$

……

$$y^{(n)}=n!+(-1)^n e^{-x}.$$

所以

$$y^{(n)}(0)=n!+(-1)^n.$$

12. 过曲线 $y=f(x)$ 上点 $(1,\frac{1}{2})$ 的切线方程为 $y-\frac{1}{2}=5(x-1)$，则 $f'(1)$ 等于（　D　）

A. -5　　B. $-\frac{1}{2}$　　C. 2　　D. 5

解　由导数的几何意义知 $f'(1)=5$.

13. 在点 x 处，当自变量有改变量 Δx 时，函数 $y=5x^2$ 的改变量 $\Delta y=$（　D　）.

A. $10x\Delta x$　　B. $10+5\Delta x$

C. $10\Delta x+(\Delta x)^2$　　D. $10x\Delta x+5(\Delta x)^2$

解　$\Delta y=y(x+\Delta x)-y(x)=5(x+\Delta x)^2-5x^2$
$=10x\Delta x+5(\Delta x)^2$.

14. 设 $f(x)$ 在点 x_0 可微，且 $f'(x)\neq 0$，则当 $|\Delta x|$ 很小时，$f(x_0+\Delta x)\approx$（　D　）.

A. $f(x_0)$　　B. $f'(x_0)\Delta x$

C. Δy　　D. $f(x_0)+f'(x_0)\Delta x$

解　由微分的含义，当 $|\Delta x|$ 很小时，

$$\Delta y=f(x_0+\Delta x)-f(x_0)\approx f'(x_0)\Delta x,$$

即

$$f(x_0+\Delta x)\approx f(x_0)+f'(x_0)\Delta x.$$

15. 下列那个数是 $e^{0.995}$ 的最优近似值（　B　）

A. e　　B. 0.995e

C. 0.888e　　D. 1.005e

解　当 $x\to x_0$，

$$e^x\approx e^{x_0}(x-x_0)+e^{x_0},$$

所以

$$e^{0.995}\approx e^1(0.995-1)+e^1=0.995e.$$

16. 设 $y=e^{-\frac{1}{x}}$，则 dy 等于（　D　）

A. $e^{-\frac{1}{x}}dx$　　B. $e^{\frac{1}{x}}dx$

C. $-\frac{1}{x^2}e^{-\frac{1}{x}}dx$　　D. $\frac{1}{x^2}e^{-\frac{1}{x}}dx$

解　$y'=\mathrm{e}^{-\frac{1}{x}}(-\frac{1}{x})'=\frac{1}{x^2}\mathrm{e}^{-\frac{1}{x}}, dy=y'dx=\frac{1}{x^2}\mathrm{e}^{-\frac{1}{x}}dx$.

17. $\frac{\mathrm{d}(x^2-3x^4)}{\mathrm{d}x^2}$等于（　B　）

A. $1-6x^2$　　B. $2-36x^2$　　C. $2x-12x^3$　　D. $x-6x^3$

解　$(x^2-3x^4)'=2x-12x^3$，　$(x^2-3x^4)''=2-36x^2$.

18. 求幂函数 $y=x^\alpha$ 的弹性是（　C　）.

A. $\frac{1}{\alpha}$　　B. x^α　　C. α　　D. $x^{\frac{1}{\alpha}}$

解　$\frac{Ey}{Ex}=x\cdot\frac{y'}{y}=x\cdot\frac{\alpha x^{\alpha-1}}{x^\alpha}=\alpha$.

19. 某商品的需求函数 $Q=100-2p$，则价格 $p=10$ 时，提价 1%，总收益将（　A　）.

A. 增加 0.75%　　B. 减少 0.75%

C. 增加 75%　　D. 减少 0.25%

解　$R=pQ=p(100-2p)$，价格的相对变化引起收益的相对变化，相当于求收益关于价格的弹性$\frac{ER}{Ep}$，所以

$$\left.\frac{ER}{Ep}\right|_{p=10}=\frac{R'}{R}p=\frac{100-4p}{p(100-2p)}p=\frac{50-2p}{50-p}=75\%.$$

因此，当 $p=10$ 时，提价 1%，总收益将增加 0.75%.

二、填空题

1. 如果抛物线 $y=x^2$ 在点 P 的切线平行于直线 $2x-6y+5=0$，则 P 点的横坐标为$\underline{x=\frac{1}{6}}$.

解　$2x-6y+5=0$ 在 P 点的斜率是 $k=\frac{1}{3}$，设 P 点的横坐标为 x，则 $k=\frac{1}{3}=y'=2x$，所以 $x=\frac{1}{6}$.

2. 设 $f(x)=\arctan x$，则 $f'(1)=\underline{\frac{1}{2}}$，$[f(1)]'=\underline{0}$.

解　$f'(1)=\frac{1}{1+x^2}\Big|_{x=1}=\frac{1}{2}$，而$[f(1)]'=[\arctan 1]'=0$.

3. 设 $y=2^x+x^2+\ln2$，则 $y''=\underline{2^x\ln^2 2+2}$.

解 $y'=2^x\ln2+2x$， $y''=2^x\ln^2 2+2$.

4. 设 $y=2^{\sin3x}$，则 $dy=\underline{3\ln2\cos3x2^{\sin3x}dx}$.

解 $y'=2^{\sin3x}\ln2\cdot\cos3x\cdot3=3\ln2\cos3x2^{\sin3x}$.

$dy=3\ln2\cos3x2^{\sin3x}dx$.

5. 若 $f(x)=e^{-2x}$，则 $f'(\ln x)=\underline{\dfrac{-2}{x^2}}$.

解 $f'(x)=-2e^{-2x}$， $f'(\ln x)=-2e^{-2\ln x}=-2e^{\ln x^{-2}}=\dfrac{-2}{x^2}$.

6. 若函数 $y=f(x)$ 在 x_0 处的增量 $f(x_0+\Delta x)-f(x_0)=2x_0^2\Delta x+3x_0(\Delta x)^2$，则 $f(x)$ 在 x_0 处的微分 $dy\big|_{x=x_0}=\underline{2x_0^2}$.

解 $$f'(x_0)=\lim_{\Delta x\to0}\frac{f(x_0+\Delta x)-f(x_0)}{\Delta x}=\lim_{\Delta x\to0}\frac{2x_0^2\Delta x+3x_0(\Delta x)^2}{\Delta x}$$
$$=\lim_{\Delta x\to0}2x_0^2+3x_0\Delta x=2x_0^2,$$
所以 $dy\big|_{x=x_0}=2x_0^2dx$.

7. 若 $f(x)$ 是奇函数且 $f'(x_0)=-a\neq0$，则 $f'(-x_0)=\underline{-a}$.

解 $$f'(-x_0)=\lim_{h\to0}\frac{f(-x_0+h)-f(-x_0)}{h}$$
$$=\lim_{h\to0}\frac{-f(x_0-h)+f(x_0)}{h}=\lim_{h\to0}\frac{f(x_0-h)-f(x_0)}{-h}=f'(x_0)=-a.$$

8. 若某商品的需求量 Q 与价格 p 的函数关系是 $Q=30000-p^2$，当 $p=\underline{100}$ 时，涨价 1%，需求将按 1%的幅度下跌.

解 由题意得，涨价 1%，需求将按 1%的幅度下跌，则 $\dfrac{EQ}{Ep}=-1$，

而
$$\frac{EQ}{Ep}=p\frac{Q'}{Q}=p\frac{-2p}{30000-p^2},$$
由
$$p\frac{-2p}{30000-p^2}=-1,$$
解得 $p=100$（$p=-100$ 舍去）.

9. 曲线 $y=e^{\frac{1}{x}}$ 在(1, e)处的切线方程为 $\underline{y=-ex+2e}$.

解　$k_{切}=y'|_{x=1}=e^{\frac{1}{x}}\times(-\frac{1}{x^2})|_{x=1}=-e$，所以切线为 $y-e=-e(x-1)$.

10. 利用微分作近似计算，$\sqrt[3]{8.12}\approx$<u>2.02</u>.

解　当 $x\to x_0$，$\sqrt[3]{x}-\sqrt[3]{x_0}\approx\frac{1}{3}\frac{1}{\sqrt[3]{x_0^2}}(x-x_0)$，即

$$\sqrt[3]{x}\approx\frac{1}{3}\frac{1}{\sqrt[3]{x_0^2}}(x-x_0)+\sqrt[3]{x_0},$$

所以

$$\sqrt[3]{8.12}\approx\frac{1}{3}\frac{1}{\sqrt[3]{8}}(8.12-8)+\sqrt[3]{8}=2.02.$$

11. 某商品的销售量 Q 是价格 p 的函数，若该商品的销售收入 R 在价格变化的情况下保持不变，则该商品对价格的需求弹性 $\eta=$<u>-1</u>.

解　由题意得，$R=pQ=C$，因此，$Q=\frac{C}{p}$，所以

$$\eta=\frac{EQ}{Ep}=p\frac{Q'}{Q}=p(-\frac{C}{p^2})\frac{1}{\frac{C}{p}}=-1.$$

12. 若 $f(x)=\begin{cases}\ln(x+2), & x\geqslant 1\\ 2x^2, & x<1\end{cases}$，则 $f'(x)=$<u>$\begin{cases}\frac{1}{x+2}, & x>1\\ 4x, & x<1\end{cases}$</u>.

解　在开区间 $x>1$ 和 $x<1$ 上，函数可导，直接求导，下利用定义求在分段点上的导数.

$$f'_+(1)=\lim_{x\to 1^+}\frac{\ln(x+2)-\ln 3}{x-1}=\lim_{x\to 1^+}\frac{\ln\frac{x+2}{3}}{x-1}$$

$$=\lim_{x\to 1^+}\frac{\ln(1+\frac{x+2}{3}-1)}{x-1}$$

$$=\lim_{x\to 1^+}\frac{\frac{x+2}{3}-1}{x-1}=\lim_{x\to 1^+}\frac{\frac{x-1}{3}}{x-1}=\frac{1}{3}.$$

$$f'_{-}(1)=\lim_{x\to 1^-}\frac{2x^2-\ln 3}{x-1}=\infty,$$

即函数在 $x=1$ 处不可导,因此

$$f'(x)=\begin{cases}\dfrac{1}{x+2}, & x>1\\ 4x, & x<1\end{cases}.$$

三、计算题

1. 设 $f(x)=e^{-x^2}\cos 2x$,求 $f'(x)$ 及 $f'(0)$.

解 $f'(x)=-2xe^{-x^2}\cos 2x-2e^{-x^2}\sin 2x$, $f'(0)=0$.

2. $y=\arctan e^x-\ln\sqrt{\dfrac{e^{2x}}{1+e^{2x}}}$,求 y'.

解 $y=\arctan e^x-x+\dfrac{1}{2}\ln(1+e^{2x})$,

$$y'=\frac{e^x}{1+e^{2x}}-1+\frac{e^{2x}}{1+e^{2x}}=\frac{e^x-1}{1+e^{2x}}.$$

3. $y=3x^3\arcsin x+(x^2+1)\sqrt{1-x^2}+\log_2 5$,求 y'.

解 $y'=9x^2\arcsin x+\dfrac{3x^3}{\sqrt{1-x^2}}+2x\sqrt{1-x^2}-\dfrac{x(x^2+2)}{\sqrt{1-x^2}}$

$=9x^2\arcsin x$.

4. $xe^y+ye^x=1$,求 $\dfrac{dy}{dx}\Big|_{x=0}$.

解 方程两边关于 x 求导,

$$e^y+xe^y y'+y'e^x+ye^x=0,$$

当 $x=0$ 时,$y=1$, 因此

$$\frac{dy}{dx}\Big|_{x=0}=-(e+1).$$

5. $y=x^{2^x}$,求 y'.

解法 1 先取对数

$$\ln y=2^x\ln x,$$

再求导

$$\frac{y'}{y}=2^x\ln 2\cdot\ln x+\frac{2^x}{x},$$

整理得

$$y'=x^{2^x}\cdot 2^x[\ln 2\cdot\ln x+\frac{1}{x}].$$

解法 2 将函数转换为 $y=e^{2^x\ln x}$，则

$y'=e^{2^x\ln x}(2^x\ln x)'=x^{2^x}(2^x\ln 2\ln x+\frac{2^x}{x})$.

6. $y=x(\sin x)^{\cos x}$，求 y'.

解 $y'=(\sin x)^{\cos x}+x[(\text{six}x)^{\cos x}]'$

$=(\sin x)^{\cos x}+x(\sin x)^{\cos x}(\cos x\ln\sin x)'$

$=(\sin x)^{\cos x}+x(\sin x)^{\cos x}(-\sin x\ln\sin x+\cos x\cdot\frac{1}{\sin x}\cos x)$

$=(\sin x)^{\cos x}(1-\sin x\ln\sin x+\cos x\cot x)$.

7. $y=\frac{(2x+3)^4\cdot\sqrt{x-6}}{\sqrt[3]{x+1}}$，求 y'.

解 先对等式两边取对数：

$$\ln y=\ln\frac{(2x+3)^4\cdot\sqrt{x-6}}{\sqrt[3]{x+1}},$$

即

$$\ln y=4\ln(2x+3)+\frac{1}{2}\ln(x-6)-\frac{1}{3}\ln(x+1).$$

两边对 x 求导数，

$$\frac{y'}{y}=\frac{8}{2x+3}+\frac{1}{2(x-6)}-\frac{1}{3(x+1)},$$

所以

$$y'=y\left(\frac{8}{2x+3}+\frac{1}{2(x-6)}-\frac{1}{3(x+1)}\right)$$

$$=\frac{(2x+3)^4\cdot\sqrt{x-6}}{\sqrt[3]{x+1}}\left(\frac{8}{2x+3}+\frac{1}{2(x-6)}-\frac{1}{3(x+1)}\right).$$

8. 求 arctan1.02 的近似值.

解 因为

$$\arctan x\approx\arctan 1+\frac{1}{1+1^2}(x-1),$$

所以

$$\arctan 1.02 \approx \frac{\pi}{4} + \frac{1}{2} \cdot 0.02 \approx 0.7954.$$

9. 设曲线 $y=y(x)$ 由方程 $e^y + xy = e$ 确定，(1)求 $\left.\frac{dy}{dx}\right|_{x=0}$；(2)写出曲线 $y=y(x)$ 在点(0,1)处的切线方程.

解 方程两边关于 x 求导，

$$e^y y' + y + xy' = 0,$$

得 $y' = \frac{-y}{x+e^y}$.

当 $x=0$ 时，$y=1$，所以 $y'(0)=\frac{-1}{e}$，此时，曲线 $y=y(x)$ 在点(0,1)处的切线方程为 $y-1=-\frac{1}{e}x$.

10. $y=(1+x)\ln(1+x+\sqrt{2x+x^2})-\sqrt{2x+x^2}$，求 dy.

解 $y'=\ln(1+x+\sqrt{2x+x^2})+\frac{1+x}{\sqrt{2x+x^2}}-\frac{1+x}{\sqrt{2x+x^2}}$

$=\ln(1+x+\sqrt{2x+x^2})$，

$dy=y'dx=\ln(1+x+\sqrt{2x+x^2})dx$.

11. 若 $f(t)=\lim\limits_{x\to\infty} t\left(1+\frac{t}{x}\right)^{tx}$，求 $f'(t)$.

解 $f(t)=\lim\limits_{x\to\infty} t\left(1+\frac{t}{x}\right)^{tx}=t\lim\limits_{x\to\infty}\left[\left(1+\frac{t}{x}\right)^{\frac{x}{t}}\right]^{t^2}=te^{t^2}$，

$f'(t)=(te^{t^2})'=(1+2t^2)e^{t^2}$.

12. 已知函数 $f(x)=\begin{cases} a+bx^2, & x\leqslant 1 \\ \frac{4}{x}, & x>1 \end{cases}$ 在其定义域内处处可导，试求出常数 a、b 之值，并写出导数 $f'(x)$ 的表达式.

解 由 $f(x)$ 在 $x=1$ 处可导知 $f(x)$ 在 $x=1$ 处必连续.

$f(1-0)=\lim\limits_{x\to 1^-}(a+bx^2)=a+bf(1)$，　$f(1+0)=\lim\limits_{x\to 1^+}\frac{4}{x}=4$.

由 $f(1-0)=f(1+0)=f(1)$ 得 $a+b=4$.

$$f'_{-}(1)=\lim_{x\to1^{-}}\frac{f(x)-f(1)}{x-1}=\lim_{x\to1^{-}}\frac{a+bx^{2}-(a+b)}{x-1}$$
$$=\lim_{x\to1^{-}}b(x+1)=2b,$$

$$f'_{+}(1)=\lim_{x\to1^{+}}\frac{f(x)-f(1)}{x-1}=\lim_{x\to1^{-}}\frac{\frac{4}{x}-4}{x-1}=\lim_{x\to1^{-}}\frac{-4}{x}=-4.$$

由 $f'_{-}(1)=f'_{+}(1)$ 得 $2b=-4$,即 $b=-2$,从而 $a=6$.

当 $x<1$ 时,$f'(x)=(a+bx^{2})'=2bx=-4x$,当 $x>1$ 时,$f'(x)=\left(\frac{4}{x}\right)=-\frac{4}{x^{2}}$.

$$\therefore f'(x)=\begin{cases}-4x, & x\leqslant1\\ -\frac{4}{x^{2}}, & x>1\end{cases}.$$

13. 某商品的需求函数为 $Q=Q(P)=12-0.01P^{2}$,单位:Q:吨;P:百元,求:(1)$P=10$ 时的边际需求,并说明其经济意义.

(2)$P=10$ 时的需求弹性,并说明其经济意义.

(3)$P=10$ 时,若价格上涨 1%,总收益将变化百分之几?是增加还是减少?

(4)$P=30$ 时,若价格上涨 1%,总收益将变化百分之几?是增加还是减少?

解 (1)将需求函数关于 P 求导,得 $Q'=-0.02P$,因此,$Q'(10)=-0.2$,即为 $P=10$ 时的边际需求,

经济意义:$P=10$ 时,价格上涨 1 百元,需求将下降 0.2 吨.

(2) 需求弹性为

$$\eta=\frac{EQ}{EP}=P\frac{Q'}{Q}=-\frac{0.02P^{2}}{12-0.01P^{2}},$$

因此,$\eta(10)=-\frac{2}{11}\approx-0.18$.

经济意义:$P=10$ 时,价格上涨 1%,需求将下降 0.18%.

(3)收益函数为

$$R(P)=PQ=12P-0.01P^{3},$$

所以

$$R'(P)=12-0.03P^2.$$

从而

$$\frac{ER}{EP}=\frac{12P-0.03P^3}{12P-0.01P^3},$$

当 $P=10$ 时，

$$\frac{ER}{EP}=\frac{9}{11}\approx 0.82.$$

经济意义：$P=10$ 时，价格上涨 1%，收益将增加 0.82%.

(4) 当 $P=30$ 时，$\frac{ER}{EP}=-5$.

经济意义：$P=30$ 时，价格上涨 1%，收益将减少 5%.

四、自测题

一、单项选择题(每小题 2 分，共 16 分)

1. 设函数 $f(x)$ 在 $x=a$ 处可导，则 $\lim\limits_{\Delta x\to 0}\frac{f(a-2\Delta x)-f(a)}{\Delta x}=$(　　).

A. $f'(a)$　　B. $2f'(a)$

C. $-2f'(a)$　　D. $-f'(a)$

2. 函数 $f(x)$ 在点 x_0 处连续是其在该点可导的(　　)条件.

A. 必要　　B. 充分　　C. 充要　　D. 无关

3. 设函数 $f(x)$ 在 $x=a$ 处可导，则 $f(x)$ 在 $x=a$ 处(　　).

A. 极限不一定存在　　B. 不一定连续

C. 可微　　D. 不一定可微

4. 下列函数中，在 $x=0$ 处不可导的是(　　).

A. $y=\sqrt[3]{x}$　　B. $y=\tan x$

C. $y=\arccos x$　　D. $y=2^x$

5. 设函数 $f(x)=(x-a)\varphi(x)$，$\varphi(x)$ 在 $x=a$ 处可导，则(　　).

A. $f'(x)=\varphi(x)$　　B. $f'(a)=\varphi'(a)$

C. $f'(a)=\varphi(a)$　　D. $f'(x)=\varphi(x)+(x-a)$

6. 设 $y=e^{-\frac{1}{x}}$，则 $dy=($　　$)$.

A. $e^{-\frac{1}{x}}dx$　　B. $e^{\frac{1}{x}}dx$

C. $-\frac{1}{x^2}e^{-\frac{1}{x}}dx$　　D. $\frac{1}{x^2}e^{-\frac{1}{x}}dx$

7. 设 $f(x)$ 可导且 $f'(x_0)=\frac{1}{2}$，则当 $\Delta x\to 0$ 时，$f(x)$ 在 x_0 点的微分 dy 与 Δx 比较是(　　)的无穷小.

A. 等价　　B. 同阶非等价

C. 低阶　　D. 高阶

8. 设 $y=a^x(a>0,a\neq 1)$，则 $y^{(n)}\Big|_{x=0}=($　　$)$.

A. 0　　B. 1　　C. $\ln a$　　D. $(\ln a)^n$

二、填空题(每小题 2 分，共 20 分)

1. 设函数 $f(x)$ 在 $x=0$ 处可导，则 $\lim\limits_{h\to 0}\frac{f(h)-f(-h)}{h}=$______.

2. 曲线 $y=\frac{1}{\sqrt[3]{x^2}}$ 在 $x=1$ 处的切线方程是______________.

3. 设曲线 $y=x^3$ 与 $y=ax^2+b$ 在点(1,1)处相切，则 $a=$______，$b=$______.

4. 一物体作直线运动，设其位移 $s=s(t)$，若已知 $s'(t)=t^2+3t$，则它在 $t=2$ 时刻的速度 $v=$______________.

5. 函数 $f(x)=\begin{cases}x^2, & x\leqslant 3\\ ax+b, & x>3\end{cases}$ 在 $x=3$ 处可导，则 $a=$______，$b=$______.

6. 函数 $f(x)=\begin{cases}ax^2+b, & x\leqslant 1\\ \ln x, & x>1\end{cases}$ 在 $x=1$ 处可导，则 $a=$______，$b=$______.

7. 设 $f(x)=(x-1)(x-2)\cdots(x-50)$，则 $f'(2)=$______.

8. 若 $y=2x-3+\frac{1}{x}$，$y'=$______________.

9. 设 $y=x^2e^{x^2}$，则 $y''(0)=$______.

10. 设某产品的需求函数为 $P=10-\frac{Q}{5}$，成本函数为 $C=50+2Q$，则利润函数 $L(Q)=$______，边际利润函数为______.

三、计算题（每小题 7 分，共 42 分）

1. 设 $f(x)=e^{-x^2}\cos 2x$，求 $f'(x)$ 及 $f'(0)$.

2. $y=3x^3\arcsin x+(x^2+2)\sqrt{1-x^2}+\log_2 5$，求 y'.

3. 设 $y=x\sqrt{1+x^2}+\ln(x+\sqrt{1+x^2})$，求 dy.

4. 设方程 $y^x=x^y$ 确定隐函数 $y=y(x)$，求 y'.

5. 设 $y=x+\arctan y$，求 y''.

6. $y=e^x(x^2+2x+2)$，求 $y^{(n)}$.

四、应用题（每小题 8 分，共 16 分）

1. 设 $xy+e^{y^2}-x=0$，求过该隐函数曲线上点(1,0)处的切线方程.

2. 设某商品需求函数为 $Q=f(P)=12-\frac{P}{2}$，(1)求雪球弹性函数；(2)求 $P=6$ 时的需求弹性；(3)在 $P=6$ 时，若价格上涨 1%，总收益是增加还是减少？将变化百分之几？

五、证明题（本题 6 分）

设 $F(x)=f(x)\cdot(1+|\sin x|)$，$f(0)=0$，$f'(0)=b$ 存在，求证：$F'(0)=b$.

第四章　中值定理与导数的应用

一、内容提要

1. 中值定理

(1) 罗尔定理

如果函数 $f(x)$ 在闭区间 $[a, b]$ 上连续，在开区间 (a, b) 内可导，且在区间端点的函数值相等，即 $f(a)=f(b)$，那么在 (a, b) 内至少有一点 $\xi(a<\xi<b)$，使得函数 $f(x)$ 在该点的导数等于零：$f'(\xi)=0$.

(2) 拉格朗日中值定理

如果函数 $f(x)$ 在闭区间 $[a, b]$ 上连续，在开区间 (a, b) 内可导，那么在 (a, b) 内至少有一点 $\xi(a<\xi<b)$，使等式

$$f(b)-f(a)=f'(\xi)(b-a)$$

成立.

1)推论 1　如果函数 $f(x)$ 在区间 I 上的导数恒为零，那么 $f(x)$ 在区间 I 上是一个常数.

2)推论 2　如果函数 $f(x)$，$g(x)$ 在区间 I 上的导数相等，那么 $f(x)$，$g(x)$ 在区间 I 上最多相差一个常数.

(3) 柯西中值定理

如果函数 $f(x)$ 及 $g(x)$ 在闭区间 $[a, b]$ 上连续，在开区间 (a, b) 内可导，且 $g'(x)$ 在 (a,b) 内的每一点处均不为零，那么在 (a,b) 内至少有一点 ξ，使等式

$$\frac{f(b)-f(a)}{g(b)-g(a)}=\frac{f'(\xi)}{g'(\xi)}$$

成立.

2. 洛必达法则

设在 x 的某极限过程中,函数 $f'(x)$ 及 $g'(x)$ 都存在且 $g'(x)\neq 0$,如果极限 $\lim\frac{f(x)}{g(x)}$ 是 $\frac{0}{0}$ 型或 $\frac{\infty}{\infty}$ 型未定式,且 $\lim\frac{f'(x)}{g'(x)}$ 存在(或为无穷大),那么

$$\lim\frac{f(x)}{g(x)}=\lim\frac{f'(x)}{g'(x)}.$$

3. 函数单调性的判定

(1)函数单调性的判定法

设函数 $f(x)$ 在 $[a,\ b]$ 上连续,在 (a,b) 内可导.

①如果在 $(a,\ b)$ 内 $f'(x)>0$,那么函数 $y=f(x)$ 在 $[a,\ b]$ 上单调增加(或不减);

②如果在 $(a,\ b)$ 内 $f'(x)>0$,那么函数 $y=f(x)$ 在 $[a,\ b]$ 上单调减少(或不增).

(2)如果把判定法中的闭区间换成其他各种区间(包括无穷区间),那么结论也成立.

(3)如果 $f'(x)$ 在某区间内的有限个点处为零,在其余各点均为正(或负)时,那么 $f(x)$ 在该区间上仍旧是单调增加(或单调减少)的.

4. 函数的极值及其求法

(1)设函数 $f(x)$ 在区间 $(a,\ b)$ 内有定义,x_0 是 $(a,\ b)$ 内的一个点,如果存在点 x_0 的一个去心邻域,对于这去心邻域内的任何点 x,均有 $f(x)<f(x_0)$,就称 $f(x_0)$ 是函数 $f(x)$ 的一个极大值;如果存在点 x_0 的一个去心邻域,对于这去心邻域内的任何点 x,均有 $f(x)>f(x_0)$,就称 $f(x_0)$ 是函数 $f(x)$ 的一个极小值.

函数的极大值与极小值统称为函数的极值,使函数取得极值的

点统称为极值点.

(2)函数取得极值的必要条件

设函数 $f(x)$在点 x_0 处可导,且在 x_0 处取得极值,那么 $f'(x_0)=0$.

使 $f'(x)=0$ 的点称为函数 $f(x)$的驻点.

(3)第一充分条件

设函数在 x_0 点连续,在 x_0 的某个邻域内可导.

①如果当 x 取 x_0 左侧邻近的值时,$f'(x)$恒为正;当 x 取 x_0 右侧邻近的值时,$f'(x)$恒为负,那么函数 $f(x)$在 x_0 取得极大值;

②如果当 x 取 x_0 左侧邻近的值时,$f'(x)$恒为负;当 x 取 x_0 右侧邻近的值时,$f'(x)$恒为正,那么函数 $f(x)$在 x_0 取得极小值;

③如果当 x 取 x_0 左右两侧邻近的值时,$f'(x)$恒为正或负,那么函数 $f(x)$在 x_0 没有极值.

(4)第二充分条件

设函数 $f(x)$在点 x_0 处具有二阶导数,且 $f'(x_0)=0$,$f''(x_0)\neq 0$,那么

①当 $f''(x_0)<0$ 时,函数 $f(x)$在 x_0 处取得极大值;

②当 $f''(x_0)>0$ 时,函数 $f(x)$在 x_0 处取得极小值.

5. 曲线的凹凸与拐点

(1)设 $f(x)$在区间 I 上连续,如果对 I 上任意两点 x_1,x_2,恒有

$$f\left(\frac{x_1+x_2}{2}\right)<\frac{f(x_1)+f(x_2)}{2},$$

那么称 $f(x)$在 I 上的图形是(向上)凹的;如果恒有

$$f\left(\frac{x_1+x_2}{2}\right)<\frac{f(x_1)+f(x_2)}{2},$$

那么称 $f(x)$在 I 上的图形是(向上)凸的.

(2)设 $f(x)$在$[a, b]$上连续,在(a, b)内具有一阶和二阶导数,那么

①若在(a, b)内 $f''(x)>0$,则 $f(x)$在$[a, b]$上的图形是凹的;

②若在(a, b)内 $f''(x)<0$,则 $f(x)$在$[a, b]$上的图形是凸的;

③若函数 $f(x)$ 的图形在 x_0 左右两侧有不同的凹凸性，则称点 $(x_0, f(x_0))$ 为图形的拐点.

二、概念析疑

问 1 罗尔定理中的三个条件中，若缺少某个条件时，定理的结论还成立吗？

答 有可能不成立，也有可能成立.

例如，$f(x)=\begin{cases} x, & 0\leqslant x<1 \\ 0, & x=1 \end{cases}$ 在$[0, 1]$上不连续，在$(0, 1)$内可导且 $f'(x)=1$，$f(0)=f(1)$. 这时，不存在 $\xi\in(0, 1)$，使得 $f'(\xi)=0$. 但是，定理的条件不是必要的. 例如，$g(x)=\begin{cases} x^2, & x\neq 1 \\ 2, & x=1 \end{cases}$ 在$(-2, 2)$内存在 $\xi=0$ 使 $f'(\xi)=0$，但并不满足在$[-2, 2]$上连续的条件.

问 2 下面做法有无问题，请判断，并说明理由.

设 $f(x)$、$g(x)$在$[a, b]$上连续，在(a, b)内可导，且 $g'(x)\neq 0$. 分别对 $f(x)$、$g(x)$在$[a, b]$上应用拉格朗日中值定理，得到

$$f(b)-f(a)=f'(\xi)(b-a), \qquad \exists\, \xi(a, b),$$

$$g(b)-g(a)=g(\xi)(b-a), \qquad \exists\, \xi(a, b),$$

由此得到柯西中值定理：

$$\frac{f(b)-f(a)}{g(b)-g(a)}=\frac{f'(\xi)}{g'(\xi)}.$$

答 证法有错，因 ξ 与函数有关.

根据拉格朗日中值定理，

$$f(b)-f(a)=f'(\xi_1)(b-a), \quad \exists\, \xi_1(a, b),$$

$$g(b)-g(a)=g'(\xi_2)(b-a), \quad \exists\, \xi_2(a, b),$$

但 ξ_1，ξ_2 不一定相等.

问 3 下面做法是否有问题，请判断，并说明理由.

$$\lim_{x\to\infty}\frac{e^x-e^{-x}}{e^x+e^{-x}}=\lim_{x\to\infty}\frac{e^{2x}-1}{e^{2x}+1}=\lim_{x\to\infty}\frac{e^{2x}\cdot 2}{e^{2x}\cdot 2}=1.$$

答　不正确.

可以先考察$\lim\limits_{x\to\infty}\dfrac{e^{2x}-1}{e^{2x}+1}$. 当$x\to+\infty$时,上述极限为$\dfrac{\infty}{\infty}$,以上的推导是正确的. 当$x\to-\infty$时,$e^{2x}\to0$,因此,$\lim\limits_{x\to-\infty}\dfrac{e^{2x}-1}{e^{2x}+1}=-1$. 故知,当$x\to\infty$时,$\lim\limits_{x\to\infty}\dfrac{e^{2x}-1}{e^{2x}+1}$不是不定式. 因此,上述运算不正确,不能利用洛必达法则. 由上述分析可知,所给极限不存在.

问 4　若在(a, b)内$f'(x)>0$,则$f(x)$在$[a, b]$上单调增加. 对吗?

答　不对.

例如,$f(x)=\begin{cases}x, & 0\leqslant x<1\\ 0, & x=1\end{cases}$在$(0, 1)$内有$f'(x)=1>0$,当$x\in(0, 1)$时,$f(x)>f(1)$.

正确的说法是:若在(a, b)内$f'(x)>0$并且$f(x)$在$[a, b]$上连续,则$f(x)$在$[a, b]$上单调增加.

问 5　若$f(x)$在(a, b)内单调增加且可导,则$f'(x)>0$. 对吗?

答　不对.

例如,$f(x)=x^3$在$(-1, 1)$内单调增加且可导,但$f'(0)=0$.

问 6　若$f(x)$在$[a, b]$上连续,在(a, b)内$f'(x)\geqslant0$,且使$f'(x)=0$的点只有有限个,则$f(x)$在$[a, b]$上单调增加. 对吗?

答　对的.

设仅有$x_0\in(a, b)$,使$f'(x)=0$,而当$x\in(a, b)$且$x\neq x_0$时,$f'(x)>0$.

由于$f(x)$在$[a, x_0]$上连续,在(a, x_0)内$f'(x)>0$,所以$f(x)$在$[a, x_0]$上单调增加. 同理可知$f(x)$在$[x_0, b]$上单调增加,故$f(x)$在$[a, b]$上单调增加.

同理可证使$f'(x)=0$的点为有限多个的情形.

问 7　单调函数的导函数必单调. 对吗?

答　不对.

例如,$f(x)=x^3$在$(-\infty, +\infty)$内单调增加,但$f'(x)=3x^2$在

$(-\infty,+\infty)$内却不单调.

问 8 函数的导函数单调,则此函数必单调.对吗?

答 不对.

例如,$f(x)=x^2$ 的导函数在$(-\infty,+\infty)$内单调,但 $f(x)=x^2$ 在$(-\infty,+\infty)$内却不单调.

问 9 设函数 $f(x)$和 $g(x)$,当 $x>0$ 时,若 $f'(x)>g'(x)$且 $f(0)=g(0)$,则 $f(x)>g(x)$.对吗?

答 对的.

设 $F(x)=f(x)-g(x)$,因为 $F'(x)=f'(x)-g'(x)>0$,所以 $F(x)$单调增加.因此,当 $x>0$ 时,$F(x)>F(0)=0$.即 $f(x)>g(x)$.(注意:条件 $f(0)=g(0)$若不成立,则结论未必成立).

问 10 设 $f(x)$为$(-\infty,+\infty)$内二次可微的偶函数,$f''(0)>0$,则 $x=0$ 为 $f(x)$的极小值.对吗?

答 对的.

因为 $f'(x)$为奇函数,所以 $f'(0)=0$,即 $x=0$ 是 $f(x)$的驻点.又因 $f''(0)>0$,因此,$x=0$ 为 $f(x)$的极小值.

三、习题详解

习题 4.1 拉格朗日中值定理

1. 验证下列函数在指定区间上满足罗尔定理,并给出对应的 ξ 值.

(1) $f(x)=2^{\sin x}$,$x\in[0,\pi]$;

(2) $f(x)=\ln\sin x$, $x\in\left[\frac{\pi}{6},\frac{5\pi}{6}\right]$.

解 (1)$f(x)=2^{\sin x}$是初等函数,且定义域是 $\mathbf{R}$,所以 $f(x)=2^{\sin x}$ 在闭区间$[0,\pi]$上是连续的.而 $f'(x)=2^{\sin x}\cos x$ 的定义域也是 $\mathbf{R}$,从而 $f(x)=2^{\sin x}$在开区间$(0,\pi)$内是可导的.此外

$$f(0)=2^0=1=2^{\sin\pi}=f(\pi),$$

即函数满足在区间端点值相等的条件.因此 $f(x)=2^{\sin x}$ 在区间 $[0,\pi]$ 上满足罗尔定理三个条件.

下求满足罗尔定理条件的 ξ.此时令

$$f'(\xi)=2^{\sin\xi}\cos\xi=0,$$

限制 $\xi\in(0,\pi)$,得 $\xi=\frac{\pi}{2}$.

(2) 类似于(1),$f(x)=\ln\sin x$ 和 $f'(x)=\frac{\cos x}{\tan x}$ 是初等函数且都在区间 $[\frac{\pi}{6},\frac{5\pi}{6}]$ 上有定义,所以 $f(x)=\ln\sin x$ 在闭区间 $[\frac{\pi}{6},\frac{5\pi}{6}]$ 连续的,开区间 $(\frac{\pi}{6},\frac{5\pi}{6})$ 可导.此外

$$f(\frac{\pi}{6})=\ln\sin\frac{\pi}{6}=-\ln 2=\ln\sin\frac{5\pi}{6}=f(\frac{5\pi}{6}).$$

因此,函数 $f(x)=\ln\sin x$ 在区间 $[\frac{\pi}{6},\frac{5\pi}{6}]$ 上满足罗尔定理的三个条件,注意到

$$f'(\xi)=\cot\xi=0.$$

限制 $\xi\in(\frac{\pi}{6},\frac{5\pi}{6})$,得 $\xi=\frac{\pi}{2}$.

2. 试说明下列函数在给定的区间上依次不满足罗尔定理的三条件,所以结论不成立.

(1) $f(x)=\begin{cases}x, & x\in[-1,1)\\ -1, & x=1\end{cases}$;

(2) $f(x)=|x|$, $x\in[-1,1]$;

(3) $f(x)=x$, $x\in[-1,1]$.

解　(1) 在开区间 $(-1,1)$ 上,函数 $f(x)=x$ 是连续可导的,但是在 $x=1$ 处,$f(1-0)=1\neq f(1)$,即在闭区间 $[-1,1]$ 上 $f(x)$ 是不连续的,即不满足罗尔定理的第一个条件.

(2) $f(x)=|x|$ 在 $[-1,1]$ 上是连续的,但在 $x=0$ 处的导数不存在,即该函数在 $[-1,1]$ 上不满足第二个条件.

(3) 函数在 $[-1,1]$ 上连续,在 $(-1,1)$ 上可导,但在端点上函数

值并不等，即不满足罗尔定理的第三个条件.

3. 验证下列函数在指定区间上满足拉格朗日中值定理，并给出对应的 ξ 值.

(1) $f(x)=4x^2-5x-2, x\in[0,1]$;

(2) $f(x)=e^x, x\in[0,1]$.

解 (1) 函数 $f(x)=4x^2-5x-2$ 是初等函数，在[0,1]上是连续的. $f'(x)=8x-5x$ 也是一个初等函数，在(0,1)上有意义，即 $f(x)$ 在(0,1)上可导. 因此满足拉格朗日中值定理条件的. 注意到

$$f'(\xi)=8\xi-5=\frac{f(1)-f(0)}{1-0}=\frac{-3-(-2)}{1}=-1,$$

从中解得 $\xi=\frac{1}{2}$.

(2) 函数 $f(x)=e^x$ 是初等函数，且在[0,1]连续且可导，满足拉格朗日中值定理条件，因此，存在 $\xi\in(0,1)$，使得

$$e^{\xi}=\frac{e^1-e^0}{1-0},$$

即 $\xi=\ln(e-1)$.

4. 不求函数 $f(x)=(x-1)(x-2)(x-3)(x-4)$ 的导数，说明方程 $f'(x)=0$ 的实根个数，并指出它们所在的区间.

解 因为 $f(x)$ 是四次多项式，则 $f'(x)$ 是三次多项式，故方程 $f'(x)=0$ 最多只有 3 个实根.

另一方面，$f(x)$ 在实数集上是连续、可导的. 注意到

$$f(1)=f(2)=f(3)=f(4)=0,$$

因此，在闭区间[1,2]，[2,3]，[3,4]上 $f(x)$ 满足罗尔定理三个条件，即存在

$$\xi_1\in(1,2), \xi_2\in(2,3), \xi_3\in(3,4),$$

使得

$$f'(\xi_i)=0, i=1,2,3.$$

因为 ξ_i 互不相等，所以 $f'(x)=0$ 至少有 3 个实根.

因此方程 $f'(x)=0$ 恰有 3 个实根.

5. $f(x)$，$g(x)$ 在[a,b]上可导，$g(x)\neq 0$，$f(a)=f(b)=0$，证明

在区间(a,b)内至少存在一点ξ,使得

$$f'(\xi)g(\xi)=f(\xi)g'(\xi).$$

证明　构造辅助函数$F(x)=\dfrac{f(x)}{g(x)}$,则由题意,$F(x)$在$[a,b]$上可导,且$F(a)=F(b)=0$. 故由罗尔定理知,在区间(a,b)内至少存在一点ξ,使得

$$F'(\xi)=\frac{f'(\xi)g(\xi)-f(\xi)g'(\xi)}{g^2(\xi)}=0.$$

即$f'(\xi)g(\xi)=f(\xi)g'(\xi)$.

6. 设$a>b>0,n>1$,证明:

$$nb^{n-1}(a-b)<a^n-b^n<na^{n-1}(a-b).$$

证明　构造辅助函数$F(x)=x^n$,则在$[b,a]$上$F(x)$连续,在(b,a)内$F(x)$可导. 由拉格朗日中值定理,在(b,a)至少存在一点ξ,使得

$$F'(\xi)=\frac{F(a)-F(b)}{a-b}=\frac{a^n-b^n}{a-b}.$$

注意到

$$nb^{n-1}<F'(\xi)=n\xi^{n-1}<na^{n-1}.$$

因此

$$nb^{n-1}(a-b)<a^n-b^n<na^{n-1}(a-b).$$

7. 利用拉格朗日定理证明下列不等式

(1) $|\cos x-\cos y|\leqslant|x-y|$;

(2) 当$x>1$时,$e^x>ex$;

(3) $|\arctan a-\arctan b|\leqslant|a-b|$.

解　(1) 不妨假设$x<y$,构造辅助函数$F(t)=\cos t$,在区间$[x,y]$上,$F(t)$是连续、可导的. 则由拉格朗日中值定理,在(x,y)内至少存在一点ξ,使得

$$-\sin\xi=\frac{\cos y-\cos x}{y-x}.$$

又因为$|-\sin\xi|\leqslant1$,所以

$$|\cos x-\cos y|\leqslant|x-y|.$$

(2) 所证不等式等价于$e^{x-1}>x$. 构造辅助函数

$$F(t)=e^{t-1}.$$

在区间$[1,x]$上 $F(t)$是连续可导的，由拉格朗日中值定理得，在$(1,x)$内至少存在一点 ξ，使得

$$F'(\xi)=e^{\xi-1}=\frac{e^{x-1}-1}{x-1}.$$

因为 $e^{\xi-1}>1$，所以

$$\frac{e^{x-1}-1}{x-1}>1,$$

整理得 $e^x>ex$.

(3) 不妨假设 $a<b$，令 $F(x)=\arctan x$，在区间$[a,b]$上，该函数满足拉格朗日中值定理条件. 因此，在(a,b)内至少存在一点 ξ，使得

$$F'(\xi)=\frac{1}{1+\xi^2}=\frac{\arctan b-\arctan a}{b-a}.$$

从而有

$$\arctan b-\arctan a\leqslant b-a.$$

类似的，当 $a>b$ 时，

$$\arctan a-\arctan b\leqslant a-b.$$

因此，

$$|\arctan a-\arctan b|\leqslant|a-b|.$$

8. 设 $f(x)=\arctan x-\frac{1}{2}\arctan\frac{2x}{1-x^2}$，试证明：

(1) 在区间$(-\infty,-1)$内，$f(x)=-\frac{\pi}{2}$；

(2) 在区间$(-1,1)$内，$f(x)=0$；

(3) 在区间$(1,+\infty)$内，$f(x)=\frac{\pi}{2}$.

证明 $f'(x)=\frac{1}{1+x^2}-\frac{1}{2}\frac{(1-x^2)^2}{(1+x^2)^2}\cdot 2\cdot\frac{1-x^2+2x^2}{(1-x^2)^2}$

$$=\frac{1}{1+x^2}-\frac{1}{1+x^2}=0.$$

由推论 1，$f(x)=C$，下面确定常数 C.

(1) 在$(-\infty,-1)$上，令 $x=-\sqrt{3}$，得 $C=-\frac{\pi}{2}$，即 $f(x)=-\frac{\pi}{2}$；

(2) 在区间$(-1,1)$内，令 $x=0$，得 $C=0$，即 $f(x)=0$；

(3) 在区间$(1,+\infty)$内，令 $x=\sqrt{3}$，得 $C=\frac{\pi}{2}$，即 $f(x)=\frac{\pi}{2}$.

9. 判定下列函数在指定区间内的单调性

(1) $f(x)=\arctan x-x, x\in(-\infty,+\infty)$；

(2) $f(x)=e^x-x,\ x\in(0,+\infty)$.

解　(1)由题意得，$f(x)$在$(-\infty,+\infty)$可导，且

$$f'(x)=\frac{1}{1+x^2}-1=-\frac{x^2}{1+x^2}<0.$$

因此，$f(x)$在 $x\in(-\infty,+\infty)$单调递减.

(2) 由题意得，$f(x)$在$(0,+\infty)$可导，且

$$f'(x)=e^x-1>0,$$

所以 $f(x)$在 $x\in(0,+\infty)$单调递增.

13 确定下列函数的单调区间：

(1) $y=2x^3-6x^2-18x-7$；　　(2) $y=x+\frac{1}{x}$；

(3) $y=x\ln x$；　　(4) $y=(x-1)(x+1)^3$；

(5) $y=\sqrt{2x-x^2}$；　　(6) $y=x^n e^{-x}$.

解　(1) $y'=6x^2-12x-18=6(x+1)(x-3)$.

令 $y'=0$，得 $x=-1,3$. 这些点将函数的定义域分成 3 个区间$(-\infty,-1),(-1,3),(3,+\infty)$，列表讨论：

x	$(-\infty,-1)$	-1	$(-1,3)$	3	$(3,+\infty)$
y'	$+$	0	$-$	0	$+$
y	↑		↓		↑

因此，函数的单调递增区间是$(-\infty,-1),(3,+\infty)$，单调递减区间是$(-1,3)$.

(2) 令 $y'=1-\frac{1}{x^2}=0$，得驻点 $x=\pm1$；当 $x=0$ 时，y'不存在. 这些点将函数的定义域分成$(-\infty,-1),(-1,\ 0),(0,\ 1),(1,+\infty)$. 列表

x	$(-\infty,-1)$	$(-1,0)$	$(0,1)$	$(1,+\infty)$
y	$-$	$+$	$+$	$-$
y'	↓	↑	↑	↓

因此，函数的单调递增区间是$(-1,0)$，$(0,1)$，单调递减区间是$(-\infty,-1)$，$(1,+\infty)$.

(3) 令 $y'=\ln x+1=0$，得 $x=\frac{1}{e}$. 列表讨论如下：

x	$(0,\frac{1}{e})$	$(\frac{1}{e},+\infty)$
y'	$-$	$+$
y	↓	↑

因此，函数的单调递增区间是$(\frac{1}{e},+\infty)$，单调递减区间是$(0,\frac{1}{e})$.

(4) 令 $y'=2(2x-1)(x+1)^2=0$，得 $x=-1$，$x=\frac{1}{2}$.

列表讨论如下：

x	$(-\infty,-1)$	-1	$\left(-1,\frac{1}{2}\right)$	$\frac{1}{2}$	$\left(\frac{1}{2},+\infty\right)$
y'	$-$		$-$		$+$
y	↓		↓		↑

因此，函数的单调递减区间是$(-\infty,-1)$，$\left(-1,\frac{1}{2}\right)$，单调递增区间是$\left(\frac{1}{2},+\infty\right)$.

(5) 令 $y'=\frac{1-x}{\sqrt{2x-x^2}}=0$，得驻点 $x=1$.

列表讨论如下：

x	$(0,1)$	$(1,2)$
y	$+$	$-$
y'	↑	↓

因此,函数的单调递增区间是$(0,1)$,单调递减区间是$(1,2)$.

(6) 令 $y'=\mathrm{e}^{-x}x^n(n-x)=0$,得 $x=n$.

列表讨论如下:

x	$(-\infty, n)$	$(n,+\infty)$
y'	$+$	$-$
y	↑	↓

因此,函数的单调递增区间是$(-\infty, n)$,单调递减区间是$(n,+\infty)$.

11. 证明下列不等式

(1) 当 $x>0$,$1+\frac{1}{2}x>\sqrt{1+x}$;

(2) 当 $x>0$,$1+x\ln(x+\sqrt{1+x^2})>\sqrt{1+x^2}$;

(3) 当 $0<x<\frac{\pi}{2}$时,$\tan x>x+\frac{1}{3}x^3$.

解　(1) 令$F(x)=1+\frac{1}{2}x-\sqrt{1+x}$,则

$$F'(x)=\frac{1}{2}+\frac{1}{2\sqrt{1+x}}.$$

当 $x>0$,$F'(x)>0$,即 $F(x)$单调递增,从而 $F(x)>F(0)=0$,即

$$1+\frac{1}{2}x>\sqrt{1+x}.$$

(2) 令 $F(x)=1+x\ln(x+\sqrt{1+x^2})-\sqrt{1+x^2}$,则

$$F'(x)=\ln(x+\sqrt{1+x^2})+x\frac{1+\frac{x}{\sqrt{1+x^2}}}{x+\sqrt{1+x^2}}-\frac{x}{\sqrt{1+x^2}}$$

$$=\ln(x+\sqrt{1+x^2})>0,$$

因此,$F(x)$在$[0,+\infty)$上是单调递增的,则 $F(x)>F(0)=0$,即

$$1+x\ln(x+\sqrt{1+x^2})>\sqrt{1+x^2}.$$

(3) 令 $F(x)=\tan x-x-\frac{1}{3}x^3$，则

$$F'(x)=\sec^2(x)-1-x^2=\tan^2 x-x^2.$$

当 $0<x<\frac{\pi}{2}$，$F'(x)>0$，即 $F(x)$ 是单调递增的. 因此 $F(x)>F(0)=0$，即

$$\tan x>x+\frac{1}{3}x^3.$$

习题 4.2 洛比达法则

1. 用洛比达法则求下列极限

(1) $\lim\limits_{x\to 1}\frac{2x^5-3x^2+2x-1}{x^2-3x+2}$；　　(2) $\lim\limits_{x\to 0}\frac{e^x-e^{-x}}{\sin x}$；

(3) $\lim\limits_{x\to a}\frac{\sin x-\sin a}{x-a}$；　　(4) $\lim\limits_{x\to 0}\frac{x-\sin x}{x^3}$；

(5) $\lim\limits_{x\to \pi}\frac{\sin 3x}{\tan 5x}$；　　(6) $\lim\limits_{x\to a}\frac{x^m-a^m}{x^n-a^n}$；

(7) $\lim\limits_{x\to \frac{\pi}{2}}\frac{\ln\sin x}{(\pi-2x)^2}$；　　(8) $\lim\limits_{x\to 0}x\cot 2x$；

(9) $\lim\limits_{x\to 0^+}x\ln x$；　　(10) $\lim\limits_{x\to 0}x^2 e^{1/x^2}$；

(11) $\lim\limits_{x\to 1}\left(\frac{2}{x^2-1}-\frac{1}{x-1}\right)$；　　(12) $\lim\limits_{x\to 1}\left(\frac{2}{\ln x}-\frac{2}{x-1}\right)$；

(13) $\lim\limits_{x\to 0}\left(\frac{1}{x}-\frac{1}{e^x-1}\right)$；　　(14) $\lim\limits_{x\to 0^+}x^{\sin x}$；

(15) $\lim\limits_{x\to 0^+}\left(\frac{1}{x}\right)^{\tan x}$；　　(16) $\lim\limits_{x\to a}\left(\frac{\sin x}{\sin a}\right)^{\frac{1}{x-a}}$；

(17) $\lim\limits_{x\to \infty}\left(1+\frac{a}{x}\right)^x$；　　(18) $\lim\limits_{x\to +\infty}\left(\frac{2}{\pi}\arctan x\right)^x$.

解　(1) $\lim\limits_{x\to 1}\frac{2x^5-3x^2+2x-1}{x^2-3x+2}\left(\frac{0}{0}\right)=\lim\limits_{x\to 1}\frac{10x^4-6x+2}{2x-3}=-6.$

(2) $\lim\limits_{x\to0}\dfrac{e^x-e^{-x}}{\sin x}\left(\dfrac{0}{0}\right)=\lim\limits_{x\to0}\dfrac{e^x+e^{-x}}{\cos x}=2.$

(3) $\lim\limits_{x\to a}\dfrac{\sin x-\sin a}{x-a}\left(\dfrac{0}{0}\right)=\lim\limits_{x\to a}\dfrac{\cos x}{1}=\cos a.$

(4) $\lim\limits_{x\to0}\dfrac{x-\sin x}{x^3}\left(\dfrac{0}{0}\right)=\lim\limits_{x\to0}\dfrac{1-\cos x}{3x^2}\left(\dfrac{0}{0}\right)=\lim\limits_{x\to0}\dfrac{\sin x}{6x}\left(\dfrac{0}{0}\right)=\dfrac{1}{6}.$

(5) $\lim\limits_{x\to\pi}\dfrac{\sin 3x}{\tan 5x}\left(\dfrac{0}{0}\right)=\lim\limits_{x\to\pi}\dfrac{3\cos 3x}{5\sec^2 5x}=-\dfrac{3}{5}.$

(6) $\lim\limits_{x\to a}\dfrac{x^m-a^m}{x^n-a^n}\left(\dfrac{0}{0}\right)=\lim\limits_{x\to a}\dfrac{mx^{m-1}}{nx^{n-1}}=\dfrac{m}{n}a^{m-n}.$

(7) $\lim\limits_{x\to\frac{\pi}{2}}\dfrac{\ln\sin x}{(\pi-2x)^2}\left(\dfrac{0}{0}\right)=\lim\limits_{x\to\frac{\pi}{2}}\dfrac{\dfrac{\cos x}{\sin x}}{-4(\pi-2x)}$

$=\lim\limits_{x\to\frac{\pi}{2}}\dfrac{1}{\sin x}\cdot\lim\limits_{x\to\frac{\pi}{2}}\dfrac{\cos x}{-4(\pi-2x)}=\lim\limits_{x\to\frac{\pi}{2}}\dfrac{-\sin x}{8}=-\dfrac{1}{8}.$

(8) $\lim\limits_{x\to0}x\cot 2x=\lim\limits_{x\to0}\cos 2x\cdot\lim\limits_{x\to0}x\dfrac{x}{\sin 2x}=\lim\limits_{x\to0}\dfrac{x}{\sin 2x}\left(\dfrac{0}{0}\right)$

$=\lim\limits_{x\to0}\dfrac{1}{2\cos 2x}=\dfrac{1}{2}.$

(9) $\lim\limits_{x\to0^+}x\ln x=\lim\limits_{x\to0^+}\dfrac{\ln x}{\dfrac{1}{x}}\left(\dfrac{\infty}{\infty}\right)=\lim\limits_{x\to0^+}\dfrac{\dfrac{1}{x}}{-\dfrac{1}{x^2}}=\lim\limits_{x\to0^+}(-x)=0.$

(10) $\lim\limits_{x\to0}\dfrac{e^{1/x^2}}{\left(\dfrac{1}{x^2}\right)}\overset{t=\frac{1}{x^2}}{=\!=\!=}\lim\limits_{t\to\infty}\dfrac{e^t}{t}\left(\dfrac{\infty}{\infty}\right)=\lim\limits_{t\to\infty}\dfrac{e^t}{1}=0.$

(11) $\lim\limits_{x\to1}\left(\dfrac{2}{x^2-1}-\dfrac{1}{x-1}\right)=\lim\limits_{x\to1}\dfrac{2(x-1)-1}{x^2-1}=-\lim\limits_{x\to1}\dfrac{1}{1+x}=-\dfrac{1}{2}.$

(12) $\lim\limits_{x\to1}\left(\dfrac{2}{\ln x}-\dfrac{2}{x-1}\right)=2\lim\limits_{x\to1}\dfrac{x-1-\ln x}{\ln x(x-1)}\left(\dfrac{0}{0}\right)$

$=2\lim\limits_{x\to1}\dfrac{1-\dfrac{1}{x}}{\dfrac{1}{x}(x-1)-\ln x}=2\lim\limits_{x\to1}\dfrac{x-1}{x-1-x\ln x}\left(\dfrac{0}{0}\right)$

$$=2\lim_{x\to 1}\frac{1}{1-1-\ln x}=\infty.$$

(13) $\lim\limits_{x\to 0}\left(\frac{1}{x}-\frac{1}{e^x-1}\right)=\lim\limits_{x\to 0}\frac{e^x-1-x}{x(e^x-1)}=\lim\limits_{x\to 0}\frac{e^x-1-x}{x^2}\left(\frac{0}{0}\right)$

$$=\lim_{x\to 0}\frac{e^x-1}{2x}\left(\frac{0}{0}\right)=\lim_{x\to 0}\frac{e^x}{2}=\frac{1}{2}.$$

(14) $\lim\limits_{x\to 0^+}x^{\sin x}=\lim\limits_{x\to 0^+}e^{\sin x\ln x}=\lim\limits_{x\to 0^+}e^{x\ln x}=\lim\limits_{x\to 0^+}e^{\frac{\ln x}{(1/x)}}\ (e^{\frac{\infty}{\infty}})$

$$=\lim_{x\to 0^+}e^{\frac{1/x}{-1/x^2}}=\lim_{x\to 0^+}e^{-x}=1.$$

(15) $\lim\limits_{x\to\infty}\left(1+\frac{a}{x}\right)^x=\lim\limits_{x\to\infty}e^{x\ln\left(1+\frac{a}{x}\right)}=\lim\limits_{x\to\infty}e^{x\cdot\frac{a}{x}}=e^a.$

(16) $\lim\limits_{x\to 0^+}\left(\frac{1}{x}\right)^{\tan x}=\lim\limits_{x\to 0^+}e^{\tan x\ln\frac{1}{x}}=\lim\limits_{x\to 0^+}e^{-\tan x\ln x}$

$$=\lim_{x\to 0^+}e^{-x\ln x}=\lim_{x\to 0^+}e^{-\frac{\ln x}{1/x}}=\lim_{x\to 0^+}e^{\frac{1/x}{1/x^2}}=\lim_{x\to 0^+}e^{x}=1.$$

(17) $\lim\limits_{x\to a}\left(\frac{\sin x}{\sin a}\right)^{\frac{1}{x-a}}=\lim\limits_{x\to a}e^{\frac{1}{x-a}\ln\frac{\sin x}{\sin a}}=\lim\limits_{x\to a}e^{\frac{\ln\sin x-\ln\sin a}{x-a}}$

$$=\lim_{x\to a}e^{\frac{\cos x}{\sin x}}=e^{\cot a}.$$

(18) $\lim\limits_{x\to+\infty}\left(\frac{2}{\pi}\arctan x\right)^x=\lim\limits_{x\to+\infty}e^{x\ln\left(\frac{2}{\pi}\arctan x\right)}$

$$=\lim_{x\to+\infty}e^{\frac{\ln\left(\frac{2}{\pi}\arctan x\right)}{1/x}}=\lim_{x\to+\infty}e^{\frac{\frac{\pi}{2\arctan x}\cdot\frac{2}{\pi}\cdot\frac{1}{1+x^2}}{-1/x^2}}$$

$$=\frac{2}{\pi}\lim_{x\to+\infty}e^{-\frac{x^2}{1+x^2}}=\frac{2}{\pi}e^{-1}.$$

2. 验证$\lim\limits_{x\to\infty}\frac{x-\sin x}{x}$极限存在,但是无法利用洛比达法则计算.

证明 由于

$$\lim_{x\to\infty}\frac{x-\sin x}{x}\left(\frac{0}{0}\right)=\lim_{x\to\infty}(1-\cos x),$$

该极限是不存在且不为∞,无法用洛比达法则.注意到

$$\lim_{x\to\infty}\frac{x-\sin x}{x}=\lim_{x\to\infty}1-\frac{\sin x}{x}=1-\lim_{x\to\infty}\frac{\sin x}{x}=1,$$

即$\lim\limits_{x\to\infty}\dfrac{x-\sin x}{x}$极限是存在的.

3. 讨论函数 $f(x)=\begin{cases}\dfrac{(1+x)^{\frac{1}{x}}}{e}, & x>0\\ e, & x\leqslant 0\end{cases}$ 在点 $x=0$ 处的连续性.

解　注意到

$$\lim_{x\to0^+}f(x)=\lim_{x\to0^+}e^{\frac{1}{x}\ln(1+x)}=\lim_{x\to0^+}e^{\frac{1}{x}\cdot x}=e=f(0),$$

即在 $x=0$ 处，函数是右连续的；

又因为

$$\lim_{x\to0^-}f(x)=\lim_{x\to0^-}e=f(0),$$

即在 $x=0$ 处，函数也是左连续的. 因此，在 $x=0$ 处 $f(x)$是连续的.

习题 4.3　函数的凹凸性和拐点

1. 求下列曲线的凹凸性及其拐点

(1) $y=x^3-3x^2-9x+9$；　(2) $y=xe^{-x}$；

(3) $y=(x+1)^4e^x$；　(4) $y=(x-1)\sqrt[3]{x^2}$.

解　(1) $y'=3(x+1)(x-3)$，$y''=6(x-1)$，

令 $y''=0$，得 $x=1$

列表讨论：

x	$(-\infty,1)$	1	$(1,+\infty)$
y''	$-$	0	$+$
y	$\cap$	-2	$\cup$

因此，凸区间是 $(-\infty,1)$，凹区间是$(1,+\infty)$，拐点$(1,-2)$.

(2) 函数的一，二阶导数

$$f'(x)=e^{-x}(1-x),\ f''(x)=e^{-x}(x-2),$$

两阶导数为零的点为 $x=2$，将定义域分成两个区间 $(-\infty,2)$，$(2,+\infty)$. 列表

x	$(-\infty, 2)$	2	$(2,+\infty)$
y''	$-$	0	$+$
y	$\cap$	$-e^{-2}$	$\cup$

所以，函数的凸区间是$(-\infty, 2)$，凹区间是$(2,+\infty)$，拐点$(2,-e^{-2})$.

(3) 函数的一，二阶导数分别为

$$y'=e^x(x+5)(x+1)^3, y''=e^x(x+7)(x+3)(x+1)^2,$$

二阶导数零点为$x=-1,-3,-7$，将定义域分成区间

$$(-\infty,-7),(-7,-3),(-3,-1),(-1,+\infty),$$

列表：

x	$(-\infty,-7)$	-7	$(-7,-3)$	-3	$(-3,-1)$	-1	$(-1,+\infty)$
y''	$+$	0	$-$	0	$+$	0	$+$
y	$\cup$	$\frac{6^4}{e^7}$	$\cap$	$\frac{16}{e^3}$	$\cup$	0	$\cup$

因此，凸区间是$(-7,-3)$，凹区间是$(-\infty,-7),(-3,-1)$，$(-1,+\infty)$. 拐点$(-7,\frac{6^4}{e^7}),(-3,\frac{16}{e^3})$.

(4) 函数的一，二阶导数分别为

$$y'=\frac{5}{3}x^{\frac{2}{3}}-\frac{2}{3}x^{-\frac{1}{3}}=\frac{1}{3}x^{-\frac{1}{3}}(5x-2),$$

$$y''=-\frac{1}{9}x^{-\frac{4}{3}}(5x-2)+\frac{5}{3}x^{-\frac{1}{3}}=\frac{2}{9}x^{-\frac{4}{3}}(5x+1),$$

二阶导数零点或不存在的点为$x=0$，$x=-\frac{1}{5}$，将定义域分成三个区间$(-\infty,-\frac{1}{5}),(-\frac{1}{5},0),(0,+\infty)$，列表：

x	$(-\infty,-\frac{1}{5})$	$-\frac{1}{5}$	$(-\frac{1}{5},0)$	0	$(0,+\infty)$
y''	$-$	0	$+$	不存在	$+$
y	$\cap$		$\cup$		$\cup$

所以，凹区间是$(-\frac{1}{5},0)$和$(0,+\infty)$，凸区间是$(-\infty,-\frac{1}{5})$，拐点$(-\frac{1}{5},-\frac{6}{5}\frac{1}{\sqrt[3]{25}})$.

2. 问 a,b 为何值时，点(1,3)为曲线 $y=ax^3+bx^2$ 的拐点.

解　由题意，(1,3)满足曲线方程 $y=ax^3+bx^2$，即 $a+b=3$.

由 $y''(1)=6ax+2b=0$，得 $6a+2b=0$.

因此，$a=-\frac{3}{2},b=\frac{9}{2}$.

3. 设 $y=f(x)$ 在 $x=x_0$ 的某邻域内具有三阶连续导数，如果 $f''(x_0)=0$，而 $f'''(x_0)\neq 0$，试问$(x_0,f(x_0))$是否为拐点？为什么？

解　由题意，不妨假设 $f'''(x_0)>0$. 导数是利用极限定义的，而极限是一个局部概念，因此由极限的保号性，在 x_0 附近，总有 $f'''(x)>0$，即 $f''(x)$是单调递增的. 注意到 $f''(x_0)=0$，则在 x_0 左侧 $f''(x)<0$，在 x_0 右侧 $f''(x)>0$. 因此$(x_0,f(x_0))$是拐点.

习题 4.4　函数的极值和最值

1. 求下列函数的极值：

(1) $y=2x^3-6x^2-18x+7$；　　(2) $y=x-\ln(1+x)$；

(3) $y=x+\frac{1}{x}$；　　(4) $y=x\mathrm{e}^{-x}$；

(5) $y=3-2(x+1)^{1/3}$.

解　(1) 函数的一阶导数

$$f'(x)=6(x+1)(x-3),$$

极值可疑点(驻点)$x=-1,3$. 将定义域分成三个区间

$$(-\infty,-1),(-1,3),(3,+\infty).$$

列表

x	$(-\infty,-1)$	-1	$(-1,3)$	3	$(3,+\infty)$
y'	+	0	−	0	+
y	↑	极大	↓	极小	↑

所以,函数的极大值 $f(-1)=17$,极小值 $y(3)=-47$.

(2) 函数的一阶导数

$$f'(x)=\frac{x}{1+x},$$

在定义域内极值可疑点(此时,一阶导数不存在的点 $x=-1$ 不在定义域内)$x=0$,将定义域分成两个区间$(-1,0)$,$(0,+\infty)$. 列表

x	$(-1,0)$	0	$(0,+\infty)$
y'	−	0	+
y	↓	极小	↑

所以,函数的极小值 $f(1)=0$.

(3) 函数的一阶导数

$$f'(x)=\frac{(x-1)(x+1)}{x^2},$$

极值可疑点 $x=-1,1,0$,将定义域分成四个区间

$$(-\infty,-1),\ (-1,0),(0,1),(1,+\infty).$$

列表:

x	$(-\infty,-1)$	-1	$(-1,0)$	$(0,1)$	1	$(1,+\infty)$
y'	+	0	−	−	0	+
y	↑	极大	↓	↓	极小	↑

所以,函数的极大值 $f(-1)=-2$;极小值 $f(1)=2$.

(4) 函数的一阶导数

$$f'(x)=\mathrm{e}^{-x}(1-x),$$

驻点 $x=1$ 将定义域分成两个区间$(-\infty,1)$,$(1,+\infty)$. 列表:

x	$(-\infty,1)$	1	$(1,+\infty)$
y'	$+$	0	$-$
y	↑	极大	↓

所以，函数的极大值 $f(1)=\frac{1}{\mathrm{e}}$.

(5) 函数的一阶导数

$$f'(x)=-\frac{2}{3(1+x)^{2/3}},$$

在定义域内极值可疑点 $x=-1$，将定义域分成两个区间 $(-\infty,-1)$，$(-1,+\infty)$. 列表：

x	$(-\infty,-1)$	-1	$(-1,+\infty)$.
y'	$-$	不存在	$-$
y	↓	无极值	↓

所以，函数的无极值

2. 求下列函数的最大值、最小值.

(1) $y=2x^3-3x^2, -1\leqslant x\leqslant 4$;

(2) $y=x^4-8x^2+2, -1\leqslant x\leqslant 3$;

(3) $y=x+\sqrt{1-x}, -5\leqslant x\leqslant 1$;

(4) $y=\sqrt{100-x^2}, -6\leqslant x\leqslant 8$;

(5) $y=x\mathrm{e}^{-x^2}, (-\infty,+\infty)$.

解　(1)　函数一阶导数为

$$y'=6x^2-6x,$$

则该函数没有不可导点，最值点只可能在端点 $-1,4$ 和驻点 $0,1$ 处达到. 注意到，

$$y(-1)=-5, y(0)=0, y(1)=-1, y(4)=80.$$

即函数在 $[-1,4]$ 上最大值为 80，最小值为 -5.

(2) 函数一阶导数为

$$y'=4x(x-2)(x+2),$$

则最值可疑点是端点 $-1,3$ 和驻点 $0,-2,2$.

注意到，

$$y(-2)=-14,y(-1)=-5,y(0)=2,y(2)=-14,y(3)=11.$$

比较知函数在$[-1,3]$上最大值为11，最小值为-14.

(3) 函数一阶导数为

$$y'=\frac{2\sqrt{1-x}-1}{2\sqrt{1-x}},$$

则最值可能在端点-5,1和驻点$\frac{3}{4}$处达到.

注意到，

$$y(-5)=-5+\sqrt{6},y(1)=1,y(\frac{3}{4})=\frac{5}{4},$$

比较知函数在$[-5,1]$上最大值为$\frac{5}{4}$，最小值为$-5+\sqrt{6}$.

(4) 函数一阶导数为

$$y'=\frac{-x}{\sqrt{100-x^2}},$$

则最值可能在端点-6,8和驻点0处达到.

注意到，

$$y(-6)=8,y(0)=10,y(8)=6,$$

比较知函数在$[-6,8]$上最大值为10，最小值为6.

(5) 函数一阶导数为

$$y'=-e^{-x^2}(2x^2-1),$$

驻点为$x=\pm\frac{\sqrt{2}}{2}$，此时

$$y(\frac{\sqrt{2}}{2})=\frac{\sqrt{2}}{2}e^{-\frac{1}{2}},y(-\frac{\sqrt{2}}{2})=-\frac{\sqrt{2}}{2}e^{-\frac{1}{2}}.$$

函数在区间上最大值为$\frac{\sqrt{2}}{2}e^{-\frac{1}{2}}$，最小值为$-\frac{\sqrt{2}}{2}e^{-\frac{1}{2}}$.

3. 制造一种无盖的圆柱形容器，容积为1.5π立方米，底面造价为每平方米18元，侧面造价为每平方米12元，怎样设计才可使造价最低？

解　设圆柱形的底面半径为 r，高为 h，则由题意得，

$$\pi r^2 h=1.5\pi.$$

即 $h=\frac{1.5}{r^2}$. 造价 S 满足

$$S=18\pi r^2+24\pi rh=18\pi r^2+\frac{36\pi}{r}.$$

关于 r 求导并令其等于零，得

$$S'=36\pi r-\frac{36\pi}{r^2}=0;$$

解得唯一驻点 $r=1$，此时，

$$S''(1)=36\pi+\frac{72\pi}{r^3}\Big|_{r=1}=108\pi>0,$$

可以，当 $r=1$ 时 S 有极小值，也就是最小值. 因此，当半径为 1，高为 1.5 时，造价最低.

4. 设某厂每月生产某产品的总成本

$$C(x)=1000+6x-0.003x^2+10^{-6}x^3,$$

每单位产品的价格是 6 元，求使利润最大的最佳产量.

解　由题意得，利润函数

$$L(x)=6x-C(x)=6x-(1000+6x-0.003x^2+10^{-6}x^3)$$
$$=-1000+0.003x^2-10^{-6}x^3,$$

令 $L'(x)=0.006x-3\cdot 10^{-6}x^2=0$，得 $x=2000$，$x=0$（舍去），又因为

$$L''(2000)=0.006-6\times 10^{-6}x\big|_{x=2000}=-0.006<0,$$

所以当 $x=2000$，利润最大.

5. 一商店按批发价每件 3 元买进一批商品零售，若零售价定为每件 4 元，估计可卖出 120 件，若每件售价降低 0.1 元，则可多卖出 20 件. 问应向批发商买进多少件，每件售价多少时，方可获最大利润？最大利润是多少元？

解　假设售价为 P 元，则因降价可多售出商品的件数为 $\frac{4-P}{0.1}\times$ 20 件，每件商品的利润为 $P-3$ 元，于是利润函数为

$$L(P)=\left(120+\frac{4-P}{0.1}\times 120\right)\times(P-3)=200P^2+1520P-2760,$$

由 $L'(P)=-400P+1510=0$，得唯一驻点 $P=3.8$. 又

$$L''=-400<0,$$

所以，当 $P=3.8$ 时，L 取极大值，即最大值. 因此，每件商品售价为 3.8 元时，利润最大，最大利润为 $L(3.8)=128$ 元.

6. 设某产品销售单价为 5 元，生产过程中，可变成本每单位为 3.75 元，又设产品经广告宣传后可以全部销售，且销量 x 与广告费 t 之间的关系为 $x=200\sqrt{t}$，求使产品利润最大的最优广告投入.

解 利润函数为

$$L(x)=5x-3.75x-t=1.25\times 200\sqrt{t}-t,$$

令 $L'(t)=\dfrac{125}{\sqrt{t}}-1=0$，解得唯一驻点 $t=125^2$，又因为

$$L''(125^2)=-\frac{125}{2}t^{-\frac{3}{2}}\Big|_{t=125^2}<0,$$

所以，当 $x=200\sqrt{125^2}=2.5\times 10^4$ 时，产品的利润最大，此时广告投入为 125^2.

7. 某厂生产某种产品，其年销售量为 10^6 件，每批生产需增加准备费 1000 元，而每件的库存费为 0.05 元. 如果年销售率是均匀的(此时商品库存数位批量的一半)，问应分几批生产，才能使生产准备费及其库存费之和最小.

解 设批量为 x 万吨，总费用为 y 元. 生产总准备费为 $1000\times\dfrac{100}{x}$(元). 因进货分期分批均匀进货，且原料消耗是均匀的，所以全年的平均库存应是批量的一半，即 $\dfrac{x}{2}$ 万吨，库存费为 $\dfrac{x}{2}\times 10000\times 0.05$(元)，则

$$y=1000\times\frac{100}{x}+\frac{x}{2}\times 10000\times 0.05.$$

由

$$y'=-\frac{100000}{x^2}+250=0,$$

得唯一驻点 $x=20$（万吨）. 由实际问题的，该问题的最优批量是存在的，而驻点唯一. 因此，最优批量为 20 万吨，相应的订货次数为 $\frac{100}{20}=5$ 次.

8. 某种物资一年需用量为 24000 件，每件价格为 40 元，年保管费率为价格的 12%，每次订购费用为 64 元，试求最优订购批量、最优订购次数，最优进货周期和最小总费用(假设产品的销售是均匀的).

解　设最优订购批量为 Q 则订购次数为 $\frac{24000}{Q}$，于是订货费用为 $64\cdot\frac{24000}{Q}$，保管费用为 $\frac{1}{2}Q\cdot 40\cdot 0.12$，从而总费用为

$$C=C(Q)=64\cdot\frac{24000}{Q}+\frac{1}{2}Q\cdot 40\cdot 0.12,$$

$$C'(Q)=-64\cdot\frac{24000}{Q^2}+20\cdot 0.12,$$

$$C''(Q)=\frac{2\cdot 64\cdot 24000}{Q^3},$$

令 $C'(Q)=0$ 得惟一驻点 $Q=800$，又 $C''(800)>0$，于是当 $Q=800$ 时，总费用最低，从而

最优订货批量为 $Q=800$(件/批)；

最优订货批次为 $\frac{24000}{800}=30$(批/年)；

最优进货周期为 $\frac{360}{30}=12$(天)(全年按 360 天计)；

最小进货总费用为 $C(800)=3840$(元).

习题 4.5　函数的图像

1. 求下列函数的渐近线

(1) $y=xe^{-x}$；　　(2) $y=\frac{x^2}{1+x}$；

(3) $y=\frac{2x}{x^2-5x+4}$；　　(4) $y=\frac{x^3-2}{2(x-2)^2}$；

(5) $y=4x+\dfrac{12}{(x-1)^2}$.

解 (1) 该函数没有间断点,所以不存在垂直渐近线.

下求它的斜(或水平)渐近线 $y=ax+b$,其中

$$a=\lim_{x\to\infty}\frac{xe^{-x}}{x}=\lim_{x\to\infty}e^{-x}=0;$$

$$b=\lim_{x\to\infty}(xe^{-x}-0\times x)=\lim_{x\to\infty}\frac{x}{e^x}=\lim_{x\to\infty}\frac{1}{e^x}=0;$$

故有水平渐近线 $y=0$.

(2) 函数在 $x=-1$ 处无定义,且 $\lim\limits_{x\to-1}\dfrac{x^2}{1+x}=\infty$,所以函数有铅直渐近线 $x=-1$. 下求它的斜(或水平)渐近线 $y=ax+b$. 其中

$$a=\lim_{x\to\infty}\frac{x^2}{x(1+x)}=1,$$

$$b=\lim_{x\to\infty}\left(\frac{x^2}{1+x}-x\right)=\lim_{x\to\infty}\frac{-x}{1+x}=-1;$$

故有斜渐近线 $y=x-1$.

(3) 函数 $y=\dfrac{2x}{x^2-5x+4}$ 的间断点是 $x=1,x=4$. 且有

$$\lim_{x\to1}\frac{2x}{x^2-5x+4}=\infty,\quad \lim_{x\to4}\frac{2x}{x^2-5x+4}=\infty,$$

所以该函数有铅直渐近线 $x=1$, $x=4$.

下求它的斜渐近线 $y=ax+b$. 其中

$$a=\lim_{x\to\infty}\frac{2x}{x(x^2-5x+4)}=0,$$

$$b=\lim_{x\to\infty}\left(\frac{2x}{x^2-5x+4}-0\times x\right)=0.$$

故有水平渐近线 $y=0$.

(4)函数 $y=\dfrac{x^3-2}{2(x-2)^2}$ 的间断点是 $x=2$,且

$$\lim_{x\to2}\frac{x^3-2}{2(x-2)^2}=\infty,$$

所以 $x=2$ 是函数的铅直渐近线. 下求它的斜渐近线 $y=ax+b$. 其中

$$a=\lim_{x\to\infty}\frac{x^3-2}{2x(x-2)^2}=\frac{1}{2},$$

$$b=\lim_{x\to\infty}\left(\frac{x^3-2}{2(x-2)^2}-\frac{1}{2}x\right)=\lim_{x\to\infty}\frac{4x^2-4x-2}{2(x-2)^2}=2,$$

故函数有斜渐近线 $y=\frac{1}{2}x+2$.

(5) 函数在 $x=1$ 处无定义，且有

$$\lim_{x\to 1}\left[4+\frac{12}{(x-1)^2}\right]=\infty,$$

所以 $x=1$ 是函数的铅直渐近线. 下求它的斜渐近线 $y=ax+b$. 其中

$$a=\lim_{x\to\infty}\frac{4+\frac{12}{(x-1)^2}}{x}=0,$$

$$b=\lim_{x\to\infty}\left(4+\frac{12}{(x-1)^2}-0\times x\right)=4,$$

故函数有水平渐近线 $y=4$.

2. 描绘下列函数的图像

(1) $y=\frac{2x^2}{(1-x)^2}$;　　　　(2) $y=1+\frac{36x}{(x+3)^2}$.

解　(1) a) 函数的定义域为 $(-\infty,1)\cup(1,+\infty)$.

b) 令 $y'=\frac{4x}{(1-x)^3}=0$，得 $x=0$;

令 $y''=\frac{8x+4}{(1-x)^4}=0$，得 $x=-\frac{1}{2}$.

c) 列表讨论如下：

x	$(-\infty,-1/2)$	$-1/2$	$(-1/2,0)$	0	$(0,1)$	$(1,+\infty)$
y'	$-$	/	$-$	0	$+$	$-$
y''	$-$	0	$+$	/	$+$	$+$
y	$\cap$	$(-1/2,2/9)$ 拐点	$\downarrow\cup$	0 极小值	$\uparrow\cup$	$\downarrow\cup$

d）由 $\lim\limits_{x\to\infty} y=2$，知 $y=2$ 为函数图形的水平渐近线；由 $\lim\limits_{x\to 1} y=+\infty$，知 $x=1$ 为函数图形的垂直近渐近线.

e）函数图形如下图所示：

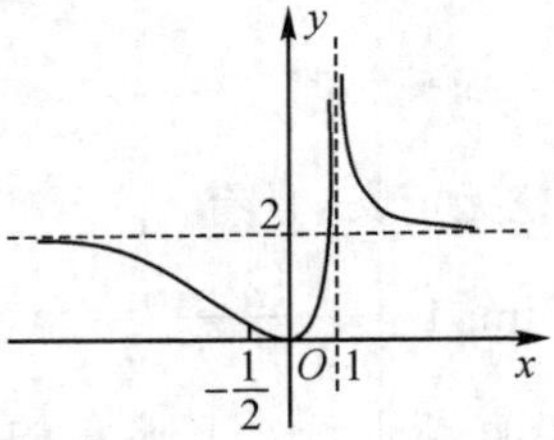

(2) a）函数的定义域为 $(-\infty,-3)\cup(3,+\infty)$.

b）$f'(x)=\dfrac{36(3-x)}{(x+3)^3}$，$f''(x)=\dfrac{72(x-6)}{(x+3)^4}$.

令 $f'(x)=0$，得 $x=3$；令 $f''(x)=0$，得 $x=6$. 这三个点将定义域分成四个区间：

$$(-\infty,3),(-3,3),(3,6),(6,+\infty)$$

c）列表分析

x	$(-\infty,-3)$	-3	$(-3,3)$	3	$(3,6)$	6	$(6,+\infty)$
$f'(x)$	$-$	无定义	$+$	0	$-$	$-$	$-$
$f''(x)$	$-$	无定义	$-$		$-$	0	$+$
$f(x)$	$\downarrow\cap$		$\uparrow\cap$	4 极大值	$\downarrow\cap$	$\frac{11}{3}$ 拐点	$\downarrow\cap$

d）$x=-3$ 是曲线的铅直渐近线，$y=1$ 是曲线的水平渐近线.

e）计算特殊点的函数值：$f(0)=1$，$f(-1)=-8$，$f(-9)=-8$，$f(-15)=-\dfrac{11}{4}$.

f）图略.

复习题四

一、单项选择题

1. 下列函数在 $[-1,1]$ 上满足罗尔定理的是（ C ）

A. $y=e^x$　　B. $y=1+|x|$

C. $y=1-x^2$　　D. $y=1-\dfrac{1}{x}$

解　选项 A 不满足区间端点值相等，选项 B 中函数在 $x=0$ 处不可导，选项 D，函数在 $x=0$ 处是不连续的，都不满足罗尔定理三个条件. 而选项 C，函数在 $[-1,1]$ 上连续，在 $(-1,1)$ 可导，且端点值相等，即满足罗尔定理.

2. 设函数 $f(x)=x(x-1)(x-2)(x-3)$，则方程 $f'(x)=0$ 在 $(0,3)$ 内有（　C　）个实根.

A. 1　　B. 2　　C. 3　　D. 4

解　由条件 $f(x)=x(x-1)(x-2)(x-3)$ 在定义域上连续可导，且满足 $f(0)=f(1)=f(2)=f(3)=0$，在 $[0,1]$，$[1,2]$，$[2,3]$ 上分别运用罗尔定理，则存在 $\xi_1\in(0,1)$，$\xi_2\in(1,2)$，$\xi_3\in(2,3)$，使得

$$f'(\xi_i)=0, i=1,2,3.$$

即 $f'(x)$ 至少有 3 个实根.

又因为 $f(x)$ 是四阶多项式，它的导数是三阶多项式，至多有三个实根. 因此 $f'(x)$ 只有 3 个实根.

3. 函数 $y=x-\arctan x$ 在 $(-\infty,+\infty)$ 内是（　A　）.

A. 单调增加　　B. 单调减少

C. 不单调　　D. 不连续

解　$y'=1-\dfrac{1}{1+x^2}=\dfrac{x^2}{1+x^2}>0$，所以 $y=x-\arctan x$ 在 $(-\infty,+\infty)$ 内是单调递增的.

4. 函数 $y=\ln(1+x^2)$ 的单调增加区间是（　C　）.

A. $(-5,5)$　　B. $(-\infty,0)$

C. $(0,+\infty)$　　D. $(-\infty,+\infty)$

解　$y'=\dfrac{2x}{1+x^2}$，当 $x>0$ 时，$y'>0$，所以它的单调增加区间是 $(0,+\infty)$.

5. 设函数 $f(x)$ 在闭区间 $[0,1]$ 上连续，在开区间 $(0,1)$ 内可导，且 $f'(x)>0$，则（　C　）

A. $f(0)<0$　　B. $f(1)>0$

C. $f(1)>f(0)$　　D. $f(1)<f(0)$

解　由题设知 $f(x)$ 在 $[0,1]$，函数是单调递增的，因此有 $f(1)>f(0)$.

6. 设函数 $f(x)$ 在 $[0,1]$ 上可导，$f'(x)>0$，并且 $f(0)<0$，$f(1)>0$，则 $f(x)$ 在 $(0,1)$ 内（　B　）.

A. 至少有两个零点　　B. 有且仅有一个零点

C. 没有零点　　D. 零点个数不能确定

解　在区间 $[0,1]$ 上 $f(0)$ 和 $f(1)$ 是异号的，由零点定理得，$f(x)$ 在 $(0,1)$ 必有实根，又因为 $f'(x)>0$，即 $f(x)$ 是单调的，因此，只有一个实根.

7. 若 $f''(x_0)=0$，则 x_0 是（　B　）的驻点

A. $f(x)$　　B. $f'(x)$　　C. $f''(x)$　　D. $f'''(x)$

解　$f''(x_0)=(f'(x))'|_{x=x_0}=0$，所以 x_0 是 $f'(x)$ 的驻点.

8. 函数 $y=f(x)$ 在点 $x=0$ 处的二阶导数存在且 $f'(0)=0$，$f''(0)>0$，则下列结论正确的是（　C　）

A. $x=0$ 不是函数 $f(x)$ 的驻点

B. $x=0$ 不是函数 $f(x)$ 的极值点

C. $x=0$ 是函数 $f(x)$ 的极小值点

D. $x=0$ 是函数 $f(x)$ 的极大值点

解　由极值的第二判断定理（二阶导数判断极值）得 $x=0$ 是函数 $f(x)$ 的极小值点.

9. 设 $x=2$ 是函数 $y=x-\ln\left(\frac{1}{2}+ax\right)$ 的可导极值点，则 $a=$（　C　）

A. -1　　B. $\frac{1}{2}$　　C. $-\frac{1}{2}$　　D. -1

解　由 $y'(2)=1-\left.\frac{a}{\frac{1}{2}+ax}\right|_{x=2}=0$，得 $a=-\frac{1}{2}$.

10. 若 $y=2\sin x+a\sin 3x$ 在 $x=\frac{\pi}{3}$ 处有极值，求 $a=$（　B　）

A. 3　　B. $\frac{1}{3}$　　C. $\frac{1}{3}\sqrt{3}$　　D. $-\frac{1}{3}$

解 类似于9，有

$$y'=(2\cos x+3a\cos 3x)\big|_{x=\frac{\pi}{3}}=0,$$

解得 $a=\frac{1}{3}$.

11. 若 $f(x)=f(-x)$，且在 $(0,+\infty)$ 内：$f'(x)>0$，$f''(x)>0$，则 $f(x)$ 在 $(-\infty,0)$ 内必有（ C ）

A. $f'(x)<0,f''(x)<0$　　B. $f'(x)<0,f''(x)>0$

C. $f'(x)>0,f''(x)<0$　　D. $f'(x)>0,f''(x)>0$

解 $f(x)$ 是偶函数，它的导数是奇函数，它的两阶导数是偶函数. 注意到奇函数在对称点上的导数是相等的，而偶函数在对称点上的导数是互为相反数的. 因此在 $(-\infty,0)$ 上 $f'(x)>0$，$f''(x)<0$.

12. 若 $f(x)=-f(-x)$，且在 $(0,+\infty)$ 内：$f'(x)>0$，$f''(x)>0$，则 $f(x)$ 在 $(-\infty,0)$ 内必有（ B ）

A. $f'(x)<0,f''(x)<0$　　B. $f'(x)<0,f''(x)>0$

C. $f'(x)>0,f''(x)<0$　　D. $f'(x)>0,f''(x)>0$

解 类似于11，$f(x)$ 是奇函数，它的导数是偶函数，它的两阶导数是奇函数，所以 $f'(x)>0$，$f''(x)>0$.

13. 曲线 $y=6x-24x^2+x^4$ 的凸(下凹)区间是（ A ）

A. $(-2,2)$　　B. $(-\infty,0)$

C. $(0,+\infty)$　　D. $(-\infty,+\infty)$

解 先求两阶导数

$$y''=12x^2-48=12(x-2)(x+2),$$

当 $x\in(-2,2)$ 时，$y''<0$，所以 $(-2,2)$ 是凸区间.

14. 曲线 $y=(2-x)^{-\frac{1}{3}}$ 在 $(2,+\infty)$ 内（ B ）.

A. 下降凸　　B. 上升凹　　C. 下降凹　　D. 上升凸

解 由题意

$$y'(x)=\frac{1}{3}(2-x)^{-\frac{4}{3}},\quad y''(x)=\frac{4}{9}(2-x)^{-\frac{7}{3}},$$

当 $x\in(2,+\infty)$，$y'(x)$ 和 $y''(x)$ 均大于零，所以，它是上升且是凹的.

15. 设 $f(x)=\frac{1}{3}x^3-x$，则 $x=1$ 为 $f(x)$ 在 $[-2,2]$ 上的（ B ）

A. 极小值点，但不是最小值点　B. 极小值点，也是最小值点
C. 极大值点，但不是最大值点　D. 极大值点，也是最大值点

解　令 $f'(x)=x^2-1=0$，得 $x=-1,x=1$.
因为
$$f''(1)=2x\big|_{x=1}=2>0,$$
所以 $x=1$ 是极小值点. 比较
$$f(-2)=-\frac{2}{3},\ f(-1)=\frac{2}{3},\ f(1)=-\frac{2}{3},\ f(2)=\frac{2}{3};$$
知 $x=1$ 是最小值点.

16. 当（ C ）时，曲线 $y=\frac{1}{f(x)-2}$ 有垂直渐近线

A. $\lim\limits_{x\to\infty}f(x)=2$　　B. $\lim\limits_{x\to\infty}f(x)=\infty$
C. $\lim\limits_{x\to0}f(x)=2$　　D. $\lim\limits_{x\to2}f(x)=\infty$

解　$y=\frac{1}{f(x)-2}$ 有垂直渐近线，则它有无穷型间断点，故选项 C 正确的.

17. 函数 $y=\frac{(e^{2x}-1)(x+1)}{x(x^2-1)}$ 有（ A ）条垂直渐近线

A. 1　　B. 2　　C. 3　　D. 0

解　函数 $y=\frac{(e^{2x}-1)(x+1)}{x(x^2-1)}$ 的间断点是 $x=0,-1,1$，注意到
$$\lim_{x\to0}\frac{(e^{2x}-1)(x+1)}{x(x^2-1)}=\lim_{x\to0}\frac{2x(x+1)}{x(x-1)(x+1)}=\lim_{x\to0}\frac{2}{x-1}=-2,$$
$$\lim_{x\to-1}\frac{(e^{2x}-1)(x+1)}{x(x^2-1)}=\lim_{x\to-1}\frac{(e^{2x}-1)}{x(x-1)}=\frac{1}{2}(e^{-1}-1),$$
$$\lim_{x\to1}\frac{(e^{2x}-1)(x+1)}{x(x^2-1)}=\infty,$$
所以，它的垂直渐近线是 $x=1$.

18. 设在 $[0,1]$ 上 $f''(x)>0$，则下列不等式正确的是（ D ）

A. $f'(1)>f'(0)>f(1)-f(0)$

B. $f'(1)>f(1)-f(0)>f'(0)$

C. $f(1)-f(0)>f'(1)>f'(0)$

D. $f'(1)>f(0)-f(1)>f'(0)$

解　注意到

$$f(1)-f(0)=f'(\xi)(1-0)=f'(\xi),\ \xi\in(0,1).$$

而 $f''(x)>0$ 隐含着 $f'(x)$是单调递增的. 因此,

$$f'(1)>f'(\xi)>f'(0),$$

即

$$f'(1)>f(0)-f(1)>f'(0).$$

二、填空题

1. 设函数 $y=2^{x^2}$,则其单调递增区间为<u>$(0,+\infty)$</u>.

解　$y'=2^{x^2}\ln2\cdot 2x$. 当 $x>0$ 时,$y'>0$,所以单调递增区间为 $(0,+\infty)$.

2. 函数 $y=\dfrac{x}{\ln x}$的单调增加区间是<u>$(\mathrm{e},+\infty)$</u>.

解　$y'=\dfrac{\ln x-1}{\ln^2 x}$,当 $x>\mathrm{e}$ 时,$y'>0$,即函数是单调递增的.

3. 设函数 $f(x)$在 x_0 处的 $f'(x_0)=0$,$f''(x_0)<0$,则 $f(x_0)$是 $f(x)$的极<u>大</u>值.

4. 设 $y=2x^2+ax+3$ 在点 $x=1$ 处取得极小值,则 $a=$<u>-4</u>.

解　由题意,在 $x=1$ 处函数的导数为零,即

$$y'=4x+a=0,$$

所以 $a=-4x|_{x=1}=-4$.

5. 函数 $f(x)=\dfrac{1}{3}x^3-3x^2+9x$ 在区间$[0,4]$上的最大值点 $x=$<u>4</u>.

解　因为函数是可导的,所以最值可疑点是驻点和端点,令

$$f'(x)=x^2-6x+9=0,$$

解得驻点是 $x=3$. 又 $f(3)=9$,$f(0)=0$,$f(4)=\dfrac{28}{3}$,所以最大值点是

$x=4$.

6. 曲线 $y=x^3-3x+1$ 的拐点是$\underline{(0,1)}$.

解 $y'=3x^2-3$，$y''=6x$. 在 $x=0$ 的左右两边，y''是变号的，所以$(0,1)$是所求的拐点.

7. 曲线 $y=2x^3-3x^2+4x+5$ 的拐点是$\underline{\left(\frac{1}{2},6\frac{1}{2}\right)}$.

解 $y'=6x^2-6x+4$，$y''=12x-6=6(2x-1)$，在 $x=\frac{1}{2}$处，二阶导数是变号的，所以$\left(\frac{1}{2},6\frac{1}{2}\right)$是所求的拐点.

8. 函数 $y=\frac{x}{x^2+1}-3$ 的水平渐近线是$\underline{y=-3}$.

解 因为$\lim\limits_{x\to\infty}\left(\frac{x}{x^2+1}-3\right)=-3$，所以水平渐近线是 $y=-3$.

9. 曲线 $y=\frac{x}{2+x}$的垂直渐近线为$\underline{x=-2}$.

解 垂直渐近线只可能出现在函数的间断点上，注意到 $y=\frac{x}{2+x}$的间断点是 $x=-2$，且 $\lim\limits_{x\to-2}\frac{x}{2+x}=\infty$，所以垂直渐近线为 $x=-2$.

10. 函数 $y=x^3-3x^2+x+9$ 的凹区间是$\underline{(1,+\infty)}$.

解 $y'=3x^2-6x+1$，$y''=6x-6$. 令 $y''>0$ 得 $x>1$，即函数的凹区间是$(1,+\infty)$.

三、计算

1. 计算$\lim\limits_{x\to0}\frac{1-\cos x}{x+\sin x}$.

解 $\lim\limits_{x\to0}\frac{1-\cos x}{x+\sin x}=\lim\limits_{x\to0}\frac{\sin x}{1+\cos x}=0$.

2. 计算$\lim\limits_{x\to0}\frac{1+x-\mathrm{e}^x}{x^2}$.

解 $\lim\limits_{x\to0}\frac{1+x-\mathrm{e}^x}{x^2}=\lim\limits_{x\to0}\frac{1-\mathrm{e}^x}{2x}=\lim\limits_{x\to0}\frac{-\mathrm{e}^x}{2}=-\frac{1}{2}$.

3. 求$\lim\limits_{x\to 0}\dfrac{e^x-e^{-x}-2x}{x-\sin x}$.

解　$$\lim\limits_{x\to 0}\frac{e^x-e^{-x}-2x}{x-\sin x}=\lim\limits_{x\to 0}\frac{e^x+e^{-x}-2}{1-\cos x}$$
$$=\lim\limits_{x\to 0}\frac{e^x-e^{-x}}{\sin x}=\lim\limits_{x\to 0}\frac{e^x+e^{-x}}{\cos x}=\frac{1}{2}.$$

4. 求$\lim\limits_{x\to 0}(\dfrac{1}{x}-\dfrac{1}{e^x-1})$.

解　$$\lim\limits_{x\to 0}(\frac{1}{x}-\frac{1}{e^x-1})=\lim\limits_{x\to 0}\frac{e^x-1-x}{x(e^x-1)}=\lim\limits_{x\to 0}\frac{e^x-1-x}{x^2}$$
$$=\lim\limits_{x\to 0}\frac{e^x-1}{2x}=\lim\limits_{x\to 0}\frac{e^x}{2}=\frac{1}{2}.$$

5. 求$\lim\limits_{x\to 0^+}(\tan x)^x$.

解　$$\lim\limits_{x\to 0^+}(\tan x)^x=\lim\limits_{x\to 0^+}e^{x\ln\tan x}=\lim\limits_{x\to 0^+}e^{\frac{\ln\tan x}{1/x}}=\lim\limits_{x\to 0^+}e^{\frac{\frac{1}{\tan x}\sec^2 x}{-1/x^2}}$$
$$=\lim\limits_{x\to 0^+}e^{-\frac{x^2\cdot\cos x}{\sin x}\frac{1}{\cos^2 x}}==\lim\limits_{x\to 0^+}e^{-\frac{x^2}{x}\frac{1}{\cos x}}=e^0=1.$$

6. 求$\lim\limits_{x\to 0}(\dfrac{2^x+3^x+1}{3})^{\frac{1}{x}}$.

解　$$\lim\limits_{x\to 0}(\frac{2^x+3^x+1}{3})^{\frac{1}{x}}=\lim\limits_{x\to 0}e^{\frac{1}{x}\ln\frac{2^x+3^x+1}{3}}=\lim\limits_{x\to 0}e^{\frac{3(2^x\ln 2+3^x\ln 3)}{2^x+3^x+1}}$$
$$=e^{\ln 6}=6.$$

7. 求函数 $y=xe^{-x}$ 的单调增减区间和极值.

解　函数的一阶导数

$$f'(x)=e^{-x}(1-x),$$

驻点 $x=1$ 将定义域分成两个区间$(-\infty,1)$，$(1,+\infty)$. 列表

x	$(-\infty,1)$	1	$(1,+\infty)$
y'	+	0	−
y	↑	极大	↓

所以，函数的极大值为 $f(1)=\dfrac{1}{e}$. 函数的单调递增区间是$(-\infty,1)$，单调递减区间是$(1,+\infty)$.

8. 求函数 $y=\frac{\ln x}{x}$ 的单调区间、极值及此函数曲线的凹凸区间和拐点.

解 (1) 函数的定义域为 $(0,+\infty)$.

(2) 令 $y'=\frac{1-\ln x}{x^2}=0$，得 $x=e$；

令 $y''=\frac{2\ln x-3}{x^3}=0$，得 $x=e^{\frac{3}{2}}$.

(3) 下面列表讨论：

x	$(0,e)$	e	$(e,e^{3/2})$	$e^{3/2}$	$(e^{3/2},+\infty)$
y'	+	0	−	/	−
y''	−	/	−	0	+
y	↑∩	e^{-1} 极大	↓∩	$(e^{3/2},\ 3e^{-3/2}/2)$ 拐点	↓∪

所以函数的单调递增区间是 $(0,e)$，单调递减区间 $(e,e^{3/2})$，$(e^{3/2},+\infty)$，极大值是 e^{-1}；曲线的凹区间是 $(e^{3/2},+\infty)$，凸区间是 $(0,e)$ 和 $(e,e^{3/2})$，拐点是 $(e^{3/2},\ 3e^{-3/2}/2)$.

9. 已知曲线 $y=ax^3+bx^2+cx$ 上点 $(1,2)$ 处有水平切线，且原点为该曲线的拐点，求 a,b,c 的值，并写出该曲线的方程.

解 由题意知：$y(1)=2,y'(1)=0,y''(0)=0$，即

$$\begin{cases}a+b+c=2\\3a+2b+c=0,\\2b=0\end{cases}\quad 解得\quad\begin{cases}a=-1\\b=0\\c=3\end{cases}.$$

所以所求曲线为 $y=-x^3+3x$.

10. 已知某企业的总收入函数为 $R=26x-2x^2-4x^3$，总成本函数为 $C=8x+x^2$，其中 x 表示产量，求利润函数、边际收入函数、边际成本函数，以及企业获得最大利润时的产量和最大利润.

解 利润函数为：$L=R-C=18x-3x^2-4x^3$；

边际收入函数为：$R'=26-4x-12x^2$；

边际成本函数为：$C'=8+2x$.

由 $L'=18-6x-12x^2=0$，得惟一驻点 $x_1=1$（$x_2=-1.5$ 舍去）.

又 $L''|_{x=1}=(-6-24x)|_{x=1}=-30<0$，故当产量 $x=1$ 时有最大利润为

$$L|_{x=1}=(18x-3x^2-4x^3)|_{x=1}=11.$$

四、证明题

1. 当 $x>0$ 时，证明 $1+x\ln(x+\sqrt{1+x^2})>\sqrt{1+x^2}$.

证明 设 $f(x)=1+x\ln(x+\sqrt{1+x^2})-\sqrt{1+x^2}$，

$$f'(x)=\ln(x+\sqrt{1+x^2})+x\cdot\frac{1}{x+\sqrt{1+x^2}}\left(1+\frac{x}{\sqrt{1+x^2}}\right)-\frac{x}{\sqrt{1+x^2}}$$

$$=\ln(x+\sqrt{1+x^2})>0,\ x>0.$$

即 $f(x)$ 在 $[0,+\infty)$ 上单调增加. 从而当 $x>0$ 时，$f(x)>f(0)=0$，即

$$1+x\ln(x+\sqrt{1+x^2})>\sqrt{1+x^2}.$$

2. 对任意实数 x，证明不等式：$(1-x)e^x<1$.

解　设 $f(x)=(1-x)e^x-1$，则 $f'(x)=-xe^x$.

(1) 当 $x>0$，$f(x)$ 是单调递减的，所以 $f(x)<f(0)=0$，

(2) 当 $x<0$，$f(x)$ 是单调递增的，所以 $f(x)<f(0)=0$，

所以，结论成立.

3. 证明方程 $x^3-3x+1=0$ 在 $[-1,1]$ 上有且仅有一个实根.

证明　先证存在性，设辅助函数为

$$F(x)=x^3-3x+1,$$

则

$$F(-1)\cdot F(1)=3\cdot(-1)=-3<0,$$

由零点定理，$F(x)$ 在 $(-1,1)$ 上有一个实根.

下证唯一性. 因为

$$F'(x)=3x^2-3<0,x\in(-1,1),$$

即在 $[-1,1]$ 上，$F(x)$ 是单调递减的，所以根是唯一的.

四、自测题

一、单项选择题(每小题 2 分,共 16 分)

1. 下列函数在给定区间满足罗尔定理条件的是(　　).

A. $f(x)=\sin 2x$ 在$[0,\pi]$上

B. $f(x)=|x|$在$[-1,1]$上

C. $f(x)=\cos 3x$ 在$[0,\pi]$上

D. $f(x)=\sqrt{x^2-1}$在$[-2,2]$上

2. 下列函数中不能用洛必达法则的是(　　).

A. $\lim\limits_{x\to\infty}\dfrac{x-\sin x}{x+\sin x}$　　B. $\lim\limits_{x\to 0}(1+x)^{\frac{1}{x}}$

C. $\lim\limits_{x\to 0}\dfrac{1-\cos x}{x}$　　D. $\lim\limits_{x\to 0}\left(\dfrac{1}{x}-\dfrac{1}{e^x-1}\right)$

3. 设 $f(x)=x\sin x+\cos x$,下列命题中正确的是(　　)

A. $f(0)$是极大值,$f(\frac{\pi}{2})$是极小值

B. $f(0)$是极小值,$f(\frac{\pi}{2})$是极大值

C. $f(0)$是极大值,$f(\frac{\pi}{2})$也是极大值

D. $f(0)$是极小值,$f(\frac{\pi}{2})$也是极小值

4. 以下论断正确的是(　　).

A. 函数的极值点肯定是驻点

B. 驻点就是极值点

C. 若 $f'(x_0)=0, f''(x_0)=0$,则 x_0 肯定不是函数的极值点

D. 导数不存在的点和驻点是可能极值点

5. 设 $f(x)$在 $x=x_0$ 的附近二阶可导,$f'(x_0)=0$, $f''(x_0)>0$,则 $f(x)$在 $x=x_0$ 处有(　　).

A. 极大值　　B. 极小值

C. 对应着拐点　　　　D. 既非极值又非拐点

6. 若 $y=f(x)$在(a,b)内恒有 $f'(x)<0$, $f''(x)<0$,则曲线弧 $y=f(x)$在(a,b)内(　　).

A. 递增,凹的　　　　B. 递增,凸的

C. 递减,凹的　　　　D. 递减,凸的

7. 曲线 $y=(x-1)^2(x-3)^2$ 的拐点个数为(　　).

A. 0　　B. 1　　C. 2　　D. 3

8. 曲线 $y=\frac{1+e^{-x^2}}{1-e^{-x^2}}$(　　).

A. 没有渐近线

B. 仅有水平渐近线

C. 仅有垂直渐近线

D. 既有水平渐近线又有垂直渐近线

二、填空题(每空 2 分,共 20 分)

1. 函数 $y=x^3$ 在$[-1, 2]$上满足拉格朗日中值定理的 $\xi=$________.

2. $\lim\limits_{x\to 0}\frac{e^x\cos x-1}{\sin 2x}=$________.

3. $\lim\limits_{x\to 0^+}\left(\frac{1}{\sqrt{x}}\right)^{\tan x}=$________.

4. 函数 $y=2x+\frac{8}{x}$ $(x>0)$单调增加的区间是________.

5. 设 $f(x)=xe^x$,则 $f^{(n)}(x)$在点 $x=$________处取得极小值________.

6. 曲线 $y=e^{-x^2}$ 的凸区间为________.

7. 函数 $y=|\ln x|$的拐点为________.

8. 函数 $y=x^4-2x^2+5$ 在$[-2, 2]$上的最小值是________.

9. 曲线 $y=(2x-1)e^{\frac{1}{x}}$的斜渐近线方程为________.

三、计算题(每小题 7 分,共 42 分)

1. $\lim\limits_{x\to 0}\left(\cot x-\frac{1}{x}\right)$.

2. $\lim\limits_{x\to 0}(\sin 2x+\cos x)^{\frac{1}{x}}$.

3. $\lim\limits_{x\to -\infty}\left(\dfrac{\pi}{2}+\arctan x\right)^{\frac{1}{x}}$.

4. 求出函数的 $f(x)=1-(x-2)^{\frac{2}{3}}$ 极值.

5. 求曲线 $y=\dfrac{1}{x}+x^2$ 在拐点处的切线方程.

6. 求曲线 $y=x\ln(\mathrm{e}+\dfrac{1}{x})(x>0)$ 的渐近线方程.

四、应用题(每小题 8 分,共 16 分)

1. 求曲线 $y=\ln(1+x^2)$ 的凹凸区间和拐点.

2. 已知某厂生产 x 件产品的成本为

$$C(x)=25000+200x+\frac{1}{40}x^2(\text{元}),$$

问:(1)要使平均成本最小,应生产多少件产品?(2)若产品以每件 500 元出售,要使利润最大,应生产多少件产品?

五、证明题(本题 6 分)

证明:当 $x>0$ 时,$x-\dfrac{x^2}{2}<\ln(1+x)$.

第五章　不定积分

一、内容提要

1. 不定积分的概念与性质

(1)原函数的定义

如果在区间 I 上,可导函数 $F(x)$ 的导函数为 $f(x)$,即对任一 $x \in I$,都有

$$F'(x) = f(x) \quad 或 \quad dF(x) = f(x)dx,$$

那么函数 $F(x)$ 就称为 $f(x)$ 在区间 I 上的一个原函数.

(2) 原函数存在定理

连续函数一定有原函数.

(3) 不定积分的定义

在区间 I 上函数 $f(x)$ 的带有任意常数项的原函数 $F(x)+C$ 称为 $f(x)$ 在区间 I 上的不定积分,记作 $\int f(x)dx = F(x) + C$.

(4) 积分曲线

函数 $f(x)$ 的原函数的图形称为 $f(x)$ 的积分曲线.

(5) 微分运算与不定积分运算的关系

1) $\frac{d}{dx}[\int f(x)dx] = f(x)$ 或 $d[\int f(x)dx] = f(x)dx$;

2) $\int F'(x)dx = F(x) + C$ 或 $\int dF(x) = F(x) + C$.

(6) 不定积分的性质

1) $\int kf(x)dx = k\int f(x)dx$ (k 是常数,$k \neq 0$);

2) $\int[f(x)\pm g(x)]\mathrm{d}x=\int f(x)\mathrm{d}x\pm\int g(x)\mathrm{d}x$.

2. 积分公式表

(1) $\int k\mathrm{d}x=kx+C$ （k 是常数），

(2) $\int x^{\mu}\mathrm{d}x=\frac{x^{\mu+1}}{\mu+1}+C$ （$\mu\neq-1$），

(3) $\int\frac{\mathrm{d}x}{x}=\ln|x|+C$，

(4) $\int\frac{1}{1+x^2}\mathrm{d}x=\arctan x+C$，

(5) $\int\frac{\mathrm{d}x}{\sqrt{1-x^2}}=\arcsin x+C$，

(6) $\int\cos x\mathrm{d}x=\sin x+C$，

(7) $\int\sin x\mathrm{d}x=-\cos x+C$，

(8) $\int\frac{\mathrm{d}x}{\cos^2x}=\int\sec^2x\mathrm{d}x=\tan x+C$，

(9) $\int\frac{\mathrm{d}x}{\sin^2x}=\int\csc^2x\mathrm{d}x=-\cot x+C$，

(10) $\int\sec x\tan x\mathrm{d}x=\sec x+C$，

(11) $\int\csc x\cot x\mathrm{d}x=-\csc x+C$，

(12) $\int a^x\mathrm{d}x=\frac{a^x}{\ln a}+C$，

(13) $\int\mathrm{e}^x\mathrm{d}x=\mathrm{e}^x+C$，

(14) $\int\tan x\mathrm{d}x=-\ln|\cos x|+C=\ln|\sec x|+C$，

(15) $\int\cot x\mathrm{d}x=\ln|\sin x|+C=-\ln|\csc x|+C$，

(16) $\int \sec x \mathrm{d}x = \ln|\sec x + \tan x| + C$,

(17) $\int \csc x \mathrm{d}x = \ln|\csc x - \cot x| + C$,

(18) $\int \frac{\mathrm{d}x}{a^2 + x^2} = \frac{1}{a}\arctan\frac{x}{a} + C \quad (a > 0)$,

(19) $\int \frac{\mathrm{d}x}{x^2 - a^2} = \frac{1}{2a}\ln\left|\frac{x-a}{x+a}\right| + C \quad (a > 0)$,

(20) $\int \frac{\mathrm{d}x}{\sqrt{a^2 - x^2}} = \arcsin\frac{x}{a} + C \quad (a > 0)$,

(21) $\int \frac{\mathrm{d}x}{\sqrt{x^2 + a^2}} = \ln(x + \sqrt{x^2 + a^2}) + C \quad (a > 0)$,

(22) $\int \frac{\mathrm{d}x}{\sqrt{x^2 - a^2}} = \ln\left|x + \sqrt{x^2 - a^2}\right| + C \quad (a > 0)$.

3. 不定积分法

(1) 分项(直接)积分法

所谓分项积分法是指对被积函数直接或将其恒等变形后利用不定积分的性质及积分公式求不定积分的方法.

(2) 换元积分法

1) 第一换元法("凑"微分法)

设 $f(u)$ 具有原函数 $F(u)$, $u = \varphi(x)$ 可导,则有

$$\int f[\varphi(x)]\varphi'(x)\mathrm{d}x = \int f[\varphi(x)]\mathrm{d}[\varphi(x)]$$

$$\xlongequal{\text{设 } \varphi(x) = u} \int f(u)\mathrm{d}u = F(u) + C$$

$$\xlongequal{u = \varphi(x)} F[\varphi(x)] + C.$$

2) 第二换元法

设 $x = \psi(t)$ 是单调、可导函数,且 $\psi'(x) \neq 0$. 又设 $f[\psi(x)]\psi'(t)$ 具有原函数,则有

$$\int f(x)\mathrm{d}x \xlongequal{\text{令 } x = \psi(t)} \int f[\psi(t)]\psi'(t)\mathrm{d}t = F(t) + C = F[\psi^{-1}(x)] + C.$$

3）分部积分法

设函数 $u(x)$ 及 $v=v(x)$ 具有连续导数，则

$$\int uv'\mathrm{d}x = uv - \int u'v\mathrm{d}x \text{，或简写成} \int u\mathrm{d}v = uv - \int v\mathrm{d}u.$$

二、概念析疑

问 1　“若 $F'(x)=f(x)$，则称 $F(x)+C$（C 为任意常数）是 $f(x)$ 的不定积分”，这种说法是否正确？

答　这种说法不严密．按不定积分的定义，应涉及到区间，即，若对 $\forall x\in I$，都有 $F'(x)=f(x)$，则称 $F(x)+C$ 是 $f(x)$ 在区间 I 上的不定积分．一般情况下，区间 I 如果不写，就是指 $f(x)$ 的定义区间．

问 2　设函数 $f(x)$ 在区间 I 上有原函数，则 $f(x)$ 在 I 上就一定连续吗？

答　不一定．例如 $F(x)=\begin{cases} x^2\sin\dfrac{1}{x}, & x\neq 0 \\ 0, & x=0 \end{cases}$ 在 $(-\infty,+\infty)$ 内有

$$F'(x)=f(x)=\begin{cases} 2x\sin\dfrac{1}{x}-\cos\dfrac{1}{x}, & x\neq 0 \\ 0, & x=0 \end{cases},$$

故 $f(x)$ 在 $(-\infty,+\infty)$ 内有原函数 $F(x)$，但 $f(x)$ 在 $x=0$ 处不连续，而 $x=0$ 是 $f(x)$ 的第二类间断点．

一般地，可以证明：设 $f(x)$ 在区间 I 上有原函数 $F(x)$，若 $x_0\in I$ 是 $f(x)$ 的间断点，则 x_0 必为 $f(x)$ 的第二类间断点．

由此可见，有第二类间断点的函数不存在原函数；函数连续仅是原函数存在的充分条件而非必要条件．

问 3　在求同一不定积分的问题中，用两种不同的积分方法有时会得出不同形式的结果，是否有一种解法是错误的？

答　不是的．因为原函数之间可以相差一个常数，因此可能使

得两种方法所得结果的表达式在形式上不相同，其实只相差一个常数，实质上是相同的结果. 要判别结论是否正确，只须将所求的不定积分求导，看看是否等于被积函数.

问 4　运用分部积分法应该注意什么？

答　通过分部积分公式$\int u\mathrm{d}v = uv - \int v\mathrm{d}u$，分部积分法把求 uv' 的不定积分化为求 vu' 的不定积分，转化的目的是为使后者比前者更易求积分. 一般当被积函数可分解为五种基本初等函数（反三角函数、对数函数、幂函数、指数函数、三角函数）中的两种函数之积时，通常采用分部积分法. 正确使用分部积分法的关键在于正确选取 u 和 v'，经验次序是“反对幂三指”，即将前者选为 u，后者设为 v'.

三、习题详解

习题 5.1　不定积分的概念

1. 求下列不定积分：

(1) $\int x\sqrt{x}\,\mathrm{d}x$；　　(2) $\int \frac{1}{x^2\sqrt{x}}\mathrm{d}x$；

(3) $\int 3^x \mathrm{e}^x \mathrm{d}x$；　　(4) $\int x^2\sqrt[3]{x}\,\mathrm{d}x$.

解　(1) $\int x\sqrt{x}\,\mathrm{d}x = \int x^{\frac{3}{2}}\mathrm{d}x = \frac{1}{1+\frac{3}{2}}x^{\frac{3}{2}+1} + C = \frac{2}{5}x^{\frac{5}{2}} + C.$

(2) $\int \frac{1}{x^2\sqrt{x}}\mathrm{d}x = \int x^{-\frac{5}{2}}\mathrm{d}x = \frac{1}{1-\frac{5}{2}}x^{-\frac{5}{2}+1} + C = -\frac{2}{3}x^{-\frac{3}{2}} + C.$

(3) $\int 3^x \mathrm{e}^x \mathrm{d}x = \int (3\mathrm{e})^x \mathrm{d}x = \frac{1}{\ln(3\mathrm{e})}(3\mathrm{e})^x + C = \frac{3^x\mathrm{e}^x}{1+\ln 3} + C.$

(4) $\int x^2\sqrt[3]{x}\,\mathrm{d}x = \int x^{\frac{7}{3}}\mathrm{d}x = \frac{1}{1+\frac{7}{3}}x^{\frac{7}{3}+1} + C = \frac{3}{10}x^{\frac{10}{3}} + C.$

2. 证明函数$(e^x+e^{-x})^2$和$(e^x-e^{-x})^2$都是同一函数的原函数.

证 因为

$$[(e^x+e^{-x})^2]'=2(e^x+e^{-x})[e^x+e^{-x}(-1)]=2(e^{2x}-e^{-2x}),$$

$$[(e^x-e^{-x})^2]'=2(e^x-e^{-x})[e^x-e^{-x}(-1)]=2(e^{2x}-e^{-2x}),$$

所以,由原函数的定义知,函数$(e^x+e^{-x})^2$和$(e^x-e^{-x})^2$都是同一函数的原函数.

3. 已知$f(x)$的一个原函数为$\frac{1}{x}$,求$f'(x)$.

解 由原函数的定义知

$$f(x)=(\frac{1}{x})'=-\frac{1}{x^2},$$

所以

$$f'(x)=(-\frac{1}{x^2})'=\frac{2}{x^3}.$$

4. 若$\int f(x)\mathrm{d}x=\frac{x+1}{x-1}+C$,求$f(x)$.

解 由题设知$\frac{x+1}{x-1}$是$f(x)$的一个原函数,所以

$$f(x)=(\frac{x+1}{x-1})'=\frac{(x-1)-(x+1)}{(x-1)^2}=-\frac{2}{(x-1)^2}.$$

5. 一曲线通过点$(e^2,3)$,且在任一点处的切线斜率等于该点横坐标的倒数,求该曲线方程.

解 设所求曲线方程为$y=f(x)$,由题设,曲线上任一点(x,y)处的切线斜率为$f'(x)=\frac{1}{x}$,所以

$$y=f(x)=\int f'(x)\mathrm{d}x=\int\frac{1}{x}\mathrm{d}x=\ln|x|+C,$$

因为曲线经过点$(e^2,3)$,即$y(e^2)=3$,由此得$C=1$.

于是,所求曲线方程为$y=\ln|x|+1$.

6. 已知一条曲线上任一点的切线斜率与该点的横坐标成正比,又知曲线经过点$(1,3)$,并且这一点处的切线的倾角为45^0,求此曲线方程.

解　设所求曲线方程为 $y=f(x)$. 由题设知，在曲线上任一点 $(x,\ y)$ 处的切线斜率为

$$y'=kx.$$

由 $y'(1)=\tan 45^{\circ}=1$ 得 $k=1$，于是

$$y=\int y'\mathrm{d}x=\int x\mathrm{d}x=\frac{1}{2}x^{2}+C.$$

又因曲线经过点 $(1,\ 3)$，即 $y(1)=3$，由此得 $C=\frac{5}{2}$. 所以，所求曲线方程为

$$y=\frac{1}{2}x^{2}+\frac{5}{2}.$$

习题 5.2　不定积分的运算法则

1. 求下列不定积分：

(1) $\int(x-2)^{2}\mathrm{d}x$；　(2) $\int\frac{x-9}{\sqrt{x}+3}\mathrm{d}x$；

(3) $\int\frac{x^{2}}{1+x^{2}}\mathrm{d}x$；　(4) $\int\left(\frac{3}{1+x^{2}}-\frac{2}{\sqrt{1-x^{2}}}\right)\mathrm{d}x$；

(5) $\int\left(2\mathrm{e}^{x}+\frac{3}{x}\right)\mathrm{d}x$；　(6) $\int\mathrm{e}^{x+1}\mathrm{d}x$；

(7) $\int\left(1-\frac{1}{x^{2}}\right)\sqrt{x\sqrt{x}}\,\mathrm{d}x$；　(8) $\int\frac{2\cdot 3^{x}-5\cdot 2^{x}}{3^{x}}\mathrm{d}x$；

(9) $\int\sec x(\sec x-\tan x)\mathrm{d}x$；　(10) $\int\cos^{2}\frac{x}{2}\mathrm{d}x$；

(11) $\int\frac{1}{1+\cos 2x}\mathrm{d}x$；　(12) $\int\frac{\cos 2x}{\sin^{2}x\cos^{2}x}\mathrm{d}x$；

(13) $\int\frac{1}{x^{2}(1+x^{2})}\mathrm{d}x$；　(14) $\int\frac{1+2x^{2}}{x^{2}(1+x^{2})}\mathrm{d}x$.

解　(1) $\int(x-2)^{2}\mathrm{d}x=\int(x^{2}-4x+4)\mathrm{d}x$

$$=\int x^{2}\mathrm{d}x-4\int x\mathrm{d}x+4\int\mathrm{d}x$$

$$=\frac{1}{3}x^3-2x^2+4x+C.$$

(2) $\int\frac{x-9}{\sqrt{x}-3}dx=\int\frac{(\sqrt{x}+3)(\sqrt{x}-3)}{\sqrt{x}-3}dx=\int(\sqrt{x}+3)dx$

$$=\int\sqrt{x}dx+3\int dx=\frac{2}{3}x^{\frac{3}{2}}+3x+C.$$

(3) $\int\frac{x^2}{1+x^2}dx=\int\frac{(1+x^2)-1}{1+x^2}dx=\int(1-\frac{1}{1+x^2})dx$

$$=\int dx-\int\frac{1}{1+x^2}dx=x-\arctan x+C.$$

(4) $\int(\frac{3}{1+x^2}-\frac{2}{\sqrt{1-x^2}})dx=3\int\frac{1}{1+x^2}dx-2\int\frac{1}{\sqrt{1-x^2}}dx$

$$=3\arctan x-2\arcsin x+C.$$

(5) $\int(2e^x+\frac{3}{x})dx=2\int e^x dx+3\int\frac{1}{x}dx=2e^x+3\ln|x|+C.$

(6) $\int e^{x+1}dx=\int e^x\cdot e dx=e\int e^x dx=e\int e^x dx=e\cdot e^x+C.$

(7) $\int(1-\frac{1}{x^2})\sqrt{x\sqrt{x}}\,dx=\int(1-\frac{1}{x^2})x^{\frac{3}{4}}dx=\int x^{\frac{3}{4}}dx-\int x^{-\frac{5}{4}}dx$

$$=\frac{4}{7}x^{\frac{7}{4}}+4x^{-\frac{1}{4}}+C.$$

(8) $\int\frac{2\cdot 3^x-5\cdot 2^x}{3^x}dx=2\int dx-5\int(\frac{2}{3})^x dx$

$$=2x-\frac{5}{\ln\frac{2}{3}}(\frac{2}{3})^x+C.$$

(9) $\int\sec x(\sec x-\tan x)dx=\int\sec^2 x dx-\int\sec x\tan x dx$

$$=\tan x-\sec x+C.$$

(10) $\int\cos^2\frac{x}{2}dx=\int\frac{1+\cos x}{2}dx=\frac{1}{2}\int dx+\frac{1}{2}\int\cos x dx$

$$=\frac{1}{2}x+\frac{1}{2}\sin x+C.$$

(11) $\int \frac{1}{1+\cos 2x}\mathrm{d}x = \int \frac{1}{2\cos^2 x}\mathrm{d}x = \frac{1}{2}\int \sec^2 x\mathrm{d}x = \frac{1}{2}\tan x + C.$

(12) $$\begin{aligned}\int \frac{\cos 2x}{\cos^2 x\sin^2 x}\mathrm{d}x &= \int \frac{\cos^2 x - \sin^2 x}{\cos^2 x\sin^2 x}\mathrm{d}x \\ &= \int \frac{1}{\sin^2 x}\mathrm{d}x - \int \frac{1}{\cos^2 x}\mathrm{d}x \\ &= \int \csc^2 x\mathrm{d}x - \int \sec^2 x\mathrm{d}x \\ &= -\cot x - \tan x + C.\end{aligned}$$

(13) $$\begin{aligned}\int \frac{1}{x^2(1+x^2)}\mathrm{d}x &= \int \frac{(1+x^2)-x^2}{x^2(1+x^2)}\mathrm{d}x \\ &= \int \frac{1}{x^2}\mathrm{d}x - \int \frac{1}{1+x^2}\mathrm{d}x \\ &= -\frac{1}{x} - \arctan x + C.\end{aligned}$$

(14) $$\begin{aligned}\int \frac{1+2x^2}{x^2(1+x^2)}\mathrm{d}x &= \int \frac{(1+x^2)+x^2}{x^2(1+x^2)}\mathrm{d}x \\ &= \int \frac{1}{x^2}\mathrm{d}x + \int \frac{1}{1+x^2}\mathrm{d}x \\ &= \frac{1}{x} + \arctan x + C.\end{aligned}$$

2. 已知函数 $y = f(x)$ 的导数为 $x+2$，且当 $x = 2$ 时 $y = 5$，求这个函数.

解　$y = \int y'\mathrm{d}x = \int (x+2)\mathrm{d}x = \frac{1}{2}x^2 + 2x + C,$

由 $y(2) = 5$ 得 $C = -1$，于是所求为

$$y = f(x) = \frac{1}{2}x^2 + 2x - 1.$$

3. 已知 $f'(\sin^2 x) = \cos^2 x$，求 $f(x)$.

解　由 $f'(\sin^2 x) = \cos^2 x = 1 - \sin^2 x$ 得 $f'(x) = 1 - x$. 所以，

$$f(x) = \int f'(x)\mathrm{d}x = \int (1-x)\mathrm{d}x = x - \frac{1}{2}x^2 + C.$$

4. 已知某产品产量的变化率是时间 t 的函数 $f(t) = a - be^t$ (a,

b 是常数)，设此产品 t 时的产量函数为 $Q(t)$，已知 $Q(0)=0$，求 $Q(t)$.

解 由题设知 $Q'(t)=f(t)=a-be^t$，所以

$$Q(t)=\int Q'(t)\mathrm{d}t=\int(a-be^t)\mathrm{d}t=at-be^t+C.$$

由 $Q(0)=0$ 得 $C=b$. 于是，所求产量函数 $Q(t)=at-be^t+b$.

5. 设生产某产品 Q 件的总成本函数为 $C(Q)$，已知固定成本(即 $C(0)$)为 30 元，边际成本函数为 $C'(Q)=3Q+5$(元/件)，求总成本函数 $C(Q)$.

解 $C(Q)=\int C'(Q)\mathrm{d}Q=\int(3Q+5)\mathrm{d}Q=\frac{3}{2}Q^2+5Q+C.$

由 $C(0)=30$ 得 $C=30$. 所以

$$C(Q)=\frac{3}{2}Q^2+5Q+30.$$

6. 设某产品的边际收入 $R'(x)=200-\frac{x}{50}$(元/单位)，其中 x 是产品的销售量. 求销售该产品 2000 个单位时的总收入和平均单位收入.

解 $R(x)=\int R'(x)\mathrm{d}x=\int\left(200-\frac{x}{50}\right)\mathrm{d}x=200x-\frac{x^2}{100}+C.$

由 $R(0)=0$ 得 $C=0$. 所以，总收入函数为 $R(x)=200x-\frac{x^2}{100}$.

而

$$R(2000)=200\times2000-\frac{2000^2}{100}=360000,$$

$$\overline{R}(2000)=\frac{R(2000)}{2000}=180.$$

习题 5.3 换元积分法

1. 在下面各式等号的空白处填入适当系数，使等式成立(例如 $\mathrm{d}x=\frac{1}{4}\mathrm{d}(4x+7)$)：

(1) $\mathrm{d}x=$ ______ $\mathrm{d}(ax+b)$；

(2) $x\mathrm{d}x=$ ______ $\mathrm{d}(1-x^2)$;

(3) $x^3\mathrm{d}x=$ ______ $\mathrm{d}(3x^4-2)$;

(4) $\mathrm{e}^{2x}\mathrm{d}x=$ ______ $\mathrm{d}(\mathrm{e}^{2x})$;

(5) $\mathrm{e}^{-\frac{x}{2}}\mathrm{d}x=$ ______ $\mathrm{d}(1+\mathrm{e}^{-\frac{x}{2}})$;

(6) $\sin\frac{x}{2}\mathrm{d}x=$ ______ $\mathrm{d}(\cos\frac{x}{2})$;

(7) $\sin2x\mathrm{d}x=$ ______ $\mathrm{d}(\sin^2x)$;

(8) $\sin2x\mathrm{d}x=$ ______ $\mathrm{d}(\cos^2x)$;

(9) $\frac{1}{x}\mathrm{d}x=$ ______ $\mathrm{d}(3-5\ln x)$;

(10) $\frac{1}{1+9x^2}\mathrm{d}x=$ ______ $\mathrm{d}(\arctan3x)$;

(11) $\frac{1}{\sqrt{1-x^2}}\mathrm{d}x=$ ______ $\mathrm{d}(\arccos x)$;

(12) $\sec^2 3x\mathrm{d}x=$ ______ $\mathrm{d}(\tan3x)$.

解 (1) $\frac{1}{a}$; (2) $-\frac{1}{2}$; (3) $\frac{1}{12}$; (4) $\frac{1}{2}$;

(5) -2; (6) -2; (7) 1; (8) -1;

(9) $-\frac{1}{5}$; (10) $\frac{1}{3}$; (11) -1; (12) $\frac{1}{3}$.

2. 求下列不定积分:

(1) $\int\mathrm{e}^{5x}\mathrm{d}x$; (2) $\int(3-2x)^3\mathrm{d}x$;

(3) $\int\frac{1}{1-2x}\mathrm{d}x$; (4) $\int\frac{1}{(2x-3)^2}\mathrm{d}x$;

(5) $\int\frac{x}{x^2+2}\mathrm{d}x$; (6) $\int\frac{x}{\sqrt{2-3x^2}}\mathrm{d}x$;

(7) $\int\frac{3x^3}{1-x^4}\mathrm{d}x$; (8) $\int x\mathrm{e}^{-x^2}\mathrm{d}x$;

(9) $\int\tan^{10}x\sec^2x\mathrm{d}x$; (10) $\int\cos^2 3x\mathrm{d}x$;

(11) $\int\frac{\sin\sqrt{x}}{\sqrt{x}}\mathrm{d}x$; (12) $\int\frac{1}{x^2}\sin\frac{1}{x}\mathrm{d}x$;

(13) $\int \frac{e^{\frac{1}{x}}}{x^2}dx$；　　(14) $\int \frac{1}{x\ln x}dx$；

(15) $\int \frac{\sin x}{\cos^3 x}dx$；　　(16) $\int \tan^3 x\sec x dx$；

(17) $\int \frac{x^3+\ln^3 x}{x}dx$；　　(18) $\int e^{e^x+x}dx$；

(19) $\int \frac{10^{2\arccos x}}{\sqrt{1-x^2}}dx$；　　(20) $\int \frac{4\arctan x - x}{1+x^2}dx$；

(21) $\int \frac{\cos x}{4+\sin^2 x}dx$；　　(22) $\int \cos^3 x dx$；

(23) $\int \frac{2x-1}{\sqrt{1-x^2}}dx$；　　(24) $\int \frac{dx}{(x+1)(x-2)}$；

(25) $\int \frac{dx}{4-x^2}$；　　(26) $\int \sin 2x\cos 3x dx$；

(27) $\int \frac{dx}{1+\sqrt{2x}}$；　　(28) $\int \frac{dx}{1+\sqrt[3]{x+1}}$；

(29) $\int \frac{dx}{x\sqrt{x-1}}$；　　(30) $\int \frac{x}{\sqrt{2-3x}}dx$；

(31) $\int x\sqrt{1+x}dx$；　　(32) $\int \sqrt{e^x+1}dx$；

(33) $\int \frac{x^2}{\sqrt{1-x^2}}dx$；　　(34) $\int \frac{dx}{x\sqrt{x^2-1}}$；

(35) $\int \frac{dx}{\sqrt{(x^2+1)^3}}$；　　(36) $\int \frac{dx}{x\sqrt{4-x^2}}$；

(37) $\int \frac{dx}{4+9x^2}$；　　(38) $\int \frac{2x+1}{x^2-2x+3}dx$.

解　(1) $\int e^{5x}dx = \frac{1}{5}\int e^{5x}d(5x) = \frac{1}{5}e^{5x}+C$.

(2) $\int (3-2x)^3 dx = -\frac{1}{2}\int (3-2x)^3 d(3-2x) = -\frac{1}{8}(3-2x)^4+C$.

(3) $\int \frac{1}{1-2x}dx = -\frac{1}{2}\int \frac{1}{1-2x}d(1-2x) = -\frac{1}{2}\ln|1-2x|+C$.

(4) $\int \frac{\mathrm{d}x}{(2x-3)^2} = \frac{1}{2}\int \frac{\mathrm{d}(2x-3)}{(2x-3)^2} = -\frac{1}{2(2x-3)} + C.$

(5) $\int \frac{x}{x^2+2}\mathrm{d}x = \frac{1}{2}\int \frac{1}{x^2+2}\mathrm{d}(x^2+2) = \frac{1}{2}\ln(x^2+2) + C.$

(6) $\int \frac{x}{\sqrt{2-3x^2}}\mathrm{d}x = -\frac{1}{6}\int \frac{1}{\sqrt{2-3x^2}}\mathrm{d}(2-3x^2)$

$= -\frac{1}{6}\cdot 2\sqrt{2-3x^2} + C = -\frac{1}{3}\sqrt{2-3x^2} + C.$

(7) $\int \frac{3x^3}{1-x^4}\mathrm{d}x = -\frac{3}{4}\int \frac{1}{1-x^4}\mathrm{d}(1-x^4) = -\frac{3}{4}\ln|1-x^4| + C.$

(8) $\int x\mathrm{e}^{-x^2}\mathrm{d}x = -\frac{1}{2}\int \mathrm{e}^{-x^2}\mathrm{d}(-x^2) = -\frac{1}{2}\mathrm{e}^{-x^2} + C.$

(9) $\int \tan^{10}x\sec^2 x\mathrm{d}x = \int \tan^{10}x\mathrm{d}(\tan x) = \frac{1}{11}\tan^{11}x + C.$

(10) $\int \cos^2 3x\mathrm{d}x = \frac{1}{2}\int (1+\cos 6x)\mathrm{d}x = \frac{1}{2}\int \mathrm{d}x + \frac{1}{12}\int \cos 6x\mathrm{d}(6x)$

$= \frac{1}{2}x + \frac{1}{12}\sin 6x + C.$

(11) $\int \frac{\sin\sqrt{x}}{\sqrt{x}}\mathrm{d}x = 2\int \sin\sqrt{x}\mathrm{d}(\sqrt{x}) = -2\cos\sqrt{x} + C.$

(12) $\int \frac{1}{x^2}\sin\frac{1}{x}\mathrm{d}x = -\int \sin\frac{1}{x}\mathrm{d}(\frac{1}{x}) = \cos\frac{1}{x} + C.$

(13) $\int \frac{\mathrm{e}^{\frac{1}{x}}}{x^2}\mathrm{d}x = -\int \mathrm{e}^{\frac{1}{x}}\mathrm{d}(\frac{1}{x}) = -\mathrm{e}^{\frac{1}{x}} + C.$

(14) $\int \frac{1}{x\ln x}\mathrm{d}x = \int \frac{1}{\ln x}\mathrm{d}(\ln x) = \ln|\ln x| + C.$

(15) $\int \frac{\sin x}{\cos^3 x}\mathrm{d}x = -\int \frac{1}{\cos^3 x}\mathrm{d}(\cos x) = -\frac{1}{1-3}\cos^{-3+1} + C$

$= \frac{1}{2}\cos^{-2}x + C = \frac{1}{2}\sec^2 x + C.$

(16) $\int \tan^3 x\sec x\mathrm{d}x = \int \tan^2 x\cdot\tan x\sec x\mathrm{d}x$

$= \int (\sec^2 x - 1)\mathrm{d}(\sec x)$

$$= \frac{1}{3}\sec^3 x - \sec x + C.$$

(17) $\int \frac{x^3 + \ln^3 x}{x} dx = \int x^2 dx + \int \frac{\ln^3 x}{x} dx = \frac{1}{3}x^3 + \int \ln^3 x d(\ln x)$

$$= \frac{1}{3}x^3 + \frac{1}{4}\ln^4 x + C.$$

(18) $\int e^{e^x + x} dx = \int e^{e^x} \cdot e^x dx = \int e^{e^x} d(e^x) = e^{e^x} + C.$

(19) $\int \frac{10^{2\arccos x}}{\sqrt{1 - x^2}} dx = -\frac{1}{2}\int 10^{2\arccos x} d(2\arccos x)$

$$= -\frac{1}{2\ln 10} 10^{2\arccos x} + C.$$

(20) $\int \frac{4\arctan x - x}{1 + x^2} dx = 4\int \frac{\arctan x}{1 + x^2} dx - \int \frac{x}{1 + x^2} dx$

$$= 4\int \arctan x d(\arctan x) - \frac{1}{2}\int \frac{1}{1 + x^2} d(1 + x^2)$$

$$= 2(\arctan x)^2 - \frac{1}{2}\ln(1 + x^2) + C.$$

(21) $\int \frac{\cos x}{4 + \sin^2 x} dx = \int \frac{1}{2^2 + \sin^2 x} d(\sin x) = \frac{1}{2}\arctan \frac{\sin x}{2} + C.$

(22) $\int \cos^3 x dx = \int \cos^2 x \cdot \cos x dx = \int (1 - \sin^2 x) d(\sin x)$

$$= \sin x - \frac{1}{3}\sin^3 x + C.$$

(23) $\int \frac{2x - 1}{\sqrt{1 - x^2}} dx = \int \frac{2x}{\sqrt{1 - x^2}} dx - \int \frac{1}{\sqrt{1 - x^2}} dx$

$$= -\int \frac{1}{\sqrt{1 - x^2}} d(1 - x^2) - \arcsin x + C$$

$$= -2\sqrt{1 - x^2} - \arcsin x + C.$$

(24) **法 1** $\int \frac{1}{(x + 1)(x - 2)} dx$

$$= \frac{1}{3}\int \left(\frac{1}{x - 2} - \frac{1}{x + 1}\right) dx$$

$$= \frac{1}{3}\left[\int \frac{1}{x-2}dx - \int \frac{1}{x+1}dx\right]$$

$$= \frac{1}{3}\left[\int \frac{1}{x-2}d(x-2) - \int \frac{1}{x+1}d(x+1)\right]$$

$$= \frac{1}{3}[\ln|x-2| - \ln|x+1|] + C$$

$$= \frac{1}{3}\ln\left|\frac{x-2}{x+1}\right| + C.$$

法 2 $\int \frac{1}{(x+1)(x-2)}dx = \int \frac{1}{x^2-x-2}dx$

$$= \int \frac{1}{(x-\frac{1}{2})^2 - (\frac{3}{2})^2}d(x-\frac{1}{2})$$

$$= \frac{1}{2\times\frac{3}{2}}\ln\left|\frac{x-\frac{1}{2}-\frac{3}{2}}{x-\frac{1}{2}+\frac{3}{2}}\right| + C$$

$$= \frac{1}{3}\ln\left|\frac{x-2}{x+1}\right| + C.$$

(25) $\int \frac{dx}{4-x^2} = \int \frac{dx}{2^2-x^2} = \frac{1}{2\times 2}\ln\left|\frac{x+2}{x-2}\right| + C$

$$= \frac{1}{4}\ln\left|\frac{x+2}{x-2}\right| + C.$$

(26) $\int \sin 2x\cos 3x dx = \int \frac{1}{2}[\sin(2x+3x) + \sin(2x-3x)]dx$

$$= \frac{1}{2}\int \sin 5x dx - \frac{1}{2}\int \sin x dx$$

$$= \frac{1}{10}\int \sin 5x d(5x) + \frac{1}{2}\cos x$$

$$= -\frac{1}{10}\cos 5x + \frac{1}{2}\cos x + C.$$

(27) $\int \frac{1}{1+\sqrt{2x}}dx \xlongequal{\sqrt{2x}=t} \int \frac{1}{1+t}\cdot t dt = \int (1-\frac{1}{1+t})dt$

$$= t - \ln|1+t| + C = \sqrt{2x} - \ln(1+\sqrt{2x}) + C.$$

(28) $\int \frac{1}{1+\sqrt[3]{x+1}}dx$

$$\xlongequal{\sqrt[3]{x+1}=t} \int \frac{1}{1+t}\cdot 3t^2 dt = 3\int \frac{(t^2-1)+1}{1+t}dt$$

$$= 3\int (t-1+\frac{1}{1+t})dt = 3(\frac{1}{2}t^2 - t + \ln|t+1|) + C$$

$$= \frac{3}{2}(x+1)^{\frac{2}{3}} - 3(x+1)^{\frac{1}{3}} + 3\ln|\sqrt[3]{x+1}+1| + C.$$

(29) $\int \frac{dx}{x\sqrt{x-1}} \xlongequal{\sqrt{x-1}=t} \int \frac{1}{(t^2+1)\cdot t}\cdot 2tdt = 2\int \frac{1}{t^2+1}dt$

$$= 2\arctan t + C = 2\arctan\sqrt{x-1} + C.$$

(30) $\int \frac{x}{\sqrt{2-3x}}dx \xlongequal{\sqrt{2-3x}=t} \int \frac{\frac{1}{3}(2-t^2)}{t}\cdot(-\frac{2}{3}tdt)$

$$= \frac{2}{9}\int (t^2-1)dt = \frac{2}{9}(\frac{1}{3}t^3 - 2t) + C$$

$$= \frac{2}{27}(2-3x)^{\frac{3}{2}} - \frac{4}{9}\sqrt{2-3x} + C.$$

(31) $\int x\sqrt{1+x}dx \xlongequal{\sqrt{1+x}=t} \int (t^2-1)t\cdot 2tdt$

$$= 2\int (t^4 - t^2)dt = 2(\frac{1}{5}t^5 - \frac{1}{3}t^3) + C$$

$$= \frac{2}{5}(1+x)^{\frac{5}{2}} - \frac{2}{3}(1+x)^{\frac{3}{2}} + C.$$

(32) $\int \sqrt{e^x+1}dx \xlongequal{\sqrt{e^x+1}=t} \int t\cdot\frac{2t}{t^2-1}dt = 2\int (1+\frac{1}{t^2-1})dt$

$$= 2(t + \frac{1}{2}\ln|\frac{t-1}{t+1}|) + C$$

$$= 2\sqrt{e^x+1} + \ln\frac{\sqrt{e^x+1}-1}{\sqrt{e^x+1}+1} + C.$$

(33) $\int \frac{x^2}{\sqrt{1-x^2}}dx \xlongequal{x=\sin t} \int \frac{\sin^2 t}{\cos t}\cdot\cos t dt = \frac{1}{2}\int (1-\cos 2t)dt$

$$= \frac{1}{2}\int dt - \frac{1}{4}\int \cos 2t dt = \frac{1}{2}t - \frac{1}{4}\sin 2t + C$$

$$= \frac{1}{2}t - \frac{1}{2}\sin t\cos t + C$$

$$= \frac{1}{2}\arcsin x - \frac{1}{2}x\sqrt{1-x^2} + C.$$

(34) $\int \frac{1}{x\sqrt{x^2-1}}dx \xlongequal{x=\sec t} \int \frac{1}{\sec t\tan t}\cdot \sec t\tan t dt = \int dt$

$$= t + C = \arccos\frac{1}{x} + C.$$

(35) $\int \frac{1}{\sqrt{(x^2+1)^3}}dx \xlongequal{x=\tan t} \int \frac{1}{\sec^3 t}\cdot \sec^2 t dt = \int \cos t dt$

$$= \sin t + C = \frac{x}{\sqrt{x^2+1}} + C.$$

(36) $\int \frac{1}{x\sqrt{4-x^2}}dx \xlongequal{x=2\sin t} \int \frac{1}{2\sin t\cdot 2\cos t}\cdot 2\cos t dt$

$$= \int \frac{1}{2\sin t}dt = \frac{1}{2}\ln|\csc t - \cot t| + C$$

$$= \frac{1}{2}\ln\left|\frac{2}{x} - \frac{\sqrt{4-x^2}}{x}\right| + C$$

$$= \frac{1}{2}\ln\left|\frac{2-\sqrt{4-x^2}}{x}\right| + C.$$

(37) $\int \frac{1}{4+9x^2}dx = \frac{1}{3}\int \frac{1}{2^2+(3x)^2}d(3x) = \frac{1}{3}\cdot\frac{1}{2}\arctan\frac{3x}{2} + C$

$$= \frac{1}{6}\arctan\frac{3x}{2} + C.$$

(38) $\int \frac{2x+1}{x^2-2x+3}dx = \int \frac{2x-2}{x^2-2x+3}dx + 3\int \frac{1}{x^2-2x+3}dx$

$$= \int \frac{d(x^2-2x+3)}{x^2-2x+3} + 3\int \frac{d(x-1)}{(x-1)^2+(\sqrt{2})^2}$$

$$= \ln|x^2-2x+3| + \frac{3}{\sqrt{2}}\arctan\frac{x-1}{\sqrt{2}} + C.$$

习题 5.4　分部积分法

1. 求下列不定积分：

(1) $\int x\sin 2x\mathrm{d}x$；　　(2) $\int x\mathrm{e}^{-x}\mathrm{d}x$；

(3) $\int \arccos x\mathrm{d}x$；　　(4) $\int \ln^2 x\mathrm{d}x$；

(5) $\int x^2\ln x\mathrm{d}x$；　　(6) $\int \arctan\sqrt{x}\mathrm{d}x$；

(7) $\int x\ln(x-1)\mathrm{d}x$；　　(8) $\int \frac{x}{\sin^2 x}\mathrm{d}x$；

(9) $\int \cos(\ln x)\mathrm{d}x$；　　(10) $\int \mathrm{e}^{\sqrt[3]{x}}\mathrm{d}x$；

(11) $\int \frac{\arctan x}{x^2}\mathrm{d}x$；　　(12) $\int \frac{\ln x}{(1-x)^2}\mathrm{d}x$；

(13) $\int \frac{\arctan \mathrm{e}^x}{\mathrm{e}^x}\mathrm{d}x$；　　(14) $\int \mathrm{e}^{2x}\sin^2 x\mathrm{d}x$；

(15) $\int \ln(x+\sqrt{1+x^2})\mathrm{d}x$；　　(16) $\int (\arcsin x)^2\mathrm{d}x$.

解　(1) $\int x\sin 2x\mathrm{d}x=\frac{1}{2}\int x\sin 2x\mathrm{d}(2x)=-\frac{1}{2}\int x\mathrm{d}(\cos 2x)$

$$=-\frac{1}{2}x\cos 2x+\frac{1}{2}\int \cos 2x\mathrm{d}x$$

$$=-\frac{1}{2}x\cos 2x+\frac{1}{4}\int \cos 2x\mathrm{d}(2x)$$

$$=-\frac{1}{2}x\cos 2x+\frac{1}{4}\sin 2x+C.$$

(2) $\int x\mathrm{e}^{-x}\mathrm{d}x=-\int x\mathrm{d}(\mathrm{e}^{-x})=-x\mathrm{e}^{-x}+\int \mathrm{e}^{-x}\mathrm{d}x$

$$=-x\mathrm{e}^{-x}-\mathrm{e}^{-x}+C=-(x+1)\mathrm{e}^{-x}+C.$$

(3) $\int \arccos x\mathrm{d}x=x\arccos x-\int x\mathrm{d}(\arccos x)$

$$=x\arccos x-\int x\left(-\frac{1}{\sqrt{1-x^2}}\right)\mathrm{d}x$$

$$= x\arccos x - \frac{1}{2}\int \frac{1}{\sqrt{1-x^2}}d(1-x^2)$$

$$= x\arccos x - \sqrt{1-x^2} + C.$$

(4) $\int \ln^2 x dx = x\ln^2 x - \int x d(\ln^2 x)$

$$= x\ln^2 x - \int x \cdot 2\ln x \cdot \frac{1}{x}dx$$

$$= x\ln^2 x - 2\int \ln x dx$$

$$= x\ln^2 x - 2x\ln x + 2\int x \cdot \frac{1}{x}dx$$

$$= x\ln^2 x - 2x\ln x + 2x + C.$$

(5) $\int x^2 \ln x dx = \frac{1}{3}\int \ln x d(x^3) = \frac{1}{3}x^3\ln x - \frac{1}{3}\int x^3 \cdot \frac{1}{x}dx$

$$= \frac{1}{3}x^3\ln x - \frac{1}{9}x^3 + C.$$

(6) $\int \arctan\sqrt{x}\,dx \xlongequal{\sqrt{x}=t} \int \arctan t\, d(t^2)$

$$= t^2\arctan t - \int t^2 \cdot \frac{1}{1+t^2}dt$$

$$= t^2\arctan t - \int (1 - \frac{1}{1+t^2})dt$$

$$= t^2\arctan t - t + \arctan t + C$$

$$= (t^2+1)\arctan t - t + C$$

$$= (x+1)\arctan\sqrt{x} - \sqrt{x} + C.$$

(7) $\int x\ln(x-1)dx = \frac{1}{2}\int \ln(x-1)d(x^2)$

$$= \frac{1}{2}x^2\ln(x-1) - \frac{1}{2}\int \frac{x^2}{x-1}dx$$

$$= \frac{1}{2}x^2\ln(x-1) - \frac{1}{2}\int (x+1+\frac{1}{x-1})dx$$

$$= \frac{1}{2}x^2\ln(x-1) - \frac{1}{4}x^2 - \frac{1}{2}x - \frac{1}{2}\ln(x-1) + C.$$

(8) $\int \frac{x}{\sin^2 x}dx = -\int x d(\cot x) = -x\cot x + \int \cot x dx$

$= -x\cot x + \ln|\sin x| + C.$

(9) $\int \cos(\ln x)dx = x\cos(\ln x) - \int x(-\sin(\ln x)) \cdot \frac{1}{x}dx$

$= x\cos(\ln x) + x\sin(\ln x) - \int x\cos(\ln x) \cdot \frac{1}{x}dx$

$= x[\cos(\ln x) + \sin(\ln x)] - \int \cos(\ln x)dx,$

即

$$\int \cos(\ln x)dx = x[\cos(\ln x) + \sin(\ln x)] - \int \cos(\ln x)dx,$$

将上式整理并添上任意常数,得

$$\int \cos(\ln x)dx = \frac{x}{2}[\cos(\ln x) + \sin(\ln x)] + C.$$

(10) 设$\sqrt[3]{x} = t$,则 $x = t^3$, $dx = 3t^2 dt$,代入所给积分得

$\int e^{\sqrt[3]{x}} dx = \int e^t \cdot 3t^2 dt = 3\int t^2 d(e^t) = 3t^2 e^t - 3\int e^t \cdot 2t dt$

$= 3t^2 e^t - 6(t-1)e^t + C = 3(t^2 - 2t + 2)e^t + C$

$= 3(\sqrt[3]{x^2} - 2\sqrt[3]{x} + 2)e^x + C.$

(11) $\int \frac{\arctan x}{x^2}dx = -\int \arctan x d(\frac{1}{x})$

$= -\frac{1}{x}\arctan x + \int \frac{1}{x} \cdot \frac{1}{1+x^2}dx$

$= -\frac{1}{x}\arctan x + \int \frac{(1+x^2) - x^2}{x(1+x^2)}dx$

$= -\frac{\arctan x}{x} + \int \frac{1}{x}dx - \int \frac{x}{1+x^2}dx$

$= -\frac{\arctan x}{x} + \ln|x| - \frac{1}{2}\ln(1+x^2) + C.$

(12) $\int \frac{\ln x}{(1-x)^2}dx = -\int \frac{\ln x}{(1-x)^2}d(1-x) = \int \ln x d(\frac{1}{1-x})$

$= \frac{\ln x}{1-x} - \int \frac{1}{1-x} \cdot \frac{1}{x}dx$

$$= \frac{\ln x}{1-x} - \int \left(\frac{1}{x} + \frac{1}{1-x}\right) dx$$

$$= \frac{\ln x}{1-x} - (\ln|x| - \ln|1-x|) + C$$

$$= \frac{\ln x}{1-x} + \ln\left|\frac{1-x}{x}\right| + C.$$

(13) $\int \frac{\arctan e^x}{e^x} dx = -\int \arctan e^x d(e^{-x})$

$$= -e^{-x}\arctan e^x + \int e^{-x} \cdot \frac{1}{1+(e^x)^2} \cdot e^x dx$$

$$= -e^{-x}\arctan e^x + \int \frac{1}{1+e^{2x}} dx$$

$$= -e^{-x}\arctan e^x + \int \frac{(1+e^{2x}) - e^{2x}}{1+e^{2x}} dx$$

$$= -e^{-x}\arctan e^x + \int dx - \int \frac{e^{2x}}{1+e^{2x}} dx$$

$$= -e^{-x}\arctan e^x + x - \frac{1}{2}\int \frac{1}{1+e^{2x}} d(1+e^{2x})$$

$$= -e^{-x}\arctan e^x + x - \frac{1}{2}\ln(1+e^{2x}) + C.$$

(14) $\int e^{2x}\sin^2 x dx = \int e^{2x}\,\frac{1}{2}(1-\cos 2x) dx$

$$= \frac{1}{2}\int e^{2x} dx - \frac{1}{2}\int e^{2x}\cos 2x dx$$

$$= \frac{1}{4}e^{2x} - \frac{1}{2}\int e^{2x}\cos 2x dx,$$

而

$$\int e^{2x}\cos 2x dx = \frac{1}{2}\int \cos 2x d(e^{2x})$$

$$= \frac{1}{2}e^{2x}\cos 2x - \frac{1}{2}\int e^{2x}(-\sin 2x) \cdot 2dx$$

$$= \frac{1}{2}e^{2x}\cos 2x + \frac{1}{2}\int \sin 2x d(e^{2x})$$

$$= \frac{1}{2}e^{2x}\cos 2x + \frac{1}{2}e^{2x}\sin 2x - \frac{1}{2}\int e^{2x}\cos 2x \cdot 2dx$$

$$= \frac{1}{2}(\cos 2x + \sin 2x)e^{2x} - \int e^{2x}\cos 2x dx,$$

所以

$$\int e^{2x}\cos 2x dx = \frac{1}{2}(\cos 2x + \sin 2x)e^{2x} + C.$$

故

$$\int e^{2x}\sin^2 x dx = \frac{1}{8}e^{2x}(2 - \cos 2x - \sin 2x)e^{2x} + C.$$

(15) $\int \ln(x + \sqrt{1+x^2})dx$

$= x\ln(x+ \sqrt{1+x^2}) - \int x \cdot \frac{1}{x+ \sqrt{1+x^2}}(1+ \frac{1}{2\sqrt{1+x^2}} \cdot 2x)dx$

$= x\ln(x + \sqrt{1+x^2}) - \int \frac{x}{\sqrt{1+x^2}}dx$

$= x\ln(x + \sqrt{1+x^2}) - \frac{1}{2}\int \frac{1}{\sqrt{1+x^2}}d(1+x^2)$

$x\ln(x + \sqrt{1+x^2}) - \sqrt{1+x^2} + C.$

(16) $\int (\arcsin x)^2 dx$

$= x(\arcsin x)^2 - \int x \cdot 2\arcsin x \cdot \frac{1}{\sqrt{1-x^2}}dx$

$= x(\arcsin x)^2 + 2\int \arcsin x d(\sqrt{1-x^2})$

$= x(\arcsin x)^2 + 2\sqrt{1-x^2}\arcsin x - 2\int \sqrt{1-x^2} \cdot \frac{1}{\sqrt{1-x^2}}dx$

$= x(\arcsin x)^2 + 2\sqrt{1-x^2}\arcsin x - 2x + C.$

2. 已知 $f(x)$ 的一个原函数为 $\ln^2 x$，求 $\int xf'(x)dx$.

解 $\int xf'(x)dx = \int xd(f(x)) = xf(x) - \int f(x)dx$

$$= x(\ln^2 x)' - \ln^2 x + C = 2\ln x - \ln^2 x + C.$$

复习题五

一、单项选择题

1. 在下列等式中，正确的是（　C　）.

A. $\int f'(x)\mathrm{d}x = f(x)$　　　B. $\int \mathrm{d}f(x) = f(x)$

C. $\frac{\mathrm{d}}{\mathrm{d}x}\int f(x)\mathrm{d}x = f(x)$　　　D. $\mathrm{d}\int f(x)\mathrm{d}x = f(x)$

解　A、B 项均是要求 $f'(x)$ 的原函数，应为 $f(x)+C$（C 为任意常数）. 而不定积分的微分也应为微分形式，因而 A、B、D 均为干扰项，只有 C 为正确选项. 事实上，若令 $F'(x) = f(x)$，则

$$\int f(x)\mathrm{d}x = F(x) + C.$$

故

$$\frac{\mathrm{d}}{\mathrm{d}x}\int f(x)\mathrm{d}x = F'(x) = f(x).$$

2. 若 $f(x)$ 是 $g(x)$ 的一个原函数，则正确的是（　B　）.

A. $\int f(x)\mathrm{d}x = g(x) + C$　　　B. $\int g(x)\mathrm{d}x = f(x) + C$

C. $\int g'(x)\mathrm{d}x = f(x) + C$　　　D. $\int f'(x)\mathrm{d}x = g(x) + C$

解　由不定积分的定义知 $\int g(x)\mathrm{d}x$ 表示 $g(x)$ 的任意一个原函数，故应选（B）.

3. 设 $f(x)$ 的一个原函数为 $\ln x$，则 $f'(x) = $（　C　）.

A. $\frac{1}{x}$　　　B. $x\ln x$

C. $-\frac{1}{x^2}$　　　D. e^x

解　$f(x) = (\ln x)' = \frac{1}{x}$，$f'(x) = (\frac{1}{x})' = -\frac{1}{x^2}$.

4. $\int \sin\frac{2}{3}x\mathrm{d}x=$ (D).

A. $\frac{2}{3}\cos\frac{2}{3}x+C$ B. $\frac{3}{2}\cos\frac{2}{3}x+C$

C. $-\frac{2}{3}\cos\frac{2}{3}x+C$ D. $-\frac{3}{2}\cos\frac{2}{3}x+C$

解 $\int \sin\frac{2}{3}x\mathrm{d}x=\frac{3}{2}\int\sin\frac{2}{3}x\mathrm{d}(\frac{2}{3}x)=-\frac{3}{2}\cos\frac{2}{3}x+C.$

5. $\int\frac{\mathrm{d}x}{3-4x}=$ (D).

A. $-\frac{1}{4}\ln|3-4x|$ B. $\ln|3-4x|+C$

C. $\frac{1}{4}\ln|3-4x|+C$ D. $-\frac{1}{4}\ln|3-4x|+C$

解 $\int\frac{\mathrm{d}x}{3-4x}=-\frac{1}{4}\int\frac{\mathrm{d}(3-4x)}{3-4x}=-\frac{1}{4}\ln|3-4x|+C.$

6. $\int\frac{\mathrm{d}x}{\sqrt{1-2x}}=$ (B).

A. $\sqrt{1-2x}+C$ B. $-\sqrt{1-2x}+C$

C. $-\frac{1}{2}\sqrt{1-2x}+C$ D. $-2\sqrt{1-2x}+C$

解 $\int\frac{\mathrm{d}x}{\sqrt{1-2x}}=-\frac{1}{2}\int\frac{\mathrm{d}(1-2x)}{\sqrt{1-2x}}=-\frac{1}{2}\times2\sqrt{1-2x}+C$

$=-\sqrt{1-2x}+C.$

7. $\int\frac{x}{4+x^2}\mathrm{d}x=$ (A).

A. $\frac{1}{2}\ln(4+x^2)+C$ B. $\ln(4+x^2)+C$

C. $\frac{1}{2}\mathrm{arccot}\frac{x}{2}+C$ D. $\frac{x}{2}\arctan\frac{x}{2}+C$

解 $\int\frac{x}{4+x^2}\mathrm{d}x=\frac{1}{2}\int\frac{1}{4+x^2}\mathrm{d}(4+x^2)=\frac{1}{2}\ln(4+x^2)+C.$

8. $\int(\frac{1}{\sin^2x}+1)\mathrm{d}(\sin x)=$ (C).

A. $-\cot x+x+C$　　　B. $-\cot x+\sin x+C$

C. $-\dfrac{1}{\sin x}+\sin x+C$　　　D. $\dfrac{1}{\sin x}+\sin x+C$

解　$\displaystyle\int\left(\frac{1}{\sin^2 x}+1\right)\mathrm{d}(\sin x)=\int\frac{1}{\sin^2 x}\mathrm{d}(\sin x)+\int\mathrm{d}(\sin x)$

$$=-\frac{1}{\sin x}+\sin x+C.$$

9. $\int 2^{3x}\mathrm{d}x=$ (　A　).

A. $\dfrac{2^{3x}}{3\ln 2}+C$　　　B. $\dfrac{\ln 2}{3}2^{3x}+C$

C. $\dfrac{2^{3x}}{3}+C$　　　D. $\dfrac{2^{3x}}{\ln 2}+C$

解　$\displaystyle\int 2^{3x}\mathrm{d}x=\frac{1}{3}\int 2^{3x}\mathrm{d}(3x)=\frac{1}{3}\cdot\frac{1}{\ln 2}2^{3x}+C.$

10. 设$\dfrac{4}{1-x^2}f(x)=\dfrac{\mathrm{d}}{\mathrm{d}x}[f^2(x)]$,且 $f(0)=0,f(x)\neq 0,f(x)$ $=$ (　C　).

A. $\dfrac{1+x}{1-x}$　　　B. $\dfrac{1-x}{1+x}$

C. $\ln\left|\dfrac{1+x}{1-x}\right|$　　　D. $\ln\left|\dfrac{1-x}{1+x}\right|$

解　由$\dfrac{4}{1-x^2}f(x)=\dfrac{\mathrm{d}}{\mathrm{d}x}[f^2(x)]$得

$$\frac{4}{1-x^2}f(x)=2f(x)\cdot f'(x),\text{ 即 } f'(x)=\frac{2}{1-x^2}.$$

故

$$f(x)=\int f'(x)\mathrm{d}x=\int\frac{2}{1-x^2}\mathrm{d}x$$

$$=2\times\frac{1}{2\cdot 1}\ln\left|\frac{1+x}{1-x}\right|+C=\ln\left|\frac{1+x}{1-x}\right|+C.$$

11. $\displaystyle\int\frac{\mathrm{d}x}{\sqrt{1-25x^2}}=$ (　A　).

A. $\frac{1}{5}\arcsin 5x + C$　　B. $\arcsin 5x + C$

C. $\ln|5x + \sqrt{1-25x^2}| + C$　D. $\frac{1}{5}\ln|5x + \sqrt{1-25x^2}| + C$

解　$\int \frac{dx}{\sqrt{1-25x^2}} = \frac{1}{5}\int \frac{d(5x)}{\sqrt{1-(5x)^2}} = \frac{1}{5}\arcsin 5x + C.$

12. $\int \frac{dx}{\sqrt{1+x^2}} =$ (　B　).

A. $\arctan x + C$　　B. $\ln(x + \sqrt{1+x^2}) + C$

C. $2\sqrt{1+x^2} + C$　　D. $\frac{1}{2}\ln(1+x^2) + C$

解　$\int \frac{dx}{\sqrt{1+x^2}} \xlongequal{x=\tan t} \int \frac{1}{\sec t}\cdot \sec^2 t\,dt = \int \sec t\,dt$

$= \ln|\sec t + \tan t| + C = \ln(x + \sqrt{1+x^2}) + C.$

13. 若$\int f(x)dx = F(x) + C$,则$\int e^{-2x} f(e^{-2x})dx =$ (　D　).

A. $F(e^{-2x}) + C$　　B. $-F(e^{-2x}) + C$

C. $-2F(e^{-2x}) + C$　　D. $-\frac{1}{2}F(e^{-2x}) + C$

解　$\int e^{-2x} f(e^{-2x})dx = -\frac{1}{2}\int e^{-2x} f(e^{-2x})d(-2x)$

$= -\frac{1}{2}\int f(e^{-2x})d(e^{-2x})$

$\xlongequal{e^{-2x}=t} -\frac{1}{2}\int f(t)dt$

$= -\frac{1}{2}F(t) + C = -\frac{1}{2}F(e^{-2x}) + C.$

14. $\int \ln\frac{x}{2}dx =$ (　C　).

A. $x\ln\frac{x}{2} - 2x + C$　　B. $x\ln\frac{x}{2} - 4x + C$

C. $x\ln\frac{x}{2} - x + C$　　D. $x\ln\frac{x}{2} + x + C$

解 $\int \ln \frac{x}{2} dx = x \ln \frac{x}{2} - \int x \cdot \frac{1}{x} dx = x \ln \frac{x}{2} - x + C.$

15. 设 $f(x)$ 的一个原函数是 $\sin x$，则 $\int x f'(x) dx =$ (A).

A. $x\cos x - \sin x + C$　　B. $x\sin x + \cos x + C$

C. $x\cos x + \sin x + C$　　D. $x\sin x - \cos x + C$

解 $\int x f'(x) dx = \int x d f(x) = x f(x) - \int f(x) dx$

$= x(\sin x)' - \sin x + C = x\cos x - \sin x + C.$

二、填空题

1. 已知 $\int f(x) dx = 2\sin \frac{x}{2} + C$，则 $f(x) = \underline{\cos \frac{x}{2}}$.

解 $f(x) = (2\sin \frac{x}{2})' = 2\cos \frac{x}{2} \cdot \frac{1}{2} = \cos \frac{x}{2}.$

2. 设 $\int f(x) dx = e^{-x^2} + C$，则 $f'(x) = \underline{2(2x^2 - 1)e^{-x^2}}$.

解 $f(x) = (e^{-x^2})' = -2xe^{-x^2}$,

$f'(x) = -2e^{-x^2} - 2xe^{-x^2} \cdot (-2x) = 2(2x^2 - 1)e^{-x^2}.$

3. 设 $\int f'(x^3) dx = x^4 - x + C$，则 $f(x) = \underline{2x^2 - x + C}$.

解 等式 $\int f'(x^3) dx = x^4 - x + C$ 两边对 x 求导得

$$f'(x^3) = 4x^3 - 1 \quad 即 \quad f'(x) = 4x - 1,$$

故

$$f(x) = \int f'(x) dx = \int (4x - 1) dx = 2x^2 - x + C.$$

4. 已知 $f(x)$ 的一个原函数是 $\sin 2x$，则 $\int f'(x) dx = \underline{2\cos 2x + C}$.

解 $\int f'(x) dx = f(x) + C = (\sin 2x)' + C = 2\cos 2x + C.$

5. 设 $f'(x) \equiv 1$，且 $f(0) = 0$，则 $\int f(x) dx = \underline{\frac{1}{2}x^2 + C}$.

解 由 $f'(x) \equiv 1$ 得 $f(x) = x + C$，又由 $f(0) = 0$ 得 $C = 0$，所以 $f(x) = x$. 故

$$\int f(x)\mathrm{d}x=\int x\mathrm{d}x=\frac{1}{2}x^2+C.$$

6. 设 $f'(\ln x)=1+x$，则 $f(x)=\underline{x+\mathrm{e}^x+C}$.

解 由 $f'(\ln x)=1+x=1+\mathrm{e}^{\ln x}$ 知 $f'(x)=1+\mathrm{e}^x$，故

$$f(x)=\int f'(x)\mathrm{d}x=\int(1+\mathrm{e}^x)\mathrm{d}x=x+\mathrm{e}^x+C.$$

7. 设 $\int xf(x)\mathrm{d}x=\arcsin x+C$，则 $\int\frac{1}{f(x)}\mathrm{d}x=\underline{-\frac{1}{3}(1-x^2)^{\frac{3}{2}}+C}$.

解 等式 $\int xf(x)\mathrm{d}x=\arcsin x+C$ 两边对 x 求导得

$$xf(x)=\frac{1}{\sqrt{1-x^2}},$$

即得 $\frac{1}{f(x)}=x\sqrt{1-x^2}$，所以

$$\int\frac{1}{f(x)}\mathrm{d}x=\int x\sqrt{1-x^2}\mathrm{d}x=-\frac{1}{2}\int\sqrt{1-x^2}\mathrm{d}(1-x^2)$$

$$=-\frac{1}{2}\cdot\frac{1}{1+\frac{1}{2}}(1-x^2)^{\frac{3}{2}}+C=-\frac{1}{3}(1-x^2)^{\frac{3}{2}}+C.$$

8. 已知曲线 $y=f(x)$ 过点 $(0,-\frac{1}{2})$，且其上任一点 (x,y) 处的切线斜率为 $x\ln(1+x^2)$，则 $f(x)=\underline{\frac{1}{2}(x^2+1)[\ln(x^2+1)-1]}$.

解 $$f(x)=\int f'(x)\mathrm{d}x=\int x\ln(1+x^2)\mathrm{d}x$$

$$=\frac{1}{2}\int\ln(1+x^2)\mathrm{d}(1+x^2)$$

$$=\frac{1}{2}(1+x^2)\ln(1+x^2)-\frac{1}{2}\int(1+x^2)\cdot\frac{1}{1+x^2}\mathrm{d}(x^2)$$

$$=\frac{1}{2}(1+x^2)\ln(1+x^2)-\frac{1}{2}x^2+C,$$

由 $f(0)=-\frac{1}{2}$ 得 $C=-\frac{1}{2}$，所以

$$f(x)=\frac{1}{2}(1+x^2)[\ln(1+x^2)-1].$$

9. $\int x^2(x^3+1)^{\frac{1}{5}}\mathrm{d}x = \underline{\dfrac{5}{18}(x^3+1)^{\frac{6}{5}}+C}.$

解
$$\int x^2(x^3+1)^{\frac{1}{5}}\mathrm{d}x = \frac{1}{3}\int (x^3+1)^{\frac{1}{5}}\mathrm{d}(x^3+1)$$
$$= \frac{1}{3}\cdot\frac{1}{1+\frac{1}{5}}(x^3+1)^{\frac{1}{5}+1}+C$$
$$= \frac{5}{18}(x^3+1)^{\frac{6}{5}}+C.$$

10. 若 $f(x)=\mathrm{e}^{-x}$，则 $\int f'(\ln x)\mathrm{d}x = \underline{-\ln x + C}.$

解　由 $f'(x)=-\mathrm{e}^{-x}$ 得 $f'(\ln x)=-\mathrm{e}^{-\ln x}=-\dfrac{1}{x}$，于是
$$\int f'(\ln x)\mathrm{d}x = -\int\frac{1}{x}\mathrm{d}x = -\ln x + C.$$

11. $\int(\mathrm{e}^2+1)\mathrm{d}x = \underline{(\mathrm{e}^2+1)x+C}.$

12. $\int\dfrac{\tan x}{\sqrt{\cos x}}\mathrm{d}x = \underline{\dfrac{2}{\sqrt{\cos x}}+C}.$

解
$$\int\frac{\tan x}{\sqrt{\cos x}}\mathrm{d}x = \int\frac{1}{\sqrt{\cos x}}\cdot\frac{\sin x}{\cos x}\mathrm{d}x = -\int\frac{1}{\cos^{\frac{3}{2}}x}\mathrm{d}(-\cos x)$$
$$= -\frac{1}{1-\frac{3}{2}}\cos^{-\frac{3}{2}+1}x + C = \frac{2}{\sqrt{\cos x}}+C.$$

13. 若 $\int f(x)\mathrm{d}x = x^2+C$，则 $\int\dfrac{1}{x^2}f\left(\dfrac{1}{x}\right)\mathrm{d}x = \underline{-\dfrac{1}{x^2}+C}.$

解
$$\int\frac{1}{x^2}f\left(\frac{1}{x}\right)\mathrm{d}x = -\int f\left(\frac{1}{x}\right)\mathrm{d}\left(\frac{1}{x}\right) = -\left(\frac{1}{x}\right)^2+C = -\frac{1}{x^2}+C.$$

14. 已知 $f(x)=\dfrac{1}{\sqrt{x}}$，则 $\int xf'(x^2)\mathrm{d}x = \underline{\dfrac{1}{2x}+C}.$

解
$$\int xf'(x^2)\mathrm{d}x = \frac{1}{2}\int f'(x^2)\mathrm{d}(x^2) = \frac{1}{2}f(x^2)$$
$$= \frac{1}{2\sqrt{x^2}}+C = \frac{1}{2x}+C.$$

15. $\int e^{\sin\sqrt{x}}\dfrac{\cos\sqrt{x}}{\sqrt{x}}dx=$ $\underline{2e^{\sin\sqrt{x}}+C}$.

解 $\displaystyle\int e^{\sin\sqrt{x}}\frac{\cos\sqrt{x}}{\sqrt{x}}dx=2\int e^{\sin\sqrt{x}}\cos\sqrt{x}\,d(\sqrt{x})$

$\displaystyle=2\int e^{\sin\sqrt{x}}d(\sin\sqrt{x})=2e^{\sin\sqrt{x}}+C.$

三、求下列不定积分

1. $\int x\sqrt{x^2-3}\,dx$.

解 $\displaystyle\int x\sqrt{x^2-3}\,dx=\frac{1}{2}\int\sqrt{x^2-3}\,d(x^2-3)$

$\displaystyle=\frac{1}{2}\cdot\frac{1}{1+\frac{1}{2}}(x^2-3)^{\frac{1}{2}+1}+C$

$\displaystyle=\frac{1}{3}(x^2-3)^{\frac{3}{2}}+C.$

2. $\displaystyle\int\frac{\sin 2x}{\cos^2 x}dx$.

解 $\displaystyle\int\frac{\sin 2x}{\cos^2 x}dx=\int\frac{2\sin x\cos x}{\cos^2 x}dx=2\int\tan x\,dx$

$=-2\ln|\cos x|+C.$

3. $\displaystyle\int\frac{\tan x}{3\sin^2 x+\cos^2 x}dx$.

解 $\displaystyle\int\frac{\tan x}{3\sin^2 x+\cos^2 x}dx=\int\frac{\tan x}{(3\sin^2 x+1)\cos^2 x}dx$

$\displaystyle=\int\frac{\tan x}{3\sin^2 x+1}d(\tan x)$

$\displaystyle=\frac{1}{6}\int\frac{1}{3\sin^2 x+1}d(3\tan^2 x+1)$

$\displaystyle=\frac{1}{6}\ln(3\tan^2 x+1)+C.$

4. $\displaystyle\int\frac{1}{1+\sin x}dx$.

解 $\int \frac{1}{1+\sin x}dx = \int \frac{1-\sin x}{(1+\sin x)(1-\sin x)}dx = \int \frac{1-\sin x}{\cos^2 x}dx$

$$= \int \frac{1}{\cos^2 x}dx - \int \frac{\sin x}{\cos^2 x}dx$$

$$= \int \sec^2 x dx - \int \tan x \sec x dx$$

$$= \tan x - \sec x + C.$$

5. $\int \frac{x^2-2x}{(x-1)^{10}}dx$.

解 $\int \frac{x^2-2x}{(x-1)^{10}}dx = \int \frac{(x-1)^2-1}{(x-1)^{10}}dx$

$$= \int \frac{1}{(x-1)^8}d(x-1) - \int \frac{1}{(x-1)^{10}}d(x-1)$$

$$= -\frac{1}{7}(x-1)^{-7} + \frac{1}{9}(x-1)^{-9} + C.$$

6. $\int \frac{\ln(1+\ln x)}{x(1+\ln x)}dx$.

解 $\int \frac{\ln(1+\ln x)}{x(1+\ln x)}dx = \int \frac{\ln(1+\ln x)}{1+\ln x}d(1+\ln x)$

$$= \int \ln(1+\ln x)d(\ln(1+\ln x))$$

$$= \frac{1}{2}\ln^2(1+\ln x) + C.$$

7. $\int \frac{e^x}{e^x+e^{-x}}dx$.

解 $\int \frac{e^x}{e^x+e^{-x}}dx = \int \frac{e^{2x}}{e^{2x}+1}dx = \frac{1}{2}\int \frac{e^{2x}}{e^{2x}+1}d(2x)$

$$= \frac{1}{2}\int \frac{1}{e^{2x}+1}d(e^{2x}+1) = \frac{1}{2}\ln(e^{2x}+1) + C.$$

8. $\int \frac{e^x-1}{e^x+1}dx$.

解 $\int \frac{e^x-1}{e^x+1}dx = \int (\frac{2e^x}{e^x+1} - 1)dx = 2\int \frac{e^x}{e^x+1}dx - \int dx$

$$= 2\int \frac{1}{e^x+1}d(e^x+1) - x = 2\ln(e^x+1) - x + C.$$

9. $\int \frac{3^x \cdot 5^x}{25^x - 9^x} dx$.

解 $\int \frac{3^x \cdot 5^x}{25^x - 9^x} dx = \int \frac{(\frac{5}{3})^x}{[(\frac{5}{3})^x]^2 - 1} dx$

$$= \frac{1}{\ln \frac{5}{3}} \int \frac{1}{[(\frac{5}{3})^x]^2 - 1} d[(\frac{5}{3})^x]$$

$$= \frac{1}{\ln \frac{5}{3}} \cdot \frac{1}{2} \ln \left| \frac{(\frac{5}{3})^x - 1}{(\frac{5}{3})^x + 1} \right| + C$$

$$= \frac{1}{2\ln \frac{5}{3}} \ln \frac{5^x - 3^x}{5^x + 3^x} + C.$$

10. $\int \frac{x}{x^4 + 2x^2 + 5} dx$.

解 $\int \frac{x}{x^4 + 2x^2 + 5} dx = \frac{1}{2} \int \frac{1}{(x^2 + 1)^2 + 2^2} d(x^2 + 1)$

$$= \frac{1}{4} \arctan \frac{x^2 + 1}{2} + C.$$

11. $\int \frac{x}{x^2 + 2x + 5} dx$.

解 $\int \frac{x}{x^2 + 2x + 5} dx$

$$= \frac{1}{2} \int \frac{2x + 2}{x^2 + 2x + 5} dx - \int \frac{1}{x^2 + 2x + 5} dx$$

$$= \frac{1}{2} \int \frac{1}{x^2 + 2x + 5} d(x^2 + 2x + 5) - \int \frac{1}{(x + 1)^2 + 2^2} d(x + 1)$$

$$= \frac{1}{2} \ln(x^2 + 2x + 5) - \frac{1}{2} \arctan \frac{x + 1}{2} + C.$$

12. $\int \frac{dx}{1 + \sqrt{2x + 1}}$.

解　$$\int \frac{1}{1+\sqrt{2x+1}}\mathrm{d}x \xlongequal{\sqrt{2x+1}=t} \int \frac{1}{1+t}\cdot t\mathrm{d}t$$

$$=\int\left(1-\frac{1}{1+t}\right)\mathrm{d}t = t-\ln|1+t|+C$$

$$=\sqrt{2x+1}-\ln(\sqrt{2x+1}+1)+C.$$

13. $\int \frac{1}{\sqrt{x-x^2}}\mathrm{d}x.$

解法 1　$$\int \frac{\mathrm{d}x}{\sqrt{x^2-x}} = \int \frac{\mathrm{d}x}{\sqrt{x}\cdot\sqrt{1-x}} = 2\int \frac{\mathrm{d}(\sqrt{x})}{\sqrt{1-(\sqrt{x})^2}}$$

$$=2\arcsin\sqrt{x}+C.$$

解法 2　$$\int \frac{\mathrm{d}x}{\sqrt{x^2-x}} = \int \frac{1}{\sqrt{(\frac{1}{2})^2-(x-\frac{1}{2})^2}}\mathrm{d}\left(x-\frac{1}{2}\right)$$

$$=\arcsin\frac{x-\frac{1}{2}}{\frac{1}{2}}+C=\arcsin(2x-1)+C.$$

解法 3　$$\int \frac{\mathrm{d}x}{\sqrt{x^2-x}} = \int \frac{1}{\sqrt{(\frac{1}{2})^2-(x-\frac{1}{2})^2}}\mathrm{d}\left(x-\frac{1}{2}\right)$$

$$\xlongequal{x-\frac{1}{2}=\frac{1}{2}\sin t} \int \mathrm{d}t = t+C$$

$$=\arcsin(2x-1)+C.$$

14. $\int \frac{\sqrt{x^2-1}}{x}\mathrm{d}x.$

解　$$\int \frac{\sqrt{x^2-1}}{x}\mathrm{d}x \xlongequal{x=\sec t} \int \frac{\tan t}{\sec t}\cdot \sec t\tan t\mathrm{d}t = \int \tan^2 t\mathrm{d}t$$

$$=\int(\sec^2 t-1)\mathrm{d}t = \tan t - t + C$$

$$=\sqrt{x^2-1}-\arccos\frac{1}{x}+C.$$

15. $\int \frac{1}{x^2\sqrt{x^2-9}}dx$.

解 $\int \frac{1}{x^2\sqrt{x^2-9}}dx \xlongequal{x=3\sec t} \int \frac{1}{9\sec^2 t \cdot 3\tan t} \cdot 3\sec t\tan t dt$

$$= \frac{1}{9}\int \cos t dt + C = \frac{1}{9}\sin t + C$$

$$= \frac{\sqrt{x^2-9}}{9x} + C.$$

16. $\int \frac{e^{2x}}{\sqrt{e^x-1}}dx$.

解 $\int \frac{e^{2x}}{\sqrt{e^x-1}}dx \xlongequal{\sqrt{e^x-1}=t} \int \frac{(1+t^2)^2}{t} \cdot \frac{2t}{1+t^2}dt$

$$= 2\int (1+t^2)dt = 2(t+\frac{1}{3}t^3) + C$$

$$= 2\sqrt{e^x-1} + \frac{2}{3}(e^x-1)^{\frac{3}{2}} + C.$$

17. $\int \frac{\ln x - 1}{x^2}dx$.

解 $\int \frac{\ln x-1}{x^2}dx = -\int (\ln x - 1)d(\frac{1}{x}) = -\frac{\ln x-1}{x} + \int \frac{1}{x}\cdot\frac{1}{x}dx$

$$= -\frac{\ln x-1}{x} - \frac{1}{x} + C = -\frac{\ln x}{x} + C.$$

18. $\int e^{2x}\cos e^x dx$.

解 $\int e^{2x}\cos e^x dx = \int e^x \cos e^x d(e^x) = \int e^x d(\sin e^x)$

$$= e^x \sin e^x - \int \sin e^x d(e^x)$$

$$= e^x \sin e^x + \cos e^x + C.$$

19. $\int x\ln(1+x^2)dx$.

解 $\int x\ln(1+x^2)dx$

$$= \frac{1}{2}\int \ln(1+x^2)\mathrm{d}(1+x^2)$$

$$= \frac{1}{2}(1+x^2)\ln(1+x^2) - \frac{1}{2}\int (1+x^2)\cdot \frac{1}{1+x^2}\cdot 2x\mathrm{d}x$$

$$= \frac{1}{2}(1+x^2)\ln(1+x^2) - \frac{1}{2}x^2 + C.$$

20. $\int \sec^3 x\mathrm{d}x$.

解 $\int \sec^3 x\mathrm{d}x = \int \sec x \cdot \sec^2 x\mathrm{d}x = \int \sec x \cdot \mathrm{d}(\tan x)$

$$= \sec x\tan x - \int \sec x\tan^2 x\mathrm{d}x$$

$$= \sec x\tan x - \int \sec x(\sec^2 x - 1)\mathrm{d}x$$

$$= \sec x\tan x - \int \sec^3 x\mathrm{d}x + \int \sec x\mathrm{d}x$$

$$= \sec x\tan x + \ln|\sec x + \tan x| - \int \sec^3 x\mathrm{d}x.$$

由于上式右端的第三项就是所求的积分$\int \sec^3 x\mathrm{d}x$，把它移到等号左端去，再两端各除以 2，便得

$$\int \sec^3 x\mathrm{d}x = \frac{1}{2}(\sec x\tan x + \ln|\sec x + \tan x|) + C.$$

四、自测题

一、单项选择题(每小题 2 分，共 20 分)

1. 设 $\cot x$ 是 $f(x)$ 的一个原函数，则 $f(x) = ($　　$)$.

A. $\csc^2 x$　　B. $-\csc^2 x$

C. $\sec^2 x$　　D. $-\sec^2 x$

2. 在区间 (a, b) 内，如果 $f'(x) = g'(x)$，则下列各式中一定成立的是(　　).

A. $f(x) = g(x)$　　B. $f(x) = g(x) + 1$

C. $[\int f(x)\mathrm{d}x]' = [\int g(x)\mathrm{d}x]'$ D. $\int f'(x)\mathrm{d}x = \int g'(x)\mathrm{d}x$

3. $\int \mathrm{d}(1-\cos x) = (\quad)$.

A. $1-\cos x$ B. $x-\sin x + C$

C. $-\cos x + C$ D. $\sin x + C$

4. $\mathrm{d}\left(\int a^{x^2-3x}\mathrm{d}x\right) = (\quad)$.

A. a^{x^2-3x} B. $a^{x^2-3x}(2x-3)\ln a\mathrm{d}x$

C. $a^{x^2-3x}\mathrm{d}x$ D. $a^{x^2-3x}(2x-3)\ln a$

5. $\int \mathrm{e}^x \mathrm{d}(\mathrm{e}^{-\frac{x}{2}}) = (\quad)$.

A. $-\frac{1}{2}\mathrm{e}^{2x} + C$ B. $-\mathrm{e}^{\frac{x}{2}} + C$

C. $-\frac{1}{2}\mathrm{e}^{-\frac{x}{2}} + C$ D. $\frac{1}{4}\mathrm{e}^{-\frac{x}{2}} + C$

6. 设 $f'(x^2) = \frac{1}{x}$,则 $f(x) = (\quad)$.

A. $2x + C$ B. $2\sqrt{x} + C$

C. $x^2 + C$ D. $\frac{1}{\sqrt{x}} + C$

7. $\int (x+\frac{1}{x})^2\mathrm{d}x = (\quad)$.

A. $\frac{1}{3}(x+\frac{1}{x})^3 + C$ B. $\frac{1}{3}x^3 - \frac{1}{x} + C$

C. $\frac{1}{3}x^3 + 2x - \frac{1}{x} + C$ D. $(\frac{x^2}{2} + \ln x)^2 + C$

8. $\int f'(3x)\mathrm{d}x = (\quad)$.

A. $\frac{1}{3}f(3x) + C$ B. $\frac{1}{3}f(x) + C$

C. $3f(x) + C$ D. $3f(3x) + C$

9. 若 $\int f(x)\mathrm{d}x = F(x) + C$,则 $\int \sin x f(\cos x)\mathrm{d}x = (\quad)$.

A. $F(\sin x)+C$　　B. $-F(\sin x)+C$

C. $F(\cos x)+C$　　D. $-F(\cos x)+C$

10. 设 $\sin 2x$ 是 $f(x)$ 的一个原函数，则 $\int xf(x)\mathrm{d}x=($　　$)$.

A. $x\sin 2x-\frac{1}{2}\cos 2x+C$　　B. $x\sin 2x+\frac{1}{2}\cos 2x+C$

C. $x\sin 2x-2\cos 2x+C$　　D. $x\sin 2x+2\cos 2x+C$

二、填空题(每小题 2 分，共 16 分)

1. 设 $\mathrm{e}^x+\sin x$ 是 $f(x)$ 的一个原函数，则 $f'(x)=$ ________.

2. 已知 $f(x)=\int(x^2+1)\mathrm{e}^{5x}\mathrm{d}x$，则 $f'(0)=$ ________.

3. 若 $\int f(x)\mathrm{d}x=\arcsin 2x+C$，则 $f(x)=$ ________.

4. $\int x^2\mathrm{e}^{2x^3}\mathrm{d}x=$ ________.

5. $\int\frac{\mathrm{e}^{\sqrt{x}}}{\sqrt{x}}\mathrm{d}x=$ ________.

6. 设 $f'(x)$ 为连续函数，则 $\int f^2(x)\mathrm{d}f(x)=$ ________.

7. 若 $\int f(x)\mathrm{d}x=F(x)+C$，则 $\int\frac{f(\ln x)}{x}\mathrm{d}x=$ ________.

8. 若 $\int f(x)\mathrm{d}x=x^2+C$，则 $\int xf(1-x^2)\mathrm{d}x=$ ________.

三、计算题(每小题 8 分，共 64 分)

1. 求 $\int\tan x(\tan x+1)\mathrm{d}x$.　　2. 求 $\int\frac{1+x}{1-x}\mathrm{d}x$.

3. 求 $\int\frac{x^3}{1+x^2}\mathrm{d}x$.　　4. 求 $\int\frac{(1-2x)^2}{x(1+4x^2)}\mathrm{d}x$.

5. 求 $\int\frac{x}{x-\sqrt{x^2-1}}\mathrm{d}x$.　　6. 求 $\int\frac{\mathrm{d}x}{(2-x)\sqrt{1-x}}$.

7. 求 $\int\cos\sqrt{x+1}\,\mathrm{d}x$.　　8. 求 $\int\frac{1}{(2x^2+1)\sqrt{x^2+1}}\mathrm{d}x$.

第六章　定积分

一、内容提要

1. 定积分的概念

(1) 定积分的定义

设 $f(x)$ 是定义在闭区间$[a, b]$上的函数，用分点

$$a = x_0 < x_1 < x_2 < \cdots < x_{n-1} < x_n = b$$

来等分区间$[a, b]$，在每一小区间$[x_{i-1}, x_i]$中任取一点 ξ_i，作和式

$$\sigma = \sum_{i=1}^{n} f(\xi_i)\Delta x_i,$$

其中 $\Delta x_i = x_i - x_{i-1} = \dfrac{b-a}{n}$. 若当 $n \to \infty$ 时，和式极限存在，且此极限不依赖于 ξ_i 的选择，则称此极限值为 $f(x)$ 在$[a, b]$上的定积分(简称积分)，记为$\int_a^b f(x)\mathrm{d}x$，即

$$\int_a^b f(x)\mathrm{d}x = \lim_{n\to\infty}\sum_{i=1}^{n} f(\xi_i)\frac{b-a}{n}.$$

说明　定积分表示一个数值，它取决于积分区间$[a, b]$与被积函数 $f(x)$，与积分变量无关，因此有

$$\int_a^b f(x)\mathrm{d}x = \int_a^b f(t)\mathrm{d}t = \int_a^b f(u)\mathrm{d}u.$$

(2) 定积分的存在定理

定积分存在定理 1　若函数 $f(x)$ 在区间$[a, b]$上连续，则定积分$\int_a^b f(x)\mathrm{d}x$ 必定存在.

定积分存在定理 2　若函数 $f(x)$ 在区间 $[a, b]$ 上有界，且只有有限个间断点，则定积分 $\int_a^b f(x)\mathrm{d}x$ 必定存在.

(3) 定积分的几何意义

设 $\int_a^b f(x)\mathrm{d}x$ 存在，若在 $[a, b]$ 上 $f(x) \geqslant 0$，则 $\int_a^b f(x)\mathrm{d}x$ 的值等于以曲线 $y = f(x)$，$x = a$，$x = b$ 及 x 轴所围成的曲边梯形的面积.

若在 $[a,b]$ 上 $f(x) \leqslant 0$，则 $\int_a^b f(x)\mathrm{d}x$ 的值等于以曲线 $y = f(x)$，$x = a$，$x = b$ 及 x 轴所围成的曲边梯形面积的负值.

若在 $[a, b]$ 上 $f(x)$ 的值有正也有负，则 $\int_a^b f(x)\mathrm{d}x$ 的值等于曲边梯形面积的代数和. 在 $f(x) \geqslant 0$ 的部分取"+"，在 $f(x) \leqslant 0$ 的部分取"−".

2. 定积分的性质

设 $f(x)$，$g(x)$ 在 $[a, b]$ 上是可积的，并规定

$$\int_a^a f(x)\mathrm{d}x = 0, \quad \int_a^b f(x)\mathrm{d}x = -\int_b^a f(x)\mathrm{d}x.$$

性质 1　$\int_a^b kf(x)\mathrm{d}x = k\int_a^b f(x)\mathrm{d}x$　（k 是常数）.

性质 2　$\int_a^b [f(x) \pm g(x)]\mathrm{d}x = \int_a^b f(x)\mathrm{d}x \pm \int_a^b g(x)\mathrm{d}x$.

性质 3　设 $a < c < b$，则

$$\int_a^b f(x)\mathrm{d}x = \int_a^c f(x)\mathrm{d}x + \int_c^b f(x)\mathrm{d}x.$$

当 c 位于 $[a, b]$ 之外时，性质 3 也成立.

性质 4　$\int_a^b 1\mathrm{d}x = \int_a^b \mathrm{d}x = b - a$.

性质 5　在区间 $[a, b]$ 上，若 $f(x) \leqslant g(x)$，则

$$\int_a^b f(x)\mathrm{d}x \leqslant \int_a^b g(x)\mathrm{d}x.$$

性质 6（估值定理）　设 $f(x)$ 在区间 $[a, b]$ 上的最大值和最小值

分别为 M 和 m，则

$$m(b-a) \leqslant \int_a^b f(x)\mathrm{d}x \leqslant M(b-a).$$

性质 7(定积分中值定理)　若函数 $f(x)$ 在闭区间 $[a, b]$ 上连续，则在 $[a, b]$ 上至少存在一点 ξ，使

$$\int_a^b f(x)\mathrm{d}x = f(\xi)(b-a).$$

通常称 $\dfrac{\int_a^b f(x)\mathrm{d}x}{b-a}$ 为函数 $y = f(x)$ 在 $[a, b]$ 上的平均值.

3. 积分上限的函数

变上限的积分 $\int_a^x f(x)\mathrm{d}x$ 是其上限的函数，称之为积分上限函数.

如果 $f(x)$ 在 $[a, b]$ 上连续，则积分上限函数 $G(x) = \int_a^x f(t)\mathrm{d}t$ 在 $[a, b]$ 内可导，且

$$G'(x) = \frac{\mathrm{d}}{\mathrm{d}x}\int_a^x f(t)\mathrm{d}t = f(x).$$

由原函数的概念可知，如果 $f(x)$ 在 $[a, b]$ 上连续，则 $\int_a^x f(t)\mathrm{d}t$ 为 $f(x)$ 在 $[a, b]$ 上的一个原函数.

4. 微积分基本公式

设 $f(x)$ 在 $[a, b]$ 上连续，$F(x)$ 是 $f(x)$ 的任意一个原函数，即 $F'(x) = f(x)$，那么

$$\int_a^b f(x)\mathrm{d}x = F(b) - F(a).$$

上述公式也叫牛顿 — 莱布尼兹(Newton-Leibniz) 公式，是计算定积分的基本公式.

5. 定积分的计算

(1) 定积分的换元法

设 $f(x)$ 在 $[a, b]$ 上连续，作代换 $x=\varphi(t)$ 满足：

(1) $\varphi(t)$ 在某一闭区间 $[\alpha, \beta]$ 上有连续导数 $\varphi'(t)$；

(2) 当 t 在区间 $[\alpha, \beta]$ 上变化时，$\varphi(t)$ 的值在 $[a, b]$ 上变化，且 $\varphi(\alpha)=a$，$\varphi(\beta)=b$，则

$$\int_a^b f(x)\mathrm{d}x=\int_\alpha^\beta f[\varphi(t)]\varphi'(t)\mathrm{d}t.$$

说明　(1) 用 $x=\varphi(t)$ 把原来的变量 x 代换成新变量 t 时，积分限也要换成相应于新变量 t 的积分限；(2) 求出 $f[\varphi(t)]\varphi'(t)$ 的一个原函数 $G[\varphi(t)]$ 后不要变换成原来变量 x 的函数，而只要把新变量 t 的上、下限分别代入 $G[\varphi(t)]$ 中然后相减就行了.

(2) 定积分的对称性质

设 $f(x)$ 为 $[a, b]$$(a>0)$ 上的连续函数，则

当 $f(x)$ 为奇函数时，$\int_{-a}^{a} f(x)\mathrm{d}x=0$.

当 $f(x)$ 是偶函数时，$\int_{-a}^{a} f(x)\mathrm{d}x=2\int_0^a f(x)\mathrm{d}x$.

(3) 设 $f(x)$ 是以 T 为周期的连续函数，则对任意数 a，总有

$$\int_a^{a+T} f(x)\mathrm{d}x=\int_0^T f(x)\mathrm{d}x.$$

(4) 定积分的分部积分公式

$$\int_a^b uv'\mathrm{d}x=uv\Big|_a^b-\int_a^b u'v\mathrm{d}x \text{ 或 } \int_a^b u\mathrm{d}v=uv\Big|_a^b-\int_a^b v\mathrm{d}u.$$

6. 定积分的应用

(1) 几何应用

设 $f(x)$，$f_1(x)$，$f_2(x)$ 都是单值连续函数.

1) 平面图形的面积

① 由曲线 $y=f(x)$，直线 $x=a$，$x=b(a<b)$ 及 x 轴所围成的封闭平面图形的面积 S：

$$S=\int_a^b |f(x)| \mathrm{d}x.$$

② 由曲线 $y=f_1(x)$，$y=f_2(x)$，直线 $x=a$ 及 $x=b(a<b)$ 所围成的封闭平面图形的面积 S：

$$S=\int_a^b |f_1(x)-f_2(x)| \mathrm{d}x.$$

③ 由曲线 $y=f_1(x)$ 与 $y=f_2(x)$ 所围成的封闭平面图形的面积 S：

先求两条曲线的交点，只需求解方程组

$$\begin{cases} y=f_1(x) \\ y=f_2(x) \end{cases},$$

得出解中 x 的最小值记为 a，解中 x 的最大值记为 b，则

$$S=\int_a^b |f_1(x)-f_2(x)| \mathrm{d}x.$$

如果曲线方程可以表示为单值函数 $x=\varphi_1(y)$，$x=\varphi_2(y)$，类似可得到用 y 为积分变量的定积分表示的上述相似情形的曲面的面积

$$S=\int_c^d |\varphi_2(y)-\varphi_1(y)| \mathrm{d}y.$$

其中 c,d 为 $x=\varphi_1(y)$，$x=\varphi_2(y)$ 交点的纵坐标的最小值和最大值.

2) 旋转体体积

① 由曲线 $y=f(x)$，直线 $x=a$，$x=b(a<b)$ 及 x 轴所围成的曲边梯形绕 x 轴旋转一周所得到的旋转体体积

$$V_x=\pi\int_a^b f^2(x)\mathrm{d}x.$$

由曲线 $x=\varphi(y)$，直线 $y=c$，$y=d(c<d)$ 及 y 轴所围成的曲边梯形绕 y 轴旋转一周所得到的旋转体体积

$$V_y=\pi\int_c^d \varphi^2(y)\mathrm{d}y.$$

② 由曲线 $y=f_1(x)$，$y=f_2(x)$，直线 $x=a$ 及 $x=b(a<b)$ 所围成的封闭平面图形绕 x 轴旋转一周所得到的旋转体体积

$$V_x=\pi\int_a^b |f_2^2(x)-f_1^2(x)| \mathrm{d}x.$$

(2) 经济问题中的应用

① 成本

若已知边际成本 $C'(Q)$，那么生产某商品 Q 件的总成本为

$$C(Q)=\int_0^Q C'(t)\,\mathrm{d}t+C_0,$$

其中 C_0 为固定成本.

生产某商品由 a 件增加到 b 件时，增加的成本为

$$\Delta C=\int_a^b C'(Q)\,\mathrm{d}Q.$$

② 收入

若已知边际收入 $R'(Q)$，那么生产某商品 Q 件的总收入

$$C(Q)=\int_0^Q R'(t)\,\mathrm{d}t.$$

③ 产量

若已知某产品总产量 Q 的变化率 $f(t)$ 为连续函数，则从时刻 t_1 到时刻 t_2 产量的增加值

$$\Delta Q=\int_{t_1}^{t_2} f(t)\,\mathrm{d}t.$$

如果当 $t=t_0$ 时产量 $Q=Q_0$，那么总产量函数

$$Q(t)=Q_0+\int_{t_0}^{t} f(x)\,\mathrm{d}x.$$

7. 广义积分

(1) 无穷区间上的积分

定义1　设函数 $f(x)$ 在区间$[a,+\infty)$上连续，则称$\int_a^{+\infty} f(x)\,\mathrm{d}x$ 为无穷区间$[a,+\infty)$上的广义积分；

若函数 $f(x)$ 在区间$(-\infty,b]$上连续，则称$\int_{-\infty}^{b} f(x)\,\mathrm{d}x$ 为无穷区间$(-\infty,b]$上的广义积分；

若函数 $f(x)$ 在区间$(-\infty,+\infty)$内连续，则称$\int_{-\infty}^{+\infty} f(x)\,\mathrm{d}x$ 为无穷区间$(-\infty,+\infty)$内的广义积分.

上述三种广义积分统称无穷区间上的广义积分.

如果 $\lim\limits_{b\to+\infty}\int_a^b f(x)\mathrm{d}x$ 存在,则定义 $\int_a^{+\infty} f(x)\mathrm{d}x=\lim\limits_{b\to+\infty}\int_a^b f(x)\mathrm{d}x$,此时称广义积分 $\int_a^{+\infty} f(x)\mathrm{d}x$ 收敛,如果 $\lim\limits_{b\to+\infty}\int_a^b f(x)\mathrm{d}x$ 不存在,就称广义积分 $\int_a^{+\infty} f(x)\mathrm{d}x$ 发散.

如果 $\lim\limits_{a\to-\infty}\int_a^b f(x)\mathrm{d}x$ 存在,则定义 $\int_{-\infty}^{b} f(x)\mathrm{d}x=\lim\limits_{a\to-\infty}\int_a^b f(x)\mathrm{d}x$,此时称广义积分 $\int_{-\infty}^{b} f(x)\mathrm{d}x$ 收敛,如果 $\lim\limits_{a\to-\infty}\int_a^b f(x)\mathrm{d}x$ 不存在,就称广义积分 $\lim\limits_{a\to-\infty}\int_a^b f(x)\mathrm{d}x$ 发散.

对于 $\int_{-\infty}^{+\infty} f(x)\mathrm{d}x$,可任取 $c\in(-\infty,+\infty)$,只有当广义积分

$$\int_{-\infty}^{c} f(x)\mathrm{d}x \text{ 与} \int_{c}^{+\infty} f(x)\mathrm{d}x$$

都收敛时,广义积分 $\int_{-\infty}^{+\infty} f(x)\mathrm{d}x$ 才称为收敛,且定义

$$\int_{-\infty}^{+\infty} f(x)\mathrm{d}x=\int_{-\infty}^{c} f(x)\mathrm{d}x+\int_{c}^{+\infty} f(x)\mathrm{d}x.$$

$\int_{-\infty}^{c} f(x)\mathrm{d}x$ 与 $\int_{c}^{+\infty} f(x)\mathrm{d}x$ 之一发散,广义积分就称为发散的.

(2) 无界函数的积分

定义2　设函数 $f(x)$ 在 $(a,\ b]$ 上连续,当 $x\to a^+$ 时,$f(x)\to\infty$,就称 $\int_{a+\eta}^{b} f(x)\mathrm{d}x$ 为无界函数 $f(x)$ 在 $(a,\ b]$ 上的广义积分. 如果极限

$$\lim_{\eta\to0^+}\int_{a+\eta}^{b} f(x)\mathrm{d}x$$

存在,则称广义积分 $\int_a^b f(x)\mathrm{d}x$ 收敛,如果上述极限不存在,则称广义积分 $\int_a^b f(x)\mathrm{d}x$ 发散.

若函数 $f(x)$ 在 $[a,\ b)$ 上连续,当 $x\to b^-$ 时,$f(x)\to\infty$,就称

$\int_a^{b-\eta} f(x)\mathrm{d}x$ 为无界函数 $f(x)$ 在$[a, b)$ 上广义积分. 如果极限

$$\lim_{\eta\to 0^+}\int_a^{b-\eta} f(x)\mathrm{d}x$$

存在,则称广义积分$\int_a^b f(x)\mathrm{d}x$ 收敛,如果上述极限不存在,就称广义积分$\int_a^b f(x)\mathrm{d}x$ 发散.

若函数 $f(x)$ 在$[a, c)$,$(c, b]$ 上连续,当 $x\to c$ 时,$f(x)\to\infty$,如果

$$\lim_{\eta\to 0^+}\int_a^{c-\eta} f(x)\mathrm{d}x \text{ 和 } \lim_{\eta'\to 0^+}\int_{c+\eta'}^{b} f(x)\mathrm{d}x$$

都存在,就称无界函数 $f(x)$ 在$[a, b]$ 上的广义积分收敛,并定义

$$\int_a^b f(x)\mathrm{d}x = \lim_{\eta\to 0^+}\int_a^{c-\eta} f(x)\mathrm{d}x + \lim_{\eta'\to 0^+}\int_{c+\eta'}^{b} f(x)\mathrm{d}x,$$

若 $\lim\limits_{\eta\to 0^+}\int_a^{c-\eta} f(x)\mathrm{d}x$ 或 $\lim\limits_{\eta'\to 0^+}\int_{c+\eta'}^{b} f(x)\mathrm{d}x$ 之一不存在,就称广义积分 $\int_a^b f(x)\mathrm{d}x$ 发散.

无界函数的广义积分又称为瑕积分,使得 $f(x)\to\infty$ 的 x 所趋近的点,叫瑕点.

二、概念析疑

问 1 若函数在区间上有原函数,这函数是否在该区间上可积?

答 不一定.

例如 $F(x)=\begin{cases} x^2\sin\dfrac{1}{x^2}, & x\neq 0\\ 0, & x=0\end{cases}$,容易知道 $F(x)$ 在$(-\infty, +\infty)$ 内可导,且

$$f(x)=F'(x)=\begin{cases} 2x\sin\dfrac{1}{x^2}-\dfrac{2}{x}\cos\dfrac{1}{x^2}, & x\neq 0\\ 0, & x=0\end{cases},$$

即函数 $f(x)$ 在 $(-\infty, +\infty)$ 内有原函数 $F(x)$，但由于函数 $f(x)$ 在 $x=0$ 的任一邻域内无界，故函数 $f(x)$ 在包含 $x=0$ 的区间内不可积.

问 2　设函数 $f(x)$ 在 $[a, b]$ 上连续，且 $[c, d]\subset[a, b]$，则必有 $\int_c^d f(x)\mathrm{d}x \leqslant \int_a^b f(x)\mathrm{d}x$，对吗？

答　不对.

例如，取 $f(x)=x^3$，$[a, b]=[-1, 1]$，$[c, d]=[0, 1]$. $f(x)=x^3$ 在 $[-1, 1]$ 上连续，$[0, 1]\subset[-1, 1]$，但是

$$\int_{-1}^1 f(x)\mathrm{d}x=\int_{-1}^1 x^3\mathrm{d}x=0,\quad \int_0^1 f(x)\mathrm{d}x=\int_0^1 x^3\mathrm{d}x=\frac{1}{4},$$

$$\int_0^1 f(x)\mathrm{d}x>\int_{-1}^1 f(x)\mathrm{d}x.$$

如果加上条件：在 $[a, b]$ 上 $f(x)\geqslant 0$，则结论是对的.

问 3　对积分上限的函数求导时应注意些什么？

答　(1) 首先要弄清是对哪个变量求导，把积分上限的函数的自变量与积分变量区分开来. 积分上限的函数的自变量是上限变量，因此对积分上限的函数求导，就是对上限变量求导，与积分变量没有关系. 但有时会遇到上限变量也包含在被积表达式内的情况，这时应先设法把上限变量从被积表达式内分离出来，并提到积分号外，然后再进行求导.

(2) 当积分上限，甚至积分下限都是 x 的函数时，就要应用复合函数的求导法则进行求导. 一般说来，有下述结果：

$$\left(\int_{\psi(x)}^{\varphi(x)} f(x)\mathrm{d}x\right)'=\left(\int_a^{\varphi(x)} f(x)\mathrm{d}x-\int_a^{\psi(x)} f(x)\mathrm{d}x\right)'$$
$$=f[\varphi(x)]\varphi'(x)-f[\psi(x)]\psi'(x).$$

问 4　在计算广义积分 $\int_{-\infty}^{+\infty}\frac{x}{1+x^2}\mathrm{d}x$ 时，有人认为：因为被积函数 $\frac{x}{1+x^2}$ 为奇函数，由奇函数在关于原点对称的区间上积分为零，因此该广义积分为零，这种说法对吗？

答 得出$\int_{-\infty}^{+\infty}\frac{x}{1+x^2}dx=0$的结论是错的.

因为

$$\int_{-\infty}^{+\infty}\frac{x}{1+x^2}dx=\int_{-\infty}^{0}\frac{x}{1+x^2}dx+\int_{0}^{+\infty}\frac{x}{1+x^2}dx,$$

而

$$\int_{0}^{+\infty}\frac{x}{1+x^2}dx=\frac{1}{2}\int_{0}^{+\infty}\frac{1}{1+x^2}d(1+x^2)=\frac{1}{2}\ln(1+x^2)\Big|_0^{+\infty}=+\infty,$$

所以广义积分$\int_{0}^{+\infty}\frac{x}{1+x^2}dx$发散. 因此由广义积分$\int_{-\infty}^{+\infty}\frac{x}{1+x^2}dx$收敛的定义,广义积分$\int_{-\infty}^{+\infty}\frac{x}{1+x^2}dx$是发散的.

一般地可以证明:对奇函数在关于原点对称的区间上的广义积分$\int_{-\infty}^{+\infty}f(x)dx$,如果能证明该积分收敛,则该积分必定为零.

三、习题详解

习题 6.1 定积分的概念

1. 设某物体作直线运动,已知速度$v(t)$是时间间隔$[T_1, T_2]$上t的一个连续函数,且$v(t)\geqslant 0$,试用定积分表示在这段时间内物体所经过的路程s.

解 (1) 用分点

$$T_1=t_0<t_1<t_2<\cdots<t_{n-1}<t_n=T_2$$

把时间间隔$[T_1,T_2]$等分成n个小段

$$[t_0, t_1],[t_1, t_2],\cdots,[t_{n-1}, t_n],$$

记$\Delta t_i=t_i-t_{i-1}=\frac{T_2-T_1}{n}, i=1, 2, \cdots, n$. 相应地,在各段时间内物体经过的路程为$\Delta S_i, i=1, 2, \cdots, n$.

(2) 在时间间隔$[t_{i-1}, t_i]$上任取一个时刻$\tau_i(t_{i-1}\leqslant\tau_i\leqslant t_i)$,以$\tau_i$时的速度$v(\tau_i)$来代替$[t_{i-1}, t_i]$上各个时刻的速度即把物体在$[t_{i-1},$

$t_i]$ 上近似看作是以 $v(\tau_i)$ 作匀速运动，得到部分路程 ΔS_i 的近似值，即

$$\Delta S_i \approx v(\tau_i)\Delta t_i (i = 1, 2, \cdots, n).$$

于是这 n 段部分路程的近似值之和就是所求变速直线运动路程 S 的近似值，即

$$\begin{aligned} S &\approx v(\tau_1)\Delta t_1 + v(\tau_2)\Delta t_2 + \cdots + v(\tau_n)\Delta t_n \\ &= \sum_{i=1}^{n} v(\tau_i)\Delta t_i = \sum_{i=1}^{n} v(\tau_i)\frac{T_2 - T_1}{n}, \end{aligned}$$

(3) 当等分数 $n \to \infty$ 时，取上述和式的极限，即得变速直线运动的路程

$$S = \lim_{n \to \infty}\sum_{n=1}^{n} v(\tau_i)\frac{T_2 - T_1}{n},$$

由定积分的定义知

$$S = \int_{T_1}^{T_2} v(t)\mathrm{d}t.$$

2. 利用定积分的几何意义，说明下列等式：

(1) $\int_0^1 2x\mathrm{d}x = 1$； (2) $\int_0^1 \sqrt{1 - x^2}\mathrm{d}x = \frac{\pi}{4}$；

(3) $\int_{-\pi}^{\pi} \sin x\mathrm{d}x = 0$； (4) $\int_{-\frac{\pi}{2}}^{\frac{\pi}{2}} \cos x\mathrm{d}x = 2\int_0^{\frac{\pi}{2}} \cos x\mathrm{d}x$.

解 (1) 根据定积分的几何意义，定积分 $\int_0^1 2x\mathrm{d}x$ 表示由直线 $y = 2x$、$x = 1$ 及 x 轴围成的图形面积，该图形是三角形，底边长为1，高为2，因此面积为1，即 $\int_0^1 2x\mathrm{d}x = 1$.

(2) 根据定积分的几何意义，定积分 $\int_0^1 \sqrt{1 - x^2}\mathrm{d}x$ 表示的是曲线 $y = \sqrt{1 - x^2}$ 以及 x 轴和 y 轴围成的在第 Ⅰ 象限内的图形面积，即单位圆的四分之一的图形，因此有 $\int_0^1 \sqrt{1 - x^2}\mathrm{d}x = \frac{\pi}{4}$.

(3) 由于函数 $y = \sin x$ 在区间 $[0, \pi]$ 上非负，在区间 $[-\pi, 0]$ 上非正. 根据定积分的几何意义，定积分 $\int_{-\pi}^{\pi} \sin x\mathrm{d}x$ 表示曲线 $y =$

$\sin x(x \in [0, \pi])$ 与 x 轴所围成的图形 D_1 的面积减去曲线 $y = \sin x(x \in [-\pi, 0])$ 与 x 轴所围成的图形 D_2 的面积，显然图形 D_1 与 D_2 的面积是相等的，因此有 $\int_{-\pi}^{\pi} \sin x \mathrm{d}x = 0$.

(4) 由于函数 $y = \cos x$ 在区间 $\left[-\frac{\pi}{2}, \frac{\pi}{2}\right]$ 上非负. 根据定积分的几何意义，定积分 $\int_{-\frac{\pi}{2}}^{\frac{\pi}{2}} \cos x \mathrm{d}x$ 表示曲线 $y = \cos x\left(x \in \left[0, \frac{\pi}{2}\right]\right)$ 与 x 轴和 y 轴所围成的图形 D_1 的面积加上曲线 $y = \cos x\left(x \in \left[-\frac{\pi}{2}, 0\right]\right)$ 与 x 轴和 y 轴所围成的图形 D_2 的面积，而图形 D_1 的面积和图形 D_2 的面积显然相等，因此有 $\int_{-\frac{\pi}{2}}^{\frac{\pi}{2}} \cos x \mathrm{d}x = 2\int_{0}^{\frac{\pi}{2}} \cos x \mathrm{d}x$.

习题 6.2　定积分的性质

1. 证明定积分的性质：

(1) $\int_a^b [f(x) \pm g(x)] \mathrm{d}x = \int_a^b f(x) \mathrm{d}x \pm \int_a^b g(x) \mathrm{d}x$；

(2) $\int_a^b 1 \cdot \mathrm{d}x = \int_a^b \mathrm{d}x = b - a$.

证明　(1) 由定积分定义和极限性质，有

$$\begin{aligned}\int_a^b [f(x) \pm g(x)] \mathrm{d}x &= \lim_{n \to \infty} \sum_{i=1}^{n} [f(\xi_i) \pm g(\xi_i)] \frac{b-a}{n} \\ &= \lim_{n \to \infty} \sum_{i=1}^{n} \left[f(\xi_i) \frac{b-a}{n} \pm g(\xi_i) \frac{b-a}{n}\right] \\ &= \lim_{n \to \infty} \sum_{i=1}^{n} f(\xi_i) \frac{b-a}{n} \pm \lim_{n \to \infty} g(\xi_i) \frac{b-a}{n} \\ &= \int_a^b f(x) \mathrm{d}x \pm \int_a^b g(x) \mathrm{d}x.\end{aligned}$$

(2) 由定积分的定义，有

$$\int_a^b 1 \cdot \mathrm{d}x = \lim_{n \to \infty} \sum_{n=1}^{\infty} 1 \cdot \frac{b-a}{n} = \lim_{n \to \infty} n \cdot \frac{b-a}{n} = b - a.$$

2. 设 $f(x)$ 在 $[a, b]$ 上连续，证明：若在 $[a, b]$ 上，$f(x) \geqslant 0$ 且 $f(x) \not\equiv 0$，则 $\int_a^b f(x)\mathrm{d}x > 0$.

证明 根据条件必存在 $x_0 \in [a, b]$，使得 $f(x_0) > 0$. 由函数 $f(x)$ 在 x_0 连续可知，存在 $a \leqslant \alpha < \beta \leqslant b$，使得当 $x \in [\alpha, \beta]$ 时，$f(x) \geqslant \frac{f(x_0)}{2}$，因此有

$$\int_a^b f(x)\mathrm{d}x = \int_a^\alpha f(x)\mathrm{d}x + \int_\alpha^\beta f(x)\mathrm{d}x + \int_\beta^b f(x)\mathrm{d}x,$$

由定积分性质得到：

$$\int_a^\alpha f(x)\mathrm{d}x \geqslant 0,$$

$$\int_\alpha^\beta f(x)\mathrm{d}x \geqslant \int_\alpha^\beta \frac{f(x_0)}{2}\mathrm{d}x = \frac{\beta-\alpha}{2}f(x_0) > 0,$$

$$\int_\beta^b f(x)\mathrm{d}x \geqslant 0,$$

故得到结论 $\int_a^b f(x)\mathrm{d}x > 0$.

3. 根据定积分的性质及第 2 题的结论，说明下列定积分哪一个的值较大：

(1) $\int_0^1 x^2\mathrm{d}x$ 还是 $\int_0^1 x^3\mathrm{d}x$；

(2) $\int_1^2 x^2\mathrm{d}x$ 还是 $\int_1^2 x^3\mathrm{d}x$；

(3) $\int_1^2 \ln x\mathrm{d}x$ 还是 $\int_1^2 (\ln x)^2\mathrm{d}x$；

(4) $\int_0^1 x\mathrm{d}x$ 还是 $\int_0^1 \ln(1+x)\mathrm{d}x$；

(5) $\int_0^1 \mathrm{e}^x\mathrm{d}x$ 还是 $\int_0^1 (1+x)\mathrm{d}x$.

解 (1) 因为在 $[0, 1]$ 上 $x^2 \geqslant x^3$，且 $x^2 \not\equiv x^3$，因此

$$\int_0^1 x^2\mathrm{d}x > \int_0^1 x^3\mathrm{d}x,$$

即 $\int_0^1 x^2\mathrm{d}x$ 的值较大.

(2) 因为在[1, 2]上 $x^2 \leqslant x^3$，且 $x^2 \not\equiv x^3$，因此

$$\int_1^2 x^2 \mathrm{d}x < \int_1^2 x^3 \mathrm{d}x,$$

即 $\int_1^2 x^3 \mathrm{d}x$ 的值较大.

(3) 因为在[1, 2]上 $\ln x \geqslant (\ln x)^2$，且 $\ln x \not\equiv (\ln x)^2$，因此

$$\int_1^2 \ln x \mathrm{d}x > \int_1^2 (\ln x)^2 \mathrm{d}x,$$

即 $\int_1^2 \ln x \mathrm{d}x$ 的值较大.

(4) 只要比较 x 与 $\ln(1+x)$ 在区间[0, 1]上的大小. 令 $f(x) = x - \ln(1+x)$，则

$$f'(x) = 1 - \frac{1}{1+x} = \frac{x}{1+x} > 0 \quad x \in (0, 1),$$

说明 $f(x)$ 在[0, 1]上单调增加，故当 $0 \leqslant x \leqslant 1$ 时，$f(x) \geqslant f(0) = 0$，即在[0, 1]上，$x \geqslant \ln(1+x)$，且 $x \neq \ln(1+x)$，因此

$$\int_0^1 x \mathrm{d}x > \int_0^1 \ln(1+x) \mathrm{d}x,$$

即 $\int_0^1 x \mathrm{d}x$ 的值较大.

(5) 只要比较 e^x 与 $1+x$ 在区间[0, 1]上的大小. 令 $f(x) = \mathrm{e}^x - (1+x)$，则

$$f'(x) = \mathrm{e}^x - 1 > 0, \quad x > 0,$$

说明 $f(x)$ 在[0, 1]上单调增加，故当 $x > 0$ 时，$f(x) > f(0) = 0$，即在[0, 1]上 $\mathrm{e}^x \geqslant \ln(1+x)$，且 $\mathrm{e}^x \not\equiv \ln(1+x)$，因此

$$\int_0^1 \mathrm{e}^x \mathrm{d}x > \int_0^1 \ln(1+x) \mathrm{d}x,$$

即 $\int_0^1 \mathrm{e}^x \mathrm{d}x$ 的值较大.

4. 估计下列各积分的值：

(1) $\int_0^2 \mathrm{e}^{x^2-x} \mathrm{d}x$；　　　　(2) $\int_{\frac{1}{\sqrt{3}}}^{\sqrt{3}} x \arctan x \mathrm{d}x$.

解　(1) 函数 $y = \mathrm{e}^{x^2-x}$ 可看作函数 $y = \mathrm{e}^u$，$u = x^2 - x$ 的复合，

而 $y=e^u$ 是单调增加函数，所以只要考虑 $u=x^2-x$ 在 $[0,2]$ 上的最大值与最小值，就可相应地得出 e^u 的最大值与最小值.

$\because u=x^2-x=(x-\frac{1}{2})^2-\frac{1}{4}$，

$\therefore -\frac{1}{4}\leqslant x^2-x\leqslant 2,\quad \forall x\in[0,2]$.

从而

$$e^{-\frac{1}{4}}\leqslant e^{x^2-x}\leqslant e^2,\quad \forall x\in[0,2].$$

故由估值定理得

$$e^{-\frac{1}{4}}\cdot(2-0)\leqslant\int_0^2 e^{x^2-x}dx\leqslant e^2\cdot(2-0),$$

即

$$2e^{-\frac{1}{4}}\leqslant\int_0^2 e^{x^2-x}dx\leqslant 2e^2.$$

(2) 设 $f(x)=x\arctan x$，则

$$f'(x)=\arctan x+\frac{x}{1+x^2}>0,\quad x\in[\frac{1}{\sqrt{3}},\sqrt{3}].$$

故 $f(x)$ 在 $[\frac{1}{\sqrt{3}},\sqrt{3}]$ 上单调增加. 因此，$f(x)$ 在 $[\frac{1}{\sqrt{3}},\sqrt{3}]$ 上的最大值为 $f(\sqrt{3})=\frac{\sqrt{3}\pi}{3}$，最小值为 $f(\frac{\sqrt{3}}{3})=\frac{\pi}{6\sqrt{3}}$. 所以，由估值定理得

$$\frac{\pi}{6\sqrt{3}}\cdot(\sqrt{3}-\frac{\sqrt{3}}{3})\leqslant\int_{\frac{1}{\sqrt{3}}}^{\sqrt{3}}x\arctan x dx\leqslant\frac{\sqrt{3}\pi}{3}\cdot(\sqrt{3}-\frac{\sqrt{3}}{3}),$$

即

$$\frac{\pi}{9}\leqslant\int_{\frac{1}{\sqrt{3}}}^{\sqrt{3}}x\arctan x dx\leqslant\frac{2\pi}{3}.$$

5. 证明不等式：$\frac{2}{5}\leqslant\int_1^2\frac{x}{x^2+1}dx\leqslant\frac{1}{2}$.

证 设 $f(x)=\frac{x}{x^2+1}$，则

$$f'(x)=\frac{1-x^2}{(x^2+1)^2}<0,\quad x\in(1,2).$$

说明 $f(x)$ 在[1, 2]上单调减少，故 $f(x)$ 在[1, 2]上的最大值为 $f(1)=\frac{1}{2}$，最小值为 $f(2)=\frac{2}{5}$. 所以，由估值定理得

$$\frac{2}{5}\cdot(2-1)\leqslant\int_1^2\frac{x}{x^2+1}\mathrm{d}x\leqslant\frac{1}{2}\cdot(2-1),$$

即

$$\frac{2}{5}\leqslant\int_1^2\frac{x}{x^2+1}\mathrm{d}x\leqslant\frac{1}{2}.$$

习题 6.3 微积分基本定理

1. 试求下列函数的导数：

(1) $\int_x^{-1}t\mathrm{e}^{-t}\mathrm{d}t$； (2) $\int_0^{x^2}\frac{\sin t}{t}\mathrm{d}t$.

解 (1) $\left(\int_x^{-1}t\mathrm{e}^{-t}\mathrm{d}t\right)'=-\left(\int_{-1}^{x}t\mathrm{e}^{-t}\mathrm{d}t\right)'=-x\mathrm{e}^{-x}$.

(2) $\left(\int_0^{x^2}\frac{\sin t}{t}\mathrm{d}t\right)'=\frac{\sin x^2}{x^2}\cdot(x^2)'=\frac{2\sin x^2}{x}$.

2. 设 $f(x)$ 是连续函数，且 $\int_0^{x^3-1}f(t)\mathrm{d}t=x$，求 $f(7)$.

解 等式 $\int_0^{x^3-1}f(t)\mathrm{d}t=x$ 两边对 x 求导，得

$$f(x^3-1)\cdot 3x^2=1,$$

将 $x=2$ 代入上式得 $f(7)=\frac{1}{12}$.

3. 求由 $\int_0^{y}\mathrm{e}^t\mathrm{d}t+\int_0^{x}\cos t\mathrm{d}t=0$ 所决定的隐函数 y 对 x 的导数 $\frac{\mathrm{d}y}{\mathrm{d}x}$.

解 方程两边对 x 求导得

$$\mathrm{e}^y\cdot y'+\cos x=0,$$

解得 $y'=-\frac{\cos x}{\mathrm{e}^y}$.

4. 求下列各极限：

(1) $\lim\limits_{x\to 0}\frac{\int_0^x(1+\sin 2t)^{\frac{1}{t}}\mathrm{d}t}{x}$； (2) $\lim\limits_{x\to 0}\frac{\int_0^x\arctan t\mathrm{d}t}{x^2}$；

(3) $\lim\limits_{x\to\frac{\pi}{2}}\dfrac{\int_{\frac{\pi}{2}}^{x}\sin^2 t\mathrm{d}t}{x-\dfrac{\pi}{2}}$；　　(4) $\lim\limits_{x\to 0}\dfrac{\int_0^{2x}\dfrac{t}{1+\mathrm{e}^{t^2}}\mathrm{d}t}{x^2}$.

解　(1) 因为$\lim\limits_{x\to 0}\int_0^x(1+\sin 2t)\mathrm{d}t=\int_0^0(1+\sin 2t)\mathrm{d}t=0$，故极限是$\dfrac{0}{0}$型未定式. 于是，应用洛必达法则，有

$$\lim_{x\to 0}\frac{\int_0^x(1+\sin 2t)^{\frac{1}{t}}\mathrm{d}t}{x}=\lim_{x\to 0}\frac{(1+\sin 2x)^{\frac{1}{x}}}{1}$$
$$=\lim_{x\to 0}\left[(1+\sin 2x)^{\frac{1}{\sin 2x}}\right]^{\frac{\sin 2x}{x}}$$
$$=\mathrm{e}^{\lim\limits_{x\to 0}\frac{\sin 2x}{x}}=\mathrm{e}^2.$$

(2) 这是$\dfrac{0}{0}$型未定式，我们用洛必达法则来计算.

$$\lim_{x\to 0}\frac{\int_0^x\arctan t\mathrm{d}t}{x^2}=\lim_{x\to 0}\frac{\arctan x}{2x}=\lim_{x\to 0}\frac{x}{2x}=\frac{1}{2}.$$

(3) $$\lim_{x\to\frac{\pi}{2}}\frac{\int_{\frac{\pi}{2}}^{x}\sin^2 t\mathrm{d}t}{x-\dfrac{\pi}{2}}=\lim_{x\to\frac{\pi}{2}}\frac{\sin^2 x}{1}=1.$$

(4) $$\lim_{x\to 0}\frac{\int_0^{2x}\dfrac{t}{1+\mathrm{e}^{t^2}}\mathrm{d}t}{x^2}=\lim_{x\to 0}\frac{\dfrac{2x}{1+\mathrm{e}^{(2x)^2}}\cdot 2}{2x}=\lim_{x\to 0}\frac{2}{1+\mathrm{e}^{4x^2}}=1.$$

5. 计算下列各定积分：

(1) $\int_0^1(3x^2-x+1)\mathrm{d}x$；　　(2) $\int_4^9\sqrt{x}(1+\sqrt{x})\mathrm{d}x$；

(3) $\int_{\frac{1}{\sqrt{3}}}^{\sqrt{3}}\dfrac{\mathrm{d}x}{1+x^2}$；　　(4) $\int_1^3\dfrac{\mathrm{d}x}{x(1+x)}$；

(5) $\int_0^1\dfrac{\mathrm{d}x}{\sqrt{4-x^2}}$；　　(6) $\int_{-1}^0\dfrac{3x^4+3x^2+1}{x^2+1}\mathrm{d}x$；

(7) $\int_0^{\frac{\pi}{4}}\tan^2\theta\mathrm{d}\theta$；　　(8) $\int_{-2}^0\dfrac{\mathrm{d}x}{x^2+2x+2}$；

(9) $\int_0^{\pi}(1-\sin^3\theta)\mathrm{d}\theta$；　　　(10) $\int_{\frac{\pi}{6}}^{\frac{\pi}{2}}\cos^2 u\mathrm{d}u$；

(11) $\int_0^{2\pi}|\sin x|\mathrm{d}x$；　　　(12) $\int_{\frac{1}{e}}^{e}\frac{|\ln x|}{x}\mathrm{d}x$；

(13) $\int_0^2 f(x)\mathrm{d}x$，其中 $f(x)=\begin{cases}x+1, & x\leqslant 1\\ \frac{1}{2}x^2, & x>1\end{cases}$.

解　(1) $\int_0^1(3x^2-x+1)\mathrm{d}x=(x^3-\frac{1}{2}x^2+x)\Big|_0^1=\frac{3}{2}$.

(2) $\int_4^9\sqrt{x}(1+\sqrt{x})\mathrm{d}x=\int_4^9(x^{\frac{1}{2}}+x)\mathrm{d}x=\frac{2}{3}x^{\frac{3}{2}}\Big|_4^9+\frac{1}{2}x^2\Big|_4^9$

$=45\frac{1}{6}$.

(3) $\int_{\frac{1}{\sqrt{3}}}^{\sqrt{3}}\frac{\mathrm{d}x}{1+x^2}=\arctan x\Big|_{\frac{1}{\sqrt{3}}}^{\sqrt{3}}=\arctan\sqrt{3}-\arctan\frac{1}{\sqrt{3}}$

$=\frac{\pi}{3}-\frac{\pi}{6}=\frac{\pi}{6}$.

(4) $\int_1^3\frac{\mathrm{d}x}{x(1+x)}=\int_1^3(\frac{1}{x}-\frac{1}{1+x})\mathrm{d}x=[\ln x-\ln(1+x)]\Big|_1^3$

$=\ln 3-\ln 2$.

(5) $\int_0^1\frac{\mathrm{d}x}{\sqrt{4-x^2}}=\int_0^1\frac{\mathrm{d}x}{\sqrt{2^2-x^2}}=\arcsin\frac{x}{2}\Big|_0^1=\frac{\pi}{6}$.

(6) $\int_{-1}^0\frac{3x^4+3x^2+1}{x^2+1}\mathrm{d}x=\int_{-1}^0\frac{3x^2(x^2+1)+1}{x^2+1}\mathrm{d}x$

$=\int_{-1}^0 3x^2\mathrm{d}x+\int_{-1}^0\frac{1}{x^2+1}\mathrm{d}x$

$=x^3\Big|_{-1}^0+\arctan x\Big|_{-1}^0=1+\frac{\pi}{4}$.

(7) $\int_0^{\frac{\pi}{4}}\tan^2\theta\mathrm{d}\theta=\int_0^{\frac{\pi}{4}}(\sec^2\theta-1)\mathrm{d}\theta=(\tan\theta-\theta)\Big|_0^{\frac{\pi}{4}}=1-\frac{\pi}{4}$.

(8) $\int_{-2}^0\frac{\mathrm{d}x}{x^2+2x+2}=\int_{-2}^0\frac{\mathrm{d}(x+1)}{(x+1)^2+1}$

$=\arctan(x+1)\Big|_{-2}^0=\frac{\pi}{2}$.

$$(9)\int_0^{\pi}(1-\sin^3\theta)\mathrm{d}\theta=\int_0^{\pi}\mathrm{d}\theta-\int_0^{\pi}\sin^2\theta\sin\theta\mathrm{d}\theta$$

$$=(\pi-0)+\int_0^{\pi}(1-\cos^2\theta)\mathrm{d}(\cos\theta)$$

$$=\pi+(\cos\theta-\frac{1}{3}\cos\theta)\Big|_0^{\pi}=\pi-\frac{4}{3}.$$

$$(10)\int_{\frac{\pi}{6}}^{\frac{\pi}{2}}\cos^2u\mathrm{d}u=\frac{1}{2}\int_{\frac{\pi}{6}}^{\frac{\pi}{2}}(1+\cos2u)\mathrm{d}u$$

$$=\frac{1}{2}\int_{\frac{\pi}{6}}^{\frac{\pi}{2}}\mathrm{d}u+\frac{1}{4}\int_{\frac{\pi}{6}}^{\frac{\pi}{2}}\cos2u\mathrm{d}(2u)$$

$$=\frac{1}{2}(\frac{\pi}{2}-\frac{\pi}{6})+\frac{1}{4}\sin2u\Big|_{\frac{\pi}{6}}^{\frac{\pi}{2}}=\frac{\pi}{6}-\frac{\sqrt{3}}{8}.$$

$$(11)\int_0^{2\pi}|\sin x|\mathrm{d}x=\int_0^{\pi}\sin x\mathrm{d}x+\int_{\pi}^{2\pi}(-\sin x)\mathrm{d}x$$

$$=-\cos x\Big|_0^{\pi}+\cos x\Big|_0^{2\pi}=4.$$

$$(12)\int_{\frac{1}{e}}^{e}\frac{|\ln x|}{x}\mathrm{d}x=\int_{\frac{1}{e}}^{1}\frac{-\ln x}{x}\mathrm{d}x+\int_1^{e}\frac{\ln x}{x}\mathrm{d}x$$

$$=-\int_{\frac{1}{e}}^{1}\ln x\mathrm{d}(\ln x)+\int_1^{e}\ln x\mathrm{d}(\ln x)$$

$$=-\frac{1}{2}\ln^2x\Big|_{\frac{1}{e}}^{1}+\frac{1}{2}\ln^2x\Big|_1^{e}=1.$$

$$(13)\int_0^2f(x)\mathrm{d}x=\int_0^1f(x)\mathrm{d}x+\int_1^2f(x)\mathrm{d}x$$

$$=\int_0^1(x+1)\mathrm{d}x+\int_1^2\frac{1}{2}x^2\mathrm{d}x$$

$$=\frac{1}{2}(x+1)^2\Big|_0^1+\frac{1}{6}x^3\Big|_1^2=\frac{8}{3}.$$

6.设 $f(x)$ 是 $(-\infty,+\infty)$ 上的连续函数,且满足

$$f(x)=3x^2-x\int_0^1f(x)\mathrm{d}x,$$

求 $f(x)$.

解 因为定积分是个数值,故可设 $\int_0^1f(x)\mathrm{d}x=A$,于是

$$f(x)=3x^2-Ax.$$

上式两边在[0, 1]上作定积分，则有

$$\int_0^1 f(x)\mathrm{d}x = \int_0^1 (3x^2 - Ax)\mathrm{d}x = (x^3 - \frac{A}{2}x^2)\big|_0^1 = 1 - \frac{A}{2},$$

因此 $A = 1 - \frac{A}{2}$，得 $A = \frac{2}{3}$，故

$$f(x) = 3x^2 - \frac{2}{3}x.$$

习题 6.4 定积分换元积分法

1. 计算下列定积分：

(1) $\int_4^9 \frac{\sqrt{x}}{\sqrt{x}-1}\mathrm{d}x$；

(2) $\int_{\frac{3}{4}}^1 \frac{\mathrm{d}x}{\sqrt{1-x}-1}$；

(3) $\int_{-1}^1 \frac{x}{\sqrt{5-4x}}\mathrm{d}x$；

(4) $\int_1^{e^2} \frac{1}{x\sqrt{1+\ln x}}\mathrm{d}x$；

(5) $\int_{\frac{1}{\sqrt{2}}}^1 \frac{\sqrt{1-x^2}}{x^2}\mathrm{d}x$；

(6) $\int_0^{\sqrt{2}} \sqrt{2-x^2}\,\mathrm{d}x$；

(7) $\int_1^{\sqrt{3}} \frac{\mathrm{d}x}{x^2\sqrt{1+x^2}}$；

(8) $\int_0^1 \frac{x^2}{(1+x^2)^2}\mathrm{d}x$；

(9) $\int_{\sqrt{2}}^2 \frac{1}{x\sqrt{x^2-1}}\mathrm{d}x$；

(10) $\int_0^{\ln 5} \frac{e^x}{e^x+3}\sqrt{e^x-1}\,\mathrm{d}x$.

解 (1) 设 $\sqrt{x} = t$，则 $x = t^2$，$\mathrm{d}x = 2t\mathrm{d}t$，且当 $x = 4$ 时，$t = 2$；当 $x = 9$ 时，$t = 3$. 于是

$$\begin{aligned}\int_4^9 \frac{\sqrt{x}}{\sqrt{x}-1}\mathrm{d}x &= \int_2^3 \frac{t}{t-1}\cdot 2t\mathrm{d}t = 2\int_2^3 \frac{t^2-1+1}{t-1}\mathrm{d}t \\ &= 2\int_2^3 (t+1)\mathrm{d}t + 2\int_2^3 \frac{1}{t-1}\mathrm{d}t \\ &= (t^2+2t)\big|_2^3 + 2\ln|t-1|\big|_2^3 = 7 + 2\ln 2.\end{aligned}$$

(2) 设 $\sqrt{1-x} = t$，则 $x = 1-t^2$，$\mathrm{d}x = -2t\mathrm{d}t$，且当 $x = \frac{3}{4}$ 时，$t = \frac{1}{2}$；$x = 1$ 时，$t = 0$，于是

$$\int_{\frac{3}{4}}^{1}\frac{dx}{\sqrt{1-x}-1}=\int_{\frac{1}{2}}^{0}\frac{-2tdt}{t-1}=2\int_{\frac{1}{2}}^{0}(1+\frac{1}{t-1})dt$$

$$=2(t+\ln|t-1|)\Big|_{0}^{\frac{1}{2}}=1-2\ln 2.$$

(3) 设 $\sqrt{5-4x}=t$，则 $x=\frac{1}{4}(5-t^2)$，$dx=-\frac{1}{2}tdt$，且当 $x=-1$ 时，$t=3$；当 $x=1$ 时，$t=1$. 于是

$$\int_{-1}^{1}\frac{x}{\sqrt{5-4x}}dx=\int_{3}^{1}\frac{\frac{1}{4}(5-t^2)}{t}\cdot(-\frac{1}{2}t)dx=\frac{1}{8}\int_{1}^{3}(5-t^2)dx$$

$$=\frac{1}{8}[5\times(3-1)-\frac{1}{3}t^3\ |_1^3]=\frac{1}{6}.$$

(4) **法 1** 设 $\sqrt{1+\ln x}=t$，则 $x=e^{t^2-1}$，$dx=2te^{t^2-1}$，且当 $x=1$ 时，$t=2$；当 $x=e^2$ 时，$t=\sqrt{3}$. 于是

$$\int_{1}^{e^2}\frac{1}{x\sqrt{1+\ln x}}dx=\int_{1}^{\sqrt{3}}\frac{1}{e^{t^2-1}\cdot t}\cdot 2te^{t^2-1}dt$$

$$=2\int_{1}^{\sqrt{3}}dt=2(\sqrt{3}-1).$$

法 2 设 $\ln x=t$，则 $x=e^t$，$dx=e^tdt$，且当 $x=1$ 时，$t=0$；当 $x=e^2$ 时，$t=2$，于是

$$\int_{1}^{e^2}\frac{1}{x\sqrt{1+\ln x}}dx=\int_{0}^{2}\frac{1}{e^t\cdot\sqrt{1+t}}\cdot e^tdt=\int_{0}^{2}\frac{1}{\sqrt{1+t}}d(1+t)$$

$$=2\sqrt{1+t}\ |_0^2=2(\sqrt{3}-1).$$

(5) 设 $x=\sin t$，则 $dx=\cos tdt$，且当 $x=\frac{1}{\sqrt{2}}$ 时，$t=\frac{\pi}{4}$；当 $x=1$ 时，$t=\frac{\pi}{2}$，于是

$$\int_{\frac{1}{\sqrt{2}}}^{1}\frac{\sqrt{1-x^2}}{x^2}dx=\int_{\frac{\pi}{4}}^{\frac{\pi}{2}}\frac{\cos t}{\sin^2 t}\cdot\cos tdt=\int_{\frac{\pi}{4}}^{\frac{\pi}{2}}(\csc^2 t-1)dt$$

$$=(-\cot t-t)\Big|_{\frac{\pi}{4}}^{\frac{\pi}{2}}=1-\frac{\pi}{4}.$$

(6) 设 $x=\sqrt{2}\sin t$，则 $dx=\sqrt{2}\cos tdt$，且当 $x=0$ 时，$t=0$；当 x

$=\sqrt{2}$ 时，$t=\frac{\pi}{2}$. 于是

$$\int_0^{\sqrt{2}}\sqrt{2-x^2}\,dx=\int_0^{\frac{\pi}{2}}\sqrt{2}\cos t\cdot\sqrt{2}\cos t\,dt=\int_0^{\frac{\pi}{2}}(1+\cos 2t)\,dt$$
$$=\frac{\pi}{2}+\frac{1}{2}\sin 2t\Big|_0^{\frac{\pi}{2}}=\frac{\pi}{2}.$$

(7) 设 $x=\tan t$，则 $dx=\sec^2 t\,dt$，且当 $x=1$ 时，$t=\frac{\pi}{4}$；$x=\sqrt{3}$ 时，$t=\frac{\pi}{3}$，于是

$$\int_1^{\sqrt{3}}\frac{dx}{x^2\sqrt{1+x^2}}=\int_{\frac{\pi}{4}}^{\frac{\pi}{3}}\frac{1}{\tan^2 t\cdot\sec t}\cdot\sec^2 t\,dt=\int_{\frac{\pi}{4}}^{\frac{\pi}{3}}\frac{\cos t}{\sin^2 t}\,dt$$
$$=-\csc t\Big|_{\frac{\pi}{4}}^{\frac{\pi}{3}}=\sqrt{2}-\frac{2}{3}\sqrt{3}.$$

(8) 设 $x=\tan t$，则 $dx=\sec^2 t$，且当 $x=0$ 时，$t=0$；当 $x=1$ 时，$t=\frac{\pi}{4}$，于是

$$\int_0^1\frac{x^2}{(1+x^2)^2}\,dx=\int_0^{\frac{\pi}{4}}\frac{\tan^2 t}{\sec^4 t}\cdot\sec^2 t\,dt=\int_0^{\frac{\pi}{4}}\sin^2 t\,dt$$
$$=\frac{1}{2}\int_0^{\frac{\pi}{4}}(1-\cos 2t)\,dt=\frac{1}{2}\left(\frac{\pi}{4}-\frac{1}{2}\sin 2t\Big|_0^{\frac{\pi}{4}}\right)$$
$$=\frac{1}{8}(\pi-2).$$

(9) 设 $x=\sec t$，则 $dx=\sec t\tan t\,dt$，且当 $x=\sqrt{2}$ 时，$t=\frac{\pi}{4}$；当 $x=2$ 时，$t=\frac{\pi}{3}$，于是

$$\int_{\sqrt{2}}^2\frac{1}{x\sqrt{x^2-1}}\,dx=\int_{\frac{\pi}{4}}^{\frac{\pi}{3}}\frac{1}{\sec t\tan t}\cdot\sec\,\tan t\,dt=\int_{\frac{\pi}{4}}^{\frac{\pi}{3}}dt=\frac{\pi}{12}.$$

(10) 设 $\sqrt{e^x-1}=t$，则 $x=\ln(1+t^2)$，$dx=\frac{2t}{1+t^2}dt$，且当 $x=0$ 时，$t=0$；当 $x=\ln 5$ 时，$t=2$，于是

$$\int_0^{\ln 5}\frac{e^x}{e^x+3}\sqrt{e^x-1}\,dx=\int_0^2\frac{t^2+1}{t^2+4}\cdot t\cdot\frac{2t}{1+t^2}\,dt=2\int_0^2\frac{t^2}{t^2+4}\,dt$$

$$= 2\int_0^2 (1 - \frac{4}{t^2+4})\mathrm{d}t = 2(2 - 2\arctan\frac{t}{2}\Big|_0^2)$$
$$= 4 - \pi.$$

2. 利用函数的奇偶性计算下列定积分：

(1) $\int_{-\pi}^{\pi} x^4 \sin x \mathrm{d}x$；　　(2) $\int_{-\frac{1}{2}}^{\frac{1}{2}} \frac{(\arcsin x)^2}{\sqrt{1-x^2}}\mathrm{d}x$；

(3) $\int_{-\frac{\pi}{2}}^{\frac{\pi}{2}} (\sin x + \cos x)\mathrm{d}x$；　　(4) $\int_{-1}^{1} \frac{2x^3+5x+2}{\sqrt{1-x^2}}\mathrm{d}x$.

解　(1) 因为被积函数 $x^4\sin x$ 是奇函数，积分区间 $[-\pi, \pi]$ 关于原点对称，所以

$$\int_{-\pi}^{\pi} x^4 \sin x \mathrm{d}x = 0.$$

(2) 因为被积函数 $\frac{(\arcsin x)^2}{\sqrt{1-x^2}}$ 是偶函数，积分区间 $[-\frac{1}{2}, \frac{1}{2}]$ 关于原点对称，所以

$$\int_{-\frac{1}{2}}^{\frac{1}{2}} \frac{(\arcsin x)^2}{\sqrt{1-x^2}}\mathrm{d}x = 2\int_0^{\frac{1}{2}} \frac{(\arcsin x)^2}{\sqrt{1-x^2}}\mathrm{d}x$$
$$= 2\int_0^{\frac{1}{2}} (\arcsin x)^2 \mathrm{d}(\arcsin x)$$
$$= \frac{2}{3}(\arcsin x)^3\Big|_0^{\frac{1}{2}} = \frac{2}{3}(\frac{\pi}{6})^3 = \frac{\pi^3}{324}.$$

(3) $\int_{-\frac{\pi}{2}}^{\frac{\pi}{2}} (\sin x + \cos x)\mathrm{d}x = \int_{-\frac{\pi}{2}}^{\frac{\pi}{2}} \sin x \mathrm{d}x + \int_{-\frac{\pi}{2}}^{\frac{\pi}{2}} \cos x \mathrm{d}x$

$$= 0 + 2\int_0^{\frac{\pi}{2}} \cos x \mathrm{d}x = 2\sin x\Big|_0^{\frac{\pi}{2}} = 2.$$

(4) $\int_{-1}^{1} \frac{2x^3+5x+2}{\sqrt{1-x^2}}\mathrm{d}x = \int_{-1}^{1} \frac{2x^3+5x}{\sqrt{1-x^2}}\mathrm{d}x + 2\int_{-1}^{1} \frac{1}{\sqrt{1-x^2}}\mathrm{d}x$

$$= 0 + 4\int_0^1 \frac{1}{\sqrt{1-x^2}}\mathrm{d}x$$
$$= 4\arcsin x\Big|_0^1 = 2\pi.$$

3. 设 $f(x) = \begin{cases} \frac{1}{1+e^x}, & x < 0 \\ \frac{1}{1+x}, & x \geqslant 0 \end{cases}$，求 $\int_0^2 f(x-1)\mathrm{d}x$.

解　$\int_0^2 f(x-1)\mathrm{d}x \xlongequal{x-1=t} \int_{-1}^1 f(t)\mathrm{d}t$

$$= \int_{-1}^0 f(t)\mathrm{d}t + \int_0^1 f(t)\mathrm{d}t$$

$$= \int_{-1}^0 \frac{1}{1+\mathrm{e}^t}\mathrm{d}t + \int_0^1 \frac{1}{1+t}\mathrm{d}t$$

$$= \int_{-1}^0 (1-\frac{\mathrm{e}^t}{1+\mathrm{e}^t})\mathrm{d}t + \ln|1+t| \Big|_0^1$$

$$= (t-\ln(1+\mathrm{e}^t)) \Big|_{-1}^0 + \ln 2$$

$$= \ln(1+\mathrm{e}).$$

4. 证明：$\int_0^1 x^m(1-x)^n\mathrm{d}x = \int_0^1 x^n(1-x)^m\mathrm{d}x.$

证明　$\int_0^1 x^m(1-x)^n\mathrm{d}x \xlongequal{1-x=t} \int_1^0 (1-t)^m t^n(-\mathrm{d}t)$

$$= \int_0^1 t^n(1-t)^m\mathrm{d}t$$

$$= \int_0^1 x^n(1-x)^m\mathrm{d}x.$$

5. 设 $f(u)$ 在$[-1, 1]$上连续，利用变换 $x=\pi-t$，证明

$$\int_0^\pi xf(\sin x)\mathrm{d}x = \frac{\pi}{2}\int_0^\pi f(\sin x)\mathrm{d}x.$$

证明　设 $x=\pi-t$，则 $\mathrm{d}x=-\mathrm{d}t$，且当 $x=0$ 时，$t=\pi$；当 $x=\pi$ 时，$t=0$，于是

$$\int_0^\pi xf(\sin x)\mathrm{d}x = -\int_\pi^0 (\pi-t)f[\sin(\pi-t)]\mathrm{d}t$$

$$= \int_0^\pi (\pi-t)f(\sin t)\mathrm{d}t$$

$$= \pi\int_0^\pi f(\sin t)\mathrm{d}t - \int_0^\pi tf(\sin t)\mathrm{d}t$$

$$= \pi\int_0^\pi f(\sin x)\mathrm{d}x - \int_0^\pi xf(\sin x)\mathrm{d}x,$$

所以

$$\int_0^\pi xf(\sin x)\mathrm{d}x = \frac{\pi}{2}\int_0^\pi f(\sin x)\mathrm{d}x.$$

6. 设 $f(x)$ 是以 l 为周期的连续函数，证明 $\int_a^{a+l} f(x)\mathrm{d}x$ 的值与 a 的选择无关.

证明 $\int_a^{a+l} f(x)\mathrm{d}x = \int_a^0 f(x)\mathrm{d}x + \int_0^l f(x)\mathrm{d}x + \int_l^{a+l} f(x)\mathrm{d}x$，

而

$$\int_l^{a+l} f(x)\mathrm{d}x \xlongequal{x=t+l} \int_0^a f(t+l)\mathrm{d}t = \int_0^a f(t)\mathrm{d}t = -\int_a^0 f(t)\mathrm{d}t,$$

于是

$$\int_a^{a+l} f(x)\mathrm{d}x = \int_0^l f(x)\mathrm{d}x,$$

即 $\int_a^{a+l} f(x)\mathrm{d}x$ 的值与 a 的选择无关.

习题 6.5 定积分分部积分法

计算下列定积分：

1. $\int_0^{\frac{1}{2}} \arcsin x\mathrm{d}x$；
2. $\int_1^{\mathrm{e}} x\ln x\mathrm{d}x$；
3. $\int_0^1 x\arctan x\mathrm{d}x$；
4. $\int_1^4 \frac{\ln x}{\sqrt{x}}\mathrm{d}x$；
5. $\int_0^{\frac{\pi}{4}} \frac{x}{1+\cos 2x}\mathrm{d}x$；
6. $\int_0^{\sqrt{\ln 2}} x^3\mathrm{e}^{x^2}\mathrm{d}x$；
7. $\int_{\frac{1}{2}}^1 \mathrm{e}^{\sqrt{2x-1}}\mathrm{d}x$；
8. $\int_0^{\frac{\pi}{2}} \mathrm{e}^x\sin x\mathrm{d}x$；
9. $\int_0^1 \frac{f(x)}{\sqrt{x}}\mathrm{d}x$，其中 $f(x) = \int_1^{\sqrt{x}} \mathrm{e}^{-t^2}\mathrm{d}t$.

解 1. $\int_0^{\frac{1}{2}} \arcsin x\mathrm{d}x = x\arcsin x\Big|_0^{\frac{1}{2}} - \int_0^{\frac{1}{2}} x\cdot\frac{1}{\sqrt{1-x^2}}\mathrm{d}x$

$$= \frac{1}{2}\cdot\frac{\pi}{6} + \frac{1}{2}\int_0^{\frac{1}{2}} \frac{1}{\sqrt{1-x^2}}\mathrm{d}(1-x^2)$$

$$= \frac{\pi}{12} + \sqrt{1-x^2}\Big|_0^{\frac{1}{2}} = \frac{\pi}{12} + \frac{\sqrt{3}}{2} - 1.$$

2. $\int_1^e x\ln x\mathrm{d}x = \frac{1}{2}\int_1^e \ln x\mathrm{d}(x^2) = \frac{1}{2}x^2\ln x \mid_1^e - \frac{1}{2}\int_1^e x^2 \cdot \frac{1}{x}\mathrm{d}x$

$= \frac{1}{2}\mathrm{e}^2 - \frac{1}{4}x^2 \mid_1^e = \frac{\mathrm{e}^2+1}{4}.$

3. $\int_0^1 x\arctan x\mathrm{d}x = \frac{1}{2}\int_0^1 \arctan x\mathrm{d}(x^2)$

$= \frac{1}{2}x^2\arctan x \mid_0^1 - \frac{1}{2}\int_0^1 x^2 \cdot \frac{1}{1+x^2}\mathrm{d}x$

$= \frac{1}{2}x^2\arctan x \mid_0^1 - \frac{1}{2}\int_0^1 x^2 \cdot \frac{1}{1+x^2}\mathrm{d}x$

$= \frac{1}{2}\cdot\frac{\pi}{4} - \frac{1}{2}\int_0^1 (1-\frac{1}{1+x^2})\mathrm{d}x$

$= \frac{\pi}{8} - \frac{1}{2}(x-\arctan x) \mid_0^1 = \frac{\pi}{4} - \frac{1}{2}.$

4. $\int_1^4 \frac{\ln x}{\sqrt{x}}\mathrm{d}x = 2\int_1^4 \ln x\mathrm{d}(\sqrt{x}) = 2\sqrt{x}\ln x \mid_1^4 - 2\int_1^4 \sqrt{x} \cdot \frac{1}{x}\mathrm{d}x$

$= 8\ln 2 - 4\sqrt{x} \mid_1^4 = 8\ln 2 - 4.$

5. $\int_0^{\frac{\pi}{4}} \frac{x}{1+\cos 2x}\mathrm{d}x = \int_0^{\frac{\pi}{4}} \frac{x}{2\cos^2 x}\mathrm{d}x = \frac{1}{2}\int_0^{\frac{\pi}{4}} x\mathrm{d}(\tan x)$

$= \frac{1}{2}x\tan x\Big|_0^{\frac{\pi}{4}} - \frac{1}{2}\int_0^{\frac{\pi}{4}} \tan x\mathrm{d}x$

$= \frac{\pi}{8} + \frac{1}{2}\ln|\cos x|\Big|_0^{\frac{\pi}{4}} = \frac{\pi}{8} - \frac{1}{4}\ln 2.$

6. $\int_0^{\sqrt{\ln 2}} x^3\mathrm{e}^{x^2}\mathrm{d}x = \frac{1}{2}\int_0^{\sqrt{\ln 2}} x^2\mathrm{e}^{x^2}\mathrm{d}(x^2) \xlongequal{x^2=t} \frac{1}{2}\int_0^{\ln 2} t\mathrm{e}^t\mathrm{d}t$

$= \frac{1}{2}(t-1)\mathrm{e}^t \mid_0^{\ln 2} = \ln 2 - \frac{1}{2}.$

7. 设 $\sqrt{2x-1} = t$，则 $x = \frac{1}{2}(t^2+1)$，$\mathrm{d}x = t\mathrm{d}t$，且 $x = \frac{1}{2}$ 时，$t = 0$；$x = 1$ 时，$t = 1$. 于是

$\int_{\frac{1}{2}}^1 \mathrm{e}^{\sqrt{2x-1}}\mathrm{d}x = \int_0^1 \mathrm{e}^t t\mathrm{d}t = \int_0^1 t\mathrm{d}(\mathrm{e}^t) = t\mathrm{e}^t \mid_0^1 - \int_0 \mathrm{e}^t\mathrm{d}t = \mathrm{e} - \mathrm{e}^t \mid_0^1 = 1.$

8. $\int_0^{\frac{\pi}{2}} \mathrm{e}^x\sin x\mathrm{d}x = \int_0^{\frac{\pi}{2}} \sin x\mathrm{d}(\mathrm{e}^x) = \mathrm{e}^x\sin x\Big|_0^{\frac{\pi}{2}} - \int_0^{\frac{\pi}{2}} \mathrm{e}^x\cos x\mathrm{d}x$

$$= e^{\frac{\pi}{2}} - \int_0^{\frac{\pi}{2}} \cos x \mathrm{d}(e^x)$$

$$= e^{\frac{\pi}{2}} - e^x \cos x \Big|_0^{\frac{\pi}{2}} + \int_0^{\frac{\pi}{2}} e^x(-\sin x)\mathrm{d}x$$

$$= e^{\frac{\pi}{2}} + 1 - \int_0^{\frac{\pi}{2}} e^x \sin x \mathrm{d}x,$$

由此解得$\int_0^{\frac{\pi}{2}} e^x \sin x \mathrm{d}x = \frac{1}{2}(e^{\frac{\pi}{2}} + 1)$.

9. $\int_0^1 \frac{f(x)}{\sqrt{x}}\mathrm{d}x = 2\int_0^1 f(x)\mathrm{d}(\sqrt{x}) = 2\sqrt{x}f(x)\,|_0^1 - 2\int_0^1 \sqrt{x}f'(x)\mathrm{d}x$

$$= 0 - 2\int_0^1 \sqrt{x} \cdot e^{-(\sqrt{x})^2} \cdot \frac{1}{2\sqrt{x}}\mathrm{d}x$$

$$= -\int_0^1 e^{-x}\mathrm{d}x = e^{-x}\,|_0^1 = \frac{1}{e} - 1.$$

习题 6.6　定积分的应用

1. 求由下列各曲线所围成图形的面积：

(1) $y = \sqrt{x}$ 与直线 $y = x$；

(2) $y = e^x$ 与直线 $y = e$ 及 y 轴；

(3) $y = 3 - x^2$ 与直线 $y = 2x$；

(4) $y = x^2$ 与直线 $y = 2x + 3$；

(5) $y = \frac{1}{x}$ 与直线 $y = x$ 及 $x = 2$；

(6) $y = e^x, y = e^{-x}$ 与直线 $x = 1$；

(7) $y = \ln x$ 与直线 $y = 0, x = e$；

(8) $(y-1)^2 = x + 1$ 与直线 $y = x$.

解　(1) 平面图形如图 6-1 所示. 函数 $y = \sqrt{x}$ 和 $y = x$ 的交点的横坐标为 $x = 0$ 及 $x = 1$. 于是，所求面积为

$$S = \int_0^1 (\sqrt{x} - x)\mathrm{d}x = \left(\frac{2}{3}x^{\frac{3}{2}} - \frac{1}{2}x^2\right)\Big|_0^1 = \frac{1}{6}.$$

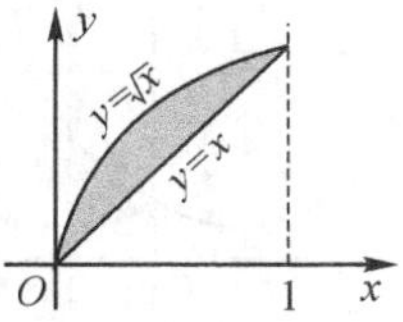

图 6-1

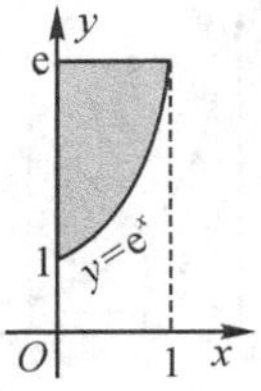

图 6-2

(2) 平面图形如图 6-2 所示. 函数 $y=e^x$ 和 $y=e$ 的交点横坐标为 $x=1$. 于是,所求面积为

$$S=\int_0^1(e-e^x)dx=(ex-e^x)\big|_0^1=1.$$

(3) 平面图形如图 6-3 所示. 曲线 $y=3-x^2$ 与直线 $y=2x$ 的交点为$(-3,-6)$和$(1,2)$. 于是,所求图形面积为

$$S=\int_{-3}^1[(3-x^2)-2x]dx=(3x-\frac{1}{3}x^3-x^2)\big|_{-3}^1=\frac{32}{3}.$$

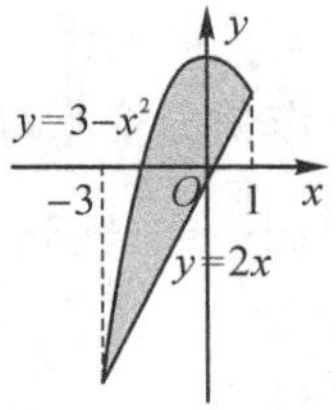

图 6-3

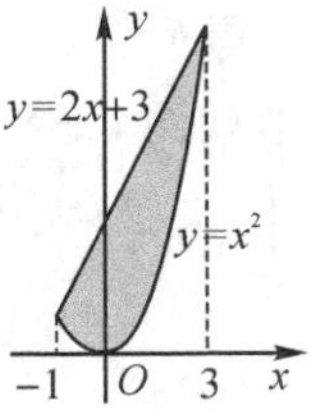

图 6-4

(4) 平面图形如图 6-4 所示. 抛物线 $y=x^2$ 和直线 $y=2x+3$ 的横坐标为 $x=-1$ 和 $x=3$. 于是,所求面积为

$$S=\int_{-1}^3[(2x+3)-x^2]dx=(x^2+3x-\frac{1}{3}x^3)\big|_{-1}^3=\frac{32}{3}.$$

(5) 平面图形如图 6-5 所示. 于是,所求面积为

$$S=\int_1^2(x-\frac{1}{x})dx=(\frac{1}{2}x^2-\ln x)\big|_1^2=\frac{3}{2}-\ln 2.$$

(6) 平面图形如图 6-6 所示. 于是,所求面积为

$$S=\int_0^1(e^x-e^{-x})dx=(e^x+e^{-x})\big|_0^1=e+\frac{1}{e}-2.$$

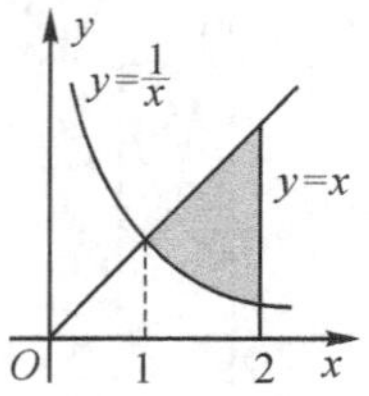

图 6－5

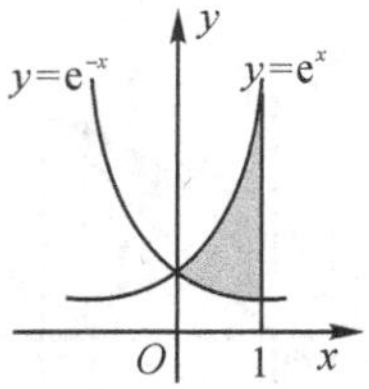

图 6－6

(7) 平面图形如图 6－7 所示，所求面积为

$$S=\int_1^e \ln x \mathrm{d}x = x\ln x\Big|_1^e-\int_1^e x\cdot\frac{1}{x}\mathrm{d}x=\mathrm{e}-(\mathrm{e}-1)=1.$$

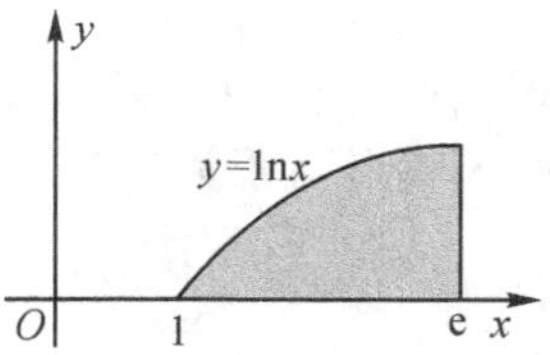

图 6－7

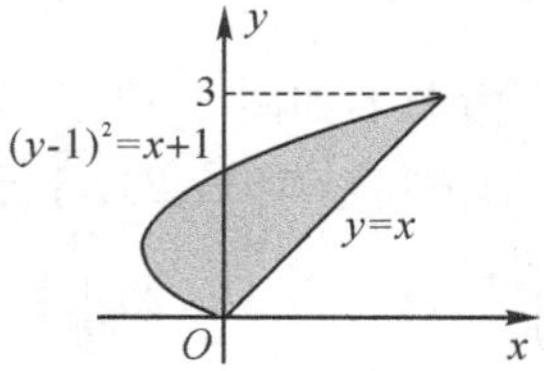

图 6－8

(8) 平面图形如图 6－8 所示. 选 y 作积分变量，所求面积为

$$S=\int_0^3\{y-[(y-1)^2-1]\}\mathrm{d}y=\int_0^3(3y-y^2)\mathrm{d}y$$

$$=(\frac{3}{2}y^2-\frac{1}{3}y^3)\Big|_0^3=\frac{9}{2}.$$

2. 在曲线 $y=\sqrt{2x}$ 上点(2, 2) 作切线，求此切线与该曲线及直线 $y=0$ 所围平面图形的面积.

解 根据导数的几何意义知，切线斜率为

$$k=y'\big|_{x=2}=\frac{1}{\sqrt{2x}}\Big|_{x=2}=\frac{1}{2},$$

于是，所求切线方程为

$$y-2=\frac{1}{2}(x-2)\ \text{即}\ y=\frac{1}{2}x+1.$$

平面图形如图 6－9 所示，所求面积为

$$S=\frac{1}{2}\times4\times2-\int_0^2\sqrt{2x}\,\mathrm{d}x=4-\sqrt{2}\cdot\frac{2}{3}x^{\frac{3}{2}}\Big|_0^2=\frac{4}{3}.$$

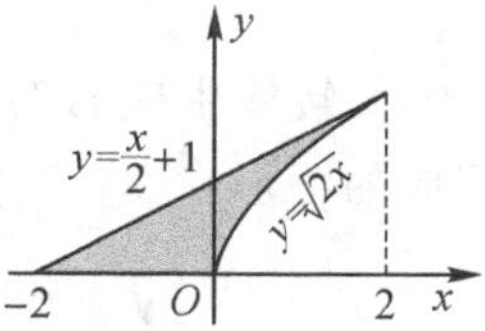

图 6-9

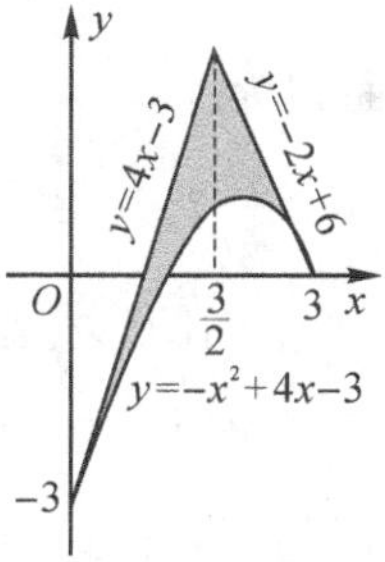

图 6-10

3. 求抛物线 $y=-x^2+4x-3$ 及其在点(0, −3) 和(0, 3) 处的切线所围成的图形面积.

解 抛物线 $y=-x^2+4x-3$ 在点(0, −3) 和(3, 0) 处的切线斜率分别为

$$k_1=y'\big|_{x=0}=(-2x+4)\big|_{x=0}=4, k_2=y'\big|_{x=3}$$
$$=(-2x+4)\big|_{x=3}=-2.$$

所以，抛物线在(0, −3) 和(3, 0) 点的切线方程分别为

$$y=4x-3 \text{ 和 } y=-2x+6.$$

平面图形如图 6-10 所示，两条切线的交点为$(\frac{3}{2}, 3)$. 于是，所求面积为

$$S=\int_0^{\frac{3}{2}}[(4x-3)-(-x^2+4x-3)]\mathrm{d}x+\int_{\frac{3}{2}}^{3}[(-2x+6)-(-x^2+4x-3)]\mathrm{d}x$$
$$=\int_0^{\frac{3}{2}}x^2\mathrm{d}x+\int_{\frac{3}{2}}^{3}(x-3)^2\mathrm{d}x=\frac{1}{3}x^3\Big|_0^{\frac{3}{2}}+\frac{1}{3}(x-3)^3\Big|_{\frac{3}{2}}^{3}=\frac{9}{4}.$$

4. 求曲线 $y=x^3-3x+2$ 和它的右极值点处的切线所围区域的面积.

解 令 $y'=3x^2-3=0$ 得驻点 $x=\pm 1$. 又

$$y''(-1)=6x\big|_{x=1}-6<0,\quad y''(1)=6x\big|_{x=1}=6>0.$$

所以，$x=1$ 是曲线的右极值点(极大值点)，求得此点处曲线的切线方程为 $y=0$，即 x 轴.

曲线 $y=x^3-3x+2$ 与 x 轴交点的横坐标为 $x=-2$ 和 $x=1$. 于是,所求面积为

$$S=\int_{-2}^{1}(x^3-3x+2)\mathrm{d}x=(\frac{1}{4}x^4-\frac{3}{2}x^2+2x)\Big|_{-2}^{1}=6\frac{3}{4}.$$

5. 求下列平面图形分别绕 x 轴、y 轴旋转所生成的旋转体体积:

(1) 由 $y=x^3, x=2, y=0$ 所围成的图形;

(2) 在区间 $[0,\frac{\pi}{2}]$ 上,由 $y=\sin x$ 与 $x=\frac{\pi}{2}, y=0$ 所围成的图形;

(3) 由 $x^2+y^2=1$ 与 $y^2=\frac{3}{2}x$ 所围成的两个图形中较小的一块.

解 (1) 平面图形如图 6－11 所示,因此

$$V_x=\pi\int_0^2(x^3)^2\mathrm{d}x=\frac{\pi}{7}x^7\Big|_0^2=\frac{128}{7}\pi.$$

$$V_y=2\pi\int_0^2 x^3\cdot x\mathrm{d}x=2\pi\cdot\frac{1}{5}x^5\Big|_0^2=\frac{64}{5}\pi.$$

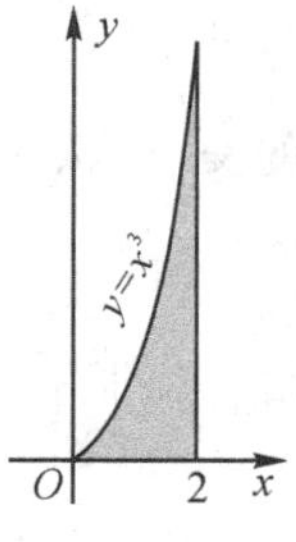

图 6－11

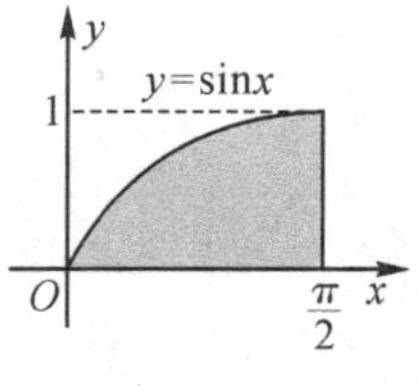

图 6－12

(2) 平面图形如图 6－12 所示,因此

$$V_x=\pi\int_0^{\frac{\pi}{2}}(\sin x)^2\mathrm{d}x=\frac{\pi}{2}\int_0^{\frac{\pi}{2}}(1-\cos 2x)\mathrm{d}x$$

$$=\frac{\pi}{2}(x-\frac{1}{2}\sin 2x)\Big|_0^{\frac{\pi}{2}}=\frac{\pi^2}{4}.$$

$$V_y=2\pi\int_0^{\frac{\pi}{2}}x\sin x\mathrm{d}x=-2\pi\int_0^{\frac{\pi}{2}}x\mathrm{d}(\cos x)$$

$$=-2\pi\left(x\cos x\Big|_0^{\frac{\pi}{2}}-\int_0^{\frac{\pi}{2}}\cos x\mathrm{d}x\right)$$

$$=-2\pi\left(0-\sin x\Big|_0^{\frac{\pi}{2}}\right)=2\pi.$$

(3) 平面图形如图 6－13 所示.求出 $x^2+y^2=1$ 与 $y^2=\dfrac{3}{2}x$ 的交点坐标为 $(\dfrac{1}{2},\dfrac{\sqrt{3}}{2})$ 和 $(\dfrac{1}{2},-\dfrac{\sqrt{3}}{2})$，因此

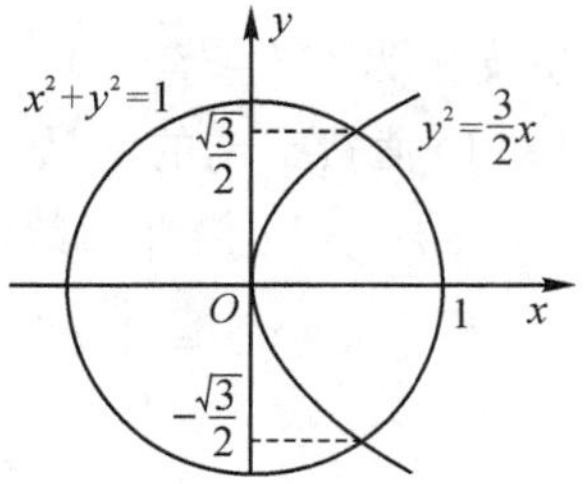

图 6－13

$$V_x=\pi\int_0^{\frac{1}{2}}\frac{3}{2}x\mathrm{d}x+\pi\int_{\frac{1}{2}}^1(1-x^2)\mathrm{d}x$$

$$=\frac{3}{16}\pi+\frac{5}{24}\pi=\frac{19}{48}\pi.$$

$$V_y=\pi\int_{-\frac{\sqrt{3}}{2}}^{\frac{\sqrt{3}}{2}}(1-y^2)\mathrm{d}y-\pi\int_{-\frac{\sqrt{3}}{2}}^{\frac{\sqrt{3}}{2}}\left(\frac{2}{3}y^2\right)^2\mathrm{d}y$$

$$=2\pi\int_0^{\frac{\sqrt{3}}{2}}(1-y^2)\mathrm{d}y-2\pi\int_0^{\frac{\sqrt{3}}{2}}\frac{4}{9}y^4\mathrm{d}y=\frac{7\sqrt{3}}{10}\pi.$$

6.已知某产品总产量的变化率是时间(单位:年)的函数 $f(t)=2t+5, t\geqslant 0$.求第一个和第二个五年的总产量各为多少?

解　第一个五年的总产量为

$$F(5)-F(0)=\int_0^5 f(t)\mathrm{d}t=\int_0^5(2t+5)\mathrm{d}t=(t^2+5t)\big|_0^5=50.$$

第二个五年的总产量为

$$F(10)-F(5)=\int_5^{10} f(t)\mathrm{d}t=\int_5^{10}(2t+5)\mathrm{d}t=(t^2+5t)\big|_5^{10}=100.$$

7.某商品的需求量 Q 为价格 p 的函数，该商品的最大需求量为 1000，已知需求量的变化率为 $Q'(p)=-1000\ln 3\cdot\left(\dfrac{1}{3}\right)^p$，试求该商品的需求函数.

解　所求需求函数为

$$Q(p)=\int_0^p Q'(t)\mathrm{d}t+Q(0)=\int_0^p\left(-1000\ln 3\cdot\left(\frac{1}{3}\right)^t\right)\mathrm{d}t+1000$$

$$=-1000\ln 3\cdot\frac{1}{\ln\frac{1}{3}}\left(\frac{1}{3}\right)^t\Big|_0^p+1000=1000\left(\frac{1}{3}\right)^p.$$

8. 若边际消费倾向是收入 Y 的函数 $\frac{3}{2}Y^{-\frac{1}{2}}$ 且当收入为零时总消费支出为 $C_0=70$，(1) 求消费函数 $C(Y)$；(2) 求收入由 100 增加到 196 时消费支出的增量.

解 (1) 消费函数为

$$C(Y)=\int_0^Y C'(t)\mathrm{d}t+C(0)=\int_0^Y\frac{3}{2}t^{-\frac{1}{2}}\mathrm{d}t+70$$

$$=3\sqrt{t}\,\Big|_0^Y+70=3\sqrt{Y}+70.$$

(2) 收入由 100 增加到 196 时消费支出的增量为

$$C(196)-C(100)=12.$$

9. 设某种商品每天生产 x 单位时固定成本为 20 元，边际成本为 $C'(x)=0.4x+2$(元 / 单位)，如果这种商品规定的销售单价为 18 元，且商品可以全部售出，试求：

(1) 总成本函数 $C(x)$，总利润函数 $L(x)$；

(2) 每天生产多少单位时，总利润最大？

解 (1) 总成本函数为

$$C(x)=\int_0^x C'(t)\mathrm{d}t+C(0)=\int_0^x(0.4t+2)\mathrm{d}t+20$$

$$=(0.2t^2+2t)\Big|_0^x+20=0.2x^2+2x+20.$$

由于商品销售单价为 18 元，且可全部售出，因此，生产 x 单位的总收益为 $R(x)=18x$，从而总利润函数为

$$L(x)=R(x)-C(x)=-0.2x^2+16x-20.$$

(2) 由 $L'(x)=-0.4x+16=0$ 得 $x=40$，又 $L''(40)=-0.4<0$，故 $x=40$ 为极大值点，也是最大值点，即每天生产 40 单位时，利润最大，最大利润为 $L(40)=300$(元).

习题 6.7 广义积分

1. 判别下列各广义积分的收敛性，如果收敛，则计算广义积分

的值.

(1) $\int_{1}^{+\infty}\frac{1}{x^4}\mathrm{d}x$；　　(2) $\int_{1}^{+\infty}\frac{1}{\sqrt{x}}\mathrm{d}x$；

(3) $\int_{1}^{+\infty}\mathrm{e}^{-x}\mathrm{d}x$；　　(4) $\int_{2}^{+\infty}\frac{1}{x\ln^2 x}\mathrm{d}x$；

(5) $\int_{-\infty}^{+\infty}\frac{1}{x^2+2x+2}\mathrm{d}x$；　　(6) $\int_{0}^{+\infty}\mathrm{e}^{-\sqrt{x}}\mathrm{d}x$；

(7) $\int_{1}^{+\infty}\frac{1}{x(x^2+1)}\mathrm{d}x$；　　(8) $\int_{0}^{2}\frac{1}{(1-x)^2}\mathrm{d}x$；

(9) $\int_{1}^{3}\frac{1}{x^2-4}\mathrm{d}x$；　　(10) $\int_{1}^{2}\frac{1}{x\sqrt{x^2-1}}\mathrm{d}x$；

(11) $\int_{0}^{1}\frac{x}{\sqrt{1-x^2}}\mathrm{d}x$；　　(12) $\int_{0}^{2}\frac{1}{x^2-4x+3}\mathrm{d}x$.

解　(1) $\int_{1}^{+\infty}\frac{1}{x^4}\mathrm{d}x=-\frac{1}{3x^3}\Big|_{1}^{+\infty}=-\frac{1}{3}(0-1)=\frac{1}{3}.$

(2) $\int_{1}^{+\infty}\frac{1}{\sqrt{x}}\mathrm{d}x=2\sqrt{x}\Big|_{1}^{+\infty}=+\infty$,该广义积分发散.

(3) $\int_{1}^{+\infty}\mathrm{e}^{-x}\mathrm{d}x=-\int_{1}^{+\infty}\mathrm{e}^{-x}\mathrm{d}(-x)=-\mathrm{e}^{-x}\Big|_{1}^{+\infty}=-(0-\mathrm{e}^{-1})$

$=\mathrm{e}^{-1}.$

(4) $\int_{2}^{+\infty}\frac{1}{x\ln^2 x}\mathrm{d}x=\int_{2}^{+\infty}\frac{1}{\ln^2 x}\mathrm{d}(\ln x)=-\frac{1}{\ln x}\Big|_{2}^{+\infty}$

$=-(0-\frac{1}{\ln 2})=\frac{1}{\ln 2}.$

(5) $\int_{-\infty}^{+\infty}\frac{1}{x^2+2x+2}\mathrm{d}x=\int_{-\infty}^{+\infty}\frac{1}{(x+1)^2+1}\mathrm{d}(x+1)$

$=\arctan(x+1)\Big|_{-\infty}^{+\infty}$

$=\frac{\pi}{2}-(-\frac{\pi}{2})=\pi.$

(6) $\int_{0}^{+\infty}\mathrm{e}^{-\sqrt{x}}\mathrm{d}x\xlongequal{\sqrt{x}=t}\int_{0}^{+\infty}\mathrm{e}^{-t}\cdot 2t\mathrm{d}t=-2\int_{0}^{+\infty}t\mathrm{d}(\mathrm{e}^{-t})$

$=-2t\mathrm{e}^{-t}\Big|_{0}^{+\infty}+2\int_{0}^{+\infty}\mathrm{e}^{-t}\mathrm{d}t$

$$=-2(\lim_{t\to+\infty}te^{-t}-0)-2e^{-t}\Big|_0^{+\infty}$$

$$=-2\lim_{t\to+\infty}\frac{t}{e^t}-2(0-1)=2.$$

(7) $$\int_1^{+\infty}\frac{1}{x(x^2+1)}dx=\int_1^{+\infty}(\frac{1}{x}-\frac{x}{1+x^2})dx$$

$$=[\ln x-\frac{1}{2}\ln(1+x^2)]\Big|_1^{+\infty}$$

$$=\ln\frac{x}{\sqrt{1+x^2}}\Big|_1^{+\infty}$$

$$=\lim_{x\to+\infty}\ln\frac{x}{\sqrt{1+x^2}}-\ln\frac{1}{\sqrt{2}}$$

$$=\ln\left(\lim_{x\to+\infty}\frac{1}{\sqrt{\frac{1}{x^2}+1}}\right)+\frac{1}{2}\ln 2$$

$$=\ln 1+\frac{1}{2}\ln 2=\frac{1}{2}\ln 2.$$

(8) 因为$\lim\limits_{x\to1^-}\dfrac{1}{(1-x)^2}=+\infty$,所以$x=1$是被积函数的瑕点. 于是

$$\int_0^1\frac{1}{(1-x)^2}dx=-\int_0^1\frac{1}{(1-x)^2}d(1-x)=\frac{1}{1-x}\Big|_0^1$$

$$=\lim_{x\to1^-}\frac{1}{1-x}-1=+\infty.$$

因此,原广义积分发散.

(9) 因为$\lim\limits_{x\to2}\dfrac{1}{x^2-4}=\infty$,所以$x=2$是被积函数的瑕点. 于是

$$\int_1^3\frac{1}{x^2-4}dx=\int_1^2\frac{1}{x^2-4}dx+\int_2^3\frac{1}{x^2-4}dx.$$

而

$$\int_1^2\frac{1}{x^2-4}dx=\frac{1}{2\cdot2}\ln\left|\frac{x-2}{x+2}\right|\Big|_1^2=\infty,$$

即$\int_1^2\frac{1}{x^2-4}dx$发散,所以原广义积分$\int_1^3\frac{1}{x^2-4}dx$发散.

(10) 因为 $\lim\limits_{x\to 1^+}\dfrac{1}{x\sqrt{x^2-1}}=+\infty$，所以 $x=1$ 是被积函数的瑕点. 于是

$$\int_1^2\frac{1}{x\sqrt{x^2-1}}\mathrm{d}x\xlongequal{x=\sec t}\int_0^{\frac{\pi}{3}}\frac{1}{\sec t\cdot\tan t}\cdot\sec t\tan t\mathrm{d}t=\int_0^{\frac{\pi}{3}}\mathrm{d}t=\frac{\pi}{3}.$$

(11) 因为 $\lim\limits_{x\to 1^-}\dfrac{x}{\sqrt{1-x^2}}=+\infty$，所以 $x=1$ 是被积函数的瑕点. 于是

$$\int_0^1\frac{x}{\sqrt{1-x^2}}\mathrm{d}x=-\frac{1}{2}\int_0^1\frac{1}{\sqrt{1-x^2}}\mathrm{d}(1-x^2)=-\sqrt{1-x^2}\ \Big|_0^1=1.$$

(12) 因为 $\lim\limits_{x\to 2}\dfrac{1}{x^2-4x+3}=\infty$，所以 $x=2$ 是被积函数的瑕点. 于是

$$\int_0^2\frac{1}{x^2-4x+3}\mathrm{d}x=\int_0^2\frac{1}{(x-2)^2-1^2}\mathrm{d}x=\frac{1}{2}\ln\left|\frac{(x-2)-1}{(x-2)+1}\right|\Bigg|_0^2$$
$$=-\frac{1}{2}\ln 3.$$

2. 当 k 为何值时，广义积分 $\displaystyle\int_2^{+\infty}\frac{\mathrm{d}x}{x(\ln x)^k}$ 收敛?当 k 为何值时，这广义积分发散?

解　当 $k=1$ 时，

$$\int_2^{+\infty}\frac{\mathrm{d}x}{x(\ln x)^k}=\int_2^{+\infty}\frac{\mathrm{d}x}{x\ln x}=\int_2^{+\infty}\frac{\mathrm{d}(\ln x)}{\ln x}=\ln(\ln x)\ \Big|_2^{+\infty}=+\infty.$$

当 $k\neq 1$ 时，

$$\int_2^{+\infty}\frac{\mathrm{d}x}{x(\ln x)^k}=\int_2^{+\infty}\frac{\mathrm{d}(\ln x)}{(\ln x)^k}=\frac{(\ln x)^{1-k}}{1-k}\Bigg|_2^{+\infty}$$
$$=\begin{cases}\dfrac{1}{(k-1)(\ln 2)^{k-1}}, & k>1\\ +\infty, & k\leqslant 1\end{cases}.$$

因此，当 $k>1$ 时，原广义积分收敛，且收敛于 $\dfrac{1}{(k-1)(\ln 2)^{k-1}}$；当 $k\leqslant 1$ 时，原广义积分发散.

3. 设$\lim\limits_{x\to\infty}(\frac{1+x}{x})^{ax}=\int_{-\infty}^{a}te^t\mathrm{d}t$,求常数 a.

解 $\lim\limits_{x\to\infty}\left(\frac{1+x}{x}\right)^{ax}=\lim\limits_{x\to\infty}\left[\left(1+\frac{1}{x}\right)^{x}\right]^{a}=e^{a}$,

$$\lim_{x\to\infty}\int_{-\infty}^{a}te^t\mathrm{d}t=(t-1)e^t\Big|_{-\infty}^{a}=(a-1)e^a-\lim_{t\to-\infty}(t-1)e^t$$
$$=(a-1)e^a-\lim_{t\to-\infty}\frac{t-1}{e^{-t}}=(a-1)e^a-\lim_{t\to-\infty}\frac{-1}{-e^{-t}}$$
$$=(a-1)e^a.$$

由题设知 $e^a=(a-1)e^a$,解得 $a=2$.

复习题六

一、单项选择题

1. 变上限积分$\int_a^x f(t)\mathrm{d}t$ 是(　C　).

A. $f'(x)$ 的一个原函数　　　　B. $f'(x)$ 的全体原函数

C. $f(x)$ 的一个原函数　　　　D. $f(x)$ 的全体原函数

解 因为$\left(\int_a^x f(t)\mathrm{d}t\right)'=f(x)$,所以$\int_a^x f(t)\mathrm{d}t$ 是$f(x)$ 的一个原函数.

2. 设函数 $f(x)$ 在闭区间 $[a,b]$ 上连续,则 $\int_a^b f(x)\mathrm{d}x-\int_a^b f(t)\mathrm{d}t$(　B　).

A. 小于零　　　　B. 等于零

C. 大于零　　　　D. 不确定

解 因为定积分的值与积分变量用什么符号表示无关,即

$$\int_a^b f(x)\mathrm{d}x=\int_a^b f(t)\mathrm{d}t=\int_a^b f(u)\mathrm{d}u,$$

所以$\int_a^b f(x)\mathrm{d}x-\int_a^b f(t)\mathrm{d}t=0$.

3. $\int_0^1 e^x\mathrm{d}x$ 与$\int_0^1 e^{x^2}\mathrm{d}x$ 相比,有关系式(　B　).

A. $\int_0^1 e^x dx < \int_0^1 e^{x^2} dx$　　　　B. $\int_0^1 e^x dx > \int_0^1 e^{x^2} dx$

C. $\int_0^1 e^x dx = \int_0^1 e^{x^2} dx$　　　　D. $[\int_0^1 e^x dx]^2 = \int_0^1 e^{x^2} dx$

解　由于在[0, 1]上，$e^x \geqslant e^{x^2}$，且 $e^x \not\equiv e^{x^2}$，所以

$$\int_0^1 e^x dx > \int_0^1 e^{x^2} dx.$$

4. 如果 $f(x)$ 在[−1, 1]上连续，且平均值为 2，则 $\int_{-1}^1 f(x) dx =$ （　C　）.

A. 1　　　B. −1　　　C. 4　　　D. −4

解　由 $2 = \dfrac{\int_{-1}^1 f(x) dx}{1-(-1)}$ 得 $\int_{-1}^1 f(x) dx = 4$.

5. $\dfrac{d}{dx}\int_a^x \sin t^2 dt =$ （　C　）.

A. $\sin x^2 - \sin a^2$　　　　B. $2x\cos x^2$

C. $\sin x^2$　　　　D. $2x\sin x^2$

解　由微积分基本定理：$\dfrac{d}{dx}\int_a^x \sin t^2 dt = \sin x^2$.

6. $\dfrac{d}{dx}\int_a^b \arcsin x dx =$ （　A　）.

A. 0　　　　B. $\dfrac{1}{\sqrt{1-x^2}}$

C. $\arcsin x$　　　　D. $\arcsin b - \arcsin a$

解　由于 $\int_a^b \arcsin x dx$ 是常数，故 $\dfrac{d}{dx}\int_a^b \arcsin x dx = 0$.

7. $\lim\limits_{x\to 0} \dfrac{\int_0^x \sin t dt}{\int_0^x t dt} =$ （　C　）.

A. −1　　　B. 0　　　C. 1　　　D. 2

解　$\lim\limits_{x\to 0} \dfrac{\int_0^x \sin t dt}{\int_0^x t dt} = \lim\limits_{x\to 0} \dfrac{\sin x}{x} = 1$.

8. 设$\int_0^x f(t)\mathrm{d}t = x\sin x$，则 $f(x) = ($ A $)$.

A. $\sin x + x\cos x$　　B. $\sin x - x\cos x$

C. $x\cos x - \sin x$　　D. $-(\sin x + x\cos x)$

解　等式$\int_0^x f(t)\mathrm{d}t = x\sin x$ 两边对 x 求导得

$$f(x) = (x\sin x)' = \sin x + x\cos x.$$

9. 若$\int_0^k \mathrm{e}^{2x}\mathrm{d}x = \frac{3}{2}$，则 $k = ($ C $)$.

A. 1　　B. 2　　C. $\ln 2$　　D. $\frac{\ln 2}{2}$

解　由$\frac{3}{2} = \frac{1}{2}\int_0^k \mathrm{e}^{2x}\mathrm{d}(2x) = \frac{1}{2}\mathrm{e}^{2x}\big|_0^k = \frac{1}{2}(\mathrm{e}^{2k} - 1)$ 得 $k = \ln 2$.

10. 设 $f(x) = \int_0^x \sin t\mathrm{d}t$，则 $f[f(\frac{\pi}{2})] = ($ D $)$.

A. -1　　B. 1

C. $-\cos 1$　　D. $1 - \cos 1$

解　$f(x) = \int_0^x \sin t\mathrm{d}t = -\cos t\big|_0^x = 1 - \cos x$，则

$$f[f(\frac{\pi}{2})] = f(1) = 1 - \cos 1.$$

11. $\int_{\frac{\pi}{2}}^x (\frac{\sin x}{x})'\mathrm{d}x = ($ C $)$.

A. $\frac{\sin x}{x}$　　B. $\frac{\sin x}{x} + C$

C. $\frac{\sin x}{x} - \frac{2}{\pi}$　　D. $\frac{\sin x}{x} - \frac{2}{\pi} + C$

解　$\int(\frac{\sin x}{x})'\mathrm{d}x = \frac{\sin x}{x}\Big|_{\frac{\pi}{2}}^x = \frac{\sin x}{x} - \frac{\sin\frac{\pi}{2}}{\frac{\pi}{2}} = \frac{\sin x}{x} - \frac{2}{\pi}$.

12. 设函数 $f(x)$ 在$[0, 1]$上连续，令 $t = 2x$，则$\int_0^1 f(2x)\mathrm{d}x$ $= ($ D $)$.

A. $\int_0^2 f(t)\mathrm{d}t$　　B. $\frac{1}{2}\int_0^1 f(t)\mathrm{d}t$

C. $2\int_0^2 f(t)\mathrm{d}t$　　D. $\frac{1}{2}\int_0^2 f(t)\mathrm{d}t$

解　$\int_0^1 f(2x)\mathrm{d}x \xlongequal{2x=t} \int_0^2 f(t)(\frac{1}{2}\mathrm{d}t) = \frac{1}{2}\int_0^2 f(t)\mathrm{d}t.$

13. 设 $f(x)$ 为 $[-a, a]$ 上的连续函数,则 $\int_{-a}^{a} f(-x)\mathrm{d}x =$ (　D　).

A. 0　　B. $2\int_0^a f(x)\mathrm{d}x$

C. $-\int_{-a}^{a} f(x)\mathrm{d}x$　　D. $\int_{-a}^{a} f(x)\mathrm{d}x$

解　$\int_{-a}^{a} f(-x)\mathrm{d}x \xlongequal{-x=t} \int_{a}^{-a} f(t)(-\mathrm{d}t) = \int_{-a}^{a} f(t)\mathrm{d}t$

$$= \int_{-a}^{a} f(x)\mathrm{d}x.$$

14. 已知 $F(x)$ 是 $f(x)$ 的一个原函数,则 $\int_a^x f(t+a)\mathrm{d}t$ = (　C　).

A. $F(x)-F(a)$　　B. $F(t+a)-F(2a)$

C. $F(x+a)-F(2a)$　　D. $F(t)-F(a)$

解　$\int_a^x f(t+a)\mathrm{d}t = \int_a^x f(t+a)\mathrm{d}(t+a) \xlongequal{t+a=u} \int_{2a}^{x+a} f(u)\mathrm{d}u$

$$= F(u)\Big|_{2a}^{x+a} = F(x+a)-F(2a).$$

15. 设 $f(x)$ 为连续函数,则 $\int_{\frac{1}{n}}^{n} (1-\frac{1}{t^2}) f(t+\frac{1}{t})\mathrm{d}t =$ (　A　).

A. 0　　B. 1　　C. $a+b$　　D. $\int_a^b f(x)\mathrm{d}x$

解　设 $f(x)$ 的一个原函数为 $F(x)$,则

$$\int_{\frac{1}{n}}^{n} (1-\frac{1}{t^2}) f(t+\frac{1}{t})\mathrm{d}t = \int_{\frac{1}{n}}^{n} f(t+\frac{1}{t})\mathrm{d}(t+\frac{1}{t})$$

$$= F(t+\frac{1}{t})\Big|_{\frac{1}{n}}^{n}$$

$$= F(n+\frac{1}{n}) - F(\frac{1}{n}+n) = 0.$$

16. 设$\int_0^x f(t)\mathrm{d}t = \frac{x^4}{2}$,则$\int_0^4 \frac{1}{\sqrt{x}} f(\sqrt{x})\mathrm{d}x =$ (A).

A. 16 B. 8 C. 4 D. 2

解 $\int_0^4 \frac{1}{\sqrt{x}} f(\sqrt{x})\mathrm{d}x = 2\int_0^4 f(\sqrt{x})\mathrm{d}(\sqrt{x}) \xlongequal{\sqrt{x}=t} 2\int_0^2 f(t)\mathrm{d}t$

$$= 2 \cdot \frac{2^4}{2} = 16.$$

17. 下列广义积分收敛的是(C).

A. $\int_e^{+\infty} \frac{\ln x}{x}\mathrm{d}x$ B. $\int_e^{+\infty} \frac{\mathrm{d}x}{x\ln x}$

C. $\int_e^{+\infty} \frac{\mathrm{d}x}{x(\ln x)^2}$ D. $\int_e^{+\infty} \frac{\mathrm{d}x}{x\sqrt{\ln x}}$

解 由于$\int_e^{+\infty} \frac{\mathrm{d}x}{x(\ln x)^2} = \int_e^{+\infty} \frac{\mathrm{d}(\ln x)}{(\ln x)^2} = -\frac{1}{\ln x}\Big|_e^{+\infty} = 1$,所以,广义积分$\int_e^{+\infty} \frac{\mathrm{d}x}{x(\ln x)^2}$收敛,故应选 C.

18. 广义积分$\int_0^1 \frac{1}{x^p}\mathrm{d}x$收敛,则有(D).

A. $p \geqslant 1$ B. $p > 1$ C. $p \leqslant 1$ D. $p < 1$

19. 设函数 $f(x)$ 在$[a, b]$上连续,由曲线 $y = f(x)$ 与 x 轴围得三块面积 S_1, S_2, S_3,如图 6-14 中阴影部分所示,已知 $S_2 + S_3 = p$,$S_1 = 2S_2 - q$,且 $p \neq q$,则$\int_a^b f(x)\mathrm{d}x =$ (C).

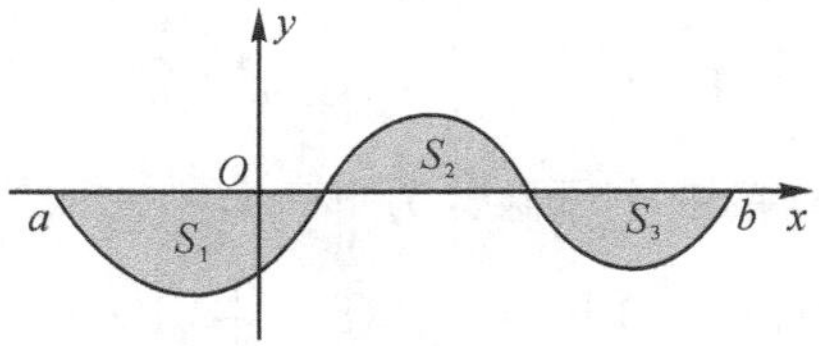

图 6-14

A. $p+q$ B. $p-q$ C. $q-p$ D. $-p-q$

解　由定积分的几何意义知，$\int_a^b f(x)\mathrm{d}x = -S_1 + S_2 - S_3$. 从 $S_2 + S_3 = p, S_1 = 2S_2 - q$ 中解得 $-S_1 + S_2 - S_3 = q - p$.

20. 设函数 $f(x)$ 在 $[a, b]$ 上连续，则曲线 $y = f(x)$ 与直线 $x = a, x = b, y = 0$ 所围的平面图形的面积等于（　C　）.

A. $\int_a^b f(x)\mathrm{d}x$　　　　B. $\left|\int_a^b f(x)\mathrm{d}x\right|$

C. $\int_a^b |f(x)|\mathrm{d}x$　　　　D. $f'(\xi)(b-a)(a<\xi<b)$

二、填空题

1. $\lim\limits_{n\to\infty}\int_0^1 x^n \mathrm{d}x = \underline{0}$.

解　$\lim\limits_{n\to\infty}\int_0^1 x^n \mathrm{d}x = \lim\limits_{n\to\infty}\frac{1}{n+1}x^{n+1}\Big|_0^1 = \lim\limits_{n\to\infty}\frac{1}{n+1} = 0.$

2. 设 $f(x) = \int_1^x \arctan t\mathrm{d}t$，则 $f'(x) = \underline{\arctan x}$.

3. 若 $f(x) = \int_0^{x^2} t\cdot\sqrt[3]{1+t^2}\mathrm{d}t$，则 $f'(x) = \underline{2x^3\cdot\sqrt[3]{1+x^4}}$.

解　$f'(x) = x^2\cdot\sqrt[3]{1+(x^2)^2}\cdot 2x = 2x^3\cdot\sqrt[3]{1+x^4}$.

4. 设 $F(x) = \int_0^x t\cos^2 t\mathrm{d}t$，则 $F'(\frac{\pi}{4}) = \underline{\frac{\pi}{8}}$.

解　$F'(x) = x\cos^2 x$,

$$F'(\frac{\pi}{4}) = \frac{\pi}{4}\cos^2\frac{\pi}{4} = \frac{\pi}{4}\cdot\left(\frac{\sqrt{2}}{2}\right)^2 = \frac{\pi}{8}.$$

5. 设 $f(x)$ 是连续函数，且 $f(x) = x + 2\int_0^1 f(t)\mathrm{d}t$，则 $\int_0^1 f(t)\mathrm{d}t = \underline{x-1}$.

解　设 $\int_0^1 f(t)\mathrm{d}t = A$，则 $f(x) = x + 2A$. 由

$$A = \int_0^1 f(t)\mathrm{d}t = \int_0^1 (t+2A)\mathrm{d}t = \frac{1}{2}t^2\Big|_0^1 + 2A(1-0) = \frac{1}{2} + 2A$$

解得 $A = -\frac{1}{2}$，故 $f(x) = x - 1$.

6. 设 $f(x)$ 在积分区间上连续，则 $\int_{-a}^{a} x^2[f(x)-f(-x)]\mathrm{d}x = \underline{0}$.

解 因为被积函数 $x^2[f(x)-f(-x)]$ 是奇函数，积分区间 $[-a, a]$ 关于原点对称，所以 $\int_{-a}^{a} x^2[f(x)-f(-x)]\mathrm{d}x = 0$.

7. $\int_0^{\frac{\pi}{2}} \frac{\sin x}{1+\cos^2 x}\mathrm{d}x = \underline{\frac{\pi}{4}}$.

解 $\int_0^{\frac{\pi}{2}} \frac{\sin x}{1+\cos^2 x}\mathrm{d}x = -\int_0^{\frac{\pi}{2}} \frac{1}{1+\cos^2 x}\mathrm{d}(\cos x)$

$$= -\arctan\cos x \Big|_0^{\frac{\pi}{2}} = \frac{\pi}{4}.$$

8. $\int_1^3 |x-2|\mathrm{d}x = \underline{1}$.

解 $\int_1^3 |x-2|\mathrm{d}x = \int_1^2 (2-x)\mathrm{d}x + \int_2^3 (x-2)\mathrm{d}x$

$$= 2(2-1) - \frac{1}{2}x^2 \Big|_1^2 + \frac{1}{2}x^2 \Big|_2^3 - 2(3-2)$$

$$= 1.$$

9. $\int_{-1}^{1} x^5 \mathrm{e}^{-x^2}\mathrm{d}x = \underline{0}$.

解 因为积分区间 $[-1, 1]$ 关于原点对称，被积函数 $x^5\mathrm{e}^{-x^2}$ 是奇函数，所以 $\int_{-1}^{1} x^5 \mathrm{e}^{-x^2}\mathrm{d}x = 0$.

10. 设 $\int_{-\infty}^{+\infty} \frac{A}{1+x^2}\mathrm{d}x = 1$，则 $A = \underline{\frac{1}{\pi}}$.

解 由 $1 = \int_{-\infty}^{+\infty} \frac{A}{1+x^2}\mathrm{d}x = A\arctan x \Big|_{-\infty}^{+\infty} = A\left(\frac{\pi}{2} - (-\frac{\pi}{2})\right) = A\pi$ 解得 $A = \frac{1}{\pi}$.

11. 广义积分 $\int_0^{+\infty} \mathrm{e}^{-2x}\mathrm{d}x = \underline{\frac{1}{2}}$.

解 $\int_0^{+\infty} \mathrm{e}^{-2x}\mathrm{d}x = -\frac{1}{2}\int_0^{+\infty} \mathrm{e}^{-2x}\mathrm{d}(-2x) = -\frac{1}{2}\mathrm{e}^{-2x}\Big|_0^{+\infty}$

$$=-\frac{1}{2}(0-1)=\frac{1}{2}.$$

12. 由曲线 $y=x^3, y=0, x=-1, x=1$ 所围图形的面积为$\underline{\frac{1}{2}}$.

解　如图 6－15 所示，所求面积为

$$S=\int_{-1}^{1}|x^3|\mathrm{d}x=2\int_0^1 x^3\mathrm{d}x$$

$$=\frac{2}{4}x^4\Big|_0^1=\frac{1}{2}.$$

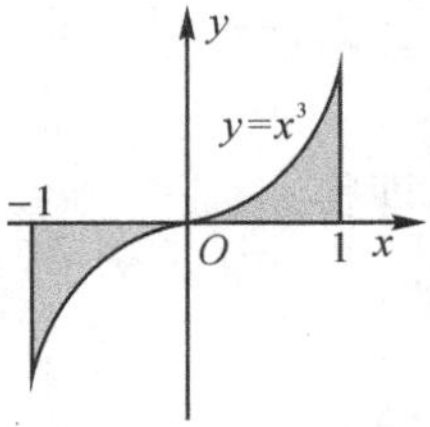

图 6－15

三、计算题

1. 计算$\lim\limits_{x\to 0}\dfrac{\int_0^x \frac{\sin t}{t}\mathrm{d}t}{x^2}$.

解　$\lim\limits_{x\to 0}\dfrac{\int_0^x \frac{\sin t^2}{t}\mathrm{d}t}{x^2}=\lim\limits_{x\to 0}\dfrac{\frac{\sin x^2}{x}}{2x}=\lim\limits_{x\to 0}\dfrac{\sin x^2}{2x^2}=\dfrac{1}{2}.$

2. 设 $f(x)=\begin{cases}\dfrac{2}{x^2}(1-\cos x), & x<0\\ 1, & x=0\\ \dfrac{1}{x}\int_0^x \cos t^2\mathrm{d}t, & x>0\end{cases}$，讨论 $f(x)$ 在 $x=0$ 处的连续性.

解　$f(0-0)=\lim\limits_{x\to 0^-}f(x)=\lim\limits_{x\to 0^-}\dfrac{2(1-\cos x)}{x^2}$

$$=\lim_{x\to 0^-}\frac{2\times\frac{1}{2}x^2}{x^2}=1,$$

$$f(0+0)=\lim_{x\to 0^+}f(x)=\lim_{x\to 0^+}\frac{\int_0^x \cos t^2\mathrm{d}t}{x}=\lim_{x\to 0^+}\frac{\cos x^2}{1}=1.$$

由 $f(0-0)=f(0+0)=f(0)=1$ 知，$f(x)$ 在 $x=0$ 处连续.

3. 设函数 $y=f(x)$ 在 $(0,+\infty)$ 内可导，且 $f(x)=1+\dfrac{1}{x}\int_1^x f(t)\mathrm{d}t$，求 $f(x)$.

解 由 $f(x)=1+\dfrac{1}{x}\int_1^x f(t)\mathrm{d}t$ 有

$$xf(x)=x+\int_1^x f(t)\mathrm{d}t.$$

上式两边对 x 求导，得

$$f(x)+xf'(x)=1+f(x),$$

即得

$$f'(x)=\frac{1}{x}.$$

所以

$$f(x)=\int f'(x)\mathrm{d}x=\int\frac{1}{x}\mathrm{d}x=\ln x+C.$$

由已知可得 $f(1)=1$，由此得 $C=1$. 所以

$$f(x)=\ln x+1.$$

4. 计算 $\int_0^{\frac{\pi}{2}}\sqrt{1-\cos x}\,\mathrm{d}x$.

解 $$\int_0^{\frac{\pi}{2}}\sqrt{1-\cos x}\,\mathrm{d}x=\int_0^{\frac{\pi}{2}}\sqrt{2\sin^2\frac{x}{2}}\,\mathrm{d}x=\sqrt{2}\int_0^{\frac{\pi}{2}}\left|\sin\frac{x}{2}\right|\mathrm{d}x$$
$$=2\sqrt{2}\int_0^{\frac{\pi}{2}}\sin\frac{x}{2}\mathrm{d}\left(\frac{x}{2}\right)=-2\sqrt{2}\cos\frac{x}{2}\Big|_0^{\frac{\pi}{2}}$$
$$=2(\sqrt{2}-1).$$

5. 计算 $\int_0^1 x\sqrt{1-x}\,\mathrm{d}x$.

解 $$\int_0^1 x\sqrt{1-x}\,\mathrm{d}x\xlongequal{\sqrt{1-x}=t}\int_1^0(1-t^2)t(-2t\mathrm{d}t)$$
$$=2\int_0^1(t^2-t^4)\mathrm{d}t=2\left(\frac{1}{3}t^3-\frac{1}{5}t^5\right)\Big|_0^1=\frac{4}{15}.$$

6. 计算 $\int_1^{\mathrm{e}}\dfrac{1}{x(2x+1)}\mathrm{d}x$.

解 $$\int_1^{\mathrm{e}}\frac{1}{x(2x+1)}\mathrm{d}x=\int_1^{\mathrm{e}}\left(\frac{1}{x}-\frac{2}{2x+1}\right)\mathrm{d}x$$
$$=\int_1^{\mathrm{e}}\frac{1}{x}\mathrm{d}x-\int_1^{\mathrm{e}}\frac{1}{2x+1}\mathrm{d}(2x+1)$$

$$= \ln x\Big|_1^e - \ln(2x+1)\Big|_1^e$$
$$= 1 - \ln(2e+1) + \ln 3.$$

7. 已知 xe^x 为 $f(x)$ 的一个原函数，求$\int_0^1 xf'(x)dx$.

解　$\int_0^1 xf'(x)dx = \int_0^1 xd(f(x)) = xf(x)\Big|_0^1 - \int_0^1 f(x)dx$

$$= x(xe^x)'\Big|_0^1 - xe^x\Big|_0^1$$
$$= x(x+1)e^x\Big|_0^1 - e = e.$$

8. 设 $y = \int_0^x te^{-t}dt$，求该函数极值及曲线 $y = \int_0^x te^{-t}dt$ 的拐点.

解　令 $y' = xe^{-x} = 0$ 得驻点 $x = 0$. 又

$$y'' = e^{-x} + xe^{-x}(-1) = (1-x)e^{-x},$$

因为 $y''(0) = 1 > 0$，所以，该函数的极小值为 $y(0) = 0$.

令 $y'' = 0$ 得 $x = 1$. 当 $x < 1$ 时，$y'' > 0$；当 $x > 1$ 时，$y'' < 0$. 而

$$y(1) = \int_0^1 te^{-t}dt = -\int_0^1 td(e^{-t}) = -te^{-t}\,|_0^1 + \int_0^1 e^{-t}dt$$
$$= -e^{-1} - e^{-t}\,|_0^1 = 1 - \frac{2}{e}.$$

因此，$(1,\ 1-\frac{2}{e})$ 为拐点.

9. 设 $f(2x+1) = xe^x$，求$\int_3^5 f(t)dt$.

解　$\int_3^5 f(t)dt \xlongequal{2x+1=t} \int_1^2 f(2x+1)\cdot 2dx = 2\int_1^2 xe^x dx$

$$= 2\int_1^2 xd(e^x) = 2xe^x\,|_1^2 - 2\int_1^2 e^x dx$$
$$= 4e^2 - 2e - 2e^x\,|_1^2 = 2e^2.$$

10. 计算广义积分$\int_0^{+\infty}\frac{1}{e^x+e^{-x}}dx$.

解　$\int_0^{+\infty}\frac{1}{e^x+e^{-x}}dx = \int_0^{+\infty}\frac{e^x}{(e^x)^2+1}dx = \int_0^{+\infty}\frac{1}{(e^x)^2+1}d(e^x)$

$$= \arctan e^x \big|_0^{+\infty} = \frac{\pi}{2} - \frac{\pi}{4} = \frac{\pi}{4}.$$

11. 计算广义积分$\int_0^{+\infty} \frac{1}{x^2+4x+8}dx$

解 $\int_0^{+\infty} \frac{1}{x^2+4x+8}dx = \int_0^{+\infty} \frac{1}{(x+2)^2+2^2}d(x+2)$

$$= \frac{1}{2}\arctan \frac{x+2}{2} \big|_0^{+\infty}$$

$$= \frac{1}{2}(\frac{\pi}{2} - \frac{\pi}{4}) = \frac{\pi}{4}.$$

12. 计算广义积分$\int_1^{+\infty} \frac{\ln x}{x^2}dx$.

解 $\int_1^{+\infty} \frac{\ln x}{x^2}dx = -\int_1^{+\infty} \ln x d(\frac{1}{x}) = -\frac{\ln x}{x}\Big|_1^{+\infty} + \int_1^{+\infty} \frac{1}{x} \cdot \frac{1}{x}dx$

$$= -\lim_{x\to+\infty} \frac{\ln x}{x} + 0 - \frac{1}{x}\Big|_1^{+\infty}$$

$$= -\lim_{x\to+\infty} \frac{\frac{1}{x}}{1} - (0-1) = 1.$$

四、应用题

1. 求由$\sqrt{y} = x$，$y = 2 - x$ 及 x 轴所围成的平面图形的面积.

解 平面图形如图 6－16 所示，所求面积为

$$S = \int_0^1 x^2 dx + \int_1^2 (2-x)dx = \frac{1}{3}x^3 \big|_0^1 + (2x - \frac{1}{2}x^2) \big|_1^2 = \frac{5}{6}.$$

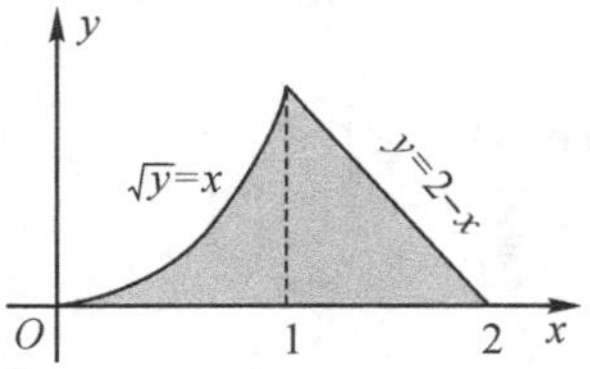

图 6－16

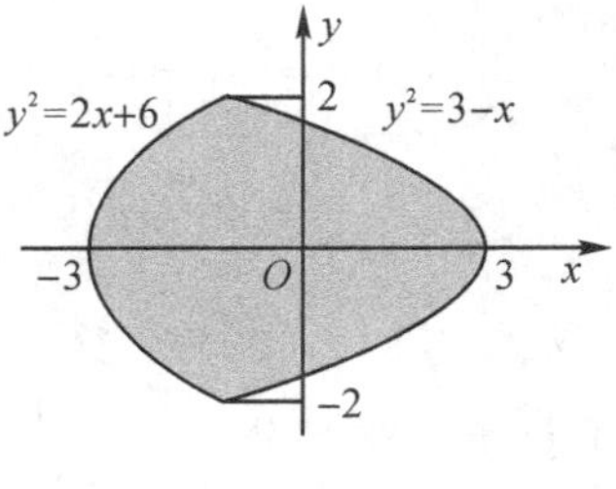

图 6－17

2. 求由 $y^2 = 2x + 6$ 与 $y^2 = 3 - x$ 所围成的平面图形的面积.

解 平面图形 6－17 所示. 求出曲线的交点为(－1, 2)和(－1, －2). 选 y 作积分变量，于是，所求面积为

$$S=\int_{-2}^{2}(3-y^2-\frac{y^2-6}{2})\mathrm{d}y=(6y-\frac{1}{2}y^3)\Big|_{-2}^{2}=16.$$

3. 计算由曲线 $y=x^2$ 和 $y=x^3$ 所围平面图形的面积，并求此平面图形绕 y 轴旋转所形成的立体体积.

解 平面图形如图 6－18 所示，于是

$$S=\int_0^1(x^2-x^3)\mathrm{d}x=(\frac{1}{3}x^3-\frac{1}{4}x^4)\Big|_0^1=\frac{1}{12}.$$

$$V_y=\pi\int_0^1(\sqrt[3]{y})^2\mathrm{d}y-\pi\int_0^1(\sqrt{y})^2\mathrm{d}y$$

$$=\pi\cdot\frac{3}{5}y^{\frac{5}{3}}\Big|_0^1-\pi\cdot\frac{1}{2}y^2\Big|_0^1=\frac{\pi}{10}.$$

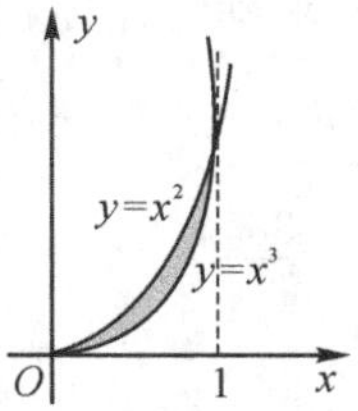

图 6－18

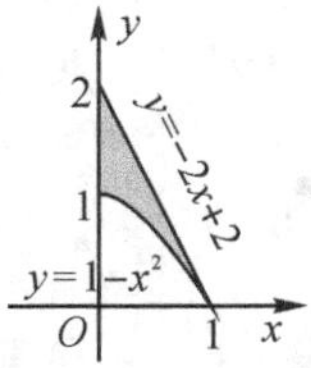

图 6－19

4. 求由抛物线 $y=1-x^2$ 及其在点(1, 0)处的切线和 y 轴所围成的平面图形的面积.

解 因为 $y'(1)=-2x\big|_{x=1}=-2$，所以，过点(1, 0)与抛物线相切的直线方程为

$$y-0=-2(x-1)\text{ 即 }y=-2x+2.$$

如图 6－19 所示，所求面积

$$S=\int_0^1[(-2x+2)-(1-x^2)]\mathrm{d}x=\int_0^1(x-1)^2\mathrm{d}x$$

$$=\frac{1}{3}(x-1)^3\Big|_0^1=\frac{1}{3}.$$

5. 求由直线 $y=2x$, $y=x$, $x=2$, $x=4$ 所围成的平面图形 D 绕 x 轴旋转一周所得旋转体体积.

解 平面图形 D 如图 6 - 20 所示，所求旋转体体积为

$$V_x=\pi\int_2^4(2x)^2\mathrm{d}x-\pi\int_2^4x^2\mathrm{d}x=\pi\int_2^4 3x^2\mathrm{d}x=\pi x^3\Big|_2^4=56\pi.$$

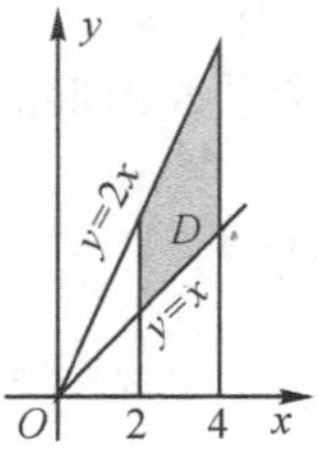

图 6 - 20

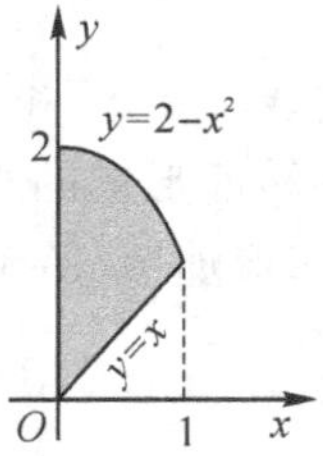

图 6 - 21

6. 求由曲线 $y=2-x^2$，$y=x(x\geqslant 0)$ 与直线 $x=0$ 所围平面图形绕 x 轴旋转一周所生成的旋转体体积.

解 平面图形如图 6 - 21 所示，所求旋转体体积为

$$V_x=\pi\int_0^1(2-x^2)^2\mathrm{d}x-\pi\int_0^1x^2\mathrm{d}x=\pi\int_0^1(4-5x^2+x^4)\mathrm{d}x$$

$$=\pi\left(4x-\frac{5}{3}x^3+\frac{1}{5}x^5\right)\Big|_0^1=\frac{38}{15}\pi.$$

7. 求由曲线 $y=\dfrac{1}{x}$ 和直线 $y=4x$，$x=2$，$y=0$ 所围成的平面图形面积以及该平面图形绕 x 轴旋转所生成的旋转体体积.

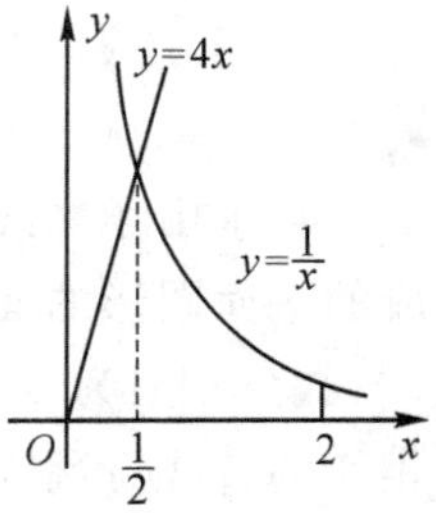

图 6 - 22

解 平面图形如图 6 - 22 所示，所求面积为

$$S=\int_0^{\frac{1}{2}}4x\mathrm{d}x+\int_{\frac{1}{2}}^2\frac{1}{x}\mathrm{d}x$$

$$=2x^2\Big|_0^{\frac{1}{2}}+\ln x\Big|_{\frac{1}{2}}^2=\frac{1}{2}+2\ln 2.$$

所求旋转体体积为

$$V_x=\pi\int_0^{\frac{1}{2}}(4x)^2\mathrm{d}x+\pi\int_{\frac{1}{2}}^2\left(\frac{1}{x}\right)^2\mathrm{d}x$$

$$=\frac{16\pi}{3}x^3\Big|_0^{\frac{1}{2}}-\pi\cdot\frac{1}{x}\Big|_{\frac{1}{2}}^2=\frac{13}{6}\pi.$$

8. 某商品的需求量 Q 是价格 p 的函数，该商品的最大需求量为

2000，已知边际需求为 $Q'(p)=-1000e^{-0.5p}$，试求需求量 Q 与价格 p 的函数关系.

解 因为已知最大需求量为 2000，即 $Q(0)=2000$，所以需求函数为

$$Q(p)=\int_0^p Q'(t)\mathrm{d}t+Q(0)=\int_0^p(-1000e^{-0.5t})\mathrm{d}t+2000$$

$$=2000e^{-0.5t}\Big|_0^p+2000=2000e^{-0.5p}.$$

五、证明题

1. 设连续函数 $f(x)$ 满足关系式 $f(x)=\ln x-\int_1^e f(x)\mathrm{d}x$，证明：$\int_1^e f(x)\mathrm{d}x=\frac{1}{e}$.

证明 设 $\int_1^e f(x)\mathrm{d}x=A$，则有 $f(x)=\ln x-A$. 两边从 1 到 e 进行积分，得

$$\int_1^e f(x)\mathrm{d}x=\int_1^e \ln x\mathrm{d}x-\int_1^e A\mathrm{d}x$$

$$=x\ln x\,|_1^e-\int_1^e x\cdot\frac{1}{x}\mathrm{d}x-A(e-1)$$

$$=e-(e-1)-A(e-1),$$

即有

$$A=e-(e-1)-A(e-1),$$

解得 $A=\frac{1}{e}$，即 $\int_1^e f(x)\mathrm{d}x=\frac{1}{e}$.

2. 证明：$\int_0^{\pi} f(\sin x)\mathrm{d}x=2\int_0^{\frac{\pi}{2}} f(\sin x)\mathrm{d}x$.

证明 $\int_0^{\pi} f(\sin x)\mathrm{d}x=\int_0^{\frac{\pi}{2}} f(\sin x)\mathrm{d}x+\int_{\frac{\pi}{2}}^{\pi} f(\sin x)\mathrm{d}x$，

对 $\int_{\frac{\pi}{2}}^{\pi} f(\sin x)\mathrm{d}x$ 作代换 $x=\pi-t$，得

$$\int_{\frac{\pi}{2}}^{\pi} f(\sin x)\mathrm{d}x=\int_{\frac{\pi}{2}}^{0} f[\sin(x-\pi)](-\mathrm{d}t)=\int_0^{\frac{\pi}{2}} f(\sin t)\mathrm{d}t$$

$$= \int_0^{\frac{\pi}{2}} f(\sin x)\mathrm{d}x,$$

所以

$$\int_0^{\pi} f(\sin x)\mathrm{d}x = 2\int_0^{\frac{\pi}{2}} f(\sin x)\mathrm{d}x.$$

3. 证明：$\int_0^1 \frac{1}{\arccos x}\mathrm{d}x = \int_0^{\frac{\pi}{2}} \frac{\sin x}{x}\mathrm{d}x.$

证明　设 $\arccos x = t$，则 $x = \cos t$，$\mathrm{d}x = -\sin t\mathrm{d}t$，且当 $x = 0$ 时，$t = \frac{\pi}{2}$；$x = 1$ 时，$t = 0$. 于是

$$\int_0^1 \frac{1}{\arccos x}\mathrm{d}x = \int_{\frac{\pi}{2}}^0 \frac{1}{t}\cdot(-\sin t\mathrm{d}t) = \int_0^{\frac{\pi}{2}} \frac{\sin t}{t}\mathrm{d}t = \int_0^{\frac{\pi}{2}} \frac{\sin x}{x}\mathrm{d}x.$$

四、自测题

一、单项选择题(每小题 2 分，共 16 分)

1. 设函数 $f(x)$ 在 $[a,b]$ 上连续，则下列结论不正确的是(　　).

A. $\int_a^b f(x)\mathrm{d}x$ 是 $f(x)$ 的一个原函数

B. $\int_a^x f(t)\mathrm{d}t$ 是 $f(x)$ 的一个原函数$(a < x < b)$

C. $\int_x^b f(t)\mathrm{d}t$ 是 $-f(x)$ 的一个原函数$(a < x < b)$

D. $f(x)$ 在 $[a, b]$ 上可积

2. 设 $\int_0^x f(t)\mathrm{d}t = a^{2x}$，$f(x)$ 为连续函数，则 $f(x) =$ (　　).

A. $2a^{2x}$　　B. $a^{2x}\ln a$　　C. $2xa^{2x-1}$　　D. $2a^{2x}\ln a$

3. 设 $F(x) = \frac{x^2}{x-a}\int_a^x f(t)\mathrm{d}t$，其中 $f(x)$ 为连续函数，则 $\lim\limits_{x\to a}F(x) =$ (　　).

A. a^2　　B. $a^2 f(a)$

C. 0　　D. 不存在

4. 设函数 $f(x)=\int_0^x(2t-1)\mathrm{d}t$ 的极小值是（　　）.

A. $\frac{1}{2}$　　B. 0　　C. $\frac{1}{4}$　　D. $-\frac{1}{4}$

5. 设 $f(x)$ 连续，则 $\int_a^b f(x)\mathrm{d}x-\int_b^a f(a+b-x)\mathrm{d}x=$（　　）.

A. 0　　B. 1　　C. $a+b$　　D. $\int_a^b f(x)\mathrm{d}x$

6. 定积分 $\int_{-\pi}^{\pi}\frac{x^2\sin x}{1+x^2}\mathrm{d}x=$（　　）.

A. 2　　B. 1　　C. 0　　D. -1

7. 设 $P=\int_0^{\frac{\pi}{2}}\sin^2x\mathrm{d}x$，$Q=\int_0^{\frac{\pi}{2}}\cos^2x\mathrm{d}x$，$R=\frac{1}{2}\int_{-\frac{\pi}{2}}^{\frac{\pi}{2}}\sin^2x\mathrm{d}x$，则（　　）.

A. $P=Q=R$　　B. $P=Q<R$

C. $P<Q<R$　　D. $P>Q>R$

8. 下列广义积分收敛的是（　　）.

A. $\int_1^{+\infty}\frac{\mathrm{d}x}{\sqrt{x}}$　　B. $\int_1^{+\infty}\frac{\mathrm{d}x}{x}$

C. $\int_1^{+\infty}\frac{\mathrm{d}x}{x^2}$　　D. $\int_1^{+\infty}\sqrt{x}\mathrm{d}x$

二、填空题(每小题 2 分，共 12 分)

1. 设 $f(x)$ 在闭区间 $[a,b]$ 上连续，根据积分中值定理，在闭区间 $[a,b]$ 上至少存在一点 ξ，使 $f(\xi)=$ ______.

2. 如果 f_x 有连续导数，且 $f(b)=5$，$f(a)=3$，则 $\int_a^b f'(x)\mathrm{d}x=$ ______.

3. 定积分 $\int_{\frac{1}{2}}^{1}\frac{\mathrm{e}^{\frac{1}{x}}}{x^2}\mathrm{d}x=$ ______.

4. 定积分 $\int_{-\frac{1}{2}}^{0}(2x+1)^{99}\mathrm{d}x=$ ______.

5. 若 $\int_1^b\ln x\mathrm{d}x=1$，则 $b=$ ______.

6. 广义积分$\int_{1}^{+\infty} x^{-\frac{4}{3}}\mathrm{d}x =$ ______.

三、计算题(每小题 7 分,共 42 分)

1. 求$\lim\limits_{x\to 0}\dfrac{\int_{0}^{x}\mathrm{e}^{t}\sin t^{2}\mathrm{d}t}{x^{3}}$.

2. 计算$\int_{0}^{\frac{\pi}{2}}\dfrac{\sin x\cos x}{1+\cos^{2}x}\mathrm{d}x$.

3. 设$f(x)=\begin{cases}\sqrt{x+1}, & |x|\leqslant 1\\ \dfrac{1}{1+x^{2}}, & 1<|x|\leqslant\sqrt{3}\end{cases}$,计算$\int_{-\sqrt{3}}^{\sqrt{3}}f(x)\mathrm{d}x$.

4. 计算$\int_{-1}^{1}(2x+|x|+1)^{2}\mathrm{d}x$.

5. 计算$\int_{1}^{8}\dfrac{1}{x+\sqrt[3]{x}}\mathrm{d}x$.

6. 计算$\int_{0}^{1}x\arcsin x\mathrm{d}x$.

7. 计算广义积分$\int_{0}^{+\infty}\dfrac{x}{(1+x)^{3}}\mathrm{d}x$.

四、应用题(每小题 8 分,共 24 题)

1. (1) 求由直线 $x=0, x=2, y=0$ 与抛物线 $y=-x^{2}+1$ 所围成的平面图形的面积 S;(2) 求上述平面图形绕 x 轴旋转一周所得旋转体的体积 V_x.

2. 设抛物线 $y^{2}=2x$ 与该曲线在点$\left(\dfrac{1}{2}, 1\right)$处的法线所围平面图形为 D,求 D 的面积.

3. 设生产某产品的固定成本为 10,而当产量为 x 时的边际成本函数为 $C'(x)=-40-20x+3x^{2}$,边际收入函数为 $R'(x)=32+10x$,试求:(1) 总利润函数;(2) 使总利润最大的产量.

五、证明题(6 分)

证明方程 $3x-1-\int_{0}^{x}\dfrac{1}{1+t^{2}}\mathrm{d}t=0$ 在区间$(0, 1)$内有唯一实根.

第七章　多元函数微分学初步

一、内容提要

1. 二元函数的定义与几何意义

若变量 x, y 在其可能取值的某一范围内的每一组值，变量 z 依照某一法则有确定值与之对应，则称 z 为 x, y 的二元函数，记为

$$z=f(x, y).$$

设 $z=f(x, y)$ 的定义域为平面点集 D，则在空间直角坐标系中，$z=f(x, y)$ 一般表示一张空间曲面.

类似地，可以定义三元函数以及三元以上的函数.

2. 二元函数的极限

设二元函数 $z=f(x, y)$ 在点 (x_0, y_0) 的某去心邻域内有定义，如果动点 (x, y) 以任何方式无限趋于点 (x_0, y_0)，函数 $f(x, y)$ 的值总是趋于一个常数 A，则称当 (x, y) 趋于 (x_0, y_0) 时，$f(x, y)$ 以 A 为极限，记作

$$\lim_{\substack{x\to x_0\\ y\to y_0}} f(x, y)=A \text{ 或 } \lim_{(x, y)\to(x_0, y_0)} f(x, y)=A.$$

3. 二元函数的连续性

设二元函数 $z=f(x, y)$ 在点 (x_0, y_0) 的某去心邻域内有定义，如果

$$\lim_{\substack{x\to x_0\\ y\to y_0}} f(x, y)=f(x_0, y_0),$$

则称 $f(x, y)$在(x_0, y_0)处连续.

如果 $f(x, y)$在区域 D 上每一点都连续,则称 $f(x, y)$在区域 D 上连续.

二元连续函数具有下列性质:

(1)二元连续函数的和、差、积仍为连续函数. 在分母不为零的点处,连续函数的商仍为连续函数.

(2)二元连续函数的复合函数也是连续函数.

4. 有界闭区域上连续函数的性质

(1)最大值和最小值定理

有界闭区域 D 上的连续函数 $f(x, y)$在 D 上一定能取到最大值和最小值.

(2)介值定理

有界闭区域 D 上的连续函数 $f(x, y)$,可以取到它在 D 上的最小值和最大值之间的任何值.

5. 偏导数

设 $z=f(x, y)$在点(x_0, y_0)的某邻域内有定义,如果

$$\lim_{\Delta x\to 0}\frac{f(x_0+\Delta x, y_0)-f(x_0, y_0)}{\Delta x}$$

存在,则称这个极限值为 $z=f(x, y)$在点(x_0, y_0)处对 x 的偏导数,记作$\left.\frac{\partial z}{\partial x}\right|_{\substack{x=x_0\\y=y_0}}$,$\left.\frac{\partial f}{\partial x}\right|_{\substack{x=x_0\\y=y_0}}$或$f_x(x_0, y_0)$.

类似地,如果

$$\lim_{\Delta y\to 0}\frac{f(x_0, y_0+\Delta y)-f(x_0, y_0)}{\Delta y}$$

存在,则称这个极限值为 $z=f(x, y)$在点(x_0, y_0)处对 y 的偏导数,记作$\left.\frac{\partial z}{\partial y}\right|_{\substack{x=x_0\\y=y_0}}$,$\left.\frac{\partial f}{\partial y}\right|_{\substack{x=x_0\\y=y_0}}$或$f_y(x_0, y_0)$.

如果 $z=f(x, y)$在区域 D 内每一点都有偏导数,一般地说,它们仍是 x, y 的函数,称为 $f(x, y)$的偏导函数,记为

$$\frac{\partial z}{\partial x},\ \frac{\partial f}{\partial x},\ f_x(x,\ y),\ \frac{\partial z}{\partial y},\ \frac{\partial f}{\partial y},\ f_y(x,\ y).$$

6. 高阶偏导数

如果 $z=f(x,\ y)$的偏导数$f_x(x,\ y)$，$f_y(x,\ y)$仍然具有偏导数，则它们的偏导数称为 $z=f(x,\ y)$的二阶偏导数，记作

$$\frac{\partial}{\partial x}\left(\frac{\partial z}{\partial x}\right)=\frac{\partial^2 z}{\partial x^2}=f_{xx}(x,\ y)=z_{xx};$$

$$\frac{\partial}{\partial y}\left(\frac{\partial z}{\partial x}\right)=\frac{\partial^2 z}{\partial x\partial y}=f_{xy}(x,\ y)=z_{xy};$$

$$\frac{\partial}{\partial x}\left(\frac{\partial z}{\partial y}\right)=\frac{\partial^2 z}{\partial y\partial x}=f_{yx}(x,\ y)=z_{yx};$$

$$\frac{\partial}{\partial y}\left(\frac{\partial z}{\partial y}\right)=\frac{\partial^2 z}{\partial y^2}=f_{yy}(x,\ y)=z_{yy}.$$

其中$\frac{\partial^2 z}{\partial x\partial y}$，$\frac{\partial^2 z}{\partial y\partial x}$称为二阶混合偏导数.

如果 $f(x,\ y)$的两个混合偏导数连续，则这两个混合偏导数必定相等.

类似可以定义三阶、四阶、以及 n 阶偏导数.

7. 全微分

(1)全微分的定义

设 $z=f(x,\ y)$在点$(x,\ y)$的某邻域内有定义，如果 $z=f(x,\ y)$在点$(x,\ y)$的全增量 $\Delta z=f(x+\Delta x,\ y+\Delta y)-f(x,\ y)$可以表示成：

$$\Delta z=A\Delta x+B\Delta y+o\left(\sqrt{(\Delta x)^2+(\Delta y)^2}\right),$$

其中 A，B 与 Δx，Δy 都无关. 则称 $z=f(x,\ y)$在点$(x,\ y)$处可微，而全增量的线性主部 $A\Delta x+B\Delta y$ 称为函数 $z=f(x,\ y)$在$(x,\ y)$处的全微分，记作 $\mathrm{d}z$，即 $\mathrm{d}z=A\Delta x+B\Delta y$.

(2)可微的必要条件

若 $z=f(x,\ y)$在点$(x_0,\ y_0)$可微，则 $z=f(x,\ y)$在点$(x_0,\ y_0)$

处的两个偏导数$f_x(x_0, y_0)$，$f_y(x_0, y_0)$存在，并且全微分表达式中的A，B为

$$A=f_x(x_0, y_0), \quad B=f_y(x_0, y_0).$$

若$z=f(x, y)$在区域D内可微，则在D内存在偏导数，且有

$$dz=f_x(x, y)dx+f_y(x, y)dy.$$

(3)可微的充分条件

若$z=f(x, y)$的两个偏导数$f_x(x, y)$，$f_y(x, y)$在点(x_0, y_0)连续，则必有$z=f(x, y)$在点(x_0, y_0)处可微.

8. 复合函数微分法

设函数$z=f(u, v)$可微，$u(x, y)$，$v(x, y)$具有一阶偏导数，并且它们可以构成z关于(x, y)在某区域D内的复合函数，则在D内有复合函数求导法则

$$\frac{\partial z}{\partial x}=\frac{\partial z}{\partial u}\cdot\frac{\partial u}{\partial x}+\frac{\partial z}{\partial v}\cdot\frac{\partial v}{\partial x}, \quad \frac{\partial z}{\partial y}=\frac{\partial z}{\partial u}\cdot\frac{\partial u}{\partial y}+\frac{\partial z}{\partial v}\cdot\frac{\partial v}{\partial y}.$$

9. 隐函数微分法

(1)设$y=y(x)$由方程$F(x, y)=0$确定. $F(x, y)$在点$P(x, y)$的某邻域内有连续偏导数$F_x(x, y)$，$F_y(x, y)$，且$F_y(x, y)\neq 0$，则有$y'=-\dfrac{F_x}{F_y}$.

(2)设$z=z(x, y)$有方程$F(x, y, z)=0$确定，$F(x, y, z)$在点$P(x, y, z)$的某邻域内有连续偏导数$F_x=F_x(x, y, z)$，$F_y=F_y(x, y, z)$，$F_z=F_z(x, y, z)$，且$F_z(x, y, z)\neq 0$，则有

$$\frac{\partial z}{\partial x}=-\frac{F_x}{F_z}, \quad \frac{\partial z}{\partial y}=-\frac{F_y}{F_z}.$$

10. 二元函数极值

(1)设函数$z=f(x, y)$在点(x_0, y_0)的某邻域内有定义，如果对该邻域内的任何异于(x_0, y_0)的(x, y)，都有不等式

$$f(x, y)<f(x_0, y_0) \quad (f(x, y)>f(x_0, y_0)),$$

则称函数在点(x_0, y_0)有极大值$f(x_0, y_0)$(极小值$f(x_0, y_0)$).极大值、极小值统称极值.使函数取得极值的点为极值点.

方程组$\begin{cases} f_x(x, y)=0 \\ f_y(x, y)=0 \end{cases}$的解,称为函数$f(x, y)$的驻点.

(2)极值存在的必要条件

设$z=f(x, y)$在(x_0, y_0)取得极值,且$f(x, y)$在点(x_0, y_0)存在偏导数,则必有$f_x(x_0, y_0)=0$,$f_y(x_0, y_0)=0$.

(3)极值存在的充分条件

设$z=f(x, y)$在点(x_0, y_0)有连续二阶偏导数,并设(x_0, y_0)是$f(x, y)$的驻点,记

$$A=f_{xx}(x_0, y_0),\quad B=f_{xy}(x_0, y_0),\quad C=f_{xy}(x_0, y_0),$$

则

①当$B^2-AC<0$,$A>0$时,$f(x_0, y_0)$为极小值;

②当$B^2-AC<0$,$A<0$时,$f(x_0, y_0)$为极大值;

③当$B^2-AC>0$时,$f(x_0, y_0)$不是极值;

④当$B^2-AC=0$时,不能确定$f(x_0, y_0)$是否为极值.

(4)条件极值

求$z=f(x, y)$在条件$\varphi(x, y)=0$下的极值,一般方法为:

①构造拉格朗日函数$F(x, y, \lambda)=f(x, y)+\lambda\varphi(x, y)$;

②将$F(x, y, \lambda)$分别对x, y, λ求偏导数,构造下列方程组:

$$\begin{cases} F_x=f_x(x, y)+\lambda\varphi_x(x, y)=0 \\ F_y=f_y(x, y)+\lambda\varphi_y(x, y)=0, \\ F_\lambda=\varphi(x, y)=0 \end{cases}$$

解出(x, y),这是可能极值点坐标.

③条件极值通常用来解应用题,在得到可能极值点坐标之后,由所给问题的实际意义来分析其是否为极值点.

二、概念析疑

问 1　在一元函数极限中,有"函数在一点处的极限存在当且仅

当它在该点处的左、右极限存在且相等”这个结论. 在二元函数的极限中，当点 $P(x, y)$ 沿着任何一条直线趋于点 $P_0(x_0, y_0)$ 时，如果 $f(x, y)$ 都趋于 A，这时能否断言极限 $\lim\limits_{(x,y)\to(x_0, y_0)} f(x, y)$ 存在，且等于 A?

答 不能. 例如，函数 $f(x, y)=\dfrac{xy^2}{x^2+y^4}$，当点 $P(x, y)$ 沿 y 轴 $(x=0)$ 趋于 $P_0(0, 0)$ 时，有 $\lim\limits_{\substack{(x,y)\to(0, 0)\\ x=0}} f(x, y)=0$；当点 $P(x, y)$ 沿任意一条直线 $y=kx$ 趋于 $P_0(0, 0)$ 时，有

$$\lim_{\substack{(x,y)\to(0, 0)\\ y=kx}} f(x, y)=\lim_{x\to 0}\frac{k^2x^3}{x^2+k^4x^4}=\lim_{x\to 0}\frac{k^2x}{1+k^4x^2}=0,$$

但此时我们仍不能断言 $\lim\limits_{(x,y)\to(0, 0)} f(x, y)=0$. 事实上，当点 $P(x, y)$ 沿抛物线 $y^2=x$ 趋于 $P_0(0, 0)$ 时，有

$$\lim_{\substack{(x,y)\to(0, 0)\\ y^2=x}} f(x, y)=\lim_{x\to 0}\frac{x^2}{x^2+x^2}=\frac{1}{2},$$

因此，函数 $f(x, y)=\dfrac{xy^2}{x^2+y^4}$ 当 $(x, y)\to(0, 0)$ 时，极限不存在.

其实，根据二重极限的定义，在点 $P_0(x_0, y_0)$ 的去心邻域内，动点 $P(x, y)$ 趋于点 $P_0(x_0, y_0)$ 的方式是任意的. 尽管动点 $P(x, y)$ 沿着任何一条直线趋于 $P_0(x_0, y_0)$ 时，$f(x, y)$ 的极限都存在且都等于 A，但毕竟只是沿着直线变动，因而无法肯定当 $(x, y)\to(x_0, y_0)$ 时的二重极限是否存在，更不能断言二重极限是 A.

问 2 计算偏导数 $f_x(x_0, y_0)$ 时，能否将 $y=y_0$ 先代入 $f(x, y)$ 中得 $f(x, y_0)$，再对 x 求导数 $f'(x, y_0)|_{x=x_0}=f_x(x_0, y_0)$?

答 可以.

若记 $g(x)=f(x, y_0)$，则

$$\begin{aligned} f'(x, y_0)|_{x=x_0}=g'(x_0)&=\lim_{\Delta\to 0}\frac{g(x_0+\Delta x)-g(x_0)}{\Delta x}\\ &=\lim_{\Delta\to 0}\frac{f(x_0+\Delta x, y_0)-f(x_0, y_0)}{\Delta x}\\ &=f_x(x_0, y_0). \end{aligned}$$

问 3　二元函数可偏导(即存在偏导数)与连续有没有联系?

答　一元函数可导一定连续,然而对于多元函数,可偏导与连续没有必然的联系.也就是说,多元函数可偏导未必连续,函数连续也未必可偏导.例如二元函数

$$f(x, y)=\begin{cases}\dfrac{xy}{x^2+y^2}, & x^2+y^2\neq 0\\ 0, & x^2+y^2=0\end{cases},$$

在点(0, 0)的两个偏导数均存在且等于零,但极限 $\lim\limits_{\substack{x\to 0\\ y\to 0}} f(x, y)$ 不存在,从而函数在点(0, 0)处不连续;二元函数

$$\varphi(x, y)=\sqrt{x^2+y^2}$$

在点(0, 0)连续,但极限

$$\lim_{\Delta x\to 0}\frac{\varphi(0+\Delta x)-\varphi(0, 0)}{\Delta x}=\lim_{\Delta x\to 0}\frac{|\Delta x|}{\Delta x}$$

不存在,即 $\varphi_x(0, 0)$ 不存在.同理,$\varphi_y(0, 0)$ 也不存在.

三、习题详解

习　题　7.1

1.求下列函数的定义域:

(1)$z=\ln[x(y-1)]$;　　　　(2)$z=\sqrt{x-\sqrt{y}}$;

(3)$z=\dfrac{1}{\ln(2-x^2-y^2)}+\sqrt{x^2+y^2-1}$;

(4)$z=\arcsin\dfrac{x}{3}+\arccos\dfrac{y}{2}$;

(5)$z=\dfrac{\arcsin(3-x^2-y^2)}{\sqrt{x-y^2}}$;

(6)$z=\ln(x+y)+\sqrt{2^{xy}-1}$.

解　(1) 要使函数有意义,必须 $0<x(y-1)$,故所求定义域为

$$D=\{(x,y)\,|\,x>0,y>1 \text{ 或 } x<0,y<1\}.$$

（2）由题意，自变量 x,y 必须满足

$$\begin{cases} x^2+y^2-1\geqslant 0 \\ 2-x^2-y^2\geqslant 0, \\ 2-x^2-y^2\neq 1 \end{cases}$$

从而解得定义域为

$$D=\{(x,y)\mid 1<x^2+y^2<2\}.$$

（3）由题意，自变量 x,y 必须满足

$$\begin{cases} -1\leqslant \dfrac{x}{3}\leqslant 1 \\ -1\leqslant \dfrac{y}{2}\leqslant 1 \end{cases},$$

从而解得定义域为

$$D=\{(x,y)\mid -3\leqslant x\leqslant 3,-2\leqslant y\leqslant 2\}.$$

（4）由题意，自变量 x,y 必须满足

$$\begin{cases} 0<x-y^2 \\ -1\leqslant 3-x^2-y^2\leqslant 1 \end{cases},$$

从而解得定义域为

$$D=\{(x,y)\mid y^2<x,2\leqslant x^2+y^2\leqslant 4\}.$$

（5）由题意，自变量 x,y 必须满足

$$\begin{cases} x+y>0 \\ 2^{xy}-1\geqslant 0 \end{cases},$$

从而解得定义域为

$$D=\{(x,y)\mid 0<x+y,0\leqslant xy\}.$$

2. 设函数 $f(x,y)=x^3-2xy+y^2$，求

(1) $f(-2,3)$；(2) $f(\dfrac{1}{x},\dfrac{1}{y})$；(3) $\dfrac{f(1,1+h)-f(1,2)}{h}$.

解 （1）$f(-2,3)=(-2)^3-2\cdot(-2)\cdot 3+3^2=13.$

（2）$f(\dfrac{1}{x},\dfrac{1}{y})=\left(\dfrac{1}{x}\right)^3-2\,\dfrac{1}{x}\cdot\dfrac{1}{y}+\dfrac{1}{y^2}=\dfrac{x^3-2x^2y+y^2}{x^3y^2}.$

（3）因为

$$f(1,1+h)=1-2(1+h)+(1+h)^2=h^2$$

且

$$f(1,2)=1-4+4=1,$$

所以

$$\frac{f(1,1+h)-f(1,2)}{h}=\frac{h^2-1}{h}.$$

3. 求下列函数的值：

(1) $f(x,y)=\left(\frac{\arctan(x+y)}{\arctan(x-y)}\right)^2$，求 $f\left(\frac{1+\sqrt{3}}{2},\frac{1-\sqrt{3}}{2}\right)$；

(2) $f(x,y)=\frac{2xy}{x^2+y^2}$，求 $f\left(1,\frac{y}{x}\right)$；

(3) $f(x,y)=x^2+y^2-xy\tan\frac{x}{y}$，求 $f(tx,ty)$.

解　(1)　由于

$$x+y=\frac{1+\sqrt{3}}{2}+\frac{1-\sqrt{3}}{2}=1,\ x-y=\frac{1+\sqrt{3}}{2}-\frac{1-\sqrt{3}}{2}=\sqrt{3},$$

所以

$$f(x,y)=\left(\frac{\arctan 1}{\arctan\sqrt{3}}\right)^2=\frac{9}{16}.$$

(2) $$f\left(1,\frac{y}{x}\right)=\frac{2\cdot 1\cdot\frac{y}{x}}{1+\frac{y^2}{x^2}}=\frac{2xy}{x^2+y^2}.$$

(3) $$f(tx,ty)=(tx)^2+(ty)^2-(tx)(ty)\tan\frac{tx}{ty}$$
$$=t^2\left(x^2+y^2-xy\tan\frac{x}{y}\right)=t^2 f(x,y).$$

4. 设 $f(x+y,x-y)=x^2+y^2$，求 $f(x,y)$.

解　已知等式的右边可以直接写成 $x+y$ 和 $x-y$ 的一个组合，所以利用凑的想法求解. 注意到

$$f(x+y,x-y)=\frac{1}{2}(2x^2+2y^2)=\frac{1}{2}[(x+y)^2+(x-y)^2],$$

因此

$$f(x,y)=\frac{1}{2}(x^2+y^2).$$

5. 设 $f(\frac{1}{y},\frac{1}{x})=\frac{xy-x^2}{x-2y}$，求 $f(x,y)$.

解 令 $u=\frac{1}{y}$，$v=\frac{1}{x}$，则 $y=\frac{1}{u}$，$x=\frac{1}{v}$，从而有

$$f(u,v)=\frac{\frac{1}{u}\cdot\frac{1}{v}-\frac{1}{v^2}}{\frac{1}{v}-2\cdot\frac{1}{u}}=\frac{v-u}{v(u-2v)},$$

即

$$f(x,y)=\frac{y-x}{y(x-2y)}.$$

习题 7.2

1. 求下列各极限：

(1) $\lim\limits_{\substack{x\to 0\\ y\to 1}}\frac{1-xy}{x^2+y}$；

(2) $\lim\limits_{\substack{x\to 1\\ y\to 2}}\frac{3xy-x^3y^2}{x+y}$；

(3) $\lim\limits_{\substack{x\to 1\\ y\to 0}}\frac{\ln(x+e^y)}{\sqrt{x^2+y^2}}$；

(4) $\lim\limits_{\substack{x\to 0\\ y\to 2}}\frac{\sin(xy^2)}{x}$；

(5) $\lim\limits_{\substack{x\to 0\\ y\to 0}}\frac{2-\sqrt{xy+4}}{xy}$；

(6) $\lim\limits_{\substack{x\to 0\\ y\to 0}}\frac{1}{x}\ln(1+xy)$；

(7) $\lim\limits_{\substack{x\to 0\\ y\to 0}}(x+y)\sin\frac{1}{x^2+y^2}$.

解 (1) 因为函数 $\frac{1-xy}{x^2+y}$ 是初等函数，且在 $(0,1)$ 处有定义，所以

$$\lim_{\substack{x\to 0\\ y\to 1}}\frac{1-xy}{x^2+y}=\frac{1-0\cdot 1}{0+1}=1.$$

(2) 因为函数 $\frac{3xy-x^3y^2}{x+y}$ 是初等函数，且在 $(1,2)$ 处有定义，所以

$$\lim_{\substack{x\to 1\\ y\to 2}}\frac{3xy-x^3y^2}{x+y}=\frac{3\cdot 1\cdot 2-1\cdot 2^2}{1+2}=\frac{2}{3}.$$

(3) 因为函数$\frac{\ln(x+e^y)}{\sqrt{x^2+y^2}}$是初等函数，且在(1,0)处有定义，所以

$$\lim_{\substack{x\to 1\\ y\to 0}}\frac{\ln(x+e^y)}{\sqrt{x^2+y^2}}=\frac{\ln(1+e^0)}{\sqrt{1+0}}=\ln 2.$$

(4) $\lim\limits_{\substack{x\to 0\\ y\to 2}}\frac{\sin(xy^2)}{x}=\lim\limits_{\substack{x\to 0\\ y\to 2}}\frac{\sin(xy^2)}{xy^2}y^2$

$$=\lim_{\substack{x\to 0\\ y\to 2}}\frac{\sin(xy^2)}{xy^2}\lim_{\substack{x\to 0\\ y\to 2}}y^2=1\cdot 4=4.$$

(5) $\lim\limits_{\substack{x\to 0\\ y\to 0}}\frac{2-\sqrt{xy+4}}{xy}=\lim\limits_{\substack{x\to 0\\ y\to 0}}\frac{(2-\sqrt{xy+4})(2+\sqrt{xy+4})}{xy(2+\sqrt{xy+4})}$

$$=\lim_{\substack{x\to 0\\ y\to 0}}\frac{-1}{(2+\sqrt{xy+4})}=-\frac{1}{4}.$$

(6) $\lim\limits_{\substack{x\to 0\\ y\to 0}}\frac{1}{x}\ln(1+xy)=\lim\limits_{\substack{x\to 0\\ y\to 0}}\frac{xy}{x}=\lim\limits_{\substack{x\to 0\\ y\to 0}}y=0.$

(7) 因为

$$\left|\sin\frac{1}{x^2+y^2}\right|\leqslant 1,\ \lim_{\substack{x\to 0\\ y\to 0}}(x+y)=0,$$

所以

$$\lim_{\substack{x\to 0\\ y\to 0}}(x+y)\sin\frac{1}{x^2+y^2}=0.$$

2. 证明下列极限不存在.

(1) $\lim\limits_{\substack{x\to 0\\ y\to 0}}\frac{x+y}{x-y}$；

(2) $\lim\limits_{\substack{x\to 0\\ y\to 0}}\frac{x^2y}{x^2y-(x-y)^2}$；

(3) $\lim\limits_{\substack{x\to 0\\ y\to 0}}\frac{x^3y}{x^6+y^2}$；

(4) $\lim\limits_{\substack{x\to 0\\ y\to 0}}\frac{xy}{x+y}$.

解 (1) 令 $y=kx$，则

$$\lim_{\substack{x\to 0\\ y=kx}}\frac{x+kx}{x-kx}=\frac{1+k}{1-k},$$

该极限值随着 k 的改变而改变，并不总等于一个固定的数，所以函数的极限是不存在的.

(2) 当 $y=0$ 时，有

$$\lim_{\substack{x\to0\\y=0}}\frac{x^2\cdot0}{x^2\cdot0-(x-0)^2}=0;$$

而当 $y=x$ 时，有

$$\lim_{\substack{x\to0\\y=x}}\frac{x^2\cdot x}{x^2\cdot x-(x-x)^2}=1,$$

即沿着 $y=0$ 和 $y=x$ 两个方向，函数的极限值是不相等的，所以极限不存在的.

(3) 当 $y=0$ 时，有

$$\lim_{\substack{x\to0\\y\to0}}\frac{x^3y}{x^6+y^2}=\lim_{\substack{x\to0\\y=0}}\frac{x^3\cdot0}{x^6+0^2}=0,$$

而当 $y=x^3$ 时，有

$$\lim_{\substack{x\to0\\y\to0}}\frac{x^3y}{x^6+y^2}=\lim_{\substack{x\to0\\y=x^3}}\frac{x^3\cdot x^3}{x^6+(x^3)^2}=\frac{1}{2},$$

即沿着 $y=0$ 和 $y=x^3$ 两个方向，函数的极限值是不相等的，所以极限不存在.

(4) 令 $y=0$，则

$$\lim_{\substack{x\to0\\y\to0}}\frac{xy}{x+y}=\lim_{x\to0}\frac{x\cdot0}{x+0}=0,$$

而当 $y=-x+x^2$ 时，有

$$\lim_{\substack{x\to0\\y=-x+x^2}}\frac{xy}{x+y}=\lim_{x\to0}\frac{x(-x+x^2)}{x-x+x^2}=\lim_{x\to0}\frac{-x^2+x^3}{x^2}=-1,$$

即沿着 $y=0$ 和 $y=-x+x^2$ 两个方向，函数的极限值是不相等的，所以极限不存在.

3. 已知

$$f(x,y)=\begin{cases}\dfrac{2-\sqrt{x^2+y^2+4}}{x^2+y^2}, & x^2+y^2\neq0\\ A, & x^2+y^2=0\end{cases}$$

在点(0,0)处连续，求常数 A.

解 由题意得

$$\lim_{\substack{x\to0\\y\to0}}f(x,y)=f(0,0)=A.$$

注意到

$$\lim_{\substack{x\to 0\\ y\to 0}} f(x,y)=\lim_{\substack{x\to 0\\ y\to 0}}\frac{2-\sqrt{x^2+y^2+4}}{x^2+y^2}$$

$$=\lim_{\substack{x\to 0\\ y\to 0}}\frac{(2-\sqrt{x^2+y^2+4})(2+\sqrt{x^2+y^2+4})}{(x^2+y^2)(\sqrt{x^2+y^2+4})}$$

$$=\lim_{\substack{x\to 0\\ y\to 0}}\frac{-1}{\sqrt{x^2+y^2+4}}=-\frac{1}{2},$$

所以 $A=-\frac{1}{2}$.

习题 7.3

1. 求下列函数的一阶偏导数 z_x, z_y.

(1) $z=x^3+y^3-3xy$;　　(2) $z=\ln(\frac{y}{x})$;

(3) $z=\ln\sqrt{x^2+y^2}$;　　(4) $z=\frac{1}{y}\cos x^2$;

(5) $z=\arcsin\frac{y}{x}$;　　(6) $z=(x^2+y^2)^3$;

(7) $z=\arctan\frac{x-y}{x+y}$;　　(8) $z=\frac{x^3+y^3}{x^2+y^2}$;

(9) $z=\ln(x+\sqrt{x^2+y^2})$;　　(10) $z=(1+xy)^y$;

解　(1) $z_x=3x^2-3y$,　　$z_y=3y^2-3x$.

(2) $z=\ln y-\ln x$,则

$$z_x=-\frac{1}{x},\qquad z_y=\frac{1}{y}.$$

(3) $z=\frac{1}{2}\ln(x^2+y^2)$,则

$$z_x=\frac{1}{2}\frac{1}{x^2+y^2}\cdot 2x=\frac{x}{x^2+y^2},$$

$$z_y=\frac{1}{2}\frac{1}{x^2+y^2}\cdot 2y=\frac{y}{x^2+y^2}.$$

(4) $z_x=\frac{1}{y}\cdot(-\sin x^2)\cdot 2x=-\frac{2x\sin x^2}{y}$,

$z_y=-\frac{1}{y^2}\cos x^2=-\frac{\cos x^2}{y^2}$.

(5) $z_x=\frac{1}{\sqrt{1-\frac{y^2}{x^2}}}\cdot(-\frac{y}{x^2})=\frac{-|x|y}{x^2\sqrt{x^2-y^2}}$,

$z_y=\frac{1}{\sqrt{1-\frac{y^2}{x^2}}}\cdot\frac{1}{x}=\frac{-|x|}{x\sqrt{x^2-y^2}}$.

(6) $z_x=3(x^2+y^2)^2\cdot 2x=6x(x^2+y^2)^2$,

$z_y=3(x^2+y^2)^2\cdot 2y=6y(x^2+y^2)^2$.

(7) $z_x=\frac{1}{1+(\frac{x-y}{x+y})^2}\cdot\frac{(x+y)-(x-y)}{(x+y)^2}=\frac{y}{x^2+y^2}$,

$z_y=\frac{1}{1+(\frac{x-y}{x+y})^2}\cdot\frac{-(x+y)-(x-y)}{(x+y)^2}=\frac{-x}{x^2+y^2}$.

(8) $z_x=\frac{3x^2(x^2+y^2)-2x(x^3+y^3)}{(x^2+y^2)^2}=\frac{x^4+3x^2y^2-2xy^3}{(x^2+y^2)^2}$,

$z_y=\frac{3y^2(x^2+y^2)-2y(x^3+y^3)}{(x^2+y^2)^2}=\frac{y^4+3x^2y^2-2yx^3}{(x^2+y^2)^2}$.

(9) $z_x=\frac{1}{x+\sqrt{x^2+y^2}}(1+\frac{2x}{2\sqrt{x^2+y^2}})=\frac{1}{\sqrt{x^2+y^2}}$,

$z_y=\frac{1}{x+\sqrt{x^2+y^2}}\cdot\frac{2y}{2\sqrt{x^2+y^2}}=\frac{y}{\sqrt{x^2+y^2}(x+\sqrt{x^2+y^2})}$.

(10) $z=e^{y\ln(1+xy)}$,故

$z_x=e^{y\ln(1+xy)}(y\cdot\frac{y}{1+xy})=\frac{y^2(1+xy)^y}{1+xy}=y^2(1+xy)^{y-1}$,

$z_y=e^{y\ln(1+xy)}(y\cdot\frac{x}{1+xy}+\ln(1+xy))$

$=(1+xy)^y\ln(1+xy)+xy(1+xy)^{y-1}$.

2. 求下列函数在指定点的一阶偏导数.

(1)$z=e^x\sin y$ 在点 $\left(0,\dfrac{\pi}{2}\right)$ 的偏导数 $z_x(0,\dfrac{\pi}{2})$；

(2)$z=x+y-\sqrt{x^2+y^2}$，求 $z_x(3,4)$；

(3)$z=y^x+e^{xy}$ 在点(1,2)处的 $z_y(1,2)$.

解　(1) $z_x=e^x\sin y$，$z_x(0,\dfrac{\pi}{2})=e^0\sin\dfrac{\pi}{2}=1$.

(2) $z_x=1-\dfrac{2x}{2\sqrt{x^2+y^2}}=\dfrac{\sqrt{x^2+y^2}-x}{\sqrt{x^2+y^2}}$，$z_x(3,4)=\dfrac{5-3}{5}=\dfrac{2}{5}$.

(3) $z_y=xy^{x-1}+xe^{xy}$，$z_y(1,2)=1+e^2$.

3. 设 $f(x,y)=x^2+(y-1)\arcsin\sqrt{\dfrac{x}{y}}$，求 $f_x(2,1)$.

解　$f(x,1)=x^2$，$f_x(2,1)=(x^2)'|_{x=2}=2x|_{x=2}=4$.

4. 已知 $z=x^y(x>0,x\neq1)$，证明：$\dfrac{x}{y}\dfrac{\partial z}{\partial x}+\dfrac{1}{\ln x}\dfrac{\partial z}{\partial y}=2z$.

证明　因为

$$\frac{\partial z}{\partial x}=yx^{y-1},\quad \frac{\partial z}{\partial x}=x^y\ln x;$$

所以

$$\frac{x}{y}\frac{\partial z}{\partial x}+\frac{1}{\ln x}\frac{\partial z}{\partial x}=yx^{y-1}\frac{x}{y}+\frac{1}{\ln x}x^y\ln y=2x^y=2z.$$

5. 设 $z=e^{\frac{x}{y^2}}$，证明：$2x\dfrac{\partial z}{\partial x}+y\dfrac{\partial z}{\partial y}=0$.

证明　先求偏导数，

$$\frac{\partial z}{\partial x}=e^{\frac{x}{y^2}}\cdot\frac{1}{y^2},\quad \frac{\partial z}{\partial y}=e^{\frac{x}{y^2}}\cdot\left(-2\frac{x}{y^3}\right)=-\frac{2x}{y^3}e^{\frac{x}{y^2}},$$

因此

$$2x\frac{\partial z}{\partial x}+y\frac{\partial z}{\partial y}=2e^{\frac{x}{y^2}}\cdot\frac{x}{y^2}-2e^{\frac{x}{y^2}}\cdot\frac{x}{y^2}=0.$$

6. 求下列函数的二阶偏导数：

(1)$z=x^4+y^4-4x^2y^2$；

(2)$z=x\ln(x+y)$；

(3) $z=y^x$.

解 (1) $z_x=4x^3-8xy^2$; $z_y=4y^3-8x^2y$,

$z_{xx}=8x^2-8y^2$;

$z_{xy}=z_{yx}=-16xy$;

$z_{yy}=8y^2-8x^2$.

(2) $z_x=\ln(x+y)+\dfrac{x}{x+y}$; $z_y=\dfrac{x}{x+y}$;

$$z_{xx}=\frac{1}{x+y}+\frac{x+y-x}{(x+y)^2}=\frac{x+2y}{(x+y)^2};$$

$$z_{xy}=z_{yx}=\frac{1}{x+y}-\frac{x}{(x+y)^2}=\frac{y}{(x+y)^2};$$

$$z_{yy}=-\frac{x}{(x+y)^2}.$$

(3) $z_x=y^x\ln y$; $z_y=xy^{x-1}$,

$z_{xx}=y^x\ln^2 y$, $z_{yy}=x(x-1)y^{x-2}$,

$$z_{xy}=z_{yx}=xy^{x-1}\ln y+y^x\cdot\frac{1}{y}=y^{x-1}(x\ln y+1).$$

习题 7.4

1. 求下列函数的微分:

(1) $z=e^{\sqrt{x^2+y^2}}$;　　(2) $z=\ln(2x+3y)$;

(3) $z=xy+\dfrac{x}{y}$;　　(4) $z=\dfrac{y}{\sqrt{x^2+y^2}}$;

(5) $u=xy+yz+zx$;　　(6) $z=e^{\frac{y}{x}}$.

解 (1) $z_x=e^{\sqrt{x^2+y^2}}\dfrac{2x}{2\sqrt{x^2+y^2}}=\dfrac{xe^{\sqrt{x^2+y^2}}}{\sqrt{x^2+y^2}}$;

$$z_y=e^{\sqrt{x^2+y^2}}\frac{2y}{2\sqrt{x^2+y^2}}=\frac{ye^{\sqrt{x^2+y^2}}}{\sqrt{x^2+y^2}}.$$

$$dz=\frac{xe^{\sqrt{x^2+y^2}}}{\sqrt{x^2+y^2}}dx+\frac{ye^{\sqrt{x^2+y^2}}}{\sqrt{x^2+y^2}}dy=\frac{e^{\sqrt{x^2+y^2}}}{\sqrt{x^2+y^2}}(xdx+ydy).$$

(2) $z_x=\frac{2}{2x+3y}$,　$z_y=\frac{3}{2x+3y}$,

$$\mathrm{d}z=\frac{2}{2x+3y}\mathrm{d}x+\frac{3}{2x+3y}\mathrm{d}y=\frac{1}{2x+3y}(2\mathrm{d}x+3\mathrm{d}y).$$

(3) $z_x=y+\frac{1}{y}$,　$z_y=x-\frac{x}{y^2}$,

$$\mathrm{d}z=(y+\frac{1}{y})\mathrm{d}x+(x-\frac{x}{y^2})\mathrm{d}y.$$

(4) $z_x=-\frac{1}{2}y(x^2+y^2)^{-\frac{3}{2}}2x=\frac{-xy}{\sqrt{(x^2+y^2)^3}}$;

$$z_y=-\frac{1}{2}y(x^2+y^2)^{-\frac{3}{2}}2y+\frac{1}{\sqrt{x^2+y^2}}=\frac{x^2}{\sqrt{(x^2+y^2)^3}},$$

$$\mathrm{d}z=\frac{x}{\sqrt{(x^2+y^2)^3}}(x\mathrm{d}y-y\mathrm{d}x).$$

(5) $u_x=y+z$;　$u_y=x+z$;　$u_z=y+x$,

$$\mathrm{d}u=(y+z)\mathrm{d}x+(x+z)\mathrm{d}y+(x+y)\mathrm{d}z.$$

(6) $z_x=\mathrm{e}^{\frac{y}{x}}\cdot(-\frac{y}{x^2})$;　$z_y=\mathrm{e}^{\frac{y}{x}}\cdot\frac{1}{x}$,

$$\mathrm{d}z=\mathrm{e}^{\frac{y}{x}}\cdot(-\frac{y}{x^2})\mathrm{d}x+\mathrm{e}^{\frac{y}{x}}\frac{1}{x}\mathrm{d}y=\frac{\mathrm{e}^{\frac{y}{x}}}{x^2}(x\mathrm{d}y-y\mathrm{d}x).$$

2. 求函数 $z=\ln(1+x^2+y^2)$ 在 $x=1,y=2$ 时的微分.

解　$z_x=\frac{2x}{1+x^2+y^2}$, $z_y=\frac{2y}{1+x^2+y^2}$,

$$\mathrm{d}z=\frac{2}{1+x^2+y^2}(x\mathrm{d}x+y\mathrm{d}y),$$

$$\mathrm{d}z(1,2)=\frac{1}{3}(\mathrm{d}x+2\mathrm{d}y).$$

3. 证明函数

$$f(x,y)=\begin{cases}(x^2+y^2)\sin\frac{1}{\sqrt{x^2+y^2}}, & x^2+y^2\neq 0\\ 0, & x^2+y^2=0\end{cases}$$

在(0,0)处连续且偏导数存在,且可微.

证明 因为

$$0 \leqslant \left|(x^2+y^2)\sin\frac{1}{\sqrt{x^2+y^2}}\right| \leqslant x^2+y^2,$$

所以

$$\lim_{\substack{x\to 0\\ y\to 0}} f(x,y)=f(0,0),$$

即 $f(x,y)$ 在点 $(0,0)$ 连续.

又因为

$$f'_x(0,0)=\lim_{\Delta x\to 0}\frac{f(0+\Delta x)-f(0,0)}{\Delta x}=\lim_{\Delta x\to 0}\frac{(\Delta x)^2\sin\frac{1}{\sqrt{(\Delta x)^2}}}{\Delta x}=0,$$

同理 $f'_y(0,0)=0$,

因此,偏导数存在. 下证在 $(0,0)$ 点它是可微的.

注意到

$$[f(0+\Delta x,0+\Delta y)-f(0,0)]-[f_x(0,0)\Delta x+f_y(0,0)\Delta y]$$

$$=f(\Delta x,\Delta y)=((\Delta x)^2+(\Delta y)^2)\sin\frac{1}{(\Delta x)^2+(\Delta y)^2},$$

因为

$$\lim_{\substack{\Delta x\to 0\\ \Delta y\to 0}}\frac{((\Delta x)^2+(\Delta y)^2)\sin\frac{1}{(\Delta x)^2+(\Delta y)^2}}{\sqrt{(\Delta x)^2+(\Delta y)^2}}$$

$$=\lim_{\substack{\Delta x\to 0\\ \Delta y\to 0}}\sqrt{(\Delta x)^2+(\Delta y)^2}\sin\frac{1}{(\Delta x)^2+(\Delta y)^2}=0,$$

所以 $f(0+\Delta x,0+\Delta y)-f(0,0)-f'_x(0,0)\Delta x-f'_y(0,0)\Delta y=o(\sqrt{\Delta x^2+\Delta y^2})$,即 $f(x,y)$ 在 $(0,0)$ 处可微.

4. 已知 $\mathrm{d}z=2\mathrm{e}^{2x+y}\mathrm{d}x+\mathrm{e}^{2x+y}\mathrm{d}y$,求 $\frac{\partial^2 z}{\partial x\partial y}$.

解 由题设,知

$$\frac{\partial z}{\partial x}=2\mathrm{e}^{2x+y}, \qquad \frac{\partial z}{\partial y}=\mathrm{e}^{2x+y},$$

因此

$$\frac{\partial^2 z}{\partial x\partial y}=\frac{\partial}{\partial y}(\frac{\partial z}{\partial x})=2e^{2x+y}.$$

习题 7.5

1. 求下列函数的导数：

(1) $z=\frac{y}{x}$；$x=e^t, y=1-t$，求 $\frac{dz}{dt}$；

(2) $z=\arcsin(x-y), x=3t, y=\sqrt{t}$，求 $\frac{dz}{dt}$；

(3) $u=\frac{e^{ax}(y-z)}{a^2+1}, y=a\sin x, z=\cos x$，求 $\frac{du}{dx}$.

解　(1) $\frac{dz}{dt}=\frac{\partial z}{\partial x}\cdot\frac{dx}{dt}+\frac{\partial z}{\partial y}\cdot\frac{dy}{dt}=-\frac{y}{x^2}\cdot e^t-\frac{1}{x}$

$$=-\frac{1-t}{e^{2t}}e^t-\frac{1}{e^t}=\frac{t-2}{e^t}.$$

(2) $\frac{dz}{dt}=\frac{\partial z}{\partial x}\cdot\frac{dx}{dt}+\frac{\partial z}{\partial y}\cdot\frac{dy}{dt}$

$$=\frac{1}{\sqrt{1-(x-y)^2}}\cdot 3+\frac{1}{\sqrt{1-(x-y)^2}}\cdot(-1)\cdot\frac{1}{2\sqrt{t}}$$

$$=\frac{6\sqrt{t}-1}{2\sqrt{t-t(3t-\sqrt{t})^2}}.$$

(3) $\frac{du}{dt}=\frac{\partial u}{\partial x}\cdot\frac{dx}{dx}+\frac{\partial u}{\partial y}\cdot\frac{dy}{dx}+\frac{\partial u}{\partial z}\cdot\frac{dz}{dx}$

$$=\frac{ae^{ax}(y-z)}{a^2+1}+\frac{e^{ax}}{a^2+1}\cdot a\cos x+\frac{e^{ax}\sin x}{a^2+1}$$

$$=\frac{e^{ax}}{a^2+1}(ay-az+a\cos x+\sin x)$$

$$=\sin x e^{ax}.$$

2. 求下列函数的偏导数：

(1) $z=u^2+v^2, u=x+y, v=x-y$，求 $\frac{\partial z}{\partial x},\frac{\partial z}{\partial y}$；

(2) $z=u^2\ln v, u=\frac{x}{y}, v=3x-2y$，求 $\frac{\partial z}{\partial x},\frac{\partial z}{\partial y}$；

(3) $z=\arctan\dfrac{y}{x}$, $y=s+t$, $x=s-t$，求$\dfrac{\partial z}{\partial s}$, $\dfrac{\partial z}{\partial t}$；

(4) $z=(3x^2+y^2)^{2x+3}$，求$\dfrac{\partial z}{\partial x}$, $\dfrac{\partial z}{\partial y}$.

解 (1) $\dfrac{\partial z}{\partial x}=\dfrac{\partial z}{\partial u}\cdot\dfrac{\partial u}{\partial x}+\dfrac{\partial z}{\partial v}\cdot\dfrac{\partial v}{\partial x}=2u+2v=4x$，

$$\frac{\partial z}{\partial y}=\frac{\partial z}{\partial u}\cdot\frac{\partial u}{\partial y}+\frac{\partial z}{\partial v}\cdot\frac{\partial v}{\partial y}=2u-2v=4y.$$

(2) $\dfrac{\partial z}{\partial x}=\dfrac{\partial z}{\partial u}\cdot\dfrac{\partial u}{\partial x}+\dfrac{\partial z}{\partial v}\cdot\dfrac{\partial v}{\partial x}=2u\ln v\cdot\dfrac{1}{y}+\dfrac{u^2}{v}\cdot 3$

$$=\frac{2x\ln(3x-2y)}{y^2}+\frac{3x^2}{(3x-2y)y^2},$$

$$\frac{\partial z}{\partial y}=\frac{\partial z}{\partial u}\cdot\frac{\partial u}{\partial y}+\frac{\partial z}{\partial v}\cdot\frac{\partial v}{\partial y}=2u\ln v\cdot\left(-\frac{x}{y^2}\right)+\frac{u^2}{v}\cdot(-2)$$

$$=-\frac{2x^2\ln(3x-2y)}{y^3}-\frac{2x^2}{y^2(3x-2y)}.$$

(3) $\dfrac{\partial z}{\partial s}=\dfrac{\partial z}{\partial x}\cdot\dfrac{\partial x}{\partial s}+\dfrac{\partial z}{\partial y}\cdot\dfrac{\partial y}{\partial s}=\dfrac{1}{1+\dfrac{y^2}{x^2}}\cdot\left(-\dfrac{y}{x^2}\right)+\dfrac{1}{1+\dfrac{y^2}{x^2}}\cdot\dfrac{1}{x}$

$$=\frac{x-y}{x^2+y^2}=\frac{t}{s^2+t^2},$$

$$\frac{\partial z}{\partial x}=\frac{\partial z}{\partial x}\cdot\frac{\partial x}{\partial t}+\frac{\partial z}{\partial y}\cdot\frac{\partial y}{\partial t}=\frac{1}{1+\dfrac{y^2}{x^2}}\cdot\left(-\frac{y}{x^2}\right)+\frac{1}{1+\dfrac{y^2}{x^2}}\cdot\frac{1}{x}$$

$$=\frac{x+y}{x^2+y^2}=\frac{2t}{s^2+t^2}.$$

(4) 令 $u=3x^2+y^2$, $v=2x+3$，则 $z=u^v$，因此

$$\frac{\partial z}{\partial x}=\frac{\partial z}{\partial u}\cdot\frac{\partial u}{\partial x}+\frac{\partial z}{\partial v}\cdot\frac{\partial v}{\partial x}=vu^{v-1}\cdot 6x+u^v\ln u\cdot 2$$

$$=(3x^2+y^2)^{2x+2}(12x^2+18x+(6x^2+2y^2)\ln(3x^2+y^2)).$$

3. 求下列抽象函数的一阶偏导数：

(1) $z=f(x^2y, e^{\frac{y}{x}})$，$f$ 可微分，则$\dfrac{\partial z}{\partial x}$, $\dfrac{\partial z}{\partial y}$；

(2) $u=f\left(\dfrac{x}{y},\dfrac{y}{z}\right)$，$u$ 可微分，则$\dfrac{\partial u}{\partial x}$, $\dfrac{\partial u}{\partial y}$, $\dfrac{\partial u}{\partial z}$.

解　(1) $\frac{\partial z}{\partial x}=f_1\cdot 2xy+f_2\cdot e^{\frac{y}{x}}\cdot(-\frac{y}{x^2})=2xyf_1-\frac{ye^{\frac{y}{x}}}{x^2}f_2$；

$$\frac{\partial z}{\partial y}=f_1\cdot x^2+f_2\cdot e^{\frac{y}{x}}\cdot\frac{1}{x}=x^2 f_1+\frac{e^{\frac{y}{x}}f_2}{x}.$$

(2) $\frac{\partial u}{\partial x}=f_1\cdot\frac{1}{y}=\frac{f_1}{y}$；

$$\frac{\partial u}{\partial y}=f_1\cdot(-\frac{x}{y^2})+f_2\cdot\frac{1}{z}=\frac{f_2}{z}-\frac{x}{y^2}f_1；$$

$$\frac{\partial u}{\partial z}=f_2\cdot(-\frac{y}{z^2})=-\frac{yf_2}{z^2}.$$

4. 求下列抽象函数的高阶偏导数$\frac{\partial^2 z}{\partial x^2},\frac{\partial^2 z}{\partial y^2},\frac{\partial^2 z}{\partial x\partial y}$.

(1) $z=f(xy^2,x^2y)$，f 具有连续的二阶导数；

(2) $z=f(x^2-y^2,e^{xy})$，f 具有连续的二阶导数；

(3) $z=f(2x-y,y\sin x)$，f 具有连续的二阶导数.

解　(1) $\frac{\partial z}{\partial x}=f_1\cdot y^2+f_2\cdot 2xy=y^2 f_1+2xyf_2$，

$$\frac{\partial z}{\partial y}=f_1\cdot 2xy+f_2\cdot x^2=2xyf_1+x^2 f_2，$$

$$\frac{\partial^2 z}{\partial x^2}=y^2(f_{11}\cdot y^2+f_{12}\cdot 2xy)+2yf_2+2xy(f_{21}\cdot y^2+f_{22}\cdot 2xy)$$
$$=2yf_2+y^4 f_{11}+4xy^3 f_{12}+4x^2y^2 f_{21}；$$

$$\frac{\partial^2 z}{\partial x\partial y}=2yf_1+y^2(f_{11}\cdot 2xy^2+f_{12}\cdot x^2)+2xf_2+2xy(f_{21}\cdot 2xy+f_{22}\cdot x^2)$$
$$=2yf_1+2xf_2+2xy^3 f_{11}+5x^2y^2 f_{12}+2x^3yf_{22}；$$

$$\frac{\partial^2 z}{\partial y^2}=2xf_1+2xy(f_{11}2xy+f_{12}x^2)+x^2(f_{21}2xy+f_{22}x^2)$$
$$=2xf_1+4x^2y^2 f_{11}+4x^3yf_{12}+x^4 f_{22}；$$

(2) $\frac{\partial z}{\partial x}=f_1\cdot 2x+f_2\cdot e^{xy}\cdot y$，$\frac{\partial z}{\partial y}=f_1\cdot(-2y)+f_2\cdot e^{xy}\cdot x$，

$$\frac{\partial^2 z}{\partial x^2}=2f_1+2x(f_{11}2x+f_{12}e^{xy}y)+y^2e^{xy}f_2+ye^{xy}(f_{21}\cdot 2x+f_{22}\cdot e^{xy}y)$$

$$=2f_1+y^2e^{xy}f_2+4x^2f_{11}+4xye^{xy}f_{12}+y^2e^{2xy}f_{22};$$

$$\frac{\partial^2 z}{\partial x\partial y}=2x(f_{11}(-2y)+f_{12}e^{xy}x)+(e^{xy}+xye^{xy})f_2+ye^{xy}(f_{21}(-2y)+f_{22}\cdot e^{xy}x)$$

$$=(1+xy)e^{xy}f_2-4xyf_{11}+(2x^2-2y^2)e^{xy}f_{12}+xye^{2xy}f_{22}.$$

$$\frac{\partial^2 z}{\partial y^2}=-2f_1-2y(f_{11}(-2y)+f_{12}xe^{xy})+x^2e^{xy}f_2+xe^{xy}(f_{21}(-2y)+f_{22}e^{xy}x)$$

$$=-2f_1+xe^{xy}f_2+4y^2f_{11}-4xye^{xy}f_{12}+x^2e^{2xy}f_{22}.$$

(3) $\frac{\partial z}{\partial x}=f_1\cdot y+f_2\cdot 2x$, $\frac{\partial z}{\partial y}=f_1\cdot y+f_2\cdot 2y$,

因此

$$\frac{\partial^2 z}{\partial x^2}=y(f_{11}y+f_{12}2x)+2f_2+2x(f_{21}y+f_{22}2x)$$

$$=2f_2+y^2f_{11}+4xyf_{12}+4x^2f_{22},$$

$$\frac{\partial^2 z}{\partial y^2}=x(f_{11}x+f_{12}2y)+2f_2+2y(f_{21}x+f_{22}2y)$$

$$=2f_2+x^2f_{11}+4xyf_{12}+4y^2f_{22}.$$

5. 设 $z=f(x^2y+e^{\frac{y}{x}})$，其中 f 具有连续二阶导数，求 $\frac{\partial^2 z}{\partial x^2}$, $\frac{\partial^2 z}{\partial y^2}$.

解 令 $u=x^2y+e^{xy}$，则

$$\frac{\partial z}{\partial x}=f'\cdot\frac{\partial u}{\partial x}=(2xy+ye^{xy})f',\ \frac{\partial z}{\partial y}=f'\cdot\frac{\partial u}{\partial y}=(x^2+xe^{xy})f',$$

且

$$\frac{\partial^2 z}{\partial x^2}=(2y+y^2e^{xy})f'+(2xy+ye^{xy})f''\cdot(2xy+ye^{xy})$$

$$=(2y+y^2e^{xy})f'+(2xy+ye^{xy})^2f'',$$

$$\frac{\partial^2 z}{\partial y^2}=xye^{xy}f'+(x^2+xe^{xy})f''\cdot(x^2+xe^{xy})$$

$$=xye^{xy}f'+(x^2+xe^{xy})^2f''.$$

习题 7.6

1. 已知 $e^x\sin y+e^y\cos x=1$，求 $\frac{dy}{dx}$.

解　设 $F(x,y)=e^x\sin y+e^y\cos x-1$，则

$$F_x=e^x\sin y-e^y\sin x,\ F_y=e^x\cos y+e^y+\cos x,$$

$$\frac{dy}{dx}=-\frac{F_x}{F_y}=\frac{e^y\sin x-e^x\sin y}{e^x\cos y+e^y\cos x}.$$

2. 已知 $\sin y+e^x-xy=1$，求 $\frac{dy}{dx}$.

解　设 $F(x,y)=\sin y+e^x-xy-1$，则

$$F_x=e^x,\ F_y=\cos y-x$$

$$\therefore \frac{dy}{dx}=-\frac{F_x}{F_y}=\frac{e^x}{x-\cos y}.$$

3. 已知 $\ln\sqrt{x^2+y^2}=\arctan\frac{y}{x}$，求 $\frac{dy}{dx}$.

解　设 $F(x,y)=\ln\sqrt{x^2+y^2}-\arctan\frac{y}{x}$

$$=\frac{1}{2}\ln(x^2+y^2)-\arctan\frac{y}{x},$$

则

$$F_x=\frac{1}{2}\cdot\frac{2x}{x^2+y^2}-\frac{1}{1+(\frac{y}{x})^2}(-\frac{y}{x^2})=\frac{x+y}{x^2+y^2},$$

$$F_y=\frac{1}{2}\cdot\frac{2y}{x^2+y^2}-\frac{1}{1+(\frac{y}{x})^2}\cdot\frac{1}{x}=\frac{y-x}{x^2+y^2},$$

$$\therefore \frac{dy}{dx}=-\frac{F_x}{F_y}=\frac{x+y}{x-y}.$$

4. 已知 $ze^x-e^y-ye^z=0$，求 $\frac{\partial z}{\partial x}\big|_{(1,0)}$，$\frac{\partial z}{\partial y}\big|_{(1,0)}$.

解　方程两边分别关于 x,y 求偏导

$$\frac{\partial z}{\partial x}e^x+ze^x-ye^z\cdot\frac{\partial z}{\partial x}=0,$$

$$\frac{\partial z}{\partial y}e^x-e^y-(e^z+ye^z\cdot\frac{\partial z}{\partial y})=0,$$

当 $x=1,y=0$ 时，$z=1$，代入上述两式中，解得

$$\frac{\partial z}{\partial x}\Big|_{(1,0)}=\frac{e}{-e}=-1,\ \frac{\partial z}{\partial y}\Big|_{(1,0)}-\frac{1+e}{-e}=\frac{1+e}{e}.$$

5. 已知 $2\sin(x+2y-3z)=x+2y-3z$，证明 $\frac{\partial z}{\partial x}+\frac{\partial z}{\partial y}=1$

解　z 是关于 x,y 的隐函数，将方程两边分别关于 x,y 求偏导：

$$2\cos(x+2y-3z)\cdot\left(1-3\frac{\partial z}{\partial x}\right)=1-3\frac{\partial z}{\partial x},$$

$$2\cos(x+2y-3z)\cdot\left(2-3\frac{\partial z}{\partial y}\right)=2-3\frac{\partial z}{\partial y},$$

解得

$$\frac{\partial z}{\partial x}=\frac{1-2\cos(x+2y-3z)}{3-6\cos(x+2y-3z)}=\frac{1}{3},$$

$$\frac{\partial z}{\partial y}=\frac{2-4\cos(x+2y-3z)}{3-6\cos(x+2y-3z)}=\frac{2}{3}.$$

因此

$$\frac{\partial z}{\partial x}+\frac{\partial z}{\partial y}=1.$$

6. 已知 $e^z=x+y+z$，求 dz.

解　方程两边分别关于 x,y 求偏导，得

$$e^z\frac{\partial z}{\partial x}=1+\frac{\partial z}{\partial x},\ e^z\frac{\partial z}{\partial y}=1+\frac{\partial z}{\partial y},$$

$$\frac{\partial z}{\partial x}=\frac{1}{e^z-1},\ \frac{\partial z}{\partial y}=\frac{1}{e^z-1},$$

所以

$$dz=\frac{\partial z}{\partial x}dx+\frac{\partial z}{\partial y}dy=\frac{1}{e^z-1}(dx+dy).$$

7. 已知 $z+e^z=xy$，求 $\frac{\partial^2 z}{\partial x\partial y}$.

解　由题意，z 是因变量，x,y 是自变量. 方程两边分别关于 x,y 求偏导，得

$$\frac{\partial z}{\partial x}+e^z\frac{\partial z}{\partial x}=y,\ \frac{\partial z}{\partial y}+e^z\frac{\partial z}{\partial y}=x,$$

解得

$$\frac{\partial z}{\partial x}=\frac{y}{1+e^z},\ \frac{\partial z}{\partial y}=\frac{x}{1+e^z},$$

对$\frac{\partial z}{\partial x}$关于 y 再求导，整理化解得

$$\frac{\partial^2 z}{\partial x \partial y}=\frac{1+e^z-ye^z\frac{\partial z}{\partial y}}{(1+e^z)^2}=\frac{(1+e^z)^2-xye^z}{(1+e^z)^3}.$$

8. 设函数 $z=f(x,y)$ 是由方程 $F(x+\frac{z}{y},y+\frac{z}{x})=0$ 所确定，证明：

$$x\frac{\partial z}{\partial x}+y\frac{\partial z}{\partial y}=z-xy.$$

解 对 $F(x+\frac{z}{y},y+\frac{z}{x})=0$ 两边分别关于自变量 x,y 求导，得

$$F_1\cdot(1+\frac{1}{y}\frac{\partial z}{\partial x})+F_2\cdot\frac{1}{x^2}(\frac{\partial z}{\partial x}x-z)=0,$$

$$F_1\cdot(1+\frac{1}{y^2}(\frac{\partial z}{\partial y}y-z))+F_2\cdot\frac{1}{x^2}(1+\frac{1}{x}\frac{\partial z}{\partial y})=0;$$

解得

$$\frac{\partial z}{\partial x}=\frac{\frac{yz}{x}F_2-xyF_1}{xF_1+yF_2},\qquad \frac{\partial z}{\partial x}=\frac{\frac{yz}{x}F_2-xyF_1}{xF_1+yF_2},$$

因此

$$x\frac{\partial z}{\partial x}+y\frac{\partial z}{\partial y}=\frac{(z-xy)(xF_1+yF_2)}{xF_1+yF_2}=z-xy.$$

9. 设 $\Phi(u,v)$ 具有连续偏导数，证明由方程 $\Phi(cx-az,cy-bz)=0$ 确定的函数 $z=f(x,y)$ 满足：

$$a\frac{\partial z}{\partial x}+b\frac{\partial z}{\partial y}=1.$$

解 对方程 $\Phi(cx-az,cy-bz)=0$ 两边分别关于 x,y 求导，得

$$\Phi_1(c-a\frac{\partial z}{\partial x})-\Phi_2 b\frac{\partial z}{\partial x}=0,$$

$$\Phi_1(-a)\frac{\partial z}{\partial y}+\Phi_2(c-b\frac{\partial z}{\partial y})=0.$$

解得

$$\frac{\partial z}{\partial x}=\frac{c\Phi_1}{a\Phi_1+b\Phi_2},\quad \frac{\partial z}{\partial y}=\frac{c\Phi_2}{a\Phi_1+b\Phi_2},$$

因此

$$a\frac{\partial z}{\partial x}+b\frac{\partial z}{\partial y}=\frac{c(a\Phi_1+b\Phi_2)}{a\Phi_1+b\Phi_2}=c.$$

习题 7.7

1. 求下列函数的极值：

(1) $f(x,y)=4(x-y)-x^2-y^2$；

(2) $f(x,y)=x^2+xy+y^2+x-y+1$；

(3) $f(x,y)=\mathrm{e}^{2x}(x+y^2+2y)$.

解 (1) $f(x,y)$是可微的，所以极值点在驻点处达到，令

$$\begin{cases}f_x=4-2x=0\\ f_y=-4-2y=0\end{cases},$$

解得 $x=2,y=-2$.

$$A=f''_{xx}=-2,B=f''_{xy}=0,C=f''_{yy}=-2;$$

因为

$$AC-B^2=(-2)\cdot(-2)-0=4>0,\text{且 }A<0,$$

所以在$(2,-2)$处，函数达到极大值 $f(2,-2)=8$.

(2) 令$\begin{cases}f'_x=2x+y+1=0\\ f'_y=x+2y-1=0\end{cases}$，解得 $x=-1,y=1$.

$$A=f''_{xx}=2,B=f''_{xy}=1,C=f''_{yy}=1,$$

因为

$$AC-B^2=2\cdot 1-1=1>0,,\text{且 }A>0,$$

所以在$(-1,1)$处，函数达到极小值 $f(-1,1)=0$.

(3) 令

$$\begin{cases}f_x=\mathrm{e}^{2x}(2x+2y^2+4y+1)=0\\ f_y=\mathrm{e}^{2x}(2y+2)=0\end{cases},$$

解得 $x=\frac{1}{2},y=-1$.

$$A(x,y)=f_{xx}=4\mathrm{e}^{2x}(x+y^2+2y+1),$$

$$B(x,y)=f''_{xy}=(4y+4)e^{2x},\ C=f''_{yy}=2e^{2x},$$

所以在$(\frac{1}{2},-1)$处，$A=2e>0$，$B=0$，$C=2e$，且$AC-B^2=4e^2>0$，所以在$(\frac{1}{2},-1)$处，函数达到极小值$f(\frac{1}{2},-1)=-\frac{e}{2}$.

2. 设商品A的需求量为x吨，价格为p万元，需求函数为$x=26-p$，B的需求量为y吨，价格为q万元，需求函数为$y=10-0.25q$. 生产两种商品的总成本为

$$C(x,y)=x^2+2xy+y^2.$$

问两种商品各生产多少时，才能获最大利润？最大利润是多少.

解　利润函数为

$$L(x,y)=xp+yq-C(x,y),$$

由题意得

$$p=26-x,\quad q=40-4y,$$

所以

$$\begin{aligned}L(x,y)&=x(26-x)+y(40-4y)-x^2-2xy-y^2\\&=-2x^2-5y^2-2xy+40y+26x,\end{aligned}$$

令

$$\begin{cases}L_x=-4x-2y+26=0\\L_y=-10y-2x+40=0\end{cases},$$

解得$x=5$，$y=3$.

由问题的实际意义知，当$x=5$，$y=3$时，函数达到最大利润，最大利润为125.

3. 某工厂生产两种产品A和B，价格分别为100和50元，当两者的产量分别为x，y时，总成本为

$$C(x,y)=2x^2-4xy+9y^2+10y+14(\text{元}),$$

问如何安排两种产品的产量，使利润达到最大.

解　利润函数为

$$\begin{aligned}L(x,y)&=100x+50y-2x^2+4xy-9y^2-10y-14\\&=-2x^2+4xy-9y^2+100x+40y-14,\end{aligned}$$

$$\begin{cases}L'_x=-4x+4y+100=0\\L'_y=4x-18y+40=0\end{cases},$$

解得 $x=35, y=10$.

由问题的实际意义知，当 $x=5, y=3$ 时，函数达到最大利润，最大利润为 5536.

习题 7.8

1. 在周长为 $2p$ 的一切三角形中，求出面积最大的三角形

解 设三角形的三条边长分别为 x, y, z，则面积为

$$S=\sqrt{p(p-x)(p-y)(p-z)},$$

注意到，S^2 和 S 的最值点是相同的，所以取目标函数为

$$p(p-x)(p-y)(p-z),$$

约束条件为

$$x+y+z=p.$$

构造拉格朗日函数为

$$F(x,y,z,\lambda)=p(p-x)(p-y)(p-z)+\lambda(x+y+z-p),$$

令

$$\begin{cases} F_x=-p(p-y)(p-z)+\lambda=0 \\ F_y=-p(p-x)(p-z)+\lambda=0 \\ F_z=-p(p-x)(p-y)+\lambda=0 \\ x+y+z-p=0 \end{cases},$$

可以解得 $x=y=z=\dfrac{p}{3}$.

由实际经验得，周长给定面积最大的三角形一定存在，而驻点唯一，因此，$x=y=z=\dfrac{p}{3}$ 对应的三角形面积达到最大.

2. 从斜边长为 l 的一切直角三角形中，求有周长最大的三角形.

解 设直角三角形的直角边分别为 x, y，则目标函数为

$$x+y+l,$$

约束条件为

$$l^2=x^2+y^2.$$

构造拉格朗日函数为

$$F(x,y,\lambda)=x+y+l+\lambda(x^2+y^2-l^2),$$

令

$$\begin{cases}F_x=1+2\lambda x=0\\F_y=1+2\lambda y=0,\\x^2+y^2-l^2=0\end{cases}$$

解得 $x=y=\dfrac{\sqrt{2}}{2}l$.

由实际经验得，斜边给定周长最大的直角三角形一定存在，而驻点唯一，因此，$x=y=\dfrac{\sqrt{2}}{2}l$ 对应的直角三角形周长达到最大.

3.求内接于半径为 a 的球且有最大体积的长方体.

解　以球心为原点，且过原点平行于长方体的长，宽，高的三条线建立坐标系，长方体在第一象限的交点设为(x,y,z)，则长方体的体积为

$$V=8xyz,$$

约束条件为

$$x^2+y^2+z^2=a.$$

构造拉格朗日函数

$$F(x,y,z)=8xyz+\lambda(x^2+y^2+z^2-a^2);$$

令

$$\begin{cases}F_x=8yz+2\lambda x=0\\F_y=8xz+2\lambda y=0\\F_z=8xy+2\lambda z=0\\x^2+y^2+z^2-a^2=0\end{cases},$$

解得 $x=y=z=\dfrac{\sqrt{3}a}{3}$.

问题实际意义知，内接于半径为 a 的球且有最大体积的长方体一定存在，而驻点唯一，因此，$x=y=z=\dfrac{\sqrt{3}a}{3}$ 对应的长方体即为所求.

4. 设生产某种产品的数量与所用两种原料 A,B 的数量 x,y 有关系式

$$p(x,y)=0.005x^2y(\text{吨}),$$

欲用 15 万元购料，已知原料 A,B 的价格分别为 0.1 万元/吨和 0.2 万元/吨，问购进两种原料各多少吨，能使产量最大.

解 目标函数为

$$p(x,y)=0.005x^2y,$$

约束条件为

$$0.1x+0.2y=15.$$

构造拉格朗日函数

$$F(x,y,\lambda)=0.005x^2y+\lambda(0.1x+0.2y-15),$$

令

$$\begin{cases}F_x=0.01xy+0.1\lambda=0\\F_y=0.005x^2+0.2\lambda=0,;\\0.1x+0.2y-15=0\end{cases}$$

解得唯一驻点 $x=100,y=25$.

由问题实际意义知，当 A 进 100 吨，B 进 25 吨时，产量最大.

5. 若用 x 小时做 A 类工作，用 y 小时做 B 类工作，总工效可用函数 $f(x,y)=2\sqrt{x}+\sqrt{y}$ 表示，如果总工作时间为 15 小时，问如何安排工作时间，可使工效最大.

解 目标函数为总工效

$$f(x,y)=2\sqrt{x}+\sqrt{y},$$

约束条件为工作时间

$$x+y=15.$$

构造拉格朗日函数

$$F(x,y,\lambda)=2\sqrt{x}+\sqrt{y}+\lambda(x+y-15),$$

令

$$\begin{cases} F_x=\dfrac{1}{\sqrt{x}}+\lambda=0 \\ F_y=\dfrac{1}{2\sqrt{y}}+\lambda=0, \\ x+y-15=0 \end{cases}$$

解得唯一驻点 $x=12, y=3$.

由问题的实际意义知，该问题的最大值始终存在，所以 A 类工作 12 时，B 类工作 3 小时，工效达到最大.

6. 某工厂生产两种产品的需求函数分别为

$$x=72-0.5P_1, y=120-P_2,$$

总成本函数为 $C(x,y)=x^2+xy+y^2+35$，产品的总数额为 $x+y=40$，求最大利润及此时的产出水平（x, y 的值）和价格.

解　利润函数为

$$L(x,y)=xP_1+yP_2-C(x,y),$$

约束条件

$$x+y=40.$$

注意到

$$P_1=144-2x, P_2=120-y,$$

所以

$$\begin{aligned} L(x,y)&=x(144-2x)+y(120-y)-x^2-xy-y^2-35 \\ &=-3x^2-2y^2-xy+144x+120y-35. \end{aligned}$$

构造拉格朗日函数

$$F(x,y,\lambda)=-3x^2-2y^2-xy+144x+120y-35+\lambda(x+y-40),$$

令

$$\begin{cases} F_x=-6x-y+144+\lambda=0 \\ F_y=-4y-x+120+\lambda=0, \\ x+y-40=0 \end{cases}$$

求得，$x=18, y=22$.

因为，驻点唯一，由实际意义，该问题的最大利润存在，所以当 $x=18, y=22$ 时，利润达到最大.

复习题七

一、单项选择题

1. 函数 $z=\dfrac{1}{\ln(x+y)}$ 的定义域是（ D ）.

A. $x+y\neq 0$　　B. $x+y\neq 1$

C. $x+y>0$　　D. $x+y>0$ 且 $x+y\neq 1$

解　要使函数有意义，必须 $x+y>0, x+y=1$，所以正确答案是 D.

2. 设 $f(x+y,x-y)=x^2-y^2$，则 $f(x,y)$ 等于（ D ）.

A. x^2-y^2　　B. x^2+y^2

C. $(x-y)^2$　　D. xy

解　因为 $f(x+y,x-y)=(x+y)(x-y)$，所以 $f(x,y)=xy$.

3. 设 $z=x^y$，则 $\dfrac{\partial z}{\partial y}\Big|_{(e,1)}$ 等于（ A ）.

A. e　　B. $\dfrac{1}{e}$　　C. 1　　D. 0

解　$\dfrac{\partial z}{\partial y}=x^y\ln x$，$\dfrac{\partial z}{\partial y}\Big|_{(e,1)}=e$.

4. 设 $z=\ln\dfrac{y}{x}$，则偏导数 $\dfrac{\partial z}{\partial x}$ 等于（ D ）.

A. $\dfrac{1}{x}$　　B. $\dfrac{y}{x^2}$　　C. $-\dfrac{1}{x^2}$　　D. $-\dfrac{1}{x}$

解　$z=\ln y-\ln x$，$\dfrac{\partial z}{\partial x}=-\dfrac{1}{x}$.

5. 设 $z=e^{-x}\cos(2x-3y)$，则 $\dfrac{\partial z}{\partial x}\Big|_{(0,\frac{\pi}{2})}$ 等于（ B ）.

A. 0　　B. -2　　C. 2　　D. -1

解　$\dfrac{\partial z}{\partial x}=-e^{-x}\cos(2x-3y)-2e^{-x}\sin(2x-3y)$，

所以

$$\frac{\partial z}{\partial x}\Big|_{(0,\frac{\pi}{2})}=-2\sin(-\frac{3}{2}\pi)=-2.$$

6. 设 $u=\arctan\frac{x}{y}$，$v=\ln\sqrt{x^2+y^2}$，则下列等式成立的是（　A　）

A. $\frac{\partial u}{\partial x}=\frac{\partial v}{\partial y}$　　B. $\frac{\partial u}{\partial x}=\frac{\partial v}{\partial x}$

C. $\frac{\partial u}{\partial y}=\frac{\partial v}{\partial x}$　　D. $\frac{\partial u}{\partial y}=\frac{\partial v}{\partial y}$

解　$\frac{\partial u}{\partial x}=\frac{1}{1+\frac{x^2}{y^2}}\frac{1}{y}=\frac{y}{x^2+y^2}$；$\frac{\partial u}{\partial y}=\frac{1}{1+\frac{x^2}{y^2}}(-\frac{x}{y^2})=\frac{-x}{x^2+y^2}$，

$$\frac{\partial v}{\partial x}=\frac{1}{2}\frac{2x}{x^2+y^2}=\frac{x}{x^2+y^2};\ \frac{\partial v}{\partial y}=\frac{1}{2}\frac{2y}{x^2+y^2}=\frac{y}{x^2+y^2}.$$

所以正确答案是 A.

7. 设 $z=f(x^2-y^2)$，$f(u)$是可微函数，其中 $u=x^2-y^2$，则 $\frac{\partial z}{\partial x}=$（　D　）.

A. $-2yf(x^2-y^2)$　　B. $-2yf'(x^2-y^2)$

C. $2xf(x^2-y^2)$　　D. $2xf'(x^2-y^2)$

解　$\frac{\partial z}{\partial x}=f'(u)\cdot\frac{\partial u}{\partial x}=f'(x^2-y^2)\cdot 2x=2xf'(x^2-y^2)$.

8. 设 $z=\ln(1+x^2+y^2)$，则 $dz|_{(1,1)}$ 等于（　A　）.

A. $\frac{2}{3}(dx+dy)$　　B. $dx+dy$

C. $\sqrt{3}(dx+dy)$　　D. $\frac{1}{2}(dx+dy)$

解　$\because z_x(1,1)=\frac{2x}{1+x^2+y^2}\Big|_{(1,1)}=\frac{2}{3}$，

$$z_y(1,1)=\frac{2y}{1+x^2+y^2}\Big|_{(1,1)}=\frac{2}{3}.$$

$\therefore dz|_{(1,1)}=z_x(1,1)dx+z_y(1,1)dy=\frac{2}{3}(dx+dy)$.

故应选 A.

9. 设 $z=\ln\dfrac{y}{x}$，则 $\mathrm{d}z\big|_{(2,2)}$ 等于（ A ）.

A. $-\dfrac{1}{2}\mathrm{d}x+\dfrac{1}{2}\mathrm{d}y$　　B. $\dfrac{1}{2}\mathrm{d}x+\dfrac{1}{2}\mathrm{d}y$

C. $\dfrac{1}{2}\mathrm{d}x-\dfrac{1}{2}\mathrm{d}y$　　D. $-\dfrac{1}{2}\mathrm{d}x-\dfrac{1}{2}\mathrm{d}y$

解 $z=\ln y-\ln x$，$\dfrac{\partial z}{\partial x}=-\dfrac{1}{x}$，$\dfrac{\partial z}{\partial y}=\dfrac{1}{y}$，因此

$$\mathrm{d}z\big|_{(2,2)}=-\frac{1}{2}\mathrm{d}x+\frac{1}{2}\mathrm{d}y.$$

10. 当 $(x,y)\to(0,0)$ 时，函数 $z=\dfrac{\tan(xy^2)}{y^2}$ 的极限是（ B ）.

A. 1　　B. 0　　C. ∞　　D. 不存在

解 $\lim\limits_{\substack{x\to0\\y\to0}}\dfrac{\tan(xy^2)}{y^2}=\lim\limits_{\substack{x\to0\\y\to0}}\dfrac{xy^2}{y^2}=\lim\limits_{\substack{x\to0\\y\to0}}x=0.$

11. 函数 $f(x,y)=x^2-ay^2\ (a>0)$ 在 $(0,0)$ 处（ A ）

A. 不取极值　　B. 取极小值

C. 取极大值　　D. 是否取极值依赖于 a

解 令 $\dfrac{\partial f}{\partial x}=2x=0$，$\dfrac{\partial f}{\partial y}=-2ay=0$，得 $x=0$，$y=0$.

又

$$A=\frac{\partial^2 f}{\partial x^2}=2,\ C=\frac{\partial^2 f}{\partial y^2}=-2a,\ B=\frac{\partial^2 f}{\partial x\partial y}=0,$$

因为 $AC-B^2<0$，所以函数在 $(0,0)$ 处取不到极值.

二、填空题

1. 函数 $z=\dfrac{\ln(1-x-y)}{\sqrt{x^2+y^2}}$ 的定义域为 $\underline{\{(x,y)\mid x+y<1,x^2+y^2>0\}}$.

解 要使函数有意义，必须 $\begin{cases}1-x-y>0\\x^2+y^2>0\end{cases}$.

2. 求极限 $\lim\limits_{\substack{x\to-1\\y\to0}}\dfrac{xy}{\sqrt{xy+1}-1}=\underline{2}$.

解 $\lim\limits_{\substack{x\to-1\\y\to0}}\dfrac{xy}{\sqrt{xy+1}-1}=\lim\limits_{\substack{x\to-1\\y\to0}}\dfrac{xy(\sqrt{xy+1}+1)}{(\sqrt{xy+1}-1)(\sqrt{xy+1}+1)}$

$$=\lim_{\substack{x\to -1\\ y\to 0}}(\sqrt{xy+1}+1)=2.$$

2. 设 $f(xy,\dfrac{y}{x})=x^2-y^2$，则 $f(\dfrac{y}{x},xy)=\underline{\dfrac{1-x^2y^2}{x^2}}$.

解　设 $u=xy, v=\dfrac{y}{x}$，则 $x=\pm\sqrt{\dfrac{u}{v}}, y=\pm v\sqrt{\dfrac{u}{v}}$. 于是

$$f(u,v)=\frac{u}{v}-y^2\ \frac{u}{v}=(1-v^2)\frac{u}{v}.$$

因此

$$f(\frac{y}{x},xy)=(1-x^2y^2)\frac{\frac{y}{x}}{xy}=\frac{1-x^2y^2}{x^2}.$$

3. 若二元函数 $z=\tan(\dfrac{y}{x}+\dfrac{x}{y})$，则 $\left.\dfrac{\partial z}{\partial y}\right|_{(1,1)}=\underline{0}$.

解　$\dfrac{\partial z}{\partial y}=\sec^2(\dfrac{y}{x}+\dfrac{x}{y})\cdot(\dfrac{1}{x}-\dfrac{x}{y^2})$，$\left.\dfrac{\partial z}{\partial y}\right|_{(1,1)}=0$.

4. 设 $z=e^{xy}+x^2y^2$，则 $\dfrac{\partial^2 z}{\partial x\partial y}=\underline{e^{xy}+xye^{xy}+4xy}$.

解　$\dfrac{\partial z}{\partial x}=ye^{xy}+2xy^2$，$\dfrac{\partial^2 z}{\partial x\partial y}=e^{xy}+xye^{xy}+4xy$.

5. 设二元函数 $z=\ln(x+y^2)$，则 $\left.dz\right|_{\substack{x=1\\ y=0}}=\underline{dx}$

解　$z_x(1,0)=\left.\dfrac{1}{x+y^2}\right|_{(1,0)}=1$，　$z_y(1,0)=\left.\dfrac{2y}{x+y^2}\right|_{(1,0)}=0$.

$\therefore\ \left.dz\right|_{\substack{x=1\\ y=0}}=z_x(1,0)dx+z_y(1,0)dy=dx$.

三、计算题

1. 设 $z=f(2x-y,y\sin x)$，其中函数 $f(x,y)$ 可微，求 $\dfrac{\partial z}{\partial x},\dfrac{\partial z}{\partial y}$.

解　$\dfrac{\partial z}{\partial x}=f_1\cdot 2+f_2\cdot y\cos x=2f_1+y\cos x f_2$；

$\dfrac{\partial z}{\partial x}=f_1\cdot(-1)+f_2\cdot\sin x=-f_1+\sin x f_2$，

2. 设 $z=f(x+y,\dfrac{y}{x})$，其中函数 $f(x,y)$ 可微，求 $\dfrac{\partial^2 z}{\partial y\partial x}$

解 $\frac{\partial z}{\partial x}=f_1+f_2\cdot(-\frac{y}{x^2})=f_1-\frac{yf_2}{x^2}$

$$\frac{\partial^2 z}{\partial y\partial x}=f_{11}+f_{12}\cdot\frac{1}{x}-\frac{1}{x^2}f_2-\frac{y}{x^2}(f_{21}+f_{22}\frac{1}{x})$$

$$=-\frac{1}{x^2}f_2+f_{11}+(\frac{1}{x}-\frac{y}{x^2})f_{21}+\frac{1}{x}f_{22}.$$

3. 已知 $z=\ln(x+\sqrt{x^2+y^2})$，求$\frac{\partial z}{\partial x},\frac{\partial^2 z}{\partial y\partial x}$.

解 $\frac{\partial z}{\partial x}=\frac{1}{x+\sqrt{x^2+y^2}}(1+\frac{2x}{2\sqrt{x^2+y^2}})=\frac{1}{\sqrt{x^2+y^2}}$,

$$\frac{\partial^2 z}{\partial y\partial x}=\frac{-2y}{x^2+y^2}.$$

4. 设 $z=z(x,y)$是由方程 $z-y-x+xe^{z-y-x}=0$ 所确定的二元函数，求 dz.

解 方程两边分别关于 x,y 求偏导：

$$\frac{\partial z}{\partial x}-1+xe^{z-y-x}(\frac{\partial z}{\partial x}-1)+e^{z-y-x}=0.$$

$$\frac{\partial z}{\partial y}-1+xe^{z-y-x}(\frac{\partial z}{\partial y}-1)=0,$$

解得，

$$\frac{\partial z}{\partial x}=\frac{1+xe^{z-y-x}-e^{z-y-x}}{1+xe^{z-y-x}},\quad \frac{\partial z}{\partial y}=\frac{1+xe^{z-y-x}}{1+xe^{z-y-x}}=1.$$

所以

$$dz=\frac{\partial z}{\partial x}dx+\frac{\partial z}{\partial y}dy=\frac{1+xe^{z-y-x}-e^{z-y-x}}{1+xe^{z-y-x}}dx+dy.$$

5. 设 $f(x,y,z)=e^xyz^2$，其中 $z=z(x,y)$是由方程 $x+y+z-xyz=0$ 确定的隐函数，求$f_x(0,1,-1)$.

解 方程 $f(x,y,z)=e^xyz^2$ 两边对 x 求偏导，

$$f_x(x,y,z)=f_x+f_z\cdot\frac{\partial z}{\partial x}=yz^2e^x+2e^xyz\frac{\partial z}{\partial x};$$

方程 $x+y+z-xyz=0$ 两边关于 x 求偏导，

$$1+\frac{\partial z}{\partial x}-(yz+xy\frac{\partial z}{\partial x})=0,$$

解得$\frac{\partial z}{\partial x}=\frac{yz-1}{1-xy}$,从而$\frac{\partial z}{\partial x}\big|_{(0,1,-1)}=-2$.

因此，$f'_x(0,1,-1)=1-2\times(-2)=5$.

四、应用题

1. 某厂家生产的一种产品同时在两个市场销售,售价分别为 p_1,p_2,销售量分别为 q_1,q_2,需求函数分别为

$$q_1=24-0.2p_1,q_2=10-0.05p_2,$$

总成本函数为

$$C=35+40(q_1+q_2).$$

试问:厂家如何确定两个市场的售价,能使其获得的总利润最大？最大利润为多少?

解　利润函数为

$$\begin{aligned}L&=p_1q_1+p_2q_2-C\\&=p_1(24-0.2p_1)+p_2(10-0.05p_2)-35-40(34-0.2p_1-0.05p_2).\end{aligned}$$

令

$$\frac{\partial L}{\partial p_1}=32-0.4p_1=0,\ \frac{\partial L}{\partial p_2}=12-0.1p_2=0,$$

解得唯一驻点为 $p_1=80,p_2=120$.

由问题的实际意义知必存在最大利润,所以售价分别定为 80 和 120 时利润最大，最大利润为

$$L(80,120)=605.$$

2. 某公司可通过电台及报纸两种方式做销售某种商品的广告,根据统计资料,销售收入 R(万元)与电台广告费用 x(万元)及报纸广告费用 y(万元)之间的关系有如下的经验公式:

$$R=\frac{200x}{x+5}+\frac{100y}{10+y},$$

利润额相当于五分之一的销售收入,并要扣除广告费用.已知公司提供的广告总费用为 25 万元,试问如何分配两种广告费用,使利润最大?

解　设利润为 L,有

$$L=\frac{1}{5}R-x-y=\frac{40x}{x+5}+\frac{20y}{10+y}-x-y,$$

约束条件为

$$x+y=25,$$

该问题是条件极值问题. 构造拉格朗日函数

$$f(x,y,\lambda)=\frac{1}{5}R-x-y\lambda(x+y-25)$$

$$=\frac{40x}{x+5}+\frac{20y}{10+y}-x-y+\lambda(x+y-25)$$

令

$$\begin{cases} f_x=\dfrac{200}{(5+x)^2}-1+\lambda=0 \\ f_y=\dfrac{200}{(10+y)^2}-1+\lambda=0 \\ f_\lambda=x+y-25=0 \end{cases},$$

解得 $x=15, y=10, \lambda=\frac{1}{5}$. 根据问题的实际意义及驻点的惟一性知，当电台广告费为 15(万元)和报纸广告费为 10 万元时，可使利润最大.

五、证明题

1. 设 $z=x^n f(\frac{y}{x^2})$，其中 f 为可微函数，证明 $x\frac{\partial z}{\partial x}+2y\frac{\partial z}{\partial y}=nz$.

证明 方程 $z=x^n f(\frac{y}{x^2})$两边关于 x,y 求导，得

$$\frac{\partial z}{\partial x}=nx^{n-1}f+x^n f'\cdot(-2\frac{y}{x^3})=nx^{n-1}f-2x^{n-3}yf'.$$

$$\frac{\partial z}{\partial y}=x^n f'\cdot\frac{1}{x^2}=x^{n-2}f'.$$

所以

$$x\frac{\partial z}{\partial x}+2y\frac{\partial z}{\partial y}=x(nx^{n-1}f-2x^{n-3}yf')+2x^{n-2}yf'=nx^n f=nz.$$

2. 设函数 $z=f(x,y)$满足 $x-az=\varphi(y-bz)$，其中 φ 可微，a,b

为常数，证明：$a\dfrac{\partial z}{\partial x}+b\dfrac{\partial z}{\partial y}=1$.

证明 方程 $x-az=\varphi(y-bz)$ 两边关于 x,y 求导，得

$$1-a\frac{\partial z}{\partial x}=-\varphi' b\frac{\partial z}{\partial x},\quad -a\frac{\partial z}{\partial y}=\varphi'\left(1-b\frac{\partial z}{\partial y}\right),$$

整理得

$$\frac{\partial z}{\partial x}=\frac{1}{a-b\varphi'},\quad \frac{\partial z}{\partial x}=\frac{-\varphi'}{a-b\varphi'}.$$

因此

$$a\frac{\partial z}{\partial x}+b\frac{\partial z}{\partial y}=\frac{a+b\varphi'}{a-b\varphi'}=1.$$

3. 证明函数

$$f(x,y)=\begin{cases}(x^2+y^2)^\alpha\sin\dfrac{1}{\sqrt{x^2+y^2}}, & x^2+y^2\neq 0\\ 0, & x^2+y^2=0\end{cases}$$

在点 $(0,0)$ 处可微，其中 $\alpha\geqslant 1$.

证明　因为

$$0\leqslant\left|(x^2+y^2)^\alpha\sin\frac{1}{\sqrt{x^2+y^2}}\right|\leqslant(x^2+y^2)^\alpha,$$

而 $\lim\limits_{\substack{x\to 0\\ y\to 0}}(x^2+y^2)^\alpha=0,\alpha\geqslant 1$. 所以

$$\lim_{\substack{x\to 0\\ y\to 0}}f(x,y)=f(0,0),$$

即 $f(x,y)$ 在点 $(0,0)$ 连续. 又

$$f_x(0,0)=\lim_{\Delta x\to 0}\frac{f(0+\Delta x)-f(0,0)}{\Delta x}=\lim_{\Delta x\to 0}\frac{(\Delta x)^{2\alpha}\sin\dfrac{1}{\sqrt{(\Delta x)^2}}}{\Delta x}=0,$$

同理，$f'_y(0,0)=0$，因此，偏导数存在.

下证在 $(0,0)$ 点它是可微的. 注意到

$$[f(0+\Delta x,0+\Delta y)-f(0,0)]-[f'_x(0,0)\Delta x+f'_y(0,0)\Delta y]$$

$$=f(\Delta x,\Delta y)=((\Delta x)^2+(\Delta y)^2)\sin\frac{1}{(\Delta x)^2+(\Delta y)^2},$$

因此

$$\lim_{\substack{\Delta x\to 0\\ \Delta y\to 0}}\frac{((\Delta x)^2+(\Delta y)^2)^{\alpha}\sin\dfrac{1}{(\Delta x)^2+(\Delta y)^2}}{\sqrt{(\Delta x)^2+(\Delta y)^2}}$$

$$=\lim_{\substack{\Delta x\to 0\\ \Delta y\to 0}}((\Delta x)^2+(\Delta y))^{\alpha-\frac{1}{2}}\sin\frac{1}{(\Delta x)^2+(\Delta y)^2}=0$$

$$\therefore [f(0+\Delta x,0+\Delta y)-f(0,0)]-[f'_x(0,0)\Delta x+f'_y(0,0)\Delta y]$$

$$=o(\sqrt{\Delta x^2+\Delta y^2}),$$

即 $f(x,y)$在$(0,0)$处可微.

四、自测题

一、单项选择题(每小题 2 分,共 20 分)

1\. 二元函数 $z=\dfrac{1}{\ln(x+y)}$的定义域为(　　).

A. $\{(x,y)|x+y\neq 0\}$

B. $\{(x,y)|x+y>0\}$

C. $\{(x,y)|x+y\neq 1\}$

D. $\{(x,y)|x+y>0$ 且 $x+y\neq 1\}$

2\. 设 $f(x+y,x-y)=x^2-y^2$,则 $f(x,y)=$(　　).

A. x^2-y^2　　B. x^2+y^2　　C. $(x-y)^2$　　D. xy

3\. 若 $f_x(x_0,y_0)$, $f_y(x_0,y_0)$存在,则 $f(x,y)$在(x_0,y_0)点(　　).

A. 一定不可微　B. 一定可微　C. 连续　D. 以上都不对

4\. 设 $x=\ln\dfrac{z}{y}$,则$\dfrac{\partial z}{\partial x}=$(　　).

A. 1　　B. e^x　　C. ye^x　　D. y

5\. 设 $y=u\ln v$,而 $u=\cos x$, $v=e^x$,则全导数$\dfrac{dy}{dx}=$(　　).

A. $\cos x-x\sin x$　　B. $x\sin x-\cos x$

C. $x+e^{-x}\cos x$　　D. $x\cos x$

6\. 设 $u=xyz$,则 $du=$(　　).

A. $yz\mathrm{d}x$　　B. $xz\mathrm{d}y$

C. $xy\mathrm{d}z$　　D. $yz\mathrm{d}x+xz\mathrm{d}y+xy\mathrm{d}z$

7. 点(0,0)是函数 $z=xy$ 的(　　).

A. 极大值点　B. 极小值点　C. 非驻点　D. 驻点

8. 二元函数 $z=5-x^2-y^2$ 的极大值点是(　　).

A. (1,0)　B. (0,1)　C. (0,0)　D. (1,1)

9. 设 $z=\sin(x+e^y)$，则$\frac{\partial^2 z}{\partial x\partial y}$=(　　).

A. $e^y\sin(x+e^y)$　　B. $e^y\cos(x+e^y)$

C. $-e^y\sin(x+e^y)$　　D. $-e^y\cos(x+e^y)$

10. 当$(x,y)\to(0,0)$时，函数 $z=\frac{\tan xy^2}{y^2}$的极限是(　　).

A. 0　B. ∞　C. 不存在　D. 1

二、填空题(每小题 3 分，共 18 分)

1. 若 $f(x,y)=f(-x,y)$，且 $\lim\limits_{(x,y)\to(1,1)} f(x,y)=1$，则 $\lim\limits_{(x,y)\to(-1,1)} f(x,y)=$__________.

2. 要使函数 $f(x,y)=\frac{2-\sqrt{xy+4}}{xy}$在(0,0)点连续，则应补充定义 $f(0,0)=$__________.

3. 设 $z=\ln\left(x+\frac{y}{2}\right)$，则$\left.\frac{\partial z}{\partial y}\right|_{(0,1)}=$__________.

4. 设 $z=\sqrt[y]{x}$，则$\mathrm{d}z|_{(1,1)}=$__________.

5. 设 $z=\sin(xy)$，则$\frac{\partial^2 z}{\partial x\partial y}=$__________.

6. 设二元函数 $f(x,y)=x^2-xy+y^2-2x+y$，当$(x,y)=$__________时，有极__________值.

三、计算题(每小题 7 分，共 49 分)

1. 设 $z=\frac{\ln(xy)}{y}$，求 $\mathrm{d}z$.

2. 设 $z=u^2v, u=\cos^2x, v=\frac{1}{\sin x}$，求$\frac{\mathrm{d}z}{\mathrm{d}x}$.

3. 设 $z=xy\sin\dfrac{1}{\sqrt{x^2+y^2}}$，求 $\left.\dfrac{\partial z}{\partial x}\right|_{(1,0)}$，$\left.\dfrac{\partial z}{\partial y}\right|_{(1,0)}$.

4. 设 $z=x\ln(x+y)$，求 z 的二阶偏导数.

5. 设 $z=\arctan\dfrac{v}{u}$，$u=x-y$，$v=x+y$，求 $\dfrac{\partial z}{\partial x}$，$\dfrac{\partial z}{\partial y}$.

6. 设方程 $e^{x}z+xyz+\dfrac{1}{2}z^2-1=0$ 确定 $z=f(x,y)$，求 $\dfrac{\partial z}{\partial x}$，$\dfrac{\partial z}{\partial y}$.

7. 求 $f(x,y)=(x^2+y^2)^2-2(x^2-y^2)$ 的极值.

四、应用题（本题 8 分）

某厂生产 A，B 两种产品. 产品 A 每斤可获利润 0.6 元. 产品 B 每斤可获利润 0.4 元. 成本函数为 $C(x,y)=10000+x+\dfrac{x^2}{6000}+y$. 其中 x，y 为两种产品的产量，而该厂每月的成本预算为 20000 元. 应如何分配两种产品的产量. 可使月利润最大？

五、证明题（本题 5 分）

若 $z=\dfrac{y^2}{3x}+\varphi(xy)$，其中 $\varphi(t)$ 可导，证明：$x^2\dfrac{\partial z}{\partial x}+y^2-xy\dfrac{\partial z}{\partial y}=0$.

自测题解答

第一章　函数自测题

一、单项选择题(每小题 2 分,共 20 分)

1. 下列函数为同一函数的是(　C　).

A. $f(x)=\sqrt{x^2}$ 与 $\varphi(x)=(\sqrt{x})^2$

B. $f(x)=\dfrac{x^2-1}{x-1}$ 与 $\varphi(x)=x+1$

C. $f(x)=x$ 与 $\varphi(x)=x(\sin^2 x+\cos^2 x)$

D. $f(x)=\lg x^2$ 与 $\varphi(x)=2\lg x$

2. 函数 $y=\dfrac{\ln(x+1)}{\sqrt{x-1}}$ 的定义域是(　C　).

A. $(-1,+\infty)$　　B. $[-1,+\infty)$

C. $(1,+\infty)$　　D. $[1,+\infty)$

解　要使函数有意义,必须 $\begin{cases}x+1>0\\x-1>0\end{cases}$,解得 $x>1$,即所求定义域为 $(1,+\infty)$.

3. 设 $f(x)$ 为奇函数,且 $F(x)=f(x)\cdot\left(\dfrac{1}{a^x+1}-\dfrac{1}{2}\right)$,其中 a 为不等于 1 的正常数,则函数 $F(x)$ 是(　A　).

A. 偶函数　　B. 奇函数

C. 非奇非偶函数　　D. 奇偶性与 a 有关的函数

解　设 $g(x)=\dfrac{1}{a^x+1}-\dfrac{1}{2}$,由

$$g(x)+g(-x)=\left[\frac{1}{a^x+1}-\frac{1}{2}\right]+\left[\frac{1}{a^{-x}+1}-\frac{1}{2}\right]$$

$$=\frac{1}{a^x+1}+\frac{a^x}{1+a^x}-1=0$$

可知 $g(x)$ 为奇函数. 又 $f(x)$ 为奇函数,所以 $F(x)$ 为偶函数.

4. 函数 $f(x)=2^{x-1}$ 的反函数 $f^{-1}(x)$ 是(B)

A. $\log_2(x+1)$ B. $1+\log_2 x$

C. $\frac{1}{2}\log_2 x$ D. $2\log_2 x$

解 由 $y=2^{x-1}$ 解出 $x=\log_2 y+1$,即 $f^{-1}(x)=\log_2 y+1$.

5. 设函数 $f(\frac{1}{x})=\frac{x}{x-1}$,则 $f(2x)=$(A).

A. $\frac{1}{1-2x}$ B. $\frac{2}{1-x}$ C. $\frac{2(x-1)}{2x}$ D. $\frac{2(x-1)}{x}$

解 由 $f(\frac{1}{x})=\frac{1}{1-\frac{1}{x}}$ 可知 $f(x)=\frac{1}{1-x}$,故 $f(2x)=\frac{1}{1-2x}$.

6. 设 $f(x)=\frac{1-x}{x}$,$g(x)=1-x$,则 $f(g(x))=$(A).

A. $\frac{x}{1-x}$ B. $\frac{1}{x}$ C. $\frac{2x-1}{1-x}$ D. $2+x$

解 $f(g(x))=\frac{1-(1-x)}{1-x}=\frac{x}{1-x}$.

7. 下列函数中为奇函数的是(D).

A. $y=\cos^3 x$ B. $y=x^2+\sin x$

C. $y=\ln(x^2+x^4)$ D. $y=\frac{e^x-1}{e^x+1}$

解 经检验可知 A、C 为偶函数,B 为非奇非偶函数.

8. 设 $f(x+2)=x^2-2x+3$,则 $f[f(2)]=$(D).

A. 3 B. 0 C. 1 D. 2

解 $f(2)=3$,$f[f(2)]=1^2-2\times1+3=2$.

9. 设函数 $f(x)=\begin{cases} e^x, & x<-1 \\ x^2-1, & x\geqslant -1 \end{cases}$,则 $f(0)$ 等于(A).

A. -1 B. 0 C. 1 D. 2

解　$f(0)=0^2-1=-1$.

10. 函数 $f(x)=\cos x^3$ 在 xOy 平面上的图形（ B ）.

A. 关于 x 轴对称　　B. 关于 y 轴对称

C. 关于坐标原点对称　　D. 以上结论都不对

解　函数 $f(x)=\cos x^3$ 是偶函数，故其图形关于 y 轴对称.

二、填空题（每小题 3 分，共 18 分）

1. 已知 $f(\frac{1}{x})=x(-\frac{x}{x+1})^2$，则 $f(x)=\underline{\frac{1}{x(1+x)^2}}$.

解　$\because f(\frac{1}{x})=\frac{1}{\frac{1}{x}}\frac{1}{(1+\frac{1}{x})^2}$，　$\therefore f(x)=\frac{1}{x(1+x)^2}$.

2. 函数 $y=\ln\ln x$ 的定义域是 $\underline{\{x\mid x>1\}}$.

解　由 $\begin{cases}\ln x>0\\ x>0\end{cases}$ 可知 $x>1$.

3. 函数 $f(x)=\ln(1-x)$，$x\leqslant 0$ 的值域是 $\underline{[0,+\infty)}$.

解　当 $x\leqslant 0$ 时，函数 $f(x)=\ln(1-x)$ 单调减少，故 $\ln(1-x)\geqslant\ln(1-0)=0$，即所求值域为 $[0,+\infty)$.

4. 若 $f(x^2+1)=x^4+3x^2+2$，则 $f(x)=\underline{x^2+x}$.

解　由 $f(x^2+1)=(x^4+2x^2+1)+(x^2+1)=(x^2+1)^2+(x^2+1)$，可知 $f(x)=x^2+x$.

5. 设 $f(x)=3x+5$，则 $f[f(x)-2]=\underline{9x+14}$.

解　$f(x)-2=3x+3$，$f[f(x)-2]=3(3x+3)+5=9x+14$.

6. 设 $y=3^u$，$u=v^2$，$v=\tan x$，则 $y=f(x)=\underline{3^{\tan^2 x}}$.

三、计算题（每小题 9 分，共 45 分）

1. 若 $\varphi(x)=\begin{cases}|\sin x|, & |x|<1\\ 0. & |x|\geqslant 1\end{cases}$，求 $\varphi(1)$，$\varphi(\frac{\pi}{4})$，$\varphi(-\frac{\pi}{4})$.

解　由题设可得 $\varphi(1)=0$，$\varphi(\frac{\pi}{4})=\left|\sin\frac{\pi}{4}\right|=\frac{\sqrt{2}}{2}$，

$\varphi(-\frac{\pi}{4})=\left|\sin(-\frac{\pi}{4})\right|=\left|-\frac{\sqrt{2}}{2}\right|=\frac{\sqrt{2}}{2}$.

2. 设 $f(x)=\begin{cases}(x+1)^2, & x\leqslant 0\\ x+4, & x>0\end{cases}$，$g(x)=x^2-4$，求 $f[g(x)]$.

解 当 $x^2-4\leqslant 0$，即 $-2\leqslant x\leqslant 2$ 时，

$$f[g(x)]=f(x^2-4)=(x^2-4+1)^2=(x^2-3)^2,$$

当 $x^2-4>0$，即 $x>2$ 或 $x<-2$ 时，

$$f[g(x)]=f(x^2-4)=x^2-4+4=x^2.$$

故

$$f[g(x)]=\begin{cases}(x^2-3)^2, & -2\leqslant x\leqslant 2\\ x^2, & x>2 \text{ 或 } x<-2\end{cases}.$$

3. 求与函数 $y=\dfrac{2^x-2^{-x}}{2^x+2^{-x}}$ 关于直线 $y=x$ 对称的函数 $y=g(x)$.

解 由题设可知 $y=g(x)$ 即为所给函数的反函数.

由 $y=\dfrac{2^x-2^{-x}}{2^x+2^{-x}}=\dfrac{2^{2x}-1}{2^{2x}+1}=1-\dfrac{2}{2^{2x}+1}$，解得 $x=\dfrac{1}{2}\log_2\dfrac{1+y}{1-y}$，即

$$y=g(x)=\frac{1}{2}\log_2\frac{1+x}{1-x}.$$

4. 设 $f(x)=\dfrac{1}{x}$，若 $f(x)+f(y)=f(z)$，求 z.

解 把 $f(x)=\dfrac{1}{x}$ 代入 $f(x)+f(y)=f(z)$，得

$$\frac{1}{x}+\frac{1}{y}=\frac{1}{z}，\text{即}\frac{x+y}{xy}=\frac{1}{z},$$

解得 $z=\dfrac{xy}{x+y}$.

5. 设 $f(x^2-1)=\lg\dfrac{x^2}{x^2-2}$，且 $f(\varphi(x))=\lg x$，求 $\varphi(x)$.

解 由 $f(x^2-1)=\lg\dfrac{x^2}{x^2-2}=\lg\dfrac{x^2-1+1}{x^2-1-1}$，可得 $f(x)=\lg\dfrac{x+1}{x-1}$；又由 $f(\varphi(x))=\lg x$ 得

$$f(\varphi(x))=\lg\frac{\varphi(x)+1}{\varphi(x)-1}=\lg x$$

即$\dfrac{\varphi(x)+1}{\varphi(x)-1}=x, x>0$，从而$\varphi(x)=\dfrac{x+1}{x-1}(x>0, x\neq 1)$.

四、应用题(12 分)

某产品每件售价 60 元，成本为 30 元. 厂家为鼓励销售商大量采购，决定凡是订购量超过 200 件以上的，超过部分每件按 54 元的优惠价销售.

(1)试将利润 L 表示成订购量 x 的函数；

(2)当某商场订购 2000 件这种产品时，厂家可获得的利润是多少.

解 (1)由题意有

当订购量在 200 件以下，即 $x\leqslant 200$ 时，利润

$$L(x)=(60-30)x(\text{元}),$$

当订购量超过 200 件，即 $200<x$ 时，利润

$$L(x)=30\times 200+(54-30)\times(x-200)(\text{元}).$$

所以，利润 L 为订购量 x 的分段函数

$$L(x)=\begin{cases}30x, & x\leqslant 200\\ 24x+1200, & 200<x\end{cases}.$$

(2)当 $x=2000$ 件时，$L=24\times 2000+1200=49200(\text{元})$.

五、证明题(5 分)

设函数 $f(x)=x^4+x^3+x^2+x+1$，证明：$x^4 f(\dfrac{1}{x})=f(x)$.

证明 由 $f(\dfrac{1}{x})=\dfrac{1}{x^4}+\dfrac{1}{x^3}+\dfrac{1}{x^2}+\dfrac{1}{x}+1$，可得

$$\begin{aligned}x^4 f(\frac{1}{x})&=x^4(\frac{1}{x^4}+\frac{1}{x^3}+\frac{1}{x^2}+\frac{1}{x}+1)\\&=x^4+x^3+x^2+x+1=f(x).\end{aligned}$$

第二章　极限与连续自测题

一、单项选择题(每小题 2 分，共 20 分)

1. 数列 $0,\dfrac{1}{3},\dfrac{2}{4},\dfrac{3}{5},\dfrac{4}{6},\cdots$的极限是(　C　).

A. 0　　B. $\frac{n-2}{n}$　　C. 1　　D. 不存在

解　数列一般项为 $x_n=\frac{n-1}{n+1}$，则 $\lim\limits_{n\to\infty}x_n=\lim\limits_{n\to\infty}\frac{n-1}{n+1}=1$，故选 C.

2. $\lim\limits_{x\to 0}\frac{x^2\sin\frac{1}{x}}{\sin x}=$(　D　).

A. 1　　B. ∞　　C. 不存在　　D. 0

解　原式 $=\lim\limits_{x\to 0}\frac{x}{\sin x}\cdot x\sin\frac{1}{x}=\lim\limits_{x\to 0}\frac{x}{\sin x}\times\lim\limits_{x\to 0}x\sin\frac{1}{x}$

$=1\times 0=0.$

3. $\lim\limits_{x\to 0}(1-2x)^{\frac{1}{x}}$ 等于(　D　).

A. e^2　　B. e　　C. e^{-1}　　D. e^{-2}

解　$\lim\limits_{x\to 0}(1-2x)^{\frac{1}{x}}=\lim\limits_{x\to 0}[(1-2x)^{-\frac{1}{2x}}]^{-2}=e^{-2}.$

4. 设函数在 (a,b) 上连续（a,b 为有限数，$a<b$），则 $f(x)$(　C　).

A. 在 (a,b) 上有界

B. 在 (a,b) 上无界

C. 在 (a,b) 内的任一闭区间上有界

D. 在 $[a,b]$ 上有界

5. 下列等式成立的是(　B　).

A. $\lim\limits_{x\to 0}\frac{\sin x^2}{x}=1$　　B. $\lim\limits_{x\to 0}\frac{\tan x}{x}=1$

C. $\lim\limits_{x\to 0}\frac{\sin x}{x^2}=1$　　D. $\lim\limits_{x\to\infty}\frac{\sin x}{x}=1$

6. $\lim\limits_{x\to 1}\frac{|x|}{x}=$(　B　).

A. 0　　B. 1　　C. -1　　D. 不存在

解　因为 $\lim\limits_{x\to 1^+}\frac{|x|}{x}=\lim\limits_{x\to 1^+}\frac{x}{x}=1$，$\lim\limits_{x\to 1^-}\frac{|x|}{x}=\lim\limits_{x\to 1^+}\frac{-x}{x}=-1$，所以极限 $\lim\limits_{x\to 1}\frac{|x|}{x}$ 不存在.

7. 设 $f(x)=e^{-x^2}-1$，$g(x)=x^2$，当 $x\to0$ 时（ C ）.

A. $f(x)$是 $g(x)$的高阶无穷小

B. $f(x)$是 $g(x)$的低阶无穷小

C. $f(x)$与 $g(x)$为同阶但非等价无穷小

D. $f(x)$与 $g(x)$为等价无穷小

解 因为$\lim\limits_{x\to0}\dfrac{f(x)}{g(x)}=\lim\limits_{x\to0}\dfrac{e^{-x^2}-1}{x^2}=\lim\limits_{x\to0}\dfrac{-x^2}{x^2}=-1$，所以 $f(x)$与 $g(x)$为同阶但非等价无穷小.

8. 下列函数中，当 $x\to0$ 时，极限$\lim\limits_{x\to0}f(x)$存在的是（ A ）.

A. $f(x)=\begin{cases}\dfrac{1}{2-x}, & x<0\\ 0, & x=0\\ x+\dfrac{1}{2}, & x>0\end{cases}$　　B. $f(x)=\begin{cases}\dfrac{|x|}{x}, & x\neq0\\ 0, & x=0\end{cases}$

C. $f(x)=\begin{cases}x^2+2, & x<0\\ 3, & x=0\\ 2^x, & x>0\end{cases}$　　D. $f(x)=\begin{cases}\dfrac{|x|}{\sin x}, & x\neq0\\ 1, & x=0\end{cases}$

解 选项 A 中，

$$f(0-0)=\lim_{x\to0^-}\frac{1}{2-x}=\frac{1}{2},\quad f(0+0)=\lim_{x\to0^+}\left(x+\frac{1}{2}\right)=\frac{1}{2},$$

所以，$\lim\limits_{x\to0}f(x)=\dfrac{1}{2}$.

选项 B 中，

$$f(0-0)=\lim_{x\to0^-}\frac{-x}{x}=-1,\quad f(0+0)=\lim_{x\to0^+}\frac{x}{x}=1,$$

因为 $f(0-0)\neq f(0+0)$，所以$\lim\limits_{x\to0}f(x)$不存在.

选项 C 中，

$$f(0-0)=\lim_{x\to0^-}(x^2+2)=2,\quad f(0+0)=\lim_{x\to0^+}2^x=1,$$

因为 $f(0-0)\neq f(0+0)$，所以$\lim\limits_{x\to0}f(x)$不存在.

选项 D 中，

$$f(0-0)=\lim_{x\to 0^-}\frac{-x}{\sin x}=-1,\quad f(0+0)=\lim_{x\to 0^+}\frac{x}{\sin x}=1,$$

因为 $f(0-0)\neq f(0+0)$，所以$\lim\limits_{x\to 0}f(x)$不存在.

9. 下列函数中，在 $x=0$ 处不连续的是（　A　）.

A. $f(x)=\begin{cases}\dfrac{\sin x}{|x|}, & x\neq 0\\ 1, & x=0\end{cases}$　　B. $f(x)=\begin{cases}x^2\sin\dfrac{1}{x}, & x\neq 0\\ 0, & x=0\end{cases}$

C. $f(x)=\begin{cases}e^x, & x\leqslant 0\\ \dfrac{\sin x}{x}, & x>0\end{cases}$　　D. $f(x)=\begin{cases}e^{-\frac{1}{x^2}}, & x\neq 0\\ 0, & x=0\end{cases}$

解　选项 A 中，

$$f(0-0)=\lim_{x\to 0^-}\frac{\sin x}{-x}=-1,\quad f(0+0)=\lim_{x\to 0^+}\frac{\sin x}{x}=1,$$

因为 $f(0-0)\neq f(0+0)$，所以$\lim\limits_{x\to 0}f(x)$不存在，故 $f(x)$在 $x=0$ 处不连续.

选项 B 中，因为$\lim\limits_{x\to 0}f(x)=\lim\limits_{x\to 0}x^2\sin\dfrac{1}{x}=0=f(0)$，所以函数 $f(x)$在 $x=0$ 处连续.

选项 C 中，

$$f(0-0)=\lim_{x\to 0^-}e^x=1=f(0),\quad f(0+0)=\lim_{x\to 0^+}\frac{\sin x}{x}=1,$$

因为 $f(0-0)=f(0+0)=f(0)$，所以函数 $f(x)$在 $x=0$ 处连续.

选项 D 中，因为$\lim\limits_{x\to 0}f(x)=\lim\limits_{x\to 0}e^{-\frac{1}{x^2}}=0=f(0)$，所以函数 $f(x)$在 $x=0$ 处连续.

10. 函数 $f(x)=\dfrac{x-3}{x^2-3x+2}$的间断点是（　A　）.

A. $x=1, x=2$　　B. $x=3$

C. $x=1, x=2, x=3$　　D. 无间断点

解　$f(x)$在 $x=1, x=2$ 处无意义，所以这两个点为间断点.

二、填空题（每小题 2 分，共 20 分）

1. $\lim\limits_{n\to\infty}\dfrac{\sqrt{3n^2+6n+5}}{3n-2}=$ $\underline{\dfrac{\sqrt{3}}{3}}$.

解 原式$=\lim\limits_{n\to\infty}\dfrac{\sqrt{3+\dfrac{6}{n}+\dfrac{5}{n^2}}}{3-\dfrac{2}{n}}=\dfrac{\sqrt{3}}{3}$.

2. $\lim\limits_{n\to\infty}\dfrac{(1-n)^3}{n^3+5n^2+1}=$ $\underline{\quad -1\quad}$.

解 原式$=\lim\limits_{n\to\infty}\dfrac{\left(\dfrac{1}{n}-1\right)^3}{1+\dfrac{5}{n}+\dfrac{1}{n^3}}=\dfrac{(-1)^3}{1}=-1$.

3. $\lim\limits_{x\to\infty}3x\sin\dfrac{1}{2x}=$ $\underline{\quad \dfrac{3}{2}\quad}$.

解 原式$=\lim\limits_{x\to\infty}3x\cdot\dfrac{1}{2x}=\dfrac{3}{2}$.

4. $\lim\limits_{x\to 2}\left(1+\dfrac{1}{x}\right)^x=$ $\underline{\quad \dfrac{9}{4}\quad}$.

解 原式$=(1+\dfrac{1}{2})^2=\dfrac{9}{4}$.

5. $\lim\limits_{x\to 0}\dfrac{\log_a(1+ax)}{x}=\underline{a\log_a \mathrm{e}}(a>0,a\neq 1)$.

解 原式$=\lim\limits_{x\to 0}(\dfrac{\ln(1+ax)}{\ln a}\cdot\dfrac{1}{x})=\dfrac{a}{\ln a}\lim\limits_{x\to 0}\dfrac{\ln(1+ax)}{ax}$

$$\xlongequal{t=ax}\frac{a}{\ln a}\lim_{t\to 0}\frac{\ln(1+t)}{t}=\frac{a}{\ln a}=a\log_a^{\mathrm{e}}.$$

6. 设 $x_n=1+1+\dfrac{1}{3}+\dfrac{1}{3^2}+\cdots\cdots+\dfrac{1}{3^n}$,则$\lim\limits_{n\to\infty}x_n=$ $\underline{\quad \dfrac{5}{2}\quad}$.

解 $\lim\limits_{n\to\infty}x_n=\lim\limits_{n\to\infty}\left(1+\dfrac{1-\left(\dfrac{1}{3}\right)^{n+1}}{1-\dfrac{1}{3}}\right)=1+\dfrac{1}{1-\dfrac{1}{3}}=\dfrac{5}{2}$.

7. 极限$\lim\limits_{h\to 0}\dfrac{(x+h)^3-x^3}{3h}=$ $\underline{\quad x^2\quad}$.

解 原式$=\lim\limits_{h\to 0}\dfrac{(x^3+3x^2h+3xh^2+h^3)-x^3}{3h}$

$$=\lim_{h\to 0}\frac{3x^2+3xh+h^2}{3}=x^2.$$

8. 极限$\lim\limits_{x\to 0}\dfrac{1-\cos 2x}{x^2}=$ $\underline{\quad 2\quad}$.

解 原式$=\lim\limits_{x\to 0}\dfrac{2\sin^2 x}{x^2}=2\left(\lim\limits_{x\to 0}\dfrac{\sin x}{x}\right)^2=2\times 1^2=2.$

9. $\lim\limits_{x\to 2}\dfrac{x-2}{\sqrt{x}-\sqrt{2}}=$ $\underline{\quad 2\sqrt{2}\quad}$.

解 原式$=\lim\limits_{x\to 2}\dfrac{(x-2)(\sqrt{x}+\sqrt{2})}{x-2}=\lim\limits_{x\to 2}(\sqrt{x}+\sqrt{2})=2\sqrt{2}.$

10. $\lim\limits_{x\to\infty}\left(\dfrac{x+c}{x-c}\right)^x=4$,其中 $c=$ $\underline{\quad \ln 2\quad}$.

解 原式$=\lim\limits_{x\to\infty}\left[(1+\dfrac{2c}{x-c})^{\frac{x-c}{2c}}\right]^{\frac{2cx}{x-c}}=\mathrm{e}^{\lim\limits_{x\to\infty}\frac{2c}{x-c}}$

$=\mathrm{e}^{2c}$,

由 $\mathrm{e}^{2c}=4$ 得 $c=\dfrac{1}{2}\ln 4=\ln 2.$

三、计算题(每小题 6 分,共 42 分)

1. 求极限$\lim\limits_{n\to\infty}\dfrac{(-2)^n+3^n}{(-2)^{n+1}+3^{n+1}}$.

解 $\lim\limits_{n\to\infty}\dfrac{(-2)^n+3^n}{(-2)^{n+1}+3^{n+1}}=\lim\limits_{n\to\infty}\dfrac{\left(-\dfrac{2}{3}\right)^n+1}{(-2)\cdot\left(-\dfrac{2}{3}\right)^n+3}=\dfrac{1}{3}.$

2. 设 $x_n=1+\dfrac{1}{1\times 2}+\dfrac{1}{2\times 3}+\cdots+\dfrac{1}{n(n+1)}$,求 $\lim\limits_{n\to\infty}$.

解 $\because x_n=1+(1-\dfrac{1}{2})+(1-\dfrac{1}{2})+(\dfrac{1}{2}-\dfrac{1}{3})+\cdots+-$

$\left(\dfrac{1}{n(n+1)}\right)=2-\dfrac{1}{n+1}$,

$\therefore \lim\limits_{n\to\infty}x_n=\lim\limits_{x\to\infty}\left(2-\dfrac{1}{n+1}\right)=2.$

3. 求 $\lim\limits_{x\to-2}\dfrac{x^3+3x^2+2x}{x^2-x-6}$.

解 原式 $=\lim\limits_{x\to-2}\dfrac{x(x+2)(x+1)}{(x+2)(x-3)}=\lim\limits_{x\to-2}\dfrac{x(x+1)}{x-3}=-\dfrac{2}{5}$.

4. 求 $\lim\limits_{x\to4}\dfrac{\sqrt{2x+1}-3}{\sqrt{x-2}-\sqrt{2}}$.

解 原式 $=\lim\limits_{x\to4}\dfrac{(2x+1-9)(\sqrt{x-2}+\sqrt{2})}{(x-4)(\sqrt{2x+1}+3)}$

$$=\lim_{x\to4}\frac{2(\sqrt{x-2}+\sqrt{2})}{\sqrt{2x+1}+3}=\frac{2\sqrt{2}}{3}.$$

5. 求 $\lim\limits_{x\to0}\dfrac{\sin4x^2}{\sqrt{x^2+1}-1}$.

解 原式 $=\lim\limits_{x\to0}\dfrac{4x^2}{\frac{1}{2}x^2}=8$.

6. 求极限 $\lim\limits_{x\to\frac{\pi}{2}}\dfrac{\cos x}{x-\frac{\pi}{2}}$.

解 令 $x-\dfrac{\pi}{2}=t$，$x=t+\dfrac{\pi}{2}$，且当 $x\to\dfrac{\pi}{2}$ 时 $t\to0$，则

$$\lim_{x\to\frac{\pi}{2}}\frac{\cos x}{x-\frac{\pi}{2}}=\lim_{t\to0}\frac{-\sin t}{t}=-1.$$

7. 求极限 $\lim\limits_{x\to\infty}\left(\sqrt{\cos\dfrac{1}{x}}\right)^{x^2}$.

解 原式 $=\lim\limits_{x\to\infty}\left(\cos\dfrac{1}{x}\right)^{\frac{1}{2}x^2}$

$$=\lim_{x\to\infty}\left[\left(1+\cos\frac{1}{x}-1\right)^{\frac{1}{\cos\frac{1}{x}-1}}\right]^{\frac{1}{2}x^2(\cos\frac{1}{x}-1)}$$

$$=e^{\lim\limits_{x\to\infty}\frac{1}{2}x^2(\cos\frac{1}{x}-1)}=e^{\lim\limits_{x\to\infty}\frac{1}{2}x^2(-\frac{1}{2}(\frac{1}{x})^2)}=e^{-\frac{1}{4}}.$$

四、计算题(每小题 7 分，共 14 分)

1. 设 $f(x)=\begin{cases}3x+a, & x\leqslant 0\\ x^2+1, & 0<x<1\\ \dfrac{b}{x}, & x\geqslant 1\end{cases}$ 在$(-\infty,+\infty)$上连续，求 a,b.

解 要使 $f(x)$在$(-\infty,+\infty)$连续，只要 $f(x)$在 $x=0,x=1$ 处连续即可.

$$\lim_{x\to 0^-}f(x)=\lim_{x\to 0^-}(3x+a)=a,\ \lim_{x\to 0^+}f(x)=\lim_{x\to 0^+}(x^2+1)=1,$$

$$\lim_{x\to 1^-}f(x)=\lim_{x\to 1^-}(x^2+1)=2,\ \lim_{x\to 1^+}f(x)=\lim_{x\to 1^+}\frac{b}{x}=b,$$

由 $f(x)$在 $x=0,x=1$ 处连续得

$$\lim_{x\to 0^-}f(x)=\lim_{x\to 0^+}f(x),\ \lim_{x\to 1^-}f(x)=\lim_{x\to 1^+}f(x),$$

即 $a=1,b=2$.

2. 求函数 $f(x)=\dfrac{x^2-2x}{|x|(x^2-4)}$的间断点，并确定其类型.

解 所给函数在点 $x=0,x=-2,x=2$ 没有定义，因此 $x=0$，$x=-2,x=2$ 是所给函数的间断点.

对于 $x=0$，由于

$$f(0-0)=\lim_{x\to 0^-}\frac{x(x-2)}{-x(x-2)(x+2)}=-\frac{1}{2},$$

$$f(0+0)=\lim_{x\to 0^+}\frac{x(x-2)}{x(x-2)(x+2)}=\frac{1}{2},$$

故 $x=0$ 是第一类间断点，且为跳跃间断点.

对于 $x=-2$，由于

$$\lim_{x\to -2}f(x)=\lim_{x\to -2}\frac{x(x-2)}{|x|(x-2)(x+2)}=\infty,$$

故 $x=-2$ 是第二类间断点，且为无穷间断点.

对于 $x=2$，由于

$$\lim_{x\to 2}f(x)=\lim_{x\to 2}\frac{x(x-2)}{x(x-2)(x+2)}=\frac{1}{4},$$

故 $x=2$ 是第一类间断点，且为可去间断点.

五、证明题(共 4 分)

设 $f(x)$在$[0,2a]$上连续，$f(0)=f(2a)$，证明：至少有一点 $\xi\in[0,a]$，使 $f(\xi)=f(\xi+a)$，其中 $a>0$.

证明 令 $F(x)=f(x)-f(x+a)$，由 $f(x)$在$[0,2a]$上连续，可知 $F(x)$在$[0,a]$上连续，且

$$F(0)=f(0)-f(a),F(a)=f(a)-f(2a)=f(a)-f(0),$$

$$F(0)\cdot F(a)=-[f(0)-f(a)]^2,$$

当 $f(0)-f(a)=0$ 时，取 $\xi=0$ 或 $\xi=a$ 即可，

当 $f(0)-f(a)\neq 0$ 时，$F(0)\cdot F(a)=-[f(0)-f(a)]^2<0$，由零点定理可知 $F(x)$在$(0,a)$内至少存在一个 ξ，使 $F(\xi)=0$，即 $f(\xi)=f(\xi+a)$.

第三章 导数与微分自测题

一、单项选择题(每小题 2 分，共 16 分)

1. 设函数 $f(x)$ 在 $x=a$ 处可导，则 $\lim\limits_{\Delta x\to 0}\dfrac{f(a-2\Delta x)-f(a)}{\Delta x}=$(C).

A. $f'(a)$　　B. $2f'(a)$

C. $-2f'(a)$　　D. $-f'(a)$

解 由导数定义知

$$\lim_{\Delta x\to 0}\frac{f(a-2\Delta x)-f(a)}{\Delta x}=-2\lim_{\Delta x\to 0}\frac{f(a-2\Delta x)-f(a)}{-2\Delta x}=-2f'(a),$$

故应选 C.

2. 函数 $f(x)$在点 x_0 处连续是其在该点可导的(A)条件.

A. 必要　B. 充分　C. 充要　D. 无关

解 函数在点 x_0 处可导，则函数在点 x_0 处一定连续；反之，不一定成立，故应选 A.

3. 设函数 $f(x)$在 $x=a$ 处可导，则 $f(x)$在 $x=a$ 处(　　).

A. 极限不一定存在　　B. 不一定连续

C. 可微　　　　D. 不一定可微

解　函数在某一点可微是它在该点可导的充要条件,故应选 C.

4. 下列函数中,在 $x=0$ 处不可导的是(　A　).

A. $y=\sqrt[3]{x}$　　　　B. $y=\tan x$

C. $y=\arccos x$　　　　D. $y=2^x$

解　对选项 A:

$$f'(0)=\lim_{x\to 0}\frac{f(x)-f(0)}{x-0}=\lim_{x\to 0}\frac{\sqrt[3]{x}-0}{x-0}=\lim_{x\to 0}\frac{1}{\sqrt[3]{x^2}}=+\infty.$$

故应选 A.

5. 设函数 $f(x)=(x-a)\varphi(x)$, $\varphi(x)$ 在 $x=a$ 处可导,则(　C　).

A. $f'(x)=\varphi(x)$　　　　B. $f'(a)=\varphi'(a)$

C. $f'(a)=\varphi(a)$　　　　D. $f'(x)=\varphi(x)+(x-a)$

解　因 $f'(x)=\varphi(x)+(x-a)\varphi'(x)$,即 $f'(a)=\varphi(a)$,故应选 C.

6. 设 $y=e^{-\frac{1}{x}}$,则 $dy=$(　D　).

A. $e^{-\frac{1}{x}}dx$　　B. $e^{\frac{1}{x}}dx$　　C. $-\frac{1}{x^2}e^{-\frac{1}{x}}dx$　D. $\frac{1}{x^2}e^{-\frac{1}{x}}dx$

解　$dy=e^{-\frac{1}{x}}\cdot\left[-\left(-\frac{1}{x^2}\right)\right]dx=\frac{1}{x^2}e^{-\frac{1}{x}}dx$,故应选 D.

7. 设 $f(x)$ 可导且 $f'(x_0)=\frac{1}{2}$,则当 $\Delta x\to 0$ 时,$f(x)$ 在 x 点的微分 dy 与 Δx 比较是(　B　)的无穷小.

A. 等阶　　B. 同阶非等价　C. 低阶　　D. 高阶

解　由 $f(x)$ 在 x_0 点可微的定义知 $dy=f'(x_0)\Delta x$,

$\because \lim\limits_{\Delta x\to 0}\frac{dy}{\Delta x}=f'(x_0)=\frac{1}{2}\neq 1$,

$\therefore$ 当 $\Delta x\to 0$ 时,dy 是 Δx 的同阶但非等价无穷小,故选 B.

8. 设 $y=a^x(a>0,a\neq 1)$,则 $y^{(n)}\big|_{x=0}=$(　D　).

A. 0　　B. 1　　C. $\ln a$　　D. $(\ln a)^n$

解 因 $y'=a^x\ln a$， $y''=a^x(\ln a)^2$，$y'''=a^x(\ln a)^n$，…，一般地，有 $y^{(n)}=a^x(\ln a)^n$，所以 $y^{(n)}(0)=a^0(\ln a)^n=(\ln a)^n$.

二、填空题(每小题 2 分，共 20 分)

1. 设函数 $f(x)$在 $x=0$ 处可导，则$\lim\limits_{h\to 0}\dfrac{f(h)-f(-h)}{h}=\underline{2f'(0)}$.

解 原式$=\lim\limits_{h\to 0}\dfrac{f(0+h)-f(0)}{h}+\lim\limits_{h\to 0}\dfrac{f(0-h)-f(0)}{-h}=2f'(0)$.

2. 曲线 $y=\dfrac{1}{\sqrt[3]{x^2}}$在 $x=1$ 处的切线方程是$\underline{2x+3y-5=0}$.

解 $y'\big|_{x=1}=-\dfrac{2}{3\sqrt[3]{x^5}}\Big|_{x=1}=-\dfrac{2}{3}$，故所求切线方程为

$$y-1=-\frac{2}{3}(x-1)，即\ 2x+3y-5=0.$$

3. 设曲线 $y=x^3$ 与 $y=ax^2+b$ 在点(1,1)处相切，则 $a=\underline{\dfrac{3}{2}}$，$b=\underline{-\dfrac{1}{2}}$.

解 由两曲线在(1,1)处的切线斜率相等知，

$$(x^3)'\big|_{x=1}=(ax^2+b)'\big|_{x=1},$$

故 $a=\dfrac{3}{2}$，将 $a=\dfrac{3}{2}$与(1,1)代入 $y=ax^2+b$ 得 $b=-\dfrac{1}{2}$.

4. 一物体作直线运动，设其位移 $s=s(t)$，若已知 $s'(t)=t^2+3t$，则它在 $t=2$ 时刻的速度 $v=\underline{\ 10\ }$.

解 $v(2)=s'(2)=10$.

5. 函数 $f(x)=\begin{cases}x^2, & x\leqslant 3\\ ax+b, & x>3\end{cases}$ 在 $x=3$ 处可导，则 $a=\underline{\ 6\ }$，$b=\underline{\ -9\ }$.

解 由 $f(x)$在 $x=3$ 处可导知 $f(x)$在 $x=3$ 处必连续.

$$f(3-0)=\lim_{x\to 3^-}x^2=9=f(3)，f(3+0)=\lim_{x\to 3^+}(ax+b)=3a+b,$$

由 $f(3-0)=f(3+0)$得 $9=3a+b$.

$$f'_-(3)=\lim_{x\to 3^-}\frac{f(x)-f(3)}{x-3}=\lim_{x\to 3^-}\frac{x^2-9}{x-3}=\lim_{x\to 3^-}(x+3)=6,$$

$$f'_+(3)=\lim_{x\to 3^+}\frac{f(x)-f(3)}{x-3}=\lim_{x\to 3^-}\frac{ax+b-9}{x-3}=\lim_{x\to 3^-}\frac{ax-3a}{x-3}=a,$$

由 $f'_-(3)=f'_+(3)$ 得 $a=6$,从而 $b=-9$.

6. 函数 $f(x)=\begin{cases}ax^2+b, & x\leqslant 1\\ \ln x, & x>1\end{cases}$ 在 $x=1$ 处可导,则 $a=\underline{\frac{1}{2}}$, $b=\underline{-\frac{1}{2}}$.

解 $f(1-0)=\lim\limits_{x\to 1^-}(ax^2+b)=a+b=f(1)$,

$f(1+0)=\lim\limits_{x\to 1^+}\ln x=0$,

由 $f(x)$ 在 $x=1$ 处连续知 $f(1-0)=f(1+0)=f(1)$,即 $a+b=0$.

$$f'_-(1)=\lim_{x\to 1^-}\frac{f(x)-f(1)}{x-1}=\lim_{x\to 1^-}\frac{ax^2+b-(a+b)}{x-1}=2a,$$

$$f'_+(1)=\lim_{x\to 1^+}\frac{f(x)-f(1)}{x-1}=\lim_{x\to 1^-}\frac{\ln x}{x-1}=\lim_{x\to 1^-}\frac{\ln(1+(x-1))}{x-1}=1,$$

由 $f'_-(1)=f'_+(1)$ 得 $2a=1$,解得 $a=\frac{1}{2}$,从而 $b=-\frac{1}{2}$.

7. 设 $f(x)=(x-1)(x-2)\cdots(x-50)$,则 $f'(2)=\underline{\quad 48! \quad}$.

解 $f'(2)=\lim\limits_{x\to 2}\dfrac{f(x)-f(2)}{x-2}$

$=\lim\limits_{x\to 0}(x-1)(x-3)\cdots(x-50)=48!$.

8. 若 $y=2x-3+\frac{1}{x}$, $y'=\underline{\quad 2-\frac{1}{x^2}\quad}$.

9. 设 $y=x^2e^{x^2}$,则 $y''(0)=\underline{\quad 2\quad}$.

解 $y'=2xe^{x^2}+x^2e^{x^2}2x=(2x+2x^3)e^{x^2}$,

$y''=(2+6x^2)e^{x^2}+(2x+2x^3)e^{x^2}2x$,

故 $y''(0)=2$.

10. 设某产品的需求函数为 $P=10-\frac{Q}{5}$,成本函数为 $C=50+2Q$,则利润函数 $L(Q)=\underline{8Q-\frac{Q^2}{5}-50}$,边际利润函数为 $\underline{8-\frac{2}{5}Q}$.

解 利润函数 $L(Q)=R(Q)-C(Q)=QP-C(Q)$

$$=10Q-\frac{Q^2}{5}-50-2Q=8Q-\frac{Q^2}{5}-50,$$

边际利润 $L'(Q)=8-\frac{2}{5}Q.$

三、计算题(每小题 7 分,共 42 分)

1. 设 $f(x)=e^{-x^2}\cos 2x$,求 $f'(x)$ 及 $f'(0)$.

解 $f'(x)=e^{-x^2}\cdot(-2x)\cos 2x+e^{-x^2}(-\sin 2x)\cdot 2$

$=-2xe^{-x^2}\cos 2x-2e^{-x^2}\sin 2x,$

$f'(0)=0.$

2. $y=3x^3\arcsin x+(x^2+2)\sqrt{1-x^2}+\log_2 5$,求 y'.

解 $y'=9x^2\arcsin x+\frac{3x^3}{\sqrt{1-x^2}}+2x\sqrt{1-x^2}+(x^2+2)\cdot$

$\frac{1}{2\sqrt{1-x^2}}\cdot(-2x)+0$

$=9x^2\arcsin x.$

3. 设 $y=x\sqrt{1+x^2}+\ln(x+\sqrt{1+x^2})$,求 dy.

解 $y'=\sqrt{1+x^2}+\frac{x^2}{\sqrt{1+x^2}}+\frac{1}{\sqrt{1+x^2}}=2\sqrt{1+x^2},$

所以 $dy=2\sqrt{1+x^2}\,dx.$

4. 设方程 $y^x=x^y$ 确定隐函数 $y=y(x)$,求 y'.

解 方程两边取对数,得

$$x\ln y=y\ln x,$$

上式两边同时对 x 求导,得

$$\ln y+x\frac{y'}{y}=y'\ln x+\frac{y}{x},$$

由此解得 $y'=\dfrac{\frac{y}{x}-\ln y}{\frac{x}{y}-\ln x}=\dfrac{y^2-xy\ln y}{x^2-xy\ln x}.$

5. 设 $y=x+\tan y$,求 y''.

解 对已知等式两边求导,得

$$y'=1+\frac{y'}{1+y^2},$$

解得 $y'=\frac{1+y^2}{y^2}$,则

$$y''=\frac{2y\cdot y'\cdot y^2-(1+y^2)\cdot 2y\cdot y'}{(y^2)^2}=-\frac{2(1+y^2)}{y^5}.$$

6. $y=e^x(x^2+2x+2)$,求 $y^{(n)}$.

解 应用莱布尼茨公式:

$(u\cdot v)^{(n)}=C_n^0u^{(n)}\cdot v+C_n^1u^{(n-1)}v'+C_n^2u^{(n-2)}v''+\cdots C_n^nu\cdot v^{(n)}$.

$$\begin{aligned}y^{(n)}&=e^x(x^2+2x+2)+C_n^1(2x+2)e^x+C_n^2 2e^x\\&=e^x[x^2+2(n+1)x+n^2+n+1].\end{aligned}$$

四、应用题(每小题 8 分,共 16 分)

1. 设 $xy+e^{y^2}-x=0$,求过该隐函数曲线上点(1,0)处的切线方程.

解 两边关于 x 求导,$y+xy'+e^{y^2}2yy'-1=0$,将(1,0)代入,得 $y'=1$. 所求切线方程为 $y=x-1$.

2. 设某商品需求函数为 $Q=f(P)=12-\frac{P}{2}$,(1)求雪球弹性函数;(2)求 $P=6$ 时的需求弹性;(3)在 $P=6$ 时,若价格上涨 1%,总收益是增加还是减少?将变化百分之几?

解 (1)$\eta(P)=\frac{P}{12-\frac{P}{2}}\cdot(-\frac{1}{2})=\frac{-P}{24-P}$.

(2)$\eta(6)=\frac{P}{12-\frac{P}{2}}\cdot(-\frac{1}{2})=\frac{-6}{24-6}=\frac{1}{3}$.

(3)总收益 $R(P)=PQ=12P-\frac{P^2}{2}$,

当 $P=6$ 时,总收益对价格的弹性:

$$\left.\frac{ER}{EP}\right|_{P=6}=\left.\frac{P}{R(P)}R'(P)\right|_{P=6}=\frac{2}{3}\approx 0.67,$$

即当 $P=6$ 时,价格上涨 1%,总收益将增加 0.67%.

五、证明题(本题 6 分)

设 $F(x)=f(x)\cdot(1+|\sin x|)$，$f(0)=0$，$f'(0)=b$ 存在，求证：$F'(0)=b$.

证明 $F'(0)=\lim\limits_{x\to0}\dfrac{F(x)-F(0)}{x-0}=\lim\limits_{x\to0}\dfrac{f(x)(1+|\sin x|)}{x}$

$$=\lim_{x\to0}\frac{f(x)}{x}\cdot\lim_{x\to0}(1+|\sin x|)=f'(0)=b.$$

第四章　中值定理和导数的应用自测题

一、单项选择题(每小题 2 分，共 16 分)

1. 下列函数在给定区间满足罗尔定理条件的是(　A　).

A. $f(x)=\sin2x$ 在$[0,\pi]$上

B. $f(x)=|x|$在$[-1,1]$上

C. $f(x)=\cos3x$ 在$[0,\pi]$上

D. $f(x)=\sqrt{x^2-1}$在$[-2,2]$上

解　A 中，$f(x)=\sin2x$ 在$[0,\pi]$上连续，在$(0,\pi)$内可导，且 $f(0)=f(\pi)$；而 B,C,D 选项中，分别因为 $f(x)=|x|$在 $x=0$ 处不可导；$f(x)=\cos3x$ 有 $f(0)\neq f(\pi)$；$f(x)=\sqrt{x^2-1}$在 $x=1$ 处不可导，而不满足罗尔定理的条件，故本题应选 A.

2. 下列函数中不能用洛必达法则的是(　A　).

A. $\lim\limits_{x\to\infty}\dfrac{x-\sin x}{x+\sin x}$　　B. $\lim\limits_{x\to0}(1+x)^{\frac{1}{x}}$

C. $\lim\limits_{x\to0}\dfrac{1-\cos x}{x}$　　D. $\lim\limits_{x\to0}\left(\dfrac{1}{x}-\dfrac{1}{e^x-1}\right)$

解　一般地，如式子中含 sin □，cos □，而□→∞，这是洛必达法则失效的一个明显特征. 故本题应选 A.

3. 设 $f(x)=x\sin x+\cos x$，下列合题中正确的是(　B　)

A. $f(0)$是极大值，$f(\frac{\pi}{2})$是极小值

B. $f(0)$是极小值，$f(\frac{\pi}{2})$是极大值

C. $f(0)$是极大值，$f(\frac{\pi}{2})$也是极大值

D. $f(0)$是极小值，$f(\frac{\pi}{2})$也是极小值

解 $f'(x)=\sin x+x\cos x-\sin x=x\cos x$，显然 $f'(0)=0$，$f'(\frac{\pi}{2})=0$，又 $f''(x)=\cos x-x\sin x$ 且 $f''(0)=1>0$，$f'(\frac{\pi}{2})=-\frac{\pi}{2}<0$，所以，$f(0)$是极小值，$f\left(\frac{\pi}{2}\right)$是极大值，应选 B.

4. 以下论断正确的是（ D ）.

A. 函数的极值点肯定是驻点

B. 驻点就是极值点

C. 若 $f'(x_0)=0$，$f''(x_0)=0$，则 x_0 肯定不是函数的极值点

D. 导数不存在的点和驻点是可能极值点

解 函数的极值嫌疑点为驻点和一阶导数不存在的点，但驻点或一阶导数不存在的点却不一定是极值点，故本题应选 D.

5. 设 $f(x)$在 $x=x_0$ 的附近二阶可导，$f'(x_0)=0$，$f''(x_0)>0$，则 $f(x)$在 $x=x_0$ 处有（ B ）.

A. 极大值　　B. 极小值

C. 对应着拐点　　D. 既非极值又非拐点

解 由极值存在的第二充分条件知，本题应选 B.

6. 若 $y=f(x)$在(a,b)内恒有 $f'(x)<0$，$f''(x)<0$，则曲线弧 $y=f(x)$在(a,b)内（ D ）.

A. 递增，凹的　　B. 递增，凸的

C. 递减，凹的　　D. 递减，凸的

解 由于在(a, b)内 $f'(x)<0$ 知函数单调递减；由 $f''(x)<0$ 知曲线是凸的，故本题应选 D.

7. 曲线 $y=(x-1)^2(x-3)^2$ 的拐点个数为（ C ）.

A. 0　　B. 1　　C. 2　　D. 3

解　$y'=2(x-1)(x-3)^2+(x-1)^2\cdot 2(x-3)$

$=4(x-1)(x-2)(x-3)$,

$y''=4(x-2)(x-3)+4(x-1)(x-3)+4(x-1)(x-2)$

$=4(3x^2-12x-11)$

显然令 $y''=0$ 可得两个零点 $x_1<x_2$,即 y''可写成 $y''=12(x-x_1)(x-x_2)$,

可见在 x_1, x_2 两侧 y''变量,故此曲线一定存在两个拐点.

8. 曲线 $y=\dfrac{1+e^{-x^2}}{1-e^{-x^2}}$(D).

A. 没有渐近线

B. 仅有水平渐近线

C. 仅有垂直渐近线

D. 既有水平渐近线又有垂直渐近线

解　本题应选 D. 这是因为

$$\lim_{x\to\infty}y=\lim_{x\to\infty}\frac{1+e^{-x^2}}{1-e^{-x^2}}=1,\quad \lim_{x\to 0}y=\lim_{x\to 0}\frac{1+e^{-x^2}}{1-e^{-x^2}}=\infty,$$

所以曲线有一条水平渐近线 $y=1$,一条垂直渐近线 $x=0$.

二、填空题(每空 2 分,共 20 分)

1. 函数 $y=x^3$ 在$[-1, 2]$上满足拉格朗日中值定理的 $\xi=\underline{1}$.

解　因为 $y=x^3$ 在$[-1, 2]$上连续,在$(-1, 2)$可导,故此函数满足拉格朗日中值定理的条件. 令

$$y'(\xi)=3\xi^2=\frac{y(2)-y(-1)}{2-(-1)}=3,$$

由此可得 $\xi=\pm 1$,舍去 $\xi=-1$,从而 $\xi=1$.

2. $\lim\limits_{x\to 0}\dfrac{e^x\cos x-1}{\sin 2x}=\underline{\dfrac{1}{2}}$.

解　$\lim\limits_{x\to 0}\dfrac{e^x\cos x-1}{\sin 2x}=\lim\limits_{x\to 0}\dfrac{e^x\cos x-e^x\sin x}{2\cos 2x}=\dfrac{1}{2}$.

3. $\lim\limits_{x\to 0^+}\left(\dfrac{1}{\sqrt{x}}\right)^{\tan x}=\underline{1}$.

解 极限是∞^0型未定式.

原式$=e^{\lim\limits_{x\to0^+}\tan x\ln\frac{1}{\sqrt{x}}}=e^{-\frac{1}{2}\lim\limits_{x\to0^+}x\ln x}=e^{-\frac{1}{2}\lim\limits_{x\to0^+}\frac{\ln x}{1/x}}$

$$=e^{-\frac{1}{2}\lim\limits_{x\to0^+}\frac{\frac{1}{x}}{-1/x^2}}=e^{-\frac{1}{2}\lim\limits_{x\to0^+}(-x)}=e^0=1.$$

4. 函数$y=2x+\frac{8}{x}$ $(x>0)$单调增加的区间是<u>$(2,+\infty)$</u>.

解 由$y'=2-\frac{8}{x^2}>0$解得$x<-2$或$x>2$,注意到$x>0$,所以函数的单调增加区间为$(2,+\infty)$.

5. 设$f(x)=xe^x$,则$f^{(n)}(x)$在点$x=$<u>$-(n+1)$</u>处取得极小值<u>$-e^{-(n+1)}$</u>.

解 令$f^{(n+1)}(x)=(x+n+1)e^x=0$,得$x=-(n+1)$.又

$$f^{(n+2)}(-(n+1))=(x+n+2)e^x\big|_{x=-(n+1)}=e^{-(n+1)}>0,$$

故$f^{(n)}(x)$在点$x=-(n+1)$处取得极小值$f^{(n)}(-(n+1))=-e^{-(n+1)}$.

6. 曲线$y=e^{-x^2}$的凸区间为<u>$\left(-\frac{\sqrt{2}}{2},\frac{\sqrt{2}}{2}\right)$</u>.

解 $y'=-2xe^{-x^2}$, $y''=2(2x^2-1)e^{-x^2}$.

令$y''<0$得$-\frac{\sqrt{2}}{2}<x<\frac{\sqrt{2}}{2}$,即曲线的凸区间为$\left(-\frac{\sqrt{2}}{2},\frac{\sqrt{2}}{2}\right)$.

7. 函数$y=|\ln x|$的拐点为<u>$(1,0)$</u>.

解 $y=\begin{cases}-\ln x, & 0<x\leqslant1\\ \ln x, & x>1\end{cases}$,则

$$y'=\begin{cases}-\frac{1}{x}, & 0<x<1\\ \frac{1}{x}, & x>1\end{cases},\quad y''=\begin{cases}\frac{1}{x^2}, & 0<x<1\\ -\frac{1}{x^2}, & x>1\end{cases},$$

由于y''在$x=1$两侧变号,所以拐点为$(1,y(1))=(1,0)$.

8. 函数$y=x^4-2x^2+5$在$[-2,2]$上的最小值是<u>4</u>.

解 令$y'=4x^3-4x=4x(x^2-1)=0$得驻点$x=0,x=-1,x=1$.比较函数值$y(0)=5,y(\pm1)=4,y(\pm2)=13$知函数在$[-2,2]$

上的最小值是 $y(\pm1)=4$.

9. 曲线 $y=(2x-1)e^{\frac{1}{x}}$ 的斜渐近线方程为 $\underline{y=2x+1}$.

解 ∵ $a=\lim\limits_{x\to\infty}\dfrac{y}{x}=\lim\limits_{x\to+\infty}\left(2-\dfrac{1}{x}\right)e^{\frac{1}{x}}=2$,

$$b=\lim_{x\to\infty}(y-2x)=\lim_{x\to+\infty}\left[2x(e^{\frac{1}{x}}-1)-e^{\frac{1}{x}}\right]=1.$$

∴ 曲线有一条斜渐近线 $y=2x+1$.

三、计算题(每小题 7 分,共 42 分)

1. $\lim\limits_{x\to0}(\cot x-\dfrac{1}{x})$.

解 $\lim\limits_{x\to0}(\cot x-\dfrac{1}{x})=\lim\limits_{x\to0}\dfrac{x\cos x-\sin x}{x\sin x}$

$$=\lim_{x\to0}\frac{x\cos x-\sin x}{x^2}\overset{\text{洛必达法则}}{=\!=\!=}\lim_{x\to0}\frac{-x\sin x}{2x}$$

$=0$.

2. $\lim\limits_{x\to0}(\sin2x+\cos x)^{\frac{1}{x}}$.

解 原式$=\lim\limits_{x\to0}e^{\ln(\sin2x+\cos x)^{\frac{1}{x}}}=e^{\lim\limits_{x\to0}\frac{\ln(\sin2x+\cos x)}{x}}=e^{\lim\limits_{x\to0}\frac{2\cos2x-\sin x}{\sin2x+\cos x}}=e^2$.

3. $\lim\limits_{x\to-\infty}\left(\dfrac{\pi}{2}+\arctan x\right)^{\frac{1}{x}}$.

解 设 $y=\left(\dfrac{\pi}{2}+\arctan x\right)^{\frac{1}{x}}$,则 $\ln y=\dfrac{1}{x}\ln\left(\dfrac{\pi}{2}+\arctan x\right)$,由于

$$\lim_{x\to-\infty}\ln y=\lim_{x\to-\infty}\frac{\ln(\frac{\pi}{2}+\arctan x)}{x}=\lim_{x\to-\infty}\frac{\frac{1}{1+x^2}}{\frac{\pi}{2}+\arctan x}$$

$$=\lim_{x\to-\infty}\frac{\frac{-2x}{(1+x^2)^2}}{\frac{1}{1+x^2}}=\lim_{x\to-\infty}\frac{-2x}{1+x^2}=0,$$

故原式$=e^0=1$.

4. 求出函数 $f(x)=1-(x-2)^{\frac{2}{3}}$ 的极值.

解 $f(x)$ 在 $(-\infty,+\infty)$ 上连续,$f'(x)=-\dfrac{2}{3}(x-2)^{-\frac{1}{3}}$,故

$f(x)$在 $x=2$ 处不可导. 又由于 $x<2$ 时, $f'(x)>0$; $x>2$, $f'(x)<0$, 所以 $f(2)=1$ 为极大值.

5. 求曲线 $y=\frac{1}{x}+x^2$ 在拐点处的切线方程.

解 $y'=-\frac{1}{x^2}+2x$, $y''=\frac{2}{x^3}+2=0 \xlongequal{令} 0$, $\Rightarrow x=-1$, 由于 y''在 $x=-1$ 两侧变量, 所以曲线的拐点为$(-1,0)$, $K_{切}=y'(-1)=-3$, 所求切线方程为

$$y=-3(x+1), \text{即 } 3x+y+3=0.$$

6. 求曲线 $y=x\ln(e+\frac{1}{x})$, $(x>0)$的渐近线方程.

解 ∵ $\lim\limits_{x\to+\infty} x\ln\left(e+\frac{1}{x}\right)=\infty$, ∴曲线没有水平渐近线.

$$∵ \lim_{x\to0^+} x\ln\left(e+\frac{1}{x}\right)=\lim_{x\to0^+}\frac{\ln\left(e+\frac{1}{x}\right)}{\frac{1}{x}}=\lim_{x\to0^+}\frac{\frac{1}{e+\frac{1}{x}}\left(-\frac{1}{x^2}\right)}{-\frac{1}{x^2}}$$

$$=\lim_{x\to0^+}\frac{1}{e+\frac{1}{x}}=0,$$

∴曲线没有垂直渐近线.

$$∵ a=\lim_{x\to+\infty}\frac{y}{x}=\lim_{x\to+\infty}\ln\left(e+\frac{1}{x}\right)=\ln e=1,$$

$$b=\lim_{x\to+\infty}(y-ax)=\lim_{x\to+\infty}x\left[\ln\left(e+\frac{1}{x}\right)-1\right]$$

$$\xlongequal{设\ x^{-1}=t}\lim_{t\to0^+}\frac{\ln(e+t)-1}{t}=\lim_{t\to0^+}\frac{1}{e+t}=\frac{1}{e},$$

∴曲线有一条斜渐近线 $y=x+\frac{1}{e}$.

四、应用题(每小题 8 分,共 16 分)

1. 求曲线 $y=\ln(1+x^2)$的凹凸区间和拐点.

解 函数定义域为$(-\infty,+\infty)$.

$$y'=\frac{2x}{1+x^2},\qquad y''=\frac{2(1-x^2)}{(1+x^2)^2},\quad 令\ y''=0,得\ x=\pm 1.$$

列表讨论：

x	$(-\infty,-1)$	-1	$(-1,1)$	1	$(1,+\infty)$
y''	$-$	0	$+$	0	$-$
y	$\cap$	$(-1,\ln 2)$拐点	$\cup$	$(1,\ln 2)$拐点	$\cap$

2. 已知某厂生产 x 件产品的成本为

$$C(x)=25000+200x+\frac{1}{40}x^2(元),$$

问：(1)要使平均成本最小，应生产多少件产品？(2)若产品以每件500元出售，要使利润最大，应生产多少件产品？

解 (1) 平均成本为 $\overline{C}(x)=\frac{C(x)}{x}=\frac{25000}{x}+200+\frac{x}{40}$，

令 $\overline{C}'(x)=-\frac{25000}{x^2}+\frac{1}{40}=0$ 得 $x_1=1000$（$x_2=-1000$ 舍去）.

又因为 $\overline{C}''(1000)=5\times 10^{-5}>0$，所以当 $x=1000$ 时，$\overline{C}(x)$ 取极小值，即最小值，因此，要使平均成本最小，应生产 1000 件产品.

(2)利润函数为

$$L(x)=500x-\left(25000+200x+\frac{x^2}{40}\right)=300x-25000-\frac{x^2}{40},$$

令 $L'(x)=300-\frac{x}{20}=0$，得 $x=6000$. 又

$$L''(6000)=-\frac{1}{20}<0,$$

所以当 $x=6000$ 时，利润取得最大值.

五、证明题(本题 6 分)

证明：当 $x>0$ 时，$x-\frac{x^2}{2}<\ln(1+x)$.

证明 设 $f(x)=x-\frac{x^2}{2}-\ln(1+x)$，则

$$f'(x)=1-x-\frac{1}{1+x}=\frac{-x^2}{1+x}<0,\ x>0.$$

$\therefore f(x)$在$[0,+\infty)$上单调减少,

$\therefore$当 $x>0$ 时,$f(x)<f(0)$,即 $x-\dfrac{x^2}{2}<\ln(1+x)$.

第五章　不定积分自测题

一、单项选择题(每小题 2 分,共 20 分)

1. 设 $\cot x$ 是 $f(x)$的一个原函数,则 $f(x)=($　B　$)$.

A. $\csc^2 x$　　　　B. $-\csc^2 x$

C. $\sec^2 x$　　　　D. $-\sec^2 x$

解　$f'(x)=(\cot x)'=-\csc^2 x$.

2. 在区间$(a,\ b)$内,如果 $f'(x)=g'(x)$,则下列各式中一定成立的是(　D　).

A. $f(x)=g(x)$　　　　B. $f(x)=g(x)+1$

C. $[\int f(x)\mathrm{d}x]'=[\int g(x)\mathrm{d}x]'$　　D. $\int f'(x)\mathrm{d}x=\int g'(x)\mathrm{d}x$

解　因为在$(a,\ b)$内,如果 $f'(x)=g'(x)$,故由拉格朗日中值定理推论知 $f(x)$和 $g(x)$最多相差一个常数,再由不定积分定义知 D 项正确.

3. $\int \mathrm{d}(1-\cos x)=($　C　$)$.

A. $1-\cos x$　　　　B. $x-\sin x+C$

C. $-\cos x+C$　　　　D. $\sin x+C$

解　$\int \mathrm{d}(1-\cos x)=1-\cos x+C_1=-\cos x+C$.

4. $\mathrm{d}\left(\int a^{x^2-3x}\mathrm{d}x\right)=($　C　$)$.

A. a^{x^2-3x}　　　　B. $a^{x^2-3x}(2x-3)\ln a\mathrm{d}x$

C. $a^{x^2-3x}\mathrm{d}x$　　　　D. $a^{x^2-3x}(2x-3)\ln a$

解　由微分运算与不定积分运算的关系即知应选 C.

5. $\int \mathrm{e}^x\mathrm{d}(\mathrm{e}^{-\frac{x}{2}})=($　B　$)$.

A. $-\frac{1}{2}e^{2x}+C$　　B. $-e^{\frac{x}{2}}+C$

C. $-\frac{1}{2}e^{-\frac{x}{2}}+C$　　D. $\frac{1}{4}e^{-\frac{x}{2}}+C$

解　$\int e^x d(e^{-\frac{x}{2}})=\int e^x \cdot e^{-\frac{x}{2}}(-\frac{1}{2})dx=-\int e^{\frac{x}{2}}d(\frac{x}{2})=-e^{\frac{x}{2}}+C.$

6. 设 $f'(x^2)=\frac{1}{x}$,则 $f(x)=$(　B　).

A. $2x+C$　　B. $2\sqrt{x}+C$

C. x^2+C　　D. $\frac{1}{\sqrt{x}}+C$

解　由 $f'(x^2)=\frac{1}{\sqrt{x^2}}$ 得 $f'(x)=\frac{1}{\sqrt{x}}$,所以

$$f(x)=\int f'(x)dx=\int\frac{1}{\sqrt{x}}dx=2\sqrt{x}+C.$$

7. $\int(x+\frac{1}{x})^2dx=$(　C　).

A. $\frac{1}{3}(x+\frac{1}{x})^3+C$　　B. $\frac{1}{3}x^3-\frac{1}{x}+C$

C. $\frac{1}{3}x^3+2x-\frac{1}{x}+C$　　D. $(\frac{x^2}{2}+\ln x)^2+C$

解　$\int(x+\frac{1}{x})^2dx=\int(x^2+2+\frac{1}{x^2})dx=\frac{1}{3}x^3+2x-\frac{1}{x}+C.$

8. $\int f'(3x)dx=$(　A　).

A. $\frac{1}{3}f(3x)+C$　　B. $\frac{1}{3}f(x)+C$

C. $3f(x)+C$　　D. $3f(3x)+C$

解　$\int f'(3x)dx=\frac{1}{3}\int f'(3x)d(3x)=\frac{1}{3}f(3x)+C.$

9. 若 $\int f(x)dx=F(x)+C$,则 $\int \sin x f(\cos x)dx=$(　D　).

A. $F(\sin x)+C$　　B. $-F(\sin x)+C$

C. $F(\cos x)+C$　　　　D. $-F(\cos x)+C$

解　$\int \sin x f(\cos x)\mathrm{d}x=-\int f(\cos x)\mathrm{d}(\cos x)$

$$\xlongequal{\cos x=t}-\int f(t)\mathrm{d}t=-F(t)+C$$

$$\xlongequal{t=\cos x}-F(\cos t)+C.$$

10. 设 $\sin 2x$ 是 $f(x)$ 的一个原函数，则 $\int xf(x)\mathrm{d}x=$（　B　）.

A. $x\sin 2x-\frac{1}{2}\cos 2x+C$　　　　B. $x\sin 2x+\frac{1}{2}\cos 2x+C$

C. $x\sin 2x-2\cos 2x+C$　　　　D. $x\sin 2x+2\cos 2x+C$

解　$\int xf(x)\mathrm{d}x=\int x(\sin 2x)'\mathrm{d}x=\int x\mathrm{d}(\sin 2x)$

$$=x\sin 2x-\int \sin 2x\mathrm{d}x=x\sin 2x+\frac{1}{2}\cos 2x+C.$$

二、填空题(每小题 2 分,共 16 分)

1. 设 $e^x+\sin x$ 是 $f(x)$ 的一个原函数，则 $f'(x)=$ $\underline{e^x-\sin x}$.

解　$f(x)=(e^x+\sin x)'=e^x+\cos x$，$f'(x)=e^x-\sin x$.

2. 已知 $f(x)=\int (x^2+1)e^{5x}\mathrm{d}x$，则 $f'(0)=$ $\underline{1}$.

解　$f'(x)=\left(\int (x^2+1)e^{5x}\mathrm{d}x\right)'=(x^2+1)e^{5x}$，$f'(0)=1$.

3. 若 $\int f(x)\mathrm{d}x=\arcsin 2x+C$，则 $f(x)=$ $\underline{\frac{2}{\sqrt{1-4x^2}}}$.

解　$f(x)=(\arcsin 2x)'=\frac{1}{\sqrt{1-(2x)^2}}\cdot 2=\frac{2}{\sqrt{1-4x^2}}$.

4. $\int x^2 e^{2x^3}\mathrm{d}x=$ $\underline{\frac{1}{6}e^{2x^3}+C}$.

解　$\int x^2 e^{2x^3}\mathrm{d}x=\frac{1}{6}\int e^{2x^3}\mathrm{d}(2x^3)=\frac{1}{6}e^{2x^3}+C$.

5. $\int \frac{e^{\sqrt{x}}}{\sqrt{x}}\mathrm{d}x=$ $\underline{2e^{\sqrt{x}}+C}$.

解 $\int \frac{e^{\sqrt{x}}}{\sqrt{x}}dx = 2\int e^{\sqrt{x}}d(\sqrt{x}) = 2e^{\sqrt{x}} + C.$

6. 设 $f'(x)$ 为连续函数，则 $\int f^2(x)df(x) = \underline{\frac{1}{3}f^3(x) + C}.$

7. 若 $\int f(x)dx = F(x) + C$，则 $\int \frac{f(\ln x)}{x}dx = \underline{F(\ln x) + C}.$

解 $\int \frac{f(\ln x)}{x}dx = \int f(\ln x)d(\ln x) \xlongequal{\ln x = t} \int f(t)dt$

$= F(t) + C \xlongequal{t = \ln x} F(\ln x) + C.$

8. 若 $\int f(x)dx = x^2 + C$，则 $\int xf(1-x^2)dx = \underline{-\frac{1}{2}(1-x^2)^2 + C}.$

解 $\int xf(1-x^2)dx = -\frac{1}{2}\int f(1-x^2)d(1-x^2)$

$\xlongequal{1-x^2=t} -\frac{1}{2}\int f(t)dt = -\frac{1}{2}t^2 + C$

$= -\frac{1}{2}(1-x^2)^2 + C.$

三、计算题(每小题 8 分，共 64 分)

1. 求 $\int \tan x(\tan x + 1)dx.$

解 $\int \tan x(\tan x + 1)dx = \int (\tan^2 x + \tan x)dx$

$= \int (\sec^2 x - 1)dx + \int \tan x dx$

$= \tan x - x - \ln|\cos x| + C.$

2. 求 $\int \frac{1+x}{1-x}dx.$

解 $\int \frac{1+x}{1-x}dx = \int (\frac{2}{1-x} - 1)dx = 2\int \frac{1}{1-x}dx - \int dx$

$= -2\int \frac{1}{1-x}d(1-x) - x = -2\ln|1-x| - x + C.$

3. 求 $\int \frac{x^3}{1+x^2}dx.$

解 $\int \frac{x^3}{1+x^2}dx = \int \frac{(x^3+x)-x}{1+x^2}dx = \int (x - \frac{x}{1+x^2})dx$

$= \int x dx - \int \frac{x}{1+x^2}dx = \frac{1}{2}x^2 - \frac{1}{2}\int \frac{1}{1+x^2}d(1+x^2)$

$= \frac{1}{2}x^2 - \frac{1}{2}\ln(1+x^2) + C.$

4. 求 $\int \frac{(1-2x)^2}{x(1+4x^2)}dx.$

解 $\int \frac{(1-2x)^2}{x(1+4x^2)}dx = \int \frac{(1+4x^2)-4x}{x(1+4x^2)}dx$

$= \int (\frac{1}{x} - \frac{4}{1+4x^2})dx$

$= \int \frac{1}{x}dx - 2\int \frac{1}{1+(2x)^2}d(2x)$

$= \ln|x| - 2\arctan 2x + C.$

5. 求 $\int \frac{x}{x-\sqrt{x^2-1}}dx.$

解 $\int \frac{x}{x-\sqrt{x^2-1}}dx = \int \frac{x(x+\sqrt{x^2-1})}{(x-\sqrt{x^2-1})(x+\sqrt{x^2-1})}dx$

$= \int (x^2 + x\sqrt{x^2-1})dx$

$= \frac{1}{3}x^3 + \frac{1}{2}\int \sqrt{x^2-1}\,d(x^2-1)$

$= \frac{1}{3}x^3 + \frac{1}{3}(x^2-1)^{\frac{3}{2}} + C.$

6. 求 $\int \frac{dx}{(2-x)\sqrt{1-x}}.$

解 设 $\sqrt{1-x} = t$，则 $x = 1-t^2$，$dx = -2tdt$，于是

$\int \frac{dx}{(2-x)\sqrt{1-x}} = \int \frac{-2t}{(1+t^2)t}dt = -2\int \frac{1}{1+t^2}dt$

$= -2\arctan t + C = -2\arctan\sqrt{1-x} + C.$

7. 求 $\int \cos\sqrt{x+1}\,dx.$

解 $\int \cos\sqrt{x+1}\,dx \xlongequal{\sqrt{x+1}=t} \int \cos t\cdot 2t\,dt = 2\int t\,d(\sin t)$

$$= 2t\sin t - 2\int \sin t\,dt = 2t\sin t + 2\cos t + C$$

$$= 2\sqrt{x+1}\sin\sqrt{x+1} + 2\cos\sqrt{x+1} + C.$$

8. 求$\int \frac{1}{(2x^2+1)\sqrt{x^2+1}}dx$.

解 $\int \frac{1}{(2x^2+1)\sqrt{x^2+1}}dx \xlongequal{x=\tan t} \int \frac{1}{(2\tan^2 t+1)\sec t}\cdot \sec^2 t\,dt$

$$= \int \frac{\cos t}{2\sin^2 t+\cos^2 t}dt$$

$$= \int \frac{1}{1+\sin^2 t}d(\sin t)$$

$$= \arctan(\sin t) + C$$

$$= \arctan\left(\frac{x}{\sqrt{1+x^2}}\right) + C.$$

第六章　定积分自测题

一、单项选择题(每小题 2 分,共 16 分)

1. 设函数 $f(x)$ 在 $[a,b]$ 上连续，则下列结论不正确的是(　A　).

A. $\int_a^b f(x)dx$ 是 $f(x)$ 的一个原函数

B. $\int_a^x f(t)dt$ 是 $f(x)$ 的一个原函数$(a<x<b)$

C. $\int_x^b f(t)dt$ 是 $-f(x)$ 的一个原函数$(a<x<b)$

D. $f(x)$ 在$[a,b]$上可积

2. 设$\int_0^x f(t)dt = a^{2x}$，$f(x)$ 为连续函数，则 $f(x)=$(　D　).

A. $2a^{2x}$　　　　B. $a^{2x}\ln a$

C. $2xa^{2x-1}$　　　　D. $2a^{2x}\ln a$

解 $f(x)=(a^{2x})'=a^{2x}\ln a\cdot 2=2a^{2x}\ln a$.

3. 设 $F(x)=\dfrac{x^2}{x-a}\displaystyle\int_a^x f(t)\mathrm{d}t$，其中 $f(x)$ 为连续函数，则 $\lim\limits_{x\to a}F(x)=$（ B ）.

A. a^2　　　　B. $a^2 f(a)$

C. 0　　　　D. 不存在

解

$$\lim_{x\to a}F(x)=\lim_{x\to a}\frac{x^2\int_a^x f(t)\mathrm{d}t}{x-a}=\lim_{x\to a}\frac{2x\int_a^x f(t)\mathrm{d}t+x^2 f(x)}{1}$$
$$=a^2 f(a).$$

4. 设函数 $f(x)=\displaystyle\int_0^x(2t-1)\mathrm{d}t$ 的极小值是（ D ）.

A. $\dfrac{1}{2}$　　B. 0　　C. $\dfrac{1}{4}$　　D. $-\dfrac{1}{4}$

解 令 $f'(x)=2x-1=0$ 得驻点 $x=\dfrac{1}{2}$. 又 $f''(\dfrac{1}{2})=2>0$，所以 $f(x)$ 的极小值为

$$f(\frac{1}{2})=\int_0^{\frac{1}{2}}(2t-1)\mathrm{d}t=(t^2-t)\Big|_0^{\frac{1}{2}}=-\frac{1}{4}.$$

5. 设 $f(x)$ 连续，则 $\displaystyle\int_a^b f(x)\mathrm{d}x-\int_b^a f(a+b-x)\mathrm{d}x=$（ A ）.

A. 0　　　　B. 1

C. $a+b$　　　　D. $\displaystyle\int_a^b f(x)\mathrm{d}x$

解

$$\int_a^b f(a+b-x)\mathrm{d}x\xlongequal{a+b-x=t}\int_b^a f(t)(-\mathrm{d}t)$$
$$=\int_a^b f(t)\mathrm{d}t=\int_a^b f(x)\mathrm{d}x,$$

所以

$$\int_a^b f(x)\mathrm{d}x-\int_a^b f(a+b-x)\mathrm{d}x=\int_a^b f(x)\mathrm{d}x-\int_a^b f(x)\mathrm{d}x=0.$$

6. 定积分 $\displaystyle\int_{-\pi}^{\pi}\frac{x^2\sin x}{1+x^2}\mathrm{d}x=$（ C ）.

A. 2　　B. 1　　C. 0　　D. −1

解　因为被积函数$\frac{x^2\sin x}{1+x^2}$是奇函数，积分区间$[-\pi, \pi]$关于原点对称，所以$\int_{-\pi}^{\pi}\frac{x^2\sin x}{1+x^2}dx=0$.

7. 设 $P=\int_0^{\frac{\pi}{2}}\sin^2 x dx, Q=\int_0^{\frac{\pi}{2}}\cos^2 x dx, R=\frac{1}{2}\int_{-\frac{\pi}{2}}^{\frac{\pi}{2}}\sin^2 x dx$，则（　A　）.

A. $P=Q=R$　　B. $P=Q<R$

C. $P<Q<R$　　D. $P>Q>R$

解　$$Q\xlongequal{x=\frac{\pi}{2}-t}\int_{\frac{\pi}{2}}^{0}\cos^2\left(\frac{\pi}{2}-t\right)(-dt)=-\int_{\frac{\pi}{2}}^{0}\sin^2 t dt$$

$$=\int_0^{\frac{\pi}{2}}\sin^2 t dt=\int_0^{\frac{\pi}{2}}\sin^2 x dx=P,$$

$$R=\frac{1}{2}\times 2\int_0^{\frac{\pi}{2}}\sin^2 x dx=P,$$

故 A 为正确选项.

8. 下列广义积分收敛的是（　C　）.

A. $\int_1^{+\infty}\frac{dx}{\sqrt{x}}$　　B. $\int_1^{+\infty}\frac{dx}{x}$

C. $\int_1^{+\infty}\frac{dx}{x^2}$　　D. $\int_1^{+\infty}\sqrt{x}dx$

解　由于广义积分$\int_1^{+\infty}\frac{1}{x^p}dx$当$p>1$时收敛；当$p\leqslant 1$时发散，故选 C.

二、填空题（每小题 2 分，共 12 分）

1. 设 $f(x)$ 在闭区间$[a, b]$上连续，根据积分中值定理，在闭区间$[a, b]$上至少存在一点 ξ，使 $f(\xi)=$ $\underline{\frac{\int_a^b f(x)dx}{b-a}}$.

2. 如果 $f(x)$ 有连续导数，且 $f(b)=5, f(a)=3$，则$\int_a^b f'(x)dx$

$= \underline{\quad 2 \quad}$.

解 $\int_a^b f'(x)\mathrm{d}x = f(x)\big|_a^b = f(b) - f(a) = 5 - 3 = 2.$

3. 定积分 $\int_{\frac{1}{2}}^{1} \frac{\mathrm{e}^{\frac{1}{x}}}{x^2}\mathrm{d}x = \underline{\mathrm{e}^2 - \mathrm{e}}.$

解 $\int_{\frac{1}{2}}^{1} \frac{\mathrm{e}^{\frac{1}{x}}}{x^2}\mathrm{d}x = -\int_{\frac{1}{2}}^{1} \mathrm{e}^{\frac{1}{x}}\mathrm{d}(\frac{1}{x}) = -\mathrm{e}^{\frac{1}{x}}\Big|_{\frac{1}{2}}^{1} = \mathrm{e}^2 - \mathrm{e}.$

4. 定积分 $\int_{-\frac{1}{2}}^{0} (2x+1)^{99}\mathrm{d}x = \underline{\frac{1}{200}}.$

解 $\int_{-\frac{1}{2}}^{0} (2x+1)^{99}\mathrm{d}x = \frac{1}{2}\int_{-\frac{1}{2}}^{0} (2x+1)^{99}\mathrm{d}(2x+1)$

$$= \frac{1}{2} \cdot \frac{1}{1+99}(2x+1)^{99+1}\Big|_{-\frac{1}{2}}^{0} = \frac{1}{200}.$$

5. 若 $\int_1^b \ln x \mathrm{d}x = 1$，则 $b = \underline{\quad \mathrm{e} \quad}$.

解 $\int_1^b \ln x \mathrm{d}x = x\ln x\big|_1^b - \int_1^b x \cdot \frac{1}{x}\mathrm{d}x = b\ln b - (b-1)$

$$= b(\ln b - 1) + 1.$$

由 $\int_1^b \ln x \mathrm{d}x = 1$，得 $b(\ln b - 1) = 0$，即得 $b = \mathrm{e}$.

6. 广义积分 $\int_1^{+\infty} x^{-\frac{4}{3}}\mathrm{d}x = \underline{\quad 3 \quad}$.

解 $\int_1^{+\infty} x^{-\frac{4}{3}}\mathrm{d}x = \frac{1}{1-\frac{4}{3}}x^{-\frac{4}{3}+1}\Big|_1^{+\infty} = -3x^{\frac{-1}{3}}\Big|_1^{+\infty} = -3(0-1) = 3.$

三、计算题(每小题 7 分，共 42 分)

1. 求 $\lim\limits_{x\to 0} \frac{\int_0^x \mathrm{e}^t \sin t^2 \mathrm{d}t}{x^3}$.

解 $\lim\limits_{x\to 0} \frac{\int_0^x \mathrm{e}^t \sin t^2 \mathrm{d}t}{x^3} = \lim\limits_{x\to 0} \frac{\mathrm{e}^x \sin x^2}{3x^2} = \lim\limits_{x\to 0} \frac{\mathrm{e}^x}{3} \cdot \lim\limits_{x\to 0} \frac{\sin x^2}{x^2}$

$$= \frac{1}{3} \times 1 = \frac{1}{3}.$$

2. 计算$\int_0^{\frac{\pi}{2}} \frac{\sin x\cos x}{1+\cos^2 x}\mathrm{d}x$.

解 $\int_0^{\frac{\pi}{2}} \frac{\sin x\cos x}{1+\cos^2 x}\mathrm{d}x = -\int_0^{\frac{\pi}{2}} \frac{\cos x}{1+\cos^2 x}\mathrm{d}(\cos x)$

$$= -\frac{1}{2}\int_0^{\frac{\pi}{2}} \frac{1}{1+\cos^2 x}\mathrm{d}(1+\cos^2 x)$$

$$= -\frac{1}{2}\ln(1+\cos^2 x)\Big|_0^{\frac{\pi}{2}} = \frac{1}{2}\ln 2.$$

3. 设 $f(x) = \begin{cases} \sqrt{x+1}, & |x| \leqslant 1 \\ \dfrac{1}{1+x^2}, & 1 < |x| \leqslant \sqrt{3} \end{cases}$，计算$\int_{-\sqrt{3}}^{\sqrt{3}} f(x)\mathrm{d}x$.

解 $\int_{-\sqrt{3}}^{\sqrt{3}} f(x)\mathrm{d}x = \int_{-\sqrt{3}}^{-1} f(x)\mathrm{d}x + \int_{-1}^{1} f(x)\mathrm{d}x + \int_{1}^{\sqrt{3}} f(x)\mathrm{d}x$

$$= \int_{-\sqrt{3}}^{-1} \frac{1}{1+x^2}\mathrm{d}x + \int_{-1}^{1} \sqrt{x+1}\,\mathrm{d}x + \int_{1}^{\sqrt{3}} \frac{1}{1+x^2}\mathrm{d}x$$

$$= \arctan x\Big|_{-\sqrt{3}}^{-1} + \frac{2}{3}(x+1)^{\frac{3}{2}}\Big|_{-1}^{1} + \arctan x\Big|_{1}^{\sqrt{3}}$$

$$= \left(-\frac{\pi}{4}+\frac{\pi}{3}\right) + \frac{4}{3}\sqrt{2} + \left(\frac{\pi}{3}-\frac{\pi}{4}\right) = \frac{\pi}{6} + \frac{4}{3}\sqrt{2}.$$

4. 计算$\int_{-1}^{1} (2x+|x|+1)^2\mathrm{d}x$.

解 $\int_{-1}^{1} (2x+|x|+1)^2\mathrm{d}x$

$$= \int_{-1}^{0} (2x-x+1)^2\mathrm{d}x + \int_{0}^{1} (2x+x+1)^2\mathrm{d}x$$

$$= \int_{-1}^{0} (x+1)^2\mathrm{d}x + \int_{0}^{1} (3x+1)^2\mathrm{d}x$$

$$= \int_{-1}^{0} (x+1)^2\mathrm{d}(x+1) + \frac{1}{3}\int_{0}^{1} (3x+1)^2\mathrm{d}(3x+1)$$

$$= \frac{1}{3}(x+1)^3\Big|_{-1}^{0} + \frac{1}{9}(3x+1)^3\Big|_{0}^{1} = \frac{22}{3}.$$

5. 计算$\int_1^8 \frac{1}{x+\sqrt[3]{x}}\mathrm{d}x$.

解 设$\sqrt[3]{x} = t$，则 $x = t^3$，$\mathrm{d}x = 3t^2\mathrm{d}t$，且当 $x = 1$ 时，$t = 1$；$x =$

8 时，$t=2$. 于是

$$\int_1^8 \frac{1}{x+\sqrt[3]{x}}dx=\int_1^2 \frac{3t^2}{t^3+t}dt=3\int_1^2 \frac{t}{t^2+1}dt=\frac{3}{2}\int_1^2 \frac{1}{t^2+1}d(t^2+1)$$

$$=\frac{3}{2}\ln(t^2+1)\Big|_1^2=\frac{3}{2}(\ln5-\ln2)=\frac{3}{2}\ln\frac{5}{2}.$$

6. 计算$\int_0^1 x\arcsin x dx$.

解 $\int_0^1 x\arcsin x dx=\frac{1}{2}\int_0^1 \arcsin x d(x^2)$

$$=\frac{x^2}{2}\arcsin x\Big|_0^1-\frac{1}{2}\int_0^1 x^2\cdot\frac{1}{\sqrt{1-x^2}}dx$$

$$\xlongequal{x=\sin t}\frac{\pi}{4}-\frac{1}{2}\int_0^{\frac{\pi}{2}}\frac{\sin^2 t}{\cos t}\cdot\cos t dt$$

$$=\frac{\pi}{4}-\frac{1}{4}\int_0^{\frac{\pi}{2}}(1-\cos2t)dt$$

$$=\frac{\pi}{4}-\frac{1}{4}(\frac{\pi}{2}-\frac{1}{2}\sin2t\Big|_0^{\frac{\pi}{2}})=\frac{\pi}{8}.$$

7. 计算广义积分$\int_0^{+\infty}\frac{x}{(1+x)^3}dx$.

解 $\int_0^{+\infty}\frac{x}{(1+x)^3}dx=\int_0^{+\infty}\frac{(1+x)-1}{(1+x)^3}dx$

$$=\int_0^{+\infty}[\frac{1}{(1+x)^2}-\frac{1}{(1+x)^3}]d(1+x)$$

$$=[-\frac{1}{1+x}+\frac{1}{2(1+x)^2}]\Big|_0^{+\infty}=\frac{1}{2}.$$

四、应用题(每小题 8 分,共 24 题)

1. (1) 求由直线 $x=0$，$x=2$，$y=0$ 与抛物线 $y=-x^2+1$ 所围成的平面图形的面积 S；(2) 求上述平面图形绕 x 轴旋转一周所得旋转体的体积 V_x.

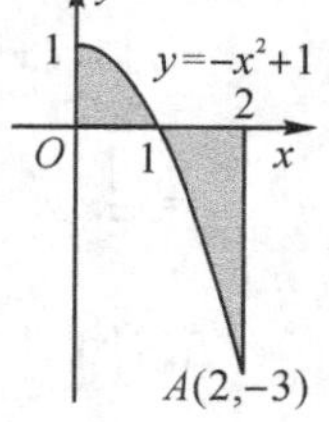

解 (1) $S=\int_0^1(-x^2+1)dx+\int_1^2(-1+x^2)dx$

$$=(-\frac{1}{3}x^3+x)\Big|_0^1+(-x+\frac{1}{3}x^3)\Big|_1^2$$

$= 2.$

$$(2)V_x = \pi\int_0^2 (-x^2+1)^2 dx$$
$$= \pi\int_0^2 (x^4 - 2x^2 + 1) dx$$
$$= \pi(\frac{1}{5}x^5 - \frac{2}{3}x^3 + x)\Big|_0^2 = \frac{46}{15}\pi.$$

2. 设抛物线 $y^2 = 2x$ 与该曲线在点$(\frac{1}{2}, 1)$处的法线所围平面图形为 D,求 D 的面积.

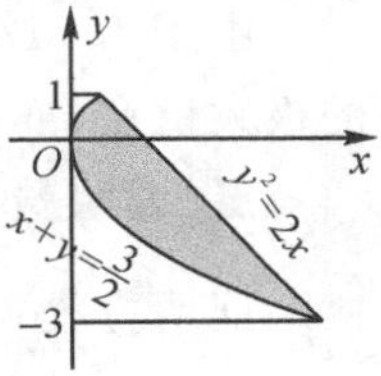

解 由于 $y' = \frac{1}{y}$,则 $y'(\frac{1}{2}) = 1$,

故抛物线在$(\frac{1}{2}, 1)$的法线方程为

$$y - 1 = -(x - \frac{1}{2}), \text{ 即 } x + y = \frac{3}{2}.$$

如图所示,所求面积为

$$A = \int_{-3}^{1} (\frac{3}{2} - y - \frac{1}{2}y^2) dy$$
$$= (\frac{3}{2}y - \frac{1}{2}y^2 - \frac{1}{6}y^3)\Big|_{-3}^{1} = \frac{16}{3}.$$

3. 设生产某产品的固定成本为 10,而当产量为 x 时的边际成本函数为 $C'(x) = -40 - 20x + 3x^2$,边际收入函数为 $R'(x) = 32 + 10x$,试求:(1) 总利润函数;(2) 使总利润最大的产量.

解 (1) 总成本函数为

$$C(x) = \int_0^x C'(t)dt + C(0) = \int_0^x (-40 - 20t + 3t^2)dt + 10$$
$$= (-40t - 10t^2 + t^3)\Big|_0^x + 10 = -40x - 10x^2 + x^3 + 10,$$

总收入函数为

$$R(x) = \int_0^x R'(t)dt + R(0) = \int_0^x (32 + 10t)dt + 0$$
$$= (32t + 5t^2)\Big|_0^x = 32x + 5x^2,$$

总利润函数为

$$L(x)=R(x)-C(x)=(32x+5x^2)-(-40x-10x^2+x^3+10)$$
$$=72x+15x^2-x^3+10.$$

(2) 令 $L'(x)=R'(x)-C'(x)=0$,即

$$-40-20x+3x^2=32+10x,\quad 3x^2-30x-72=0.$$

解得驻点 $x=12$ 或 $x=-2$(舍去).

由于 $L''(12)=(30-6x)\big|_{x=12}=-6<0$,所以 $x=12$ 是 $L(x)$ 的极大值点,亦是最大值点.因此,当产量为12时,总利润最大.

五、证明题(6分)

证明方程 $3x-1-\int_0^x\frac{1}{1+t^2}\mathrm{d}t=0$ 在区间(0, 1)内有唯一实根.

证明 设 $f(x)=3x-1-\int_0^x\frac{1}{1+t^2}\mathrm{d}t$,显然 $f(x)$ 在[0, 1]上连续,又

$$f(0)=-1<0,$$
$$f(1)=3-1-\int_0^1\frac{1}{1+t^2}\mathrm{d}t=2-\arctan t\Big|_0^1=2-\frac{\pi}{4}>0.$$

故由零点定理知,$\exists\,\xi\in(0,1)$,使 $f(\xi)=0$,即方程 $f(x)=0$ 在(0, 1)内至少有一个实根.

又由于

$$f'(x)=3-\frac{1}{1+x^2}=\frac{2+x^2}{1+x^2}>0,\quad x\in(0,1),$$

说明 $f(x)$ 在(0, 1)内单调增加.

综上,方程 $f(x)=0$ 在(0, 1)内有惟一实根.

第七章　多元函数微分学初步自测题

一、单项选择题(每小题2分,共20分)

1. 二元函数 $z=\frac{1}{\ln(x+y)}$ 的定义域为(D).

A. $\{(x,y)\mid x+y\neq 0\}$

B. $\{(x,y) \mid x+y>0\}$

C. $\{(x,y) \mid x+y \neq 1\}$

D. $\{(x,y) \mid x+y>0$ 且 $x+y \neq 1\}$

解 要使函数有意义,必须$\begin{cases} x+y>0 \\ \ln(x+y) \neq 0 \end{cases}$,即知本题应选 D.

2. 设 $f(x+y,x-y)=x^2-y^2$,则 $f(x,y)=($ D $)$.

A. x^2-y^2　　B. x^2+y^2　　C. $(x-y)^2$　　D. xy

解 由 $f(x+y,x-y)=(x+y)(x-y)$ 得 $f(x,y)=xy$.

3. 若 $f_x(x_0,y_0)$,$f_y(x_0,y_0)$ 存在,则 $f(x,y)$ 在 (x_0,y_0) 点(　　).

A. 一定不可微　B. 一定可微　C. 连续　D. 以上都不对

4. 设 $x=\ln\dfrac{z}{y}$,则$\dfrac{\partial z}{\partial x}=($ C $)$.

A. 1　　B. e^x　　C. ye^x　　D. y

解 $z=ye^x$,则$z_x=ye^x$

5. 设 $y=u\ln v$,而 $u=\cos x, v=e^x$,则全导数$\dfrac{dy}{dx}=($ A $)$.

A. $\cos x-x\sin x$　　B. $x\sin x-\cos x$

C. $x+e^{-x}\cos x$　　D. $x\cos x$

解 由 $y=x\cos x$,得 $y'=\cos x-x\sin x$.

6. 设 $u=xyz$,则 $du=($ D $)$.

A. $yz\,dx$　　B. $xz\,dy$

C. $xy\,dz$　　D. $yz\,dx+xz\,dy+xy\,dz$

解 $du=u_x dx+u_y dy+u_z dz=yz\,dx+xz\,dy+xy\,dz$.

7. 点$(0,0)$是函数 $z=xy$ 的(D).

A. 极大值点　B. 极小值点　C. 非驻点　D. 驻点

解 令$\begin{cases} zx=y=0 \\ zy=x=0 \end{cases}$得驻点 $x=0, y=0$.

8. 二元函数 $z=5-x^2-y^2$ 的极大值点是(C).

A. $(1,0)$　　B. $(0,1)$　　C. $(0,0)$　　D. $(1,1)$

解　由于 $z(0,0)\geqslant z(x,y)$，故本题应选 C.

9. 设 $z=\sin(x+e^y)$，则 $\frac{\partial^2 z}{\partial x\partial y}=$（　C　）.

A. $e^y\sin(x+e^y)$　　B. $e^y\cos(x+e^y)$

C. $-e^y\sin(x+e^y)$　　D. $-e^y\cos(x+e^y)$

解　$\frac{\partial z}{\partial x}=\cos(x+e^y)$，$\frac{\partial^2 z}{\partial x\partial y}=-e^y\sin(x+e^y)$.

10. 当 $(x,y)\to(0,0)$ 时，函数 $z=\frac{\tan xy^2}{y^2}$ 的极限是（　A　）.

A. 0　　B. ∞　　C. 不存在　　D. 1

解　$\lim\limits_{(x,y)\to(0,0)} z=\lim\limits_{(x,y)\to(0,0)}\frac{\tan xy^2}{xy^2}\cdot x==\lim\limits_{(x,y)\to(0,0)}\frac{\tan xy^2}{xy^2}\cdot\lim\limits_{(x,y)\to(0,0)} x=1\times 0=0$，故本题应选 A.

二、填空题（每小题 3 分，共 18 分）

1. 若 $f(x,y)=f(-x,y)$，且 $\lim\limits_{(x,y)\to(1,1)} f(x,y)=1$，则 $\lim\limits_{(x,y)\to(-1,1)} f(x,y)=$ $\underline{\ 1\ }$.

解　$$\lim_{(x,y)\to(-1,1)} f(x,y)\xlongequal{\text{令 } x=-t}\lim_{(t,y)\to(1,1)} f(-t,y)=\lim_{(t,y)\to(1,1)} f(t,y)=1.$$

2. 要使函数 $f(x,y)=\frac{2-\sqrt{xy+4}}{xy}$ 在 $(0,0)$ 点连续，则应补充定义 $f(0,0)=\underline{-\frac{1}{4}}$.

解　$$f(0,0)=\lim_{(x,y)\to(0,0)}\frac{2-\sqrt{xy+4}}{xy}=\lim_{(x,y)\to(0,0)}\frac{-1}{2+\sqrt{xy+4}}=-\frac{1}{4}.$$

3. 设 $z=\ln\left(x+\frac{y}{2}\right)$，则 $\left.\frac{\partial z}{\partial y}\right|_{(0,1)}=\underline{1}$.

解　$z(0,y)=\ln\frac{y}{2}=\ln y-\ln 2$，

$$\left.\frac{\partial z}{\partial y}\right|_{(0,1)}=(\ln y-\ln 2)'\big|_{y=1}=1.$$

4.设 $z=\sqrt[y]{x}$,则 $\mathrm{d}z\big|_{(1,1)}=$ __$\mathrm{d}x$__.

解 $\because z(x,1)=x,\quad \therefore z'_x(1,1)=1;$

$\because z(1,y)=1,\quad \therefore z_y(1,1)=0.$

$\therefore \mathrm{d}z\big|_{(1,1)}=z_x(1,1)\mathrm{d}x+z_y(1,1)\mathrm{d}y=\mathrm{d}x.$

5.设 $z=\sin(xy)$,则 $\dfrac{\partial^2 z}{\partial x\partial y}=$ __$\cos(xy)-xy\sin(xy)$__.

解 $\dfrac{\partial z}{\partial x}=\cos(xy)\cdot y=y\cos(xy)$,

$$\frac{\partial^2 z}{\partial x\partial y}=\cos(xy)+y(1-\sin xy)\cdot x=\cos(xy)-xy\sin(xy).$$

6.设二元函数 $f(x,y)=x^2-xy+y^2-2x+y$,当 $(x,y)=$ __$(1,0)$__ 时,有极小值.

解 令 $\begin{cases}f_x=2x-y-2=0\\ f_y=2y-x+1=0\end{cases}$,得驻点 $(1,0)$. 又由于 $A=2$, $B=1$, $C=2$,故 $AC-B^2=3>0$,且 $A>0$,所以 $f(x,y)$ 在点 $(1,0)$ 有极小值.

三、计算题(每小题 7 分,共 49 分)

1.设 $z=\dfrac{\ln(xy)}{y}$,求 $\mathrm{d}z$.

解 $\mathrm{d}z=z_x\mathrm{d}x+z_y\mathrm{d}y=\dfrac{1}{y}\cdot\dfrac{1}{xy}\cdot y\mathrm{d}x+\dfrac{\frac{x}{xy}y-\ln(xy)}{y^2}\mathrm{d}y$

$$=\frac{1}{xy}\mathrm{d}x+\frac{1-\ln(xy)}{y^2}\mathrm{d}y.$$

2.设 $z=u^2v$, $u=\cos^2x$, $v=\dfrac{1}{\sin x}$,求 $\dfrac{\mathrm{d}z}{\mathrm{d}x}$.

解 $\dfrac{\mathrm{d}z}{\mathrm{d}x}=2u\cdot u_xv+u^2\,v_x$

$$=2\cos^2x\cdot 2\cos x\cdot(-\sin x)\cdot\frac{1}{\sin x}+\cos^4x\cdot\left(-\frac{\cos x}{\sin^2x}\right)$$

$$= \frac{-4\cos^3 x + 3\cos^5 x}{\sin^2 x}.$$

3. 设 $z = xy\sin\frac{1}{\sqrt{x^2+y^2}}$，求 $\left.\frac{\partial z}{\partial x}\right|_{(1,0)}$，$\left.\frac{\partial z}{\partial y}\right|_{(1,0)}$.

解 $$\frac{\partial z}{\partial x} = y\sin\frac{1}{\sqrt{x^2+y^2}} - x^2y\cos\frac{1}{\sqrt{x^2+y^2}}(x^2+y^2)^{-\frac{3}{2}},$$

$$\frac{\partial z}{\partial y} = x\sin\frac{1}{\sqrt{x^2+y^2}} - xy^2\cos\frac{1}{\sqrt{x^2+y^2}}(x^2+y^2)^{-\frac{3}{2}},$$

将(1,0)代入上述偏导数中，得 $\left.\frac{\partial z}{\partial x}\right|_{(1,0)} = 0$，$\left.\frac{\partial z}{\partial y}\right|_{(1,0)} = \sin 1$.

4. 设 $z = x\ln(x+y)$，求 z 的二阶偏导数.

解 $$\frac{\partial z}{\partial x} = \ln(x+y) + \frac{x}{x+y}, \qquad \frac{\partial z}{\partial y} = \frac{x}{x+y},$$

$$\frac{\partial^2 z}{\partial x^2} = \frac{1}{x+y} + \frac{y}{(x+y)^2} = \frac{x+2y}{(x+y)^2}, \qquad \frac{\partial^2 z}{\partial y^2} = \frac{-x}{(x+y)^2},$$

$$\frac{\partial^2 z}{\partial x\partial y} = \frac{1}{x+y} - \frac{x}{(x+y)^2} = \frac{y}{(x+y)^2}.$$

5. 设 $z = \arctan\frac{v}{u}$，$u = x - y$，$v = x + y$，求 $\frac{\partial z}{\partial x}$，$\frac{\partial z}{\partial y}$.

解 $$\frac{\partial z}{\partial x} = \frac{1}{1+\left(\frac{v}{u}\right)^2}\cdot\left(-\frac{v}{u^2}\right)\cdot 1 + \frac{1}{1+\left(\frac{v}{u}\right)^2}\cdot\frac{1}{u}\cdot 1$$

$$= \frac{u-v}{u^2+v^2} = \frac{-y}{x^2+y^2},$$

$$\frac{\partial z}{\partial y} = \frac{1}{1+\left(\frac{v}{u}\right)^2}\cdot\left(-\frac{v}{u^2}\right)\cdot(-1) + \frac{1}{1+\left(\frac{v}{u}\right)^2}\cdot\frac{1}{u}\cdot 1$$

$$= \frac{u+v}{u^2+v^2} = \frac{x}{x^2+y^2}.$$

6. 设方程 $e^x z + xyz + \frac{1}{2}z^2 - 1 = 0$ 确定 $z = f(x,y)$，求 $\frac{\partial z}{\partial x}$，$\frac{\partial z}{\partial y}$.

解 方程两边关于 x 求偏导，则

$$e^x z + e^x z_x + yz + xy z_x + z z_x = 0,$$

解得$\dfrac{\partial z}{\partial x}=-\dfrac{e^x z+yz}{e^x+xy+z}$.

同理,方程两边关于 y 求偏导,则

$$e^x z'_y+xz+xyz'_y+zz'_y=0,$$

解得$\dfrac{\partial z}{\partial y}=-\dfrac{xz}{e^x+xy+z}$.

7. 求 $f(x,y)=(x^2+y^2)^2-2(x^2-y^2)$ 的极值.

解 令$\begin{cases}f_x=4x(x^2+y^2)-4x=0\\ f_y=4y(x^2+y^2)+4y=0\end{cases}$得驻点$(\pm 1,0)$,$(0,0)$. 又

$A=f_{xx}=12x^2+4y^2-4$, $B=f_{xy}=8xy$,

$C=f_{yy}=4x^2+12y^2+4$.

在$(0,0)$处,$AC-B^2<0$,故$(0,0)$不是极值点.

在$(\pm 1,0)$处,$AC-B^2>0$,且$A>0$,故有极小值$f(\pm 1,0)=-1$.

四、应用题(本题 8 分)

某厂生产 A,B 两种产品. 产品 A 每斤可获利润 0.6 元. 产品 B 每斤可获利润 0.4 元. 成本函数为 $C(x,y)=10000+x+\dfrac{x^2}{6000}+y$. 其中 x,y 为两种产品的产量. 而该厂每月的成本预算为 20000 元. 应如何分配两种产品的产量. 可使月利润最大?

解 目标函数:$f(x,y)=0.6x+0.4y$.

约束条件:$x+\dfrac{x^2}{6000}+y=10000$.

构造辅助函数

$$L=0.6x+0.4y+\lambda\left(x+\frac{x^2}{6000}+y-10000\right),\text{则}$$

$$\text{令}\begin{cases}L_x=0.6+\lambda\left(1+\dfrac{x}{3000}\right)=0\\ L_y=0.4+\lambda=0\\ L_\lambda=x+\dfrac{x^2}{6000}+y-10000=0\end{cases},$$

解得惟一驻点 $x=1500$,$y=8125$. 由问题实际意义知,最大利润一定存在,故此时利润最大.

五、证明题(本题 5 分)

若 $z=\dfrac{y^2}{3x}+\varphi(xy)$，其中 $\varphi(t)$ 可导，证明：

$$x^2\frac{\partial z}{\partial x}+y^2-xy\frac{\partial z}{\partial y}=0.$$

证明　由于 $\dfrac{\partial z}{\partial x}=-\dfrac{y^2}{3x^2}+\varphi'(xy)\cdot y$，　$\dfrac{\partial z}{\partial y}=\dfrac{2y}{3x}+\varphi'(xy)\cdot x$，故

$$x^2\frac{\partial z}{\partial x}+y^2-xy\frac{\partial z}{\partial y}=\left(-\frac{y^2}{3}+x^2y\varphi'\right)+y^2-\left(\frac{2}{3}y^2+x^2y\varphi'\right)=0.$$